Sandra Eng

Farben & Formen des Häkelns

100 bunte Häkelmotive

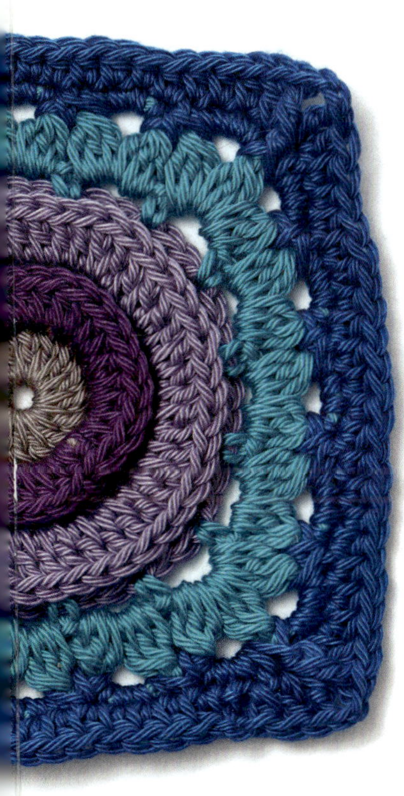

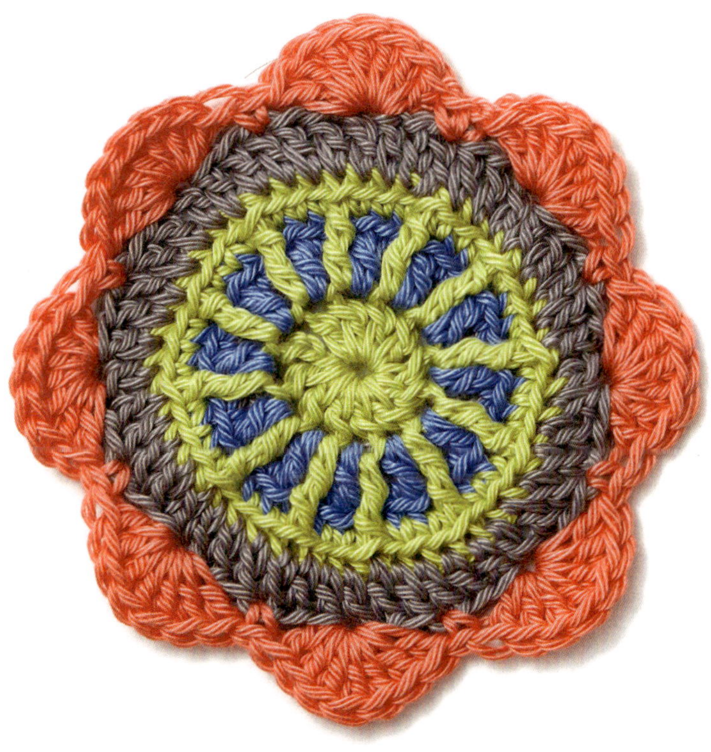

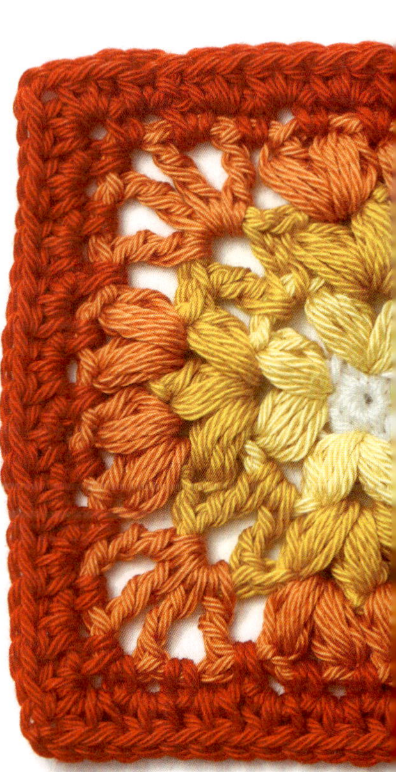

stiebner

Widmung

Für die Lichter meines Lebens, Adeline und Bryson

Die englischsprachige Ausgabe dieses Buches erschien 2018 unter dem Titel »Crochet Kaleidoscope« bei Interweave, einem Imprint der F & W Media Inc.

Diese Ausgabe wurde publiziert in Zusammenarbeit mit Interweave, einem Imprint der Penguin Publishing Group, ein Tochterunternehmen von Penguin Random House LLC

Autorin: Sandra Eng
Illustrationen: Karen Manthey
Fotos: George Boe

Aus dem Englischen von der MCS Schabert GmbH, München, – www.mcs-schabert.de – unter Mitarbeit von Katrin Marburger (Übersetzung).

Bibliografische Information der Deutschen Nationalbibliothek
Die Deutsche Nationalbibliothek verzeichnet diese Publikation in der Deutschen Nationalbibliografie; detaillierte bibliografische Daten sind im Internet über http://dnb.dnb.de abrufbar.

2. durchgesehene Neuauflage

Druck: NEOGRAFIA, Slowakei

www.stiebner.com

ISBN-13: 978-3-8307-2056-0

Wir produzieren unsere Bücher mit großer Sorgfalt und Genauigkeit. Trotzdem lässt es sich nicht ausschließen, dass uns in Einzelfällen Fehler passieren. Auf unserer Webseite finden Sie auf der Produkt-Detailseite etwaige Korrekturen (Errata) zu diesem Titel. Möglicherweise sind die Korrekturen in Ihrer Ausgabe bereits ausgeführt, da wir vor jeder neuen Auflage bekannte Fehler korrigieren. Sollten Sie in diesem Buch einen Fehler finden, so bitten wir um einen Hinweis an verlag@stiebner.com. Für solche Hinweise sind wir sehr dankbar, denn sie helfen uns, unsere Bücher zu verbessern.

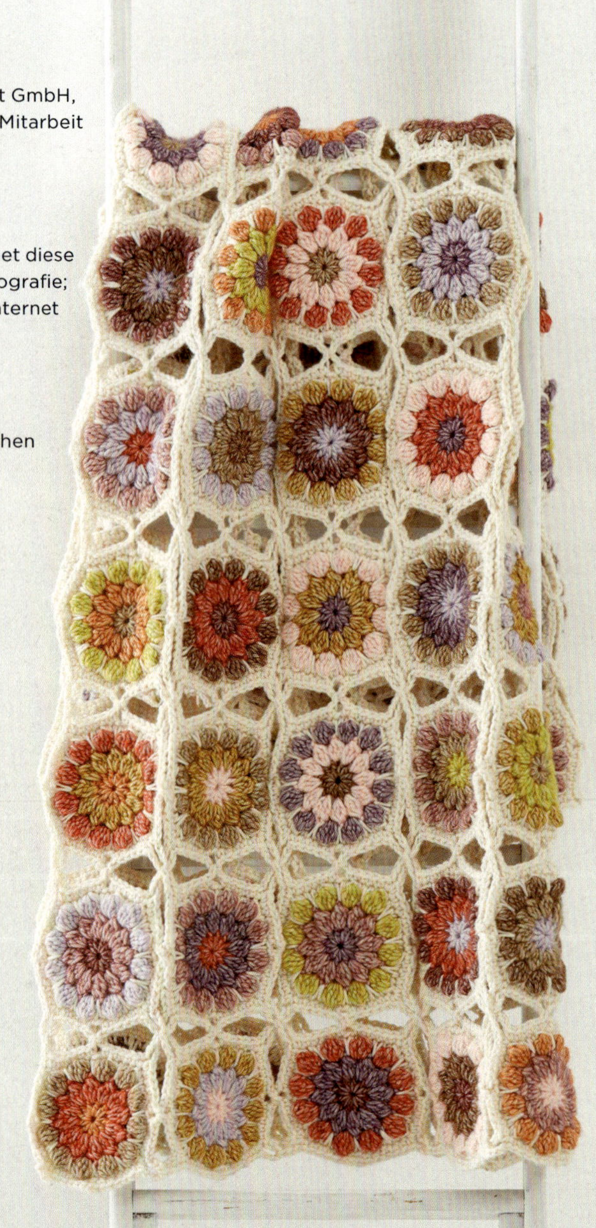

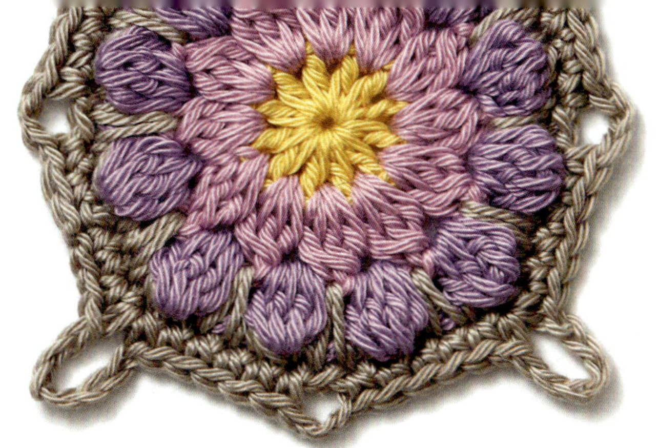

Inhalt

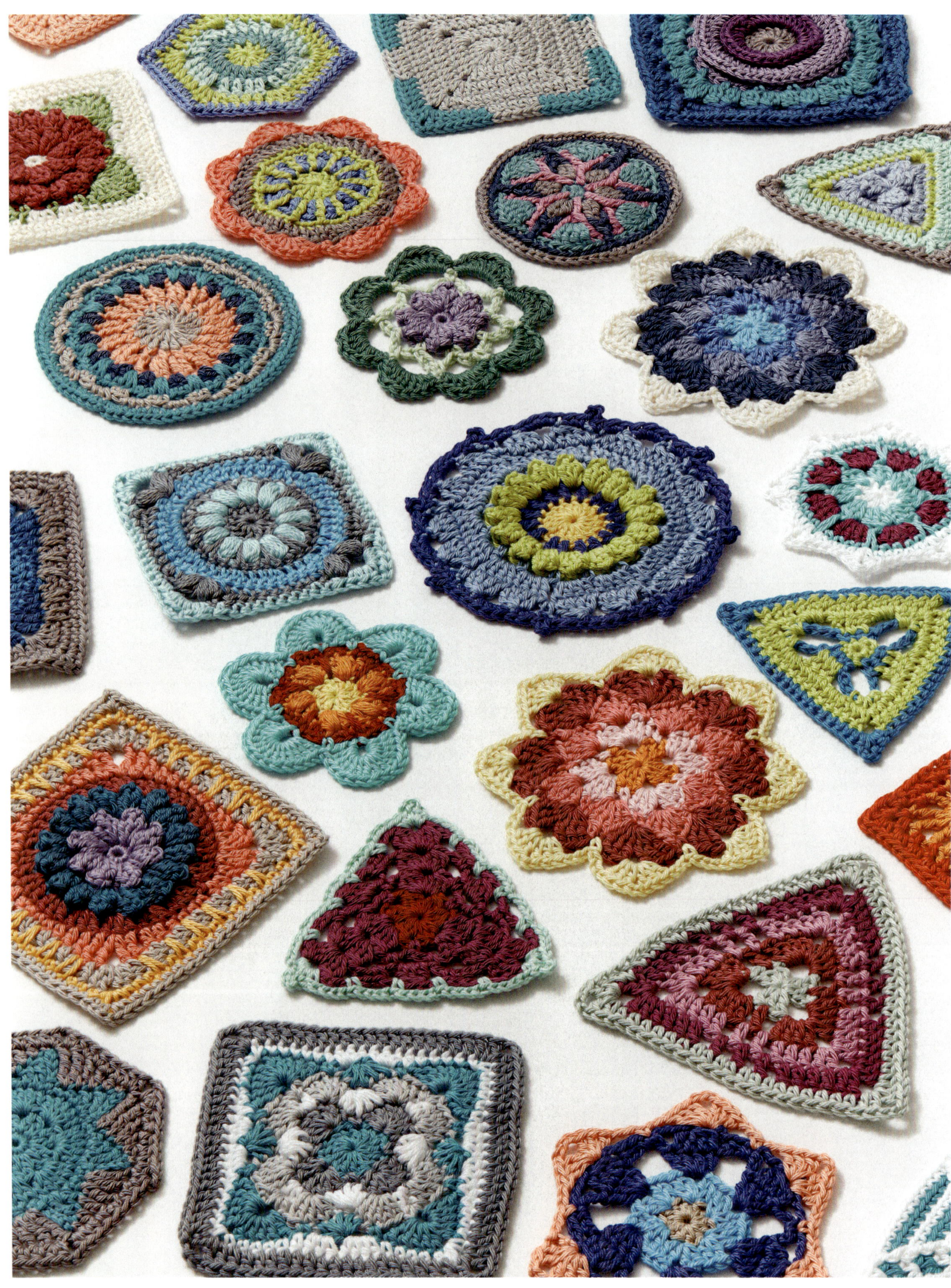

Einleitung

Dieses Buch ist aus meiner Liebe zum Häkeln, zu Farben und zur Geometrie entstanden. Häkeln und Farben mögen sicherlich die meisten von Ihnen – meine Begeisterung für die Geometrie mag dagegen weniger nachvollziehbar sein. Trotzdem spricht es Sie vielleicht an, wie sich gehäkelte Formen zu kunstvollen, wunderschönen Mustern zusammenfügen lassen.

Motive sind beim Häkeln das A und O. Vom schlichten, immer wieder schönen Granny Square bis zu komplizierteren, aufwändigeren Mustern bilden die Motive die Bausteine für unendlich viele Häkelarbeiten. Die Vielseitigkeit dieser Technik ist einmalig: Aus einer Form können Sie eine Decke, ein Dreiecktuch, ein Kissen oder einen kleinen Teppich herstellen. Grenzen werden den Möglichkeiten allein durch Ihre Fantasie gesetzt (und vielleicht durch die Menge Ihres Garnvorrats!).

Für dieses Buch wollte ich Formen kreieren, an denen besonders deutlich wird, auf welche Weise verschiedene Farbkombinationen das Erscheinungsbild eines einzelnen Motivs oder eines ganzen Modells verändern. Ebenso wie sich durch Drehen eines Kaleidoskops das gezeigte Muster verschiebt, kann eine Häkelarbeit durch einen Wechsel der Garnfarben oder der Reihenfolge, in der sie verwendet werden, völlig unterschiedlich wirken. *Farben und Formen des Häkelns – 100 bunte Häkelmotive* ist nicht nur eine Sammlung von Häkelmotiven verschiedener Formen und Größen geworden, sondern Sie finden darin auch Alternativvorschläge zur Farbgestaltung, durch die sich ganz unterschiedliche Effekte erzielen lassen.

Versuchen Sie, sich beim Betrachten der gezeigten Motive vorzustellen, wie jedes von ihnen in anderen Farben oder mit Farbwechseln in anderen Runden aussehen könnte. Was in einer Farbkombination wie eine Blume erscheint, kann in anderen Farben zu einer abstrakteren Form werden. Motive in einer einzigen Farbe ergeben ein völlig anderes Gesamtbild als aus mehreren Farben gehäkelte Motive. Bei zahlreichen Motiven wird eine alternative Farbkombination und/oder Reihenfolge der Farben angegeben – diese können Sie als Anleitung oder auch als Anregung zum Experimentieren mit eigenen Farbkombinationen verwenden. Das erste Kapitel bietet außerdem Tipps zur Farbauswahl, um Sie zu eigenen Kreationen zu inspirieren.

Gehen Sie dabei ruhig einmal ein Wagnis ein, weichen Sie von Ihrer Lieblings-Farbpalette ab und lassen Sie Ihrer Fantasie bei der Übertragung Ihrer Farbkombinationen auf die gezeigten Motive freien Lauf. Mit jeder Drehung des Häkel-Kaleidoskops kommen Ihnen garantiert neue spannende Ideen für einzelne Motive und ganze Häkelmodelle.

Viel Spaß!

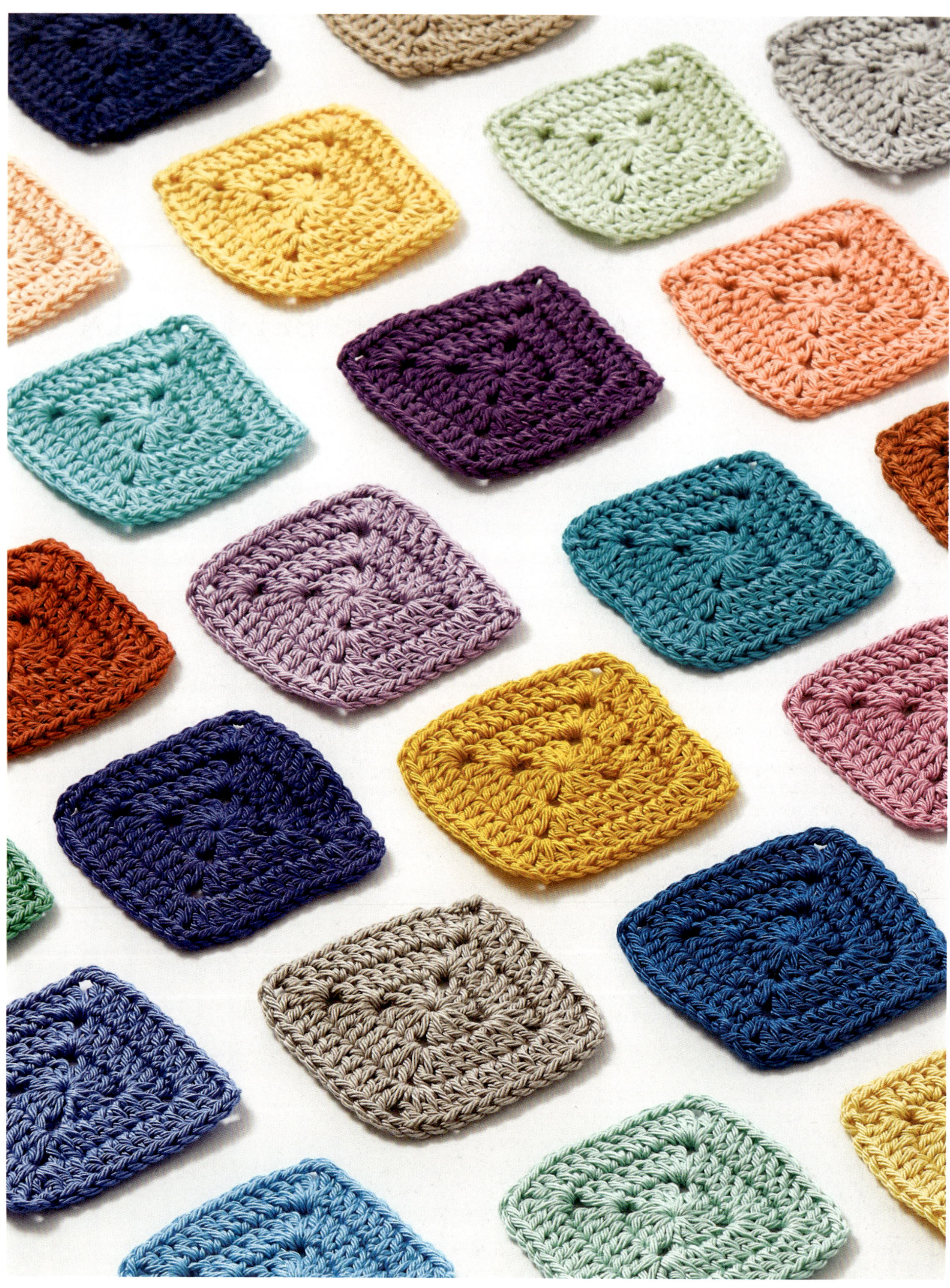

Kreatives Farbenspiel

TIPPS ZUR FARBGESTALTUNG BEIM HÄKELN

Die Auswahl der Garnfarben für eine Häkelarbeit kann zu einem Projekt für sich werden. Schöne Farbkombinationen – oder zumindest solche, die uns persönlich gefallen – erkennen wir alle sofort, doch wie wählt man systematisch die »richtigen« Farben für ein bestimmtes Muster aus? Keinerlei Tipps in der Häkelanleitung, jede Menge Fragen: Wie viele Farben soll ich auswählen? Pastelltöne, leuchtende oder neutrale Farben? In welcher Reihenfolge ergänzen die Farben sich am besten? Welche Farben bringen dieses Muster am schönsten zur Geltung? Und so weiter.

Wenn Sie wie ich keine Ausbildung im Bereich Kunst oder Farbgestaltung haben, wissen Sie vielleicht gar nicht, wo Sie anfangen sollen. Seit ich häkele, haben sich im Lauf der Jahre meine Farbvorlieben und Methoden der Farbauswahl entwickelt. Für meine erste Häkeldecke habe ich beispielsweise lauter Farben verwendet, die mir einzeln gefielen, die jedoch nicht unbedingt gut zusammenpassten. Heute achte ich darauf, welche Farbtöne kontrastieren oder sich komplementär ergänzen und gehe dabei auch über meine Lieblingsfarben hinaus. Durch Ausprobieren, Rückmeldungen von anderen und viel Übung habe ich mein Auge für Farben geschult. Einige der Kniffe, die ich mit der Zeit entdeckt habe, gebe ich in diesem Kapitel weiter.

Lieblingsfarben

Bei der Auswahl von Garnfarben gibt es kein »richtig« oder »falsch«. Es kommt auf Ihren persönlichen Geschmack an. Jeder hat eine oder mehrere Lieblingsfarben. Eine Farbe spricht Sie an oder eben nicht – dafür gibt es keinen erkennbaren Grund. Wenn Sie sich in Ihrem Wohnraum umschauen und einen Blick in Ihren Kleiderschrank werfen, spiegeln Ihre Lieblingsfarben sich wahrscheinlich in Einrichtungsgegenständen und Kleidung wider. Auch bei der Auswahl der Farben für eine Handarbeit sind die Lieblingsfarben ein guter Ausgangspunkt. Mit der Zeit stellen Sie vielleicht fest, dass Sie Ihr Farbspektrum gern erweitern und auch einmal Farben verwenden möchten, die nicht zu Ihrer vertrauten Palette gehören. Meiner Erfahrung nach wird es ab diesem Punkt erst richtig interessant!

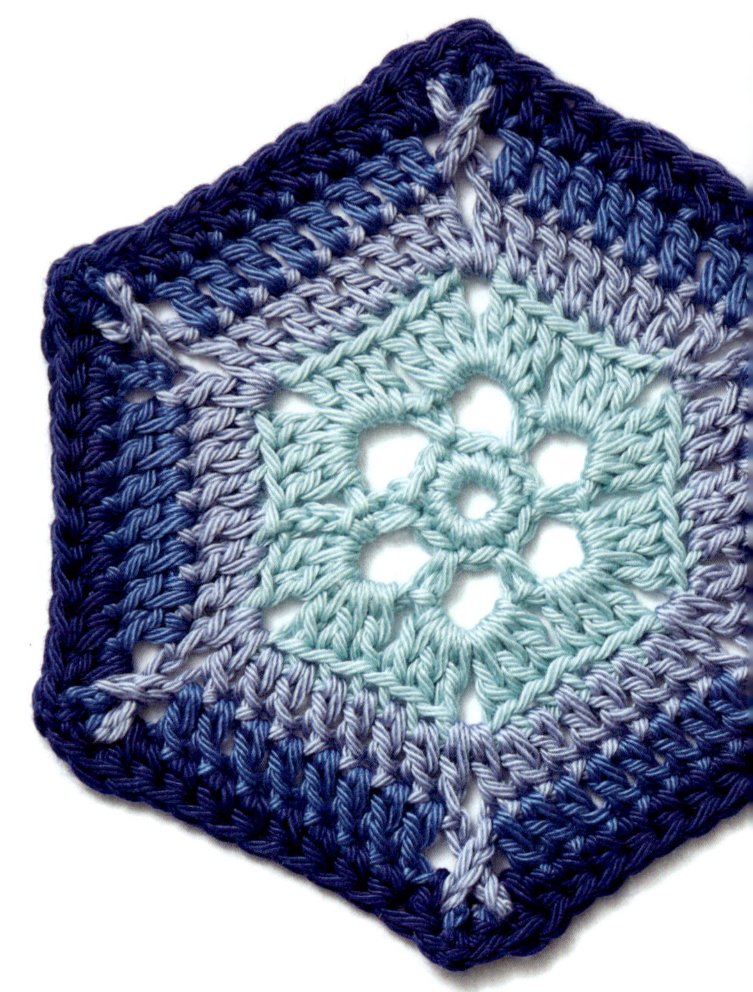

Farbenlehre und Farbkreis

Wenn man die Farbauswahl theoretischer angehen möchte, kann man sich an der Farbenlehre orientieren. In jedem Buch über Maltechniken findet sich ein Farbkreis, in dem das gesamte Farbspektrum dargestellt wird. Die Farbenlehre zeigt, wie Farben sich mischen und welche Farbkombinationen harmonischer wirken als andere.

FACHBEGRIFFE

Bevor wir uns der Verwendung des Farbkreises für die Farbauswahl widmen, hier einige Fachbegriffe. Die Farben oder Farbtöne, z. B. Blau, Rot und Gelb, befinden sich auf dem Farbkreis an einer bestimmten Position. Analogfarben sind die Farben, die auf dem Farbkreis nebeneinanderliegen, z. B. Rot und Orange. Die Farben, die sich auf dem Farbkreis genau gegenüberliegen, nennt man dagegen Komplementärfarben – etwa Rot und Grün oder Blau und Orange. Verschiedene Abstufungen der Farbtöne können durch Hinzufügen von Weiß (aufhellend, Tönungen) oder Schwarz (abdunkelnd, Schattierungen) erreicht werden. Bei der Garnauswahl bedeutet dies einfach, einen helleren oder dunkleren Ton einer Farbe zu wählen.

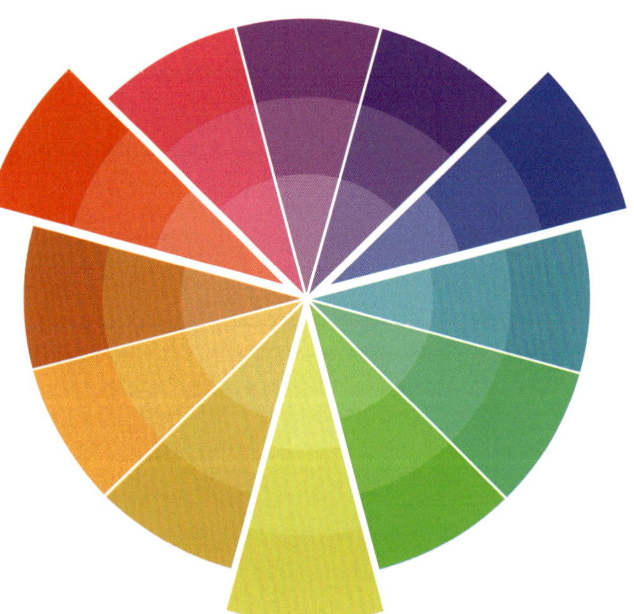

Ein Farbkreis kann bei der Auswahl von Farben und Farbkombinationen helfen.

FARBKOMBINATIONEN

Laut der Farbenlehre können sowohl komplementäre als auch analoge Farbkombinationen ästhetisch wirken. Zusammenstellungen aus Komplementärfarben werden manchmal jedoch als zu starker Kontrast empfunden. In diesem Fall kann eine Palette aus teilkomplementären Farben harmonischer wirken. Teilkomplementär bedeutet, dass eine Farbe nicht mit der Komplementärfarbe kombiniert wird, sondern mit deren benachbarter Farbe, z. B. Blau mit Rot-Orange und/oder Gelb-Orange statt mit reinem Orange.

Eine Faustregel, die ich bei der Farbauswahl für ein Motiv oft anwende, lautet, mit einer Hauptfarbe zu beginnen und sie mit einer oder zwei Tönungen oder Schattierungen (heller oder dunkler) derselben Farbe, einer oder zwei Komplementär- **(PALETTE 1)** oder Teilkomplementärfarben **(PALETTE 2)** sowie einer neutralen Farbe wie Weiß, Creme, Grau oder Beige zu kombinieren.

Alternativ kann man von einer Hauptfarbe ausgehen und sie um eine oder mehrere ihrer Analogfarben sowie eine neutrale Farbe ergänzen. Da keine Kontrastfarben vorkommen, wirken sie »sanfter« **(PALETTE 3 UND 4)**.

Gerne arbeite ich auch mit monochromatischen Farbkombinationen, die ausschließlich aus einer Hauptfarbe und ihren Tönungen oder Schattierungen bestehen, eventuell ergänzt um eine oder zwei neutrale Farben. Werden diese Nuancen von Hell zu Dunkel oder umgekehrt angeordnet, nennt man den Farbverlauf ombriert oder Ombré. Diese sanft abgestuften Farbtöne wirken besonders harmonisch **(PALETTE 5 UND 6)**.

KONTRASTFARBEN

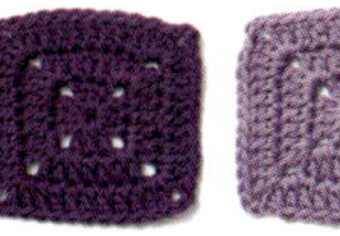
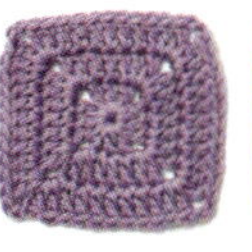
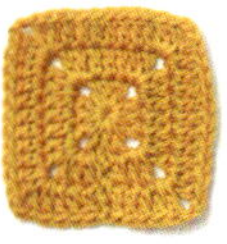
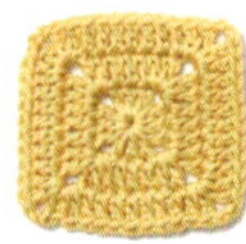
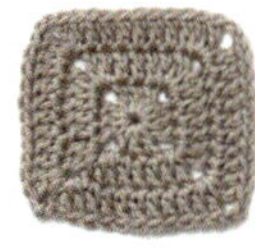

Palette 1: *Eine Kombination aus Komplementärfarben plus einer neutralen Farbe ist kraftvoll und doch harmonisch.*

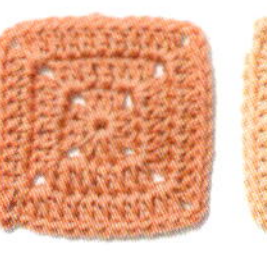
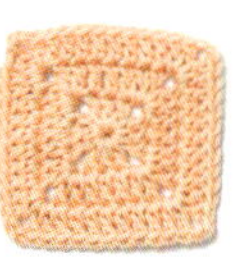
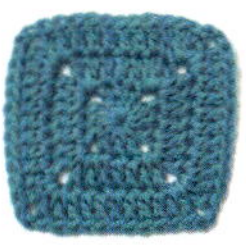
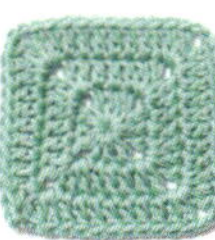
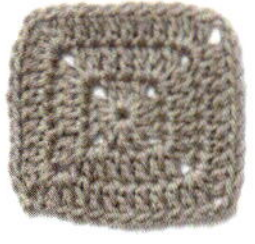

Palette 2: *Etwas dezenter wirkt eine Kombination aus Teilkomplementärfarben plus einer neutralen Farbe.*

ANALOGFARBEN

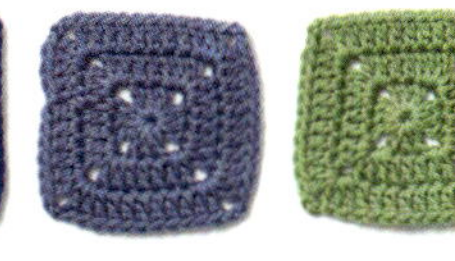
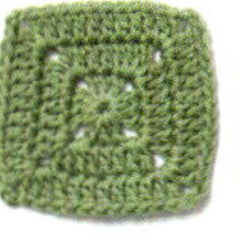
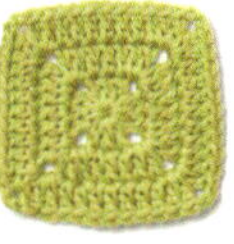
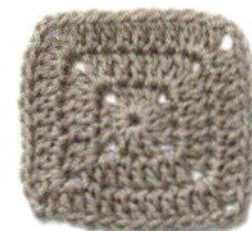
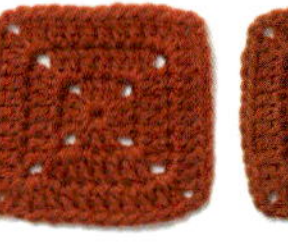
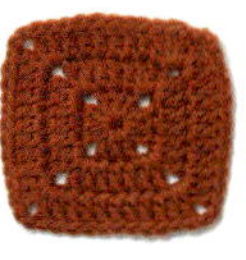
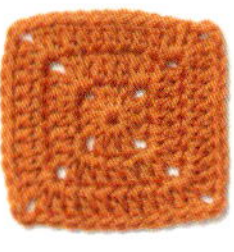
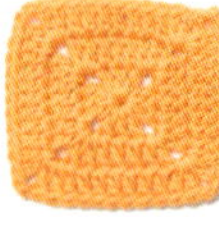
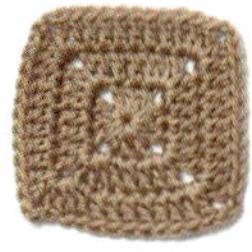

Palette 3 und 4: *Noch sanfter erscheinen Hauptfarben mit Analogfarben plus einer neutralen Farbe.*

MONOCHROMATISCH

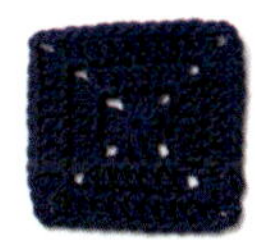
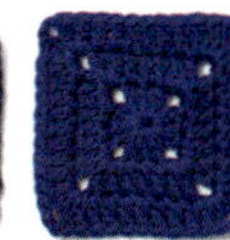
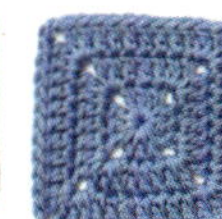
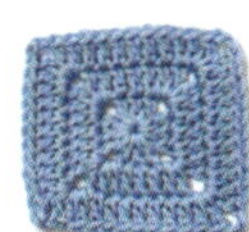

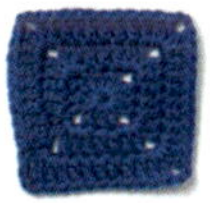
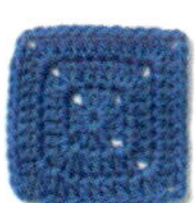
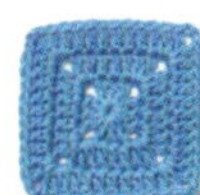
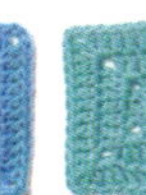
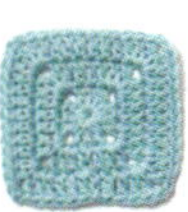
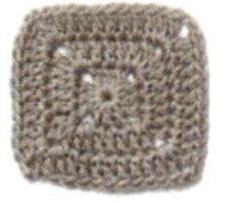

Palette 5 und 6: *Hauptfarben mit verschiedenen Tönungen und Schattierungen derselben Farbe wirken besonders ausgewogen.*

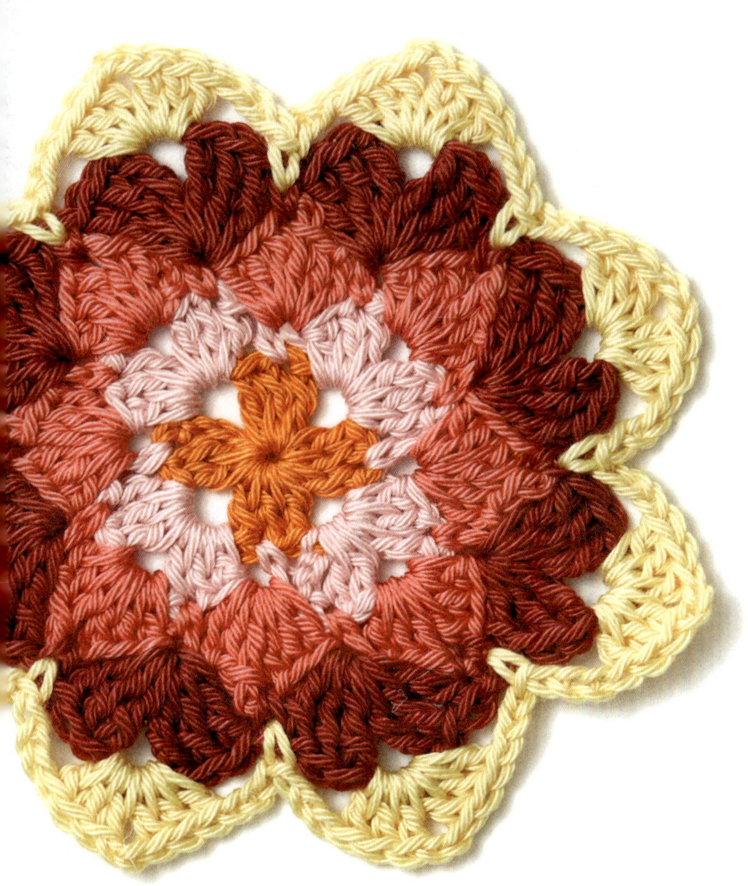

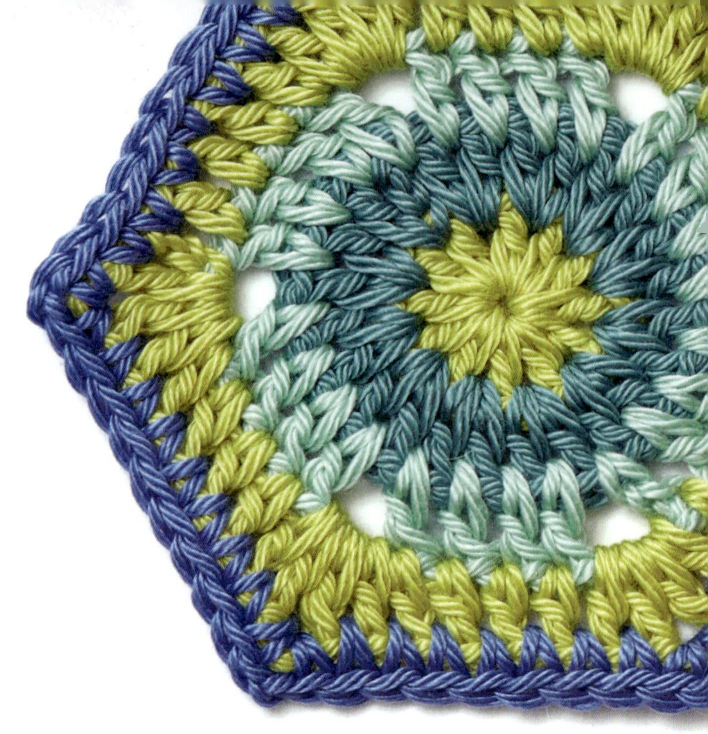

Farbauswahl-Tools

Es gibt verschiedene digitale Assistenten, die bei der Farbauswahl helfen können. Ich arbeite am liebsten mit den Apps Pantone Studio und Adobe Capture CC, mit denen man aus einem Foto, dessen Farbkomposition einem gefällt, Farben isolieren kann. Auf Farbgestaltung spezialisierte Webseiten wie Design Seeds bieten ebenfalls unzählige fertige Farbpaletten, zu denen man dann die passenden Garnfarben auswählen kann. Weitere Informationen: siehe Bezugsquellen Seite 155.

Tipps zur Farbauswahl

Sie sind sich bei der Farbauswahl immer noch unsicher? Vielleicht helfen Ihnen folgende Tipps & Tricks.

GARN MIT FARBVERLAUF

Sie können zunächst ein Knäuel Garn mit Farbverlauf kaufen. Sehr wahrscheinlich erhalten Sie damit eine ansprechende Farbkombination und können nun versuchen, die verschiedenen Farben einzeln zu bekommen. Dabei können Sie ruhig Garn verschiedener Hersteller mischen; die Garne sollten nur die gleiche Stärke und Zusammensetzung haben.

INSPIRATION IST ÜBERALL

Es heißt oft, etwas zu imitieren, sei die aufrichtigste Art zu schmeicheln. Inspirieren lasse ich mich nicht nur von der Farbauswahl anderer Häkel-und Strickdesignerinnen, sondern von der ganzen Welt. Wenn ich in den sozialen Medien wie Instagram und Pinterest Bilder mit ansprechenden Farbkombinationen entdecke, speichere ich sie ab. Auch Fotos von Farbzusammenstellungen in Schaufenstern und Regalen von Geschäften, im Produktdesign oder in der Natur verwende ich gern. Wenn Sie Ihr Auge für Farben schulen, werden Sie sehen, dass Inspirationsquellen fast überall zu finden sind.

KOMBINIEREN VON HAND

Auch wenn Sie es gern konkreter mögen, gibt es zahlreiche Möglichkeiten, bei der Farbauswahl für ein Modell zu experimentieren, ausgehend von Ihren vorhandenen Garnfarben. Ich verwende dazu Granny Squares, die ich in verschiedenen Unifarben aus meinen Lieblingsgarnen gehäkelt habe (z. B. Cascade Ultra Pima Cotton, aus der auch die in diesem Buch abgebildeten Motive gearbeitet sind), und kombiniere sie bis zur gewünschten Farbzusammenstellung. Man kann auch Garn um Wäscheklammern oder Pappstreifen wickeln und diese Farbmuster so lange verschieben, bis einem das Ergebnis gefällt.

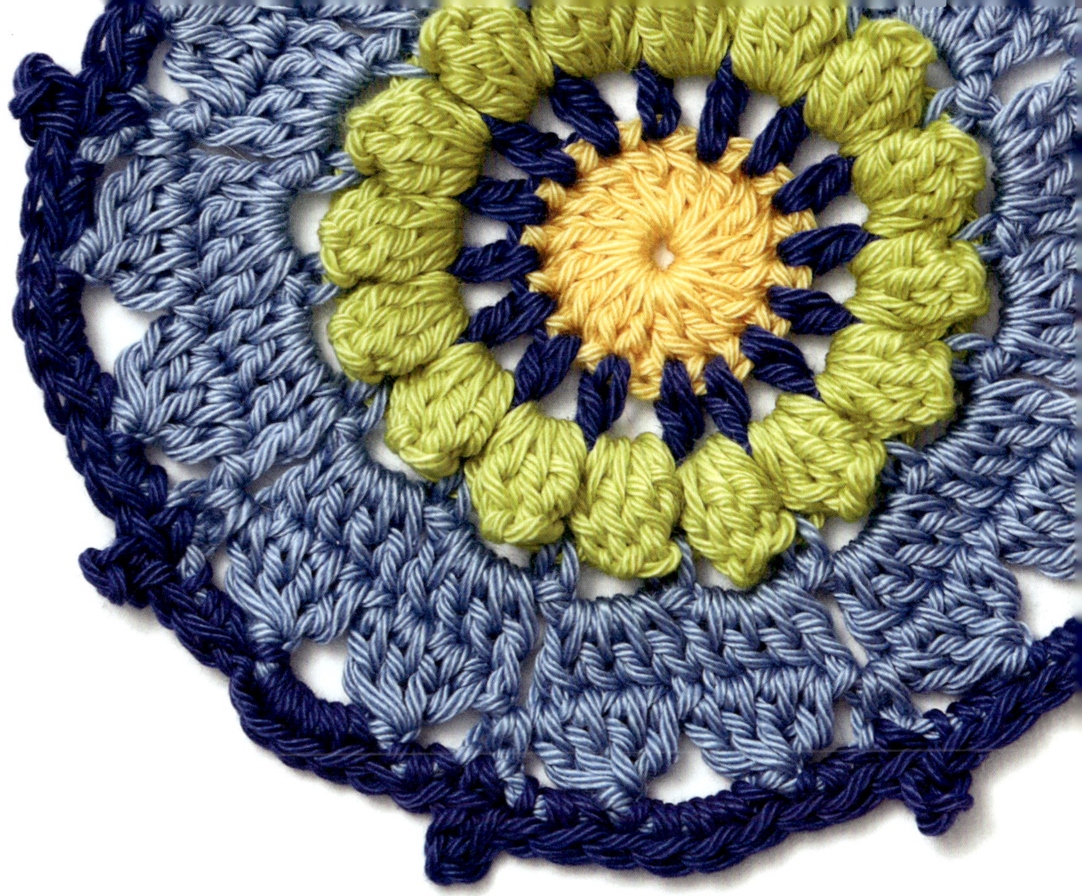

Wie viele Farben?

Gilt bei der Farbauswahl eher »weniger ist mehr« oder »mehr ist mehr«? Die Antwort: Es kommt immer auf das jeweilige Projekt an. Wie groß wird es, wie kompliziert ist das Muster und welche Wirkung möchten Sie erzielen? Lassen Sie mich dies näher erklären.

Wenn Sie ein großformatiges Modell häkeln, z. B. eine Decke, die aus einzelnen Motiven zusammengesetzt ist, ergeben weniger Farben ein minimalistischeres Design, sodass die Aufmerksamkeit auf die Struktur der Motive gelenkt wird. Bei mehr Farben richtet sich der Blick eher auf die Farbkomposition und das fertige Modell sticht oft mehr ins Auge.

Kleinere Arbeiten, etwa Kissenbezüge, können ebenfalls aus wenigen oder vielen Farben gehäkelt werden. Bedenken Sie jedoch, dass zu viele Farben an einem kleinen Modell leicht unruhig oder überladen wirken.

Das ideale Verhältnis zwischen der Komplexität des Musters und der Anzahl der Farben hängt also von der gewünschten Wirkung ab. Einfachere Motive und eine begrenzte Farbpalette ergeben klarere, ruhigere Linien. Wenige Farben an aufwändigeren Motiven betonen Muster und Struktur stärker, als wenn in jeder Runde die Farbe gewechselt wird. Möchten Sie hingegen, dass ein Modell durch eine Komposition vieler verschiedener Farben wirkt, wählen Sie besser ein schlichteres Motiv, damit die Farben besser zur Geltung kommen. Ich vermeide es, bei aufwändigen Motiven mit zu vielen Farben zu arbeiten, da mir dies einfach zu viel des Guten ist. Doch das ist Geschmackssache und mehr kann manchmal tatsächlich mehr sein!

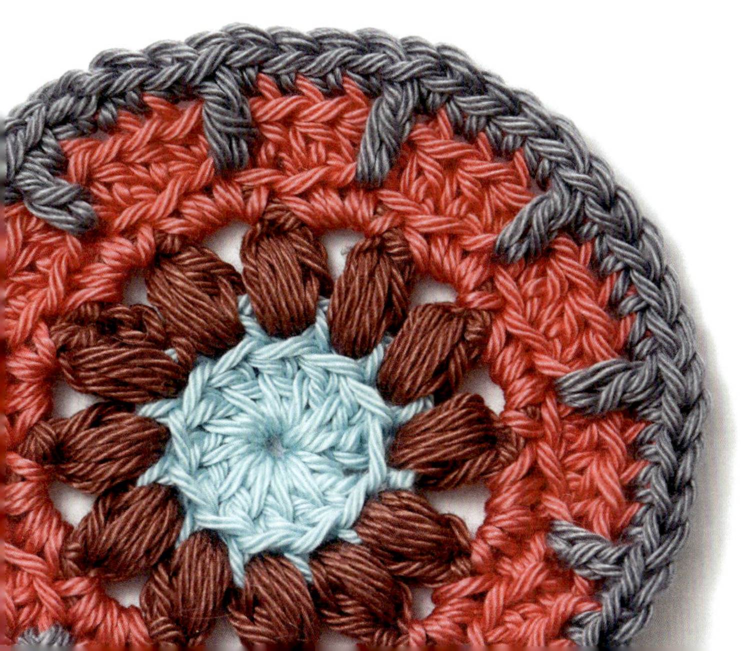

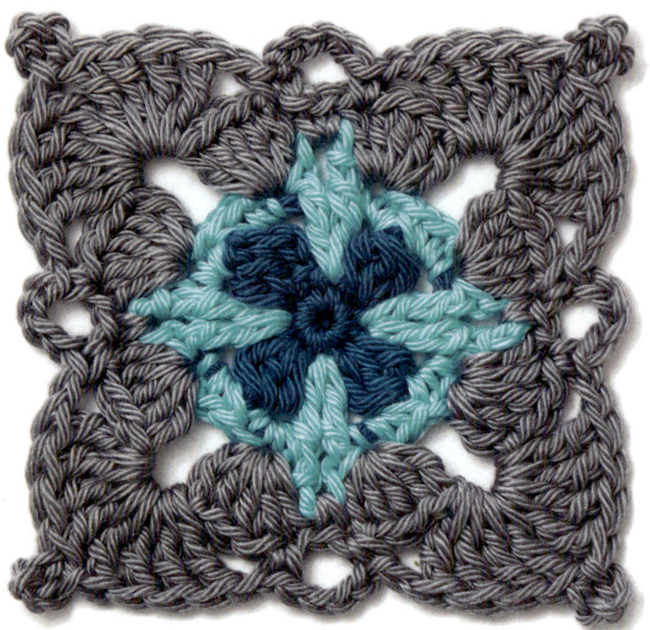
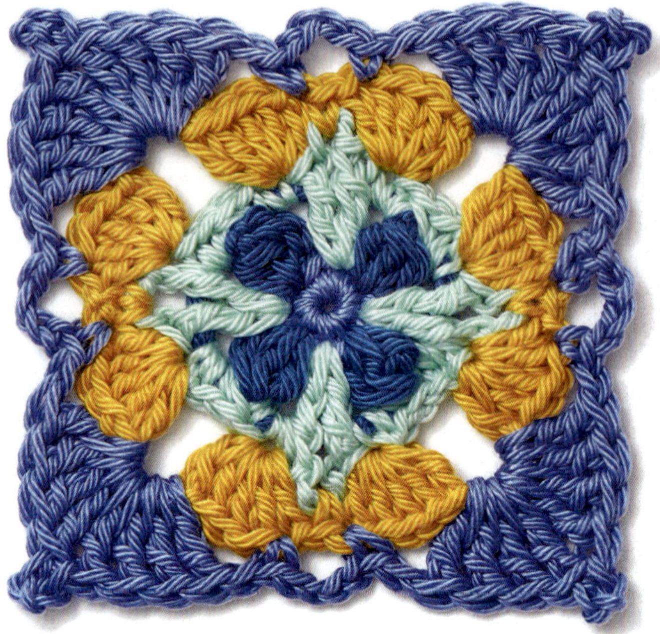

Die Farbfolge

Im Verlauf des Buches werden Sie sehen, dass der Anteil jeder Farbe und die Reihenfolge, in der die Farben in einem Motiv erscheinen, die Gesamtwirkung erheblich verändern können. Sie können damit experimentieren, Motive in einer einzigen Farbe oder in einer ganzen Regenbogenpalette zu häkeln. Ebenso können Sie aufeinanderfolgende Runden in einer Farbe arbeiten oder in jeder Runde die Farbe wechseln, je nachdem, welche Partien eines Motivs Sie betonen möchten. Die Alternativen, die ich in diesem Buch zur Farbauswahl angebe, können Sie als Basis für eigene Ideen und Experimente nutzen.

Bei der Auswahl der Farben kommt es nicht nur darauf an, wie die Farben innerhalb eines Motivs angeordnet werden sollen, sondern auch darauf, wie sie sich über das gesamte Modell verteilen. Vielleicht gefällt es Ihnen, wenn aneinandergefügte Motive grundsätzlich unterschiedliche Farben haben. Oder Sie arbeiten den Rand stets in derselben Farbe, sodass nach dem Zusammennähen die Mitte des Motivs betont wird. Bei manchen der gezeigten Motive entsteht durch die Farbfolge ein Effekt, der erst nach dem Zusammennähen aller Teile deutlich wird. Mit einer App für Fotocollagen können Sie ausprobieren, wie die Motive nach dem Zusammenfügen aussehen, ohne dass Sie diese alle häkeln müssen. Nehmen Sie ein exakt zugeschnittenes Foto des Motivs und fügen Sie es so oft wie nötig in die App ein, um beurteilen zu können, wie ein größeres Modell aussehen würde **(ABB. 1)**.

In Farbe häkeln

Häkeln ermöglicht es, sich nicht nur durch Muster und Modelle auszudrücken, sondern auch durch unzählige Farbkombinationen. Ob leuchtend bunt und auffällig oder sanft und dezent, die gewählte Farbpalette spiegelt Ihren persönlichen (Handarbeits-)Stil. Ich hoffe, das Herumspielen mit den Farben macht Ihnen beim Nacharbeiten der gezeigten Motive ebenso viel Spaß wie mir ihr Entwurf!

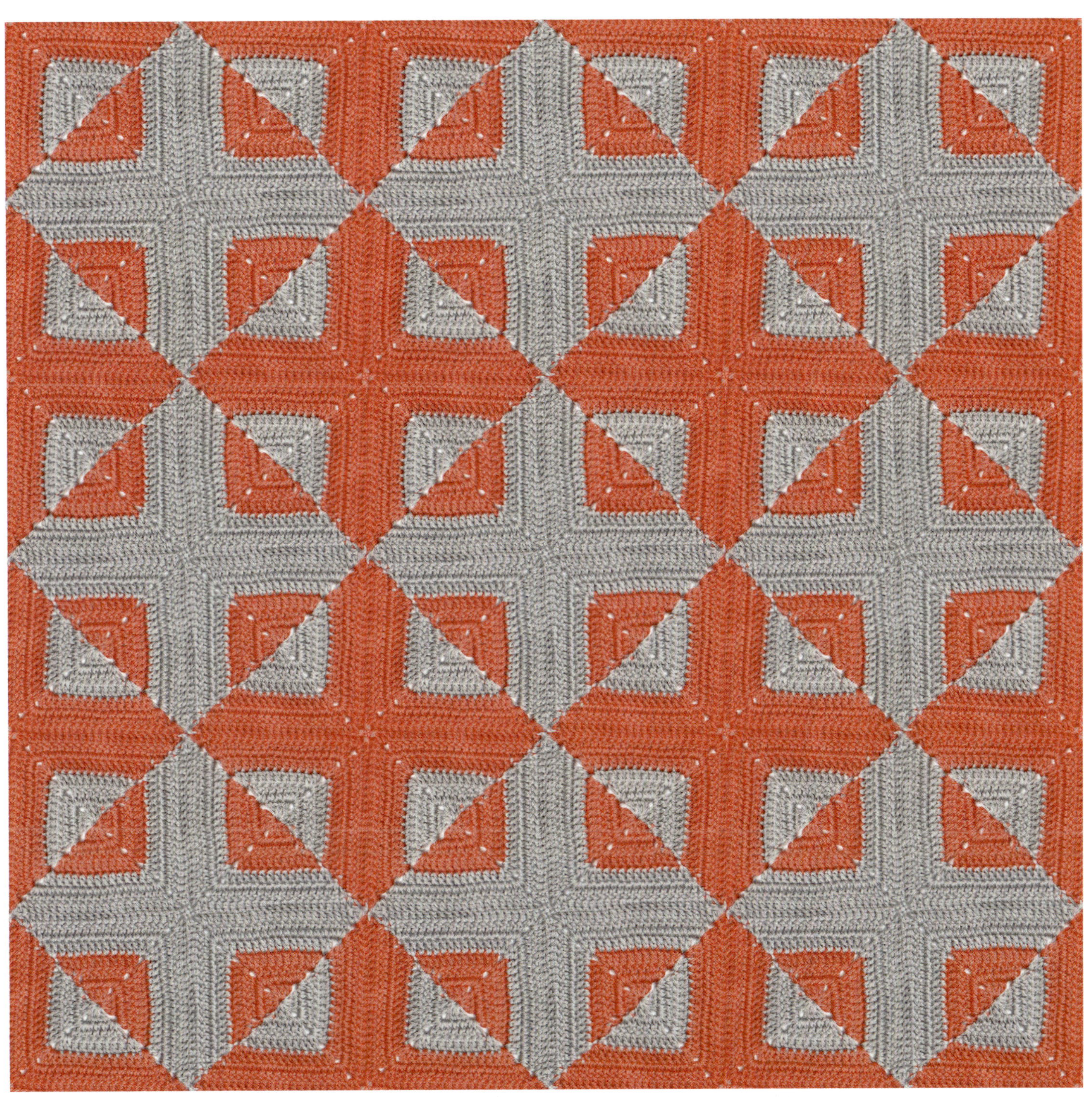

Abbildung 1: *Mit einer Collagen-App kann man ausprobieren, wie Farben und Form eines Motivs nach dem Zusammenfügen mehrerer Motive zu einer größeren Arbeit wirken würden.*

DIE MOTIVE: Kreise

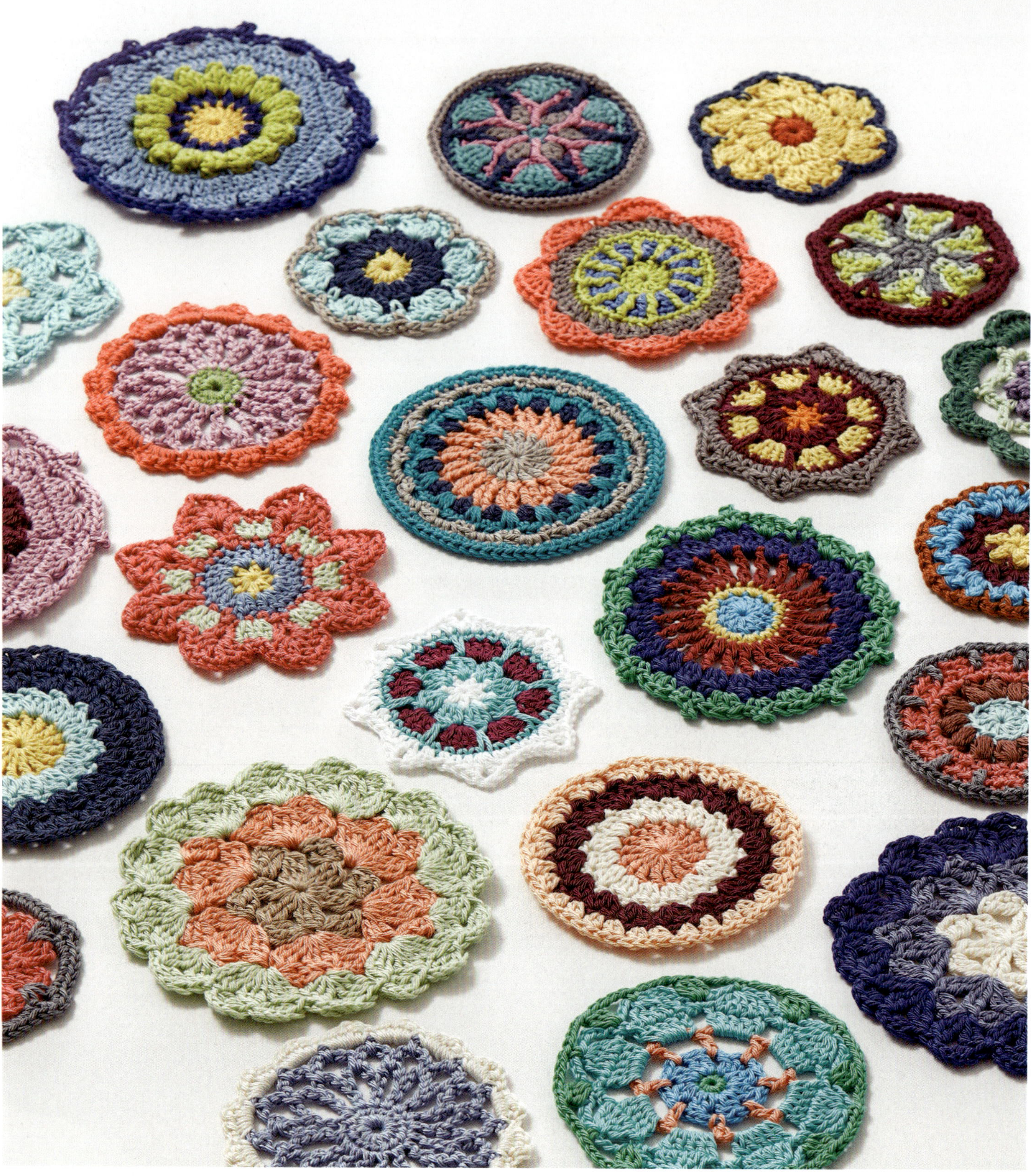

FERTIGE GRÖSSE
9 cm Durchmesser vor dem Spannen

HÄKELNADEL
4,0 mm

MASCHENPROBE
1.–3. Runde = 5,5 cm Durchmesser

FARBEN
(A) 3771 Paprika
(B) 3764 Sunshine
(C) 3793 Indigo Blue

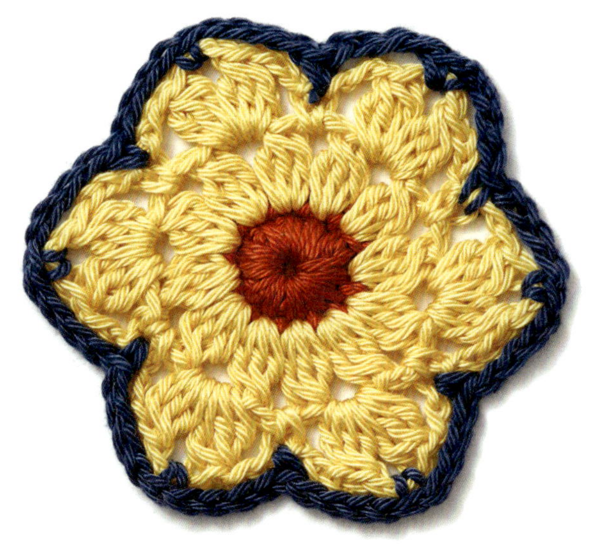

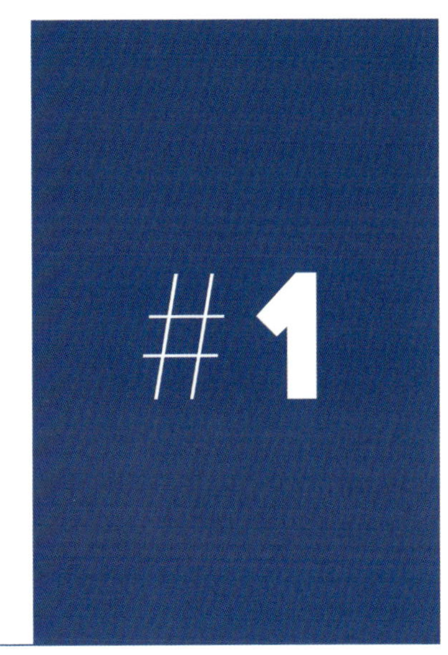

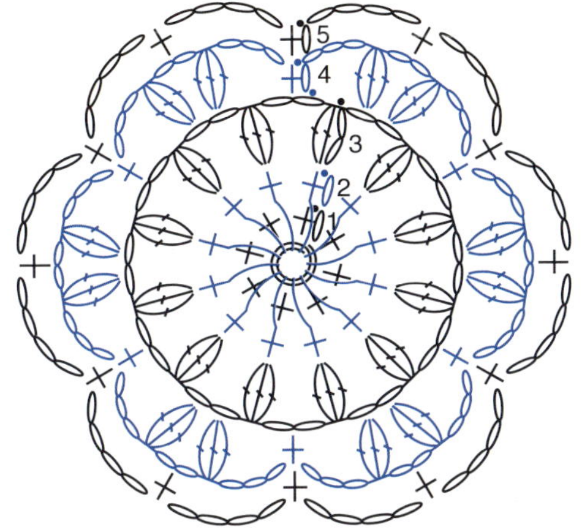

Anmerkungen

- 1 Anf-Lm zählt nie als Masche.
- Den Fadenring erst nach der 2. Rd festziehen.
- Die 4-Lm-Bg in der letzten Rd können Sie zum fortlaufenden Zusammenhäkeln (Join-as-you-go-Methode, JAYG) verwenden.
- Das Motiv kann durch Farbwechsel in verschiedenen Rd verändert werden. Wird in der 3. und 4. Rd dieselbe Fb verwendet, entsteht eine zusammenhängendere Blume.

In Fb A einen Fadenring legen.

1. Rd: 1 Anf-Lm, 8 fM in den Ring, Rd mit 1 Km in 1. fM schließen – 8 fM.

2. Rd: 1 Anf-Lm, über die M der 1. Rd hinweg 12 tfM in den Ring, Rd mit 1 Km in 1. fM schließen – 12 tfM. Fb A abm.

3. Rd: Mit 1 Km in beliebiger M Fb B anm, 2 Anf-Lm, 1 2er-BüStb in dies M (zählt als 1 3er-BüStb), 2 Lm, *1 3er-BüStb in folg M, 2 Lm; ab * fortl wh, Rd mit 1 Km in 1. 2er-BüStb schließen – 12 3er-BüStb, 12 2-Lm-Bg.

4. Rd: 1 Km in 1. 2-Lm-Bg, 1 Anf-Lm, *1 fM in 2-Lm-Bg, 3 Lm, (1 3er-BüStb, 2 Lm, 1 3er-BüStb) in folg 2-Lm-Bg, 3 Lm; ab * fortl wh, Rd mit 1 Km in 1. fM schließen – 6 fM, 12 3-Lm-Bg, 12 3er-BüStb, 6 2-Lm-Bg. Fb B abm.

5. Rd: Mit 1 Km in beliebiger fM Fb C anm, 1 Anf-Lm, *1 fM in fM, 4 Lm, 1 fM in 2-Lm-Bg, 4 Lm; ab * fortl wh, Rd mit 1 Km in 1. fM schließen – 12 fM, 12 4-Lm-Bg. Fb C abm.

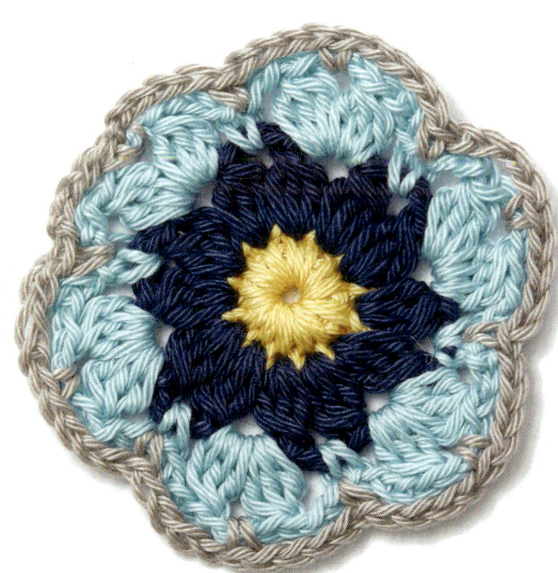

Alternative Farbfolge
(A) 3764 Sunshine (1. und 2. Rd)
(B) 3793 Indigo Blue (3. Rd)
(C) 3736 Ice (4. Rd)
(D) 3759 Taupe (5. Rd)

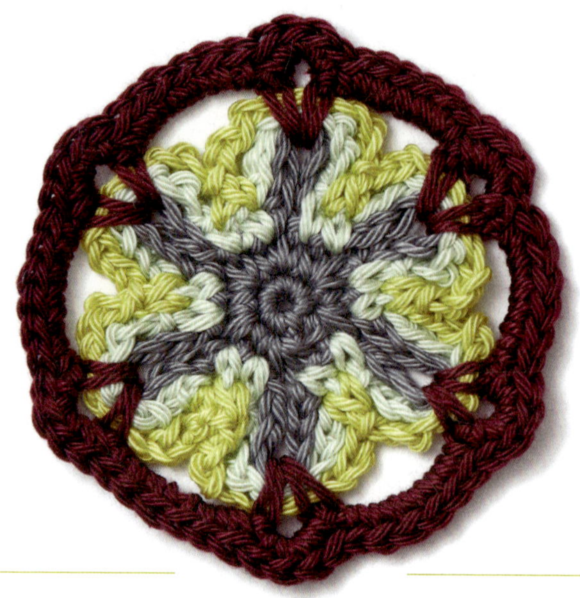

FERTIGE GRÖSSE
9 cm Durchmesser vor dem Spannen

HÄKELNADEL
4,0 mm

MASCHENPROBE
1.–3. Runde = 6,5 cm Durchmesser

FARBEN
(A) 3729 Grey
(B) 3760 Celery
(C) 3746 Chartreuse
(D) 3704 Syrah

Anmerkungen

- Stehende tiefgestochene fM mit einer Anfangsschlaufe auf der Nadel beginnen und die M wie gewohnt häkeln.
- 1 Anf-Lm zählt nie als Masche.
- Wird für die 2.–4. Rd dieselbe Farbe verwendet, sieht dieses Motiv aus wie eine Blüte mit Rand. Durch Farbwechsel in jeder dieser Runden wirkt es eher wie Glasmalerei.

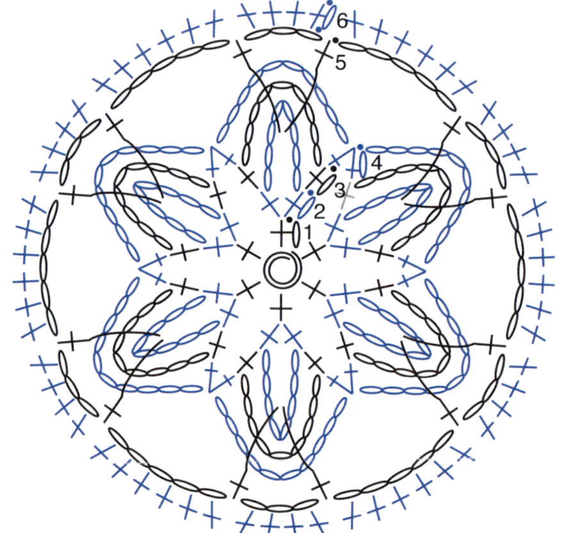

In Fb A einen Fadenring legen.

1. Rd: 1 Anf-Lm, 6 fM in den Ring, Rd mit 1 Km in 1. fM schließen – 6 fM.

2. Rd: 1 Anf-Lm, (1 fM, 8 Lm, 1 fM) fortl in jede M, Rd mit 1 Km in 1. fM schließen – 12 fM, 6 8-Lm-Bg. Fb A abm.

3. Rd: Mit 1 Km in dies M wie die Verbindungs-Km der Vor-Rd Fb B anm, 1 Anf-Lm, 1 fM in 1. fM, *9 Lm, folg 8-Lm-Bg ausl**, je 1 fM in folg 2 fM ab * fortl wh; letzte Wh bei ** beenden, 1 fM in letzte fM, Rd mit 1 Km in 1. fM schließen – 12 fM, 6 9-Lm-Bg. Fb B abm.

4. Rd: Mit 1 Km in die 1. M rechts der Verbindungs-Km Fb C anm, 1 Anf-Lm, 2 fM zus über dies und die folg M, 10 Lm, folg 9-Lm-Bg ausl *2 fM zus über folg 2 M, 10 Lm, folg 9-Lm-Bg ausl; ab * fortl wh, Rd mit 1 Km in 1. 2fM-zus schließen – 6 2fM-zus, 6 10-Lm-Bg. Fb C abm.

5. Rd: Mit einer stehenden tfM um die Mitte der Lm-Bg der 2., 3. und 4. Rd Fb D anm, 3 Lm, 1 tfM um dies Lm-Bg, *5 Lm**, (1 tfM, 3 Lm, 1 tfM) um das folg Set von Lm-Bg der 2., 3. und 4. Rd; ab * fortl wh, letzte Wh bei ** beenden, Rd mit 1 Km in 1. tfM schließen – 12 tfM, 6 3-Lm-Bg, 6 5-Lm-Bg.

6. Rd: 1 Km in folg 3-Lm-Bg, 1 Anf-Lm, *4 fM in 3-Lm-Bg, 6 fM in folg 5-Lm-Bg; ab * fortl wh, Rd mit 1 Km in 1. fM schließen – 60 fM. Fb D abm.

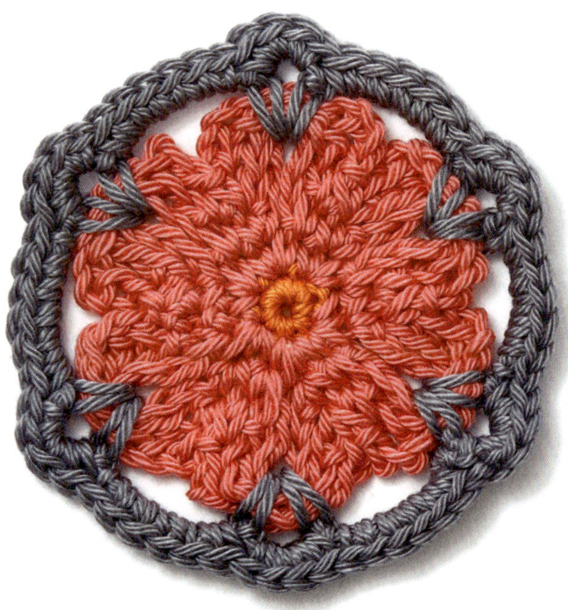

FERTIGE GRÖSSE
14 cm Durchmesser vor dem Spannen

HÄKELNADEL
4,0 mm

MASCHENPROBE
1.–3. Runde = 10 cm Durchmesser

FARBEN
(A) 3718 Natural
(B) 3805 Colony Blue
(C) 3725 Cobalt

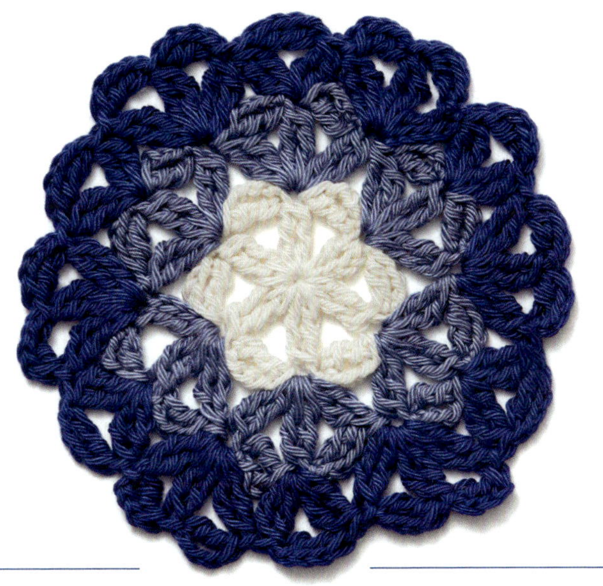

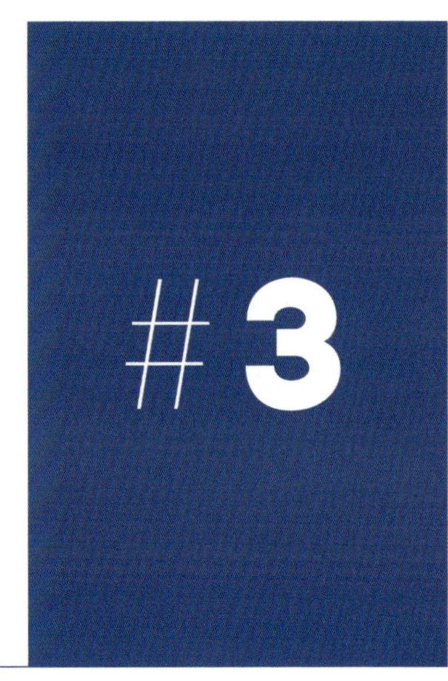

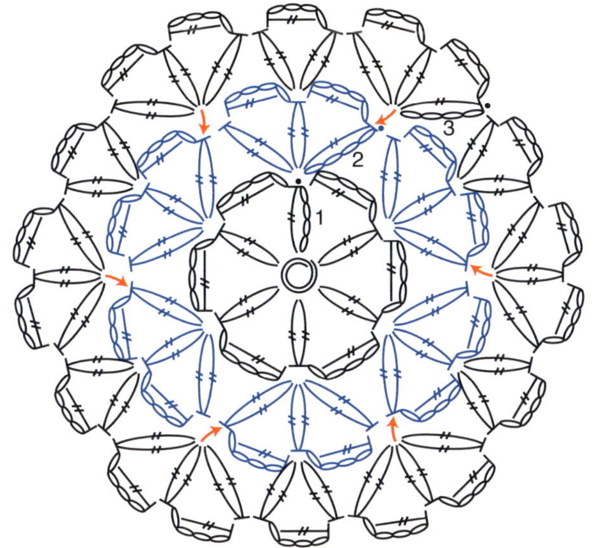

Anmerkung

- Das uhMg (unteres hMg) der Lm ist hier die unterste Schlaufe der Lm (im Unterschied zum vMg und hMg oben an der Lm), in die von hinten eingestochen wird.

In Fb A einen Fadenring legen.

1. Rd: 4 Anf-Lm, 1 DStb in den Ring (zählt stets als 1 2er-BüDStb), 4 Lm, 1 DStb in uhMg der 4. Lm ab der Nadel, 5x (1 2er-BüDStb, 4 Lm, 1 DStb in uhMg der 4. Lm ab der Nadel) in den RingRd mit 1 Km in 1. DStb schließen – 6 2er-BüDStb, 6 4-Lm-Bg, 6 DStb. Fb A abm.

2. Rd: Mit 1 Km in beliebigem 2er-BüDStb Fb B anm, (4 Anf-Lm, 1 DStb, 2x [4 Lm, 1 DStb in uhMg der 4. Lm ab der Nadel, 1 2er-BüDStb]) in dies M, (1 2er-BüDStb, 2x [4 Lm, 1 DStb in uhMg der 4. Lm ab der Nadel, 1 2er-BüDStb]) fortl in jedes 2er-BüDStb, Rd mit 1 Km in 1. DStb schließen – 18 2er-BüDStb, 12 4-Lm-Bg, 12 DStb. Fb B abm.

3. Rd: Mit 1 Km in dies M wie die Verbindungs-Km der Vor-Rd Fb C anm, (4 Anf-Lm, 1 DStb, 2x [4 Lm, 1 DStb in uhMg der 4. Lm ab der Nadel, 1 2er-BüDStb] in dies M, *folg (4 Lm, 1 DStb) ausl, (1 2er-BüDStb, 4 Lm, 1 DStb in uhMg der 4. Lm ab der Nadel, 1 2er-BüDStb) in folg 2er-BüDStb, folg (4 Lm, 1 DStb, 1 2er-BüDStb) ausl**, (1 2er-BüDStb, 2x (4 Lm, 1 DStb in uhMg der 4. Lm ab der Nadel, 1 2er-BüDStb) in folg 2er-BüDStb; ab * fortl wh, letzte Wh bei ** beenden, Rd mit 1 Km in 1. DStb schließen – 30 2er-BüDStb, 18 4-Lm-Bg, 18 DStb. Fb C abm.

◀ ***Alternative Farbfolge für Motiv 2***
(A) 3750 Tangerine (1. Rd)
(B) 3802 Honeysuckle (2.–4. Rd)
(C) 3729 Grey (5. und 6. Rd)

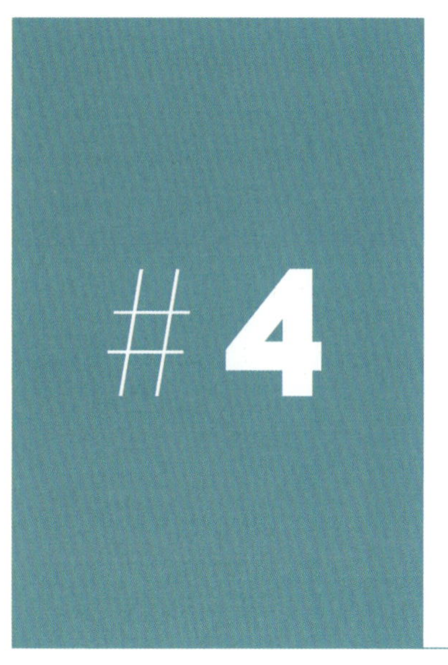

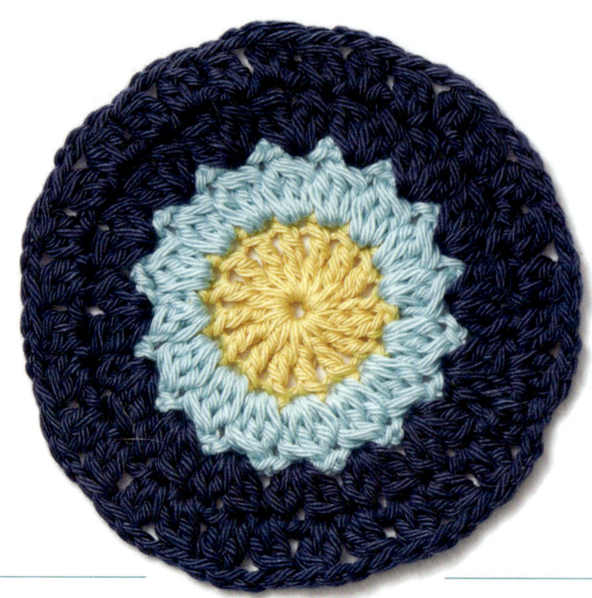

FERTIGE GRÖSSE
11,5 cm Durchmesser vor dem Spannen

HÄKELNADEL
4,0 mm

MASCHENPROBE
1.–3. Runde = 9 cm Durchmesser

FARBEN
(A) 3764 Sunshine
(B) 3736 Ice
(C) 3805 Colony Blue

In Fb A einen Fadenring legen.

1. Rd: 4 Anf-Lm (zählen als 1 DStb), 15 DStb in den Ring, Rd mit 1 Km in oberste Anf-Lm schließen – 16 DStb. Fb A abm.

2. Rd: Mit 1 Km in beliebiger M Fb B anm, 2 Anf-Lm, 1 2er-BüStb in dies M (zählt als 1 3er-BüStb), 2 Lm, (1 3er-BüStb, 2 Lm) fortl in jede M, Rd mit 1 Km in 1. 2er-BüStb schließen – 16 3er-BüStb, 16 2-Lm-Bg. Fb B abm.

3. Rd: Mit 1 Km in beliebigem 3er-BüStb Fb C anm, 2 Anf-Lm, 1 Stb in dies M (zählt stets als 1 2er-BüStb), 2 Lm, 1 2er-BüStb in dies M, (1 2er-BüStb, 2 Lm, 1 2er-BüStb) fortl in jedes 3er-BüStb, Rd mit 1 Km in 1. Stb schließen – 32 2er-BüStb, 16 2-Lm-Bg.

4. Rd: 2 Anf-Lm, 1 Stb in dies M, *1 2er-BüStb in folg 2er-BüStb, 2 Lm**, 1 2er-BüStb in folg 2er-BüStb; ab * fortl wh, letzte Wh bei ** beenden, Rd mit 1 Km in 1. Stb schließen – 32 2er-BüStb, 16 2-Lm-Bg. Fb C abm.

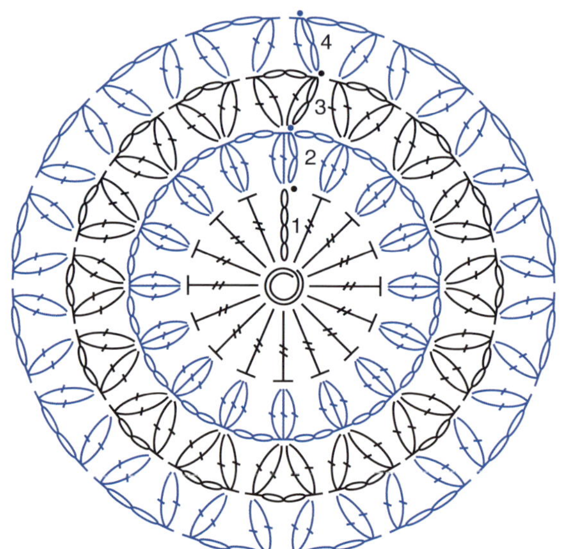

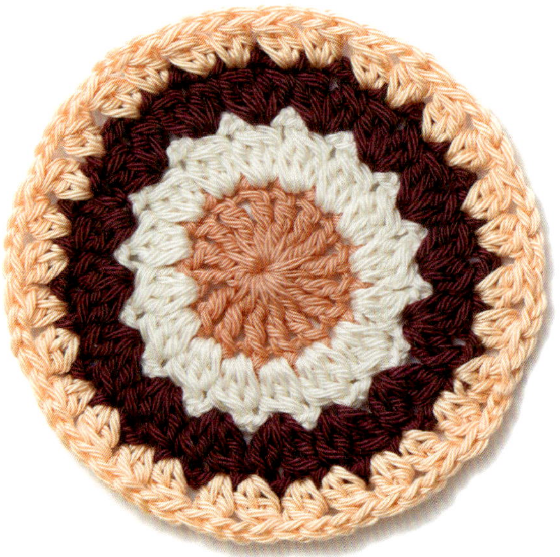

Alternative Farbfolge
(A) 3752 Coral (1. Rd)
(B) 3718 Natural (2. Rd)
(C) 3704 Syrah (3. Rd)
(D) 3753 White Peach (4. Rd)

FERTIGE GRÖSSE
8,5 cm Durchmesser vor dem Spannen

HÄKELNADEL
4,0 mm

MASCHENPROBE
1.–3. Runde = 5 cm Durchmesser

FARBEN
(A) 3764 Sunshine
(B) 3704 Syrah
(C) 3732 Aqua
(D) 3771 Paprika

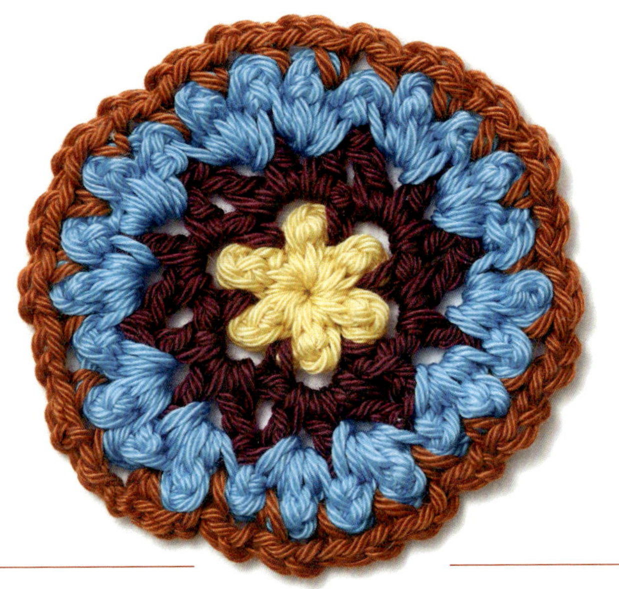

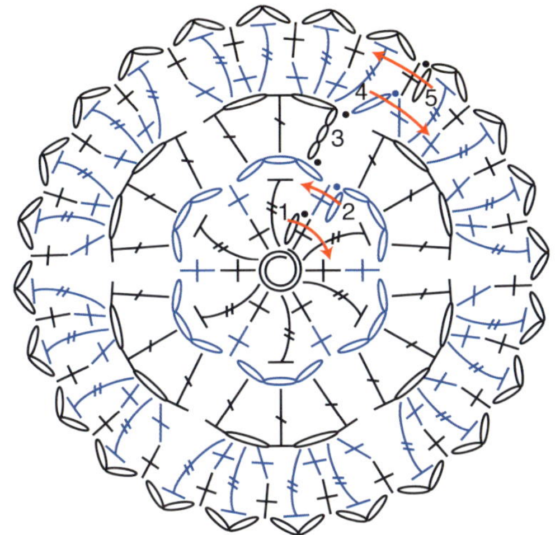

Anmerkungen

- 1 Anf-Lm zählt nie als Masche.
- Die Rd mit DStb werden in diesem Motiv von der Rückseite (Rück-Rd) gearbeitet. Auf der Vorderseite treten sie dadurch plastisch hervor.

In Fb A einen Fadenring legen.

1. Rd (Rück-Rd): 1 Anf-Lm, 6x (1 fM, 1 DStb) in den Ring, Rd mit 1 Km in 1. fM schließen, wenden – 6 fM, 6 DStb. Fb A abm.

2. Rd (Hin-Rd): Mit 1 Km in beliebiger M Fb B anm, 1 Anf-Lm, 1 fM in 1. fM, *3 Lm, folg DStb ausl**, 1 fM in folg fM; ab * fortl wh, letzte Wh bei ** beenden, Rd mit 1 Km in 1. fM schließen – 6 fM, 6 3-Lm-Bg.

3. Rd (Hin-Rd): 1 Km in folg 3-Lm-Bg, 4 Anf-Lm (zählen als 1 Stb, 1 Lm), (1 Stb, 1 Lm, 1 Stb) in dens Lm-Bg, (1 Stb, 1 Lm, 1 Stb, 1 Lm, 1 Stb) fortl in jeden 3-Lm-Bg, Rd mit 1 Km in 3. Anf-Lm schließen, wenden – 18 Stb, 12 1-Lm-Bg. Fb B abm.

4. Rd (Rück-Rd): Mit 1 Km in beliebigem 1-Lm-Bg Fb C anm, 1 Anf-Lm, (1 fM, 1 DStb, 1 fM, 1 DStb) fortl in jeden 1-Lm-Bg, Rd mit 1 Km in 1. fM schließen, wenden – 24 fM, 24 DStb. Fb C abm.

5. Rd (Hin-Rd): Mit 1 Km beliebiger fM Fb D anm, 1 Anf-Lm, (1 fM, 2 Lm) fortl in jede fM, Rd mit 1 Km in 1. fM schließen – 24 fM, 24 2-Lm-Bg. Fb D abm.

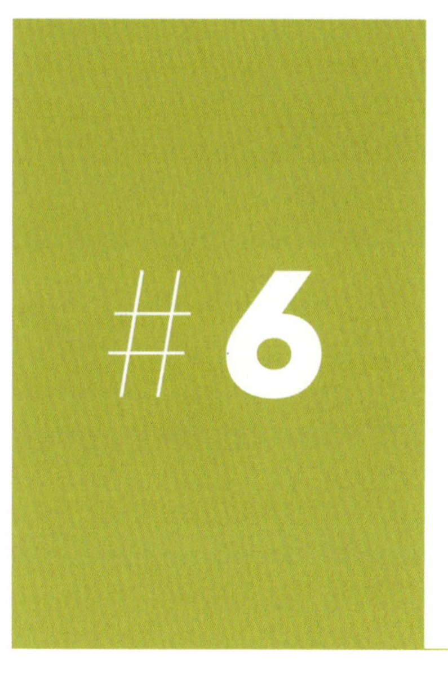

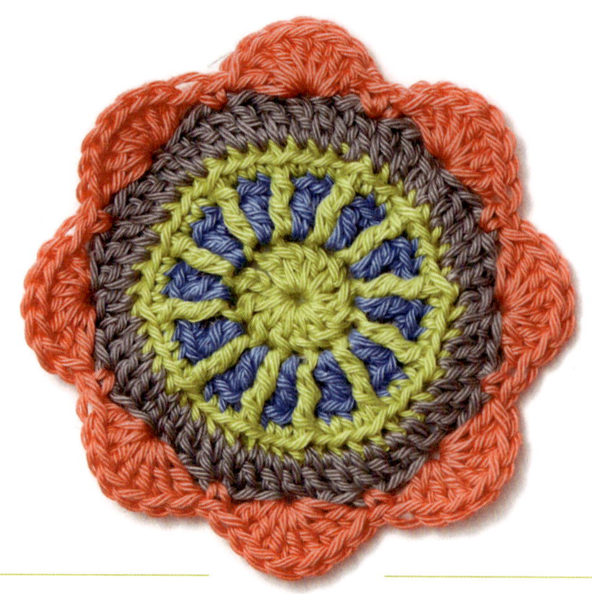

FERTIGE GRÖSSE
11 cm Durchmesser vor dem Spannen

HÄKELNADEL
4,0 mm

MASCHENPROBE
1.–3. Runde = 5 cm Durchmesser

FARBEN
(A) 3746 Chartreuse
(B) 3798 Suede
(C) 3726 Periwinkle
(D) 3767 Deep Coral

Anmerkung

- Bei diesem Motiv werden einige M in Mehrlagentechnik (Overlaytechnik) gehäkelt. Für die überlagerten M arbeitet man einige Rd in das hMg, dann werden noch M durch Häkeln in das vMg »darübergelegt«. Bei dieser Technik lässt man die Masche(n) der darunterliegenden Rd mal aus, mal nicht, je nach Anleitung. Wenn nicht anders vermerkt, wird jede Rd mit einer »unsichtbaren Verbindung« beendet (siehe Glossar)

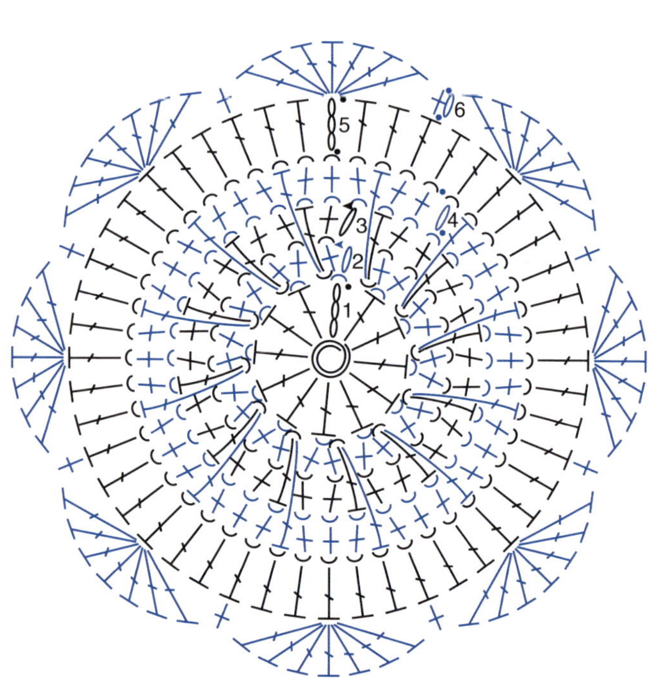

In Fb A einen Fadenring legen.

1. Rd: 3 Anf-Lm (zählen stets als 1 Stb), 11 Stb in den Ring, Rd mit 1 Km in oberste Anf-Lm schließen – 12 Stb. Fb A abm.

2. Rd: Diese Rd nur in hMg arbeiten. Mit 1 Km in beliebiger M Fb B anm, 1 Anf-Lm (zählt als 1 fM), 1 fM in dies M, 2 fM fortl in jede M, unsichtbare Verbindung in 2. fM – 24 fM. Fb B abm.

3. Rd: Wenn nicht anders angegeben, diese Rd nur in hMg arbeiten. Mit 1 Km in beliebigem 2-Lm-Bg Fb C anm, 1 Anf-Lm (zählt als 1 fM), 1 fM in folg M, *1 Stb in verbleibendes vMg der entsprechenden Folge-M der 1. Rd, in der 3. Rd keine M ausl**, je 1 fM in folg 2 M; ab * fortl wh, letzte Wh bei ** beenden, unsichtbare Verbindung in 2. fM – 24 fM, 12 Stb. Fb C abm.

4. Rd: Wenn nicht anders angegeben, diese Rd nur in hMg arbeiten. Mit 1 Km in 1. fM einer beliebigen 2-fM-Gruppe Fb A anm, 1 Anf-Lm (zählt als 1 fM), je 1 fM in folg 2 M, *1 DStb in vMg der entsprechenden Folge-M der 1. Rd (links des Stb der 3. Rd), in der 4. Rd keine M ausl**, je 1 fM in folg 3 M; ab * fortl wh, letzte Wh bei ** beenden, unsichtbare Verbindung in 2. fM – 36 fM, 12 DStb. Fb A abm.

5. Rd: Diese Rd nur in hMg arbeiten. Mit 1 Km in beliebiger M Fb B anm, 3 Anf-Lm, 1 Stb fortl in jede M, Rd mit 1 Km in oberste A

6. Rd: Mit 1 Km in beliebigem 2-Lm-Bg Fb D anm, 1 Anf-Lm (zählt nicht als M), 1 fM in 1. M, *2 M ausl, 7 Stb in folg M, 2 M ausl**, 1 fM in folg M; ab * fortl wh, letzte Wh bei ** beenden, Rd mit 1 Km in 1. fM schließen – 8 fM, 56 Stb. Fb D abm.

FERTIGE GRÖSSE
12 cm Durchmesser vor dem Spannen

HÄKELNADEL
4,0 mm

MASCHENPROBE
1.–3. Runde = 9 cm Durchmesser

FARBEN
(A) 3764 Sunshine
(B) 3772 Cornflower
(C) 3802 Honeysuckle
(D) 3760 Celery

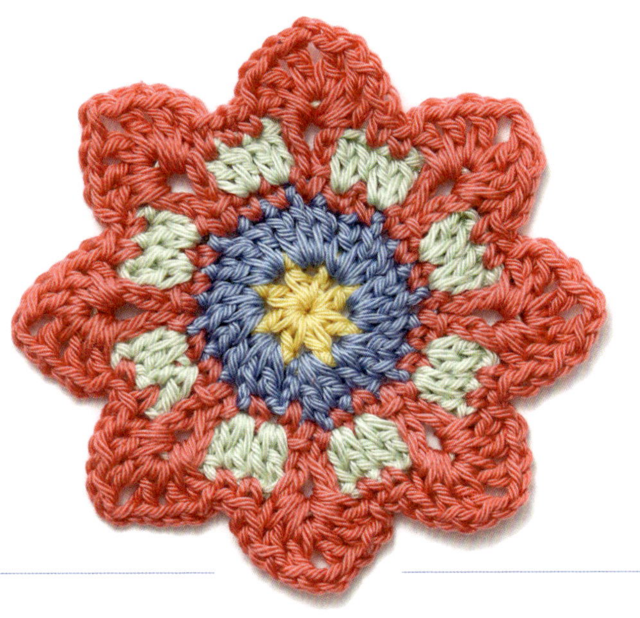

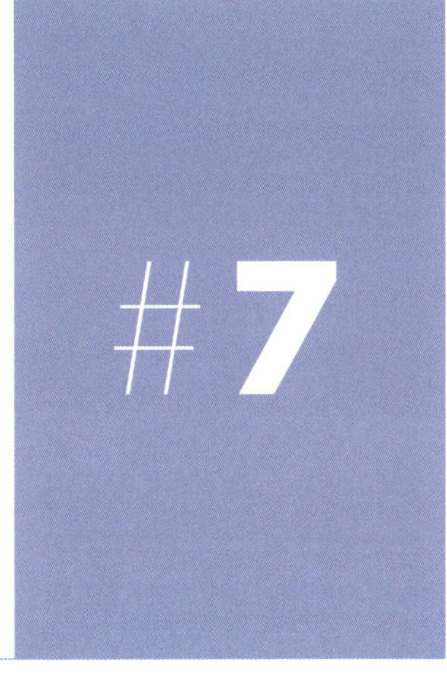

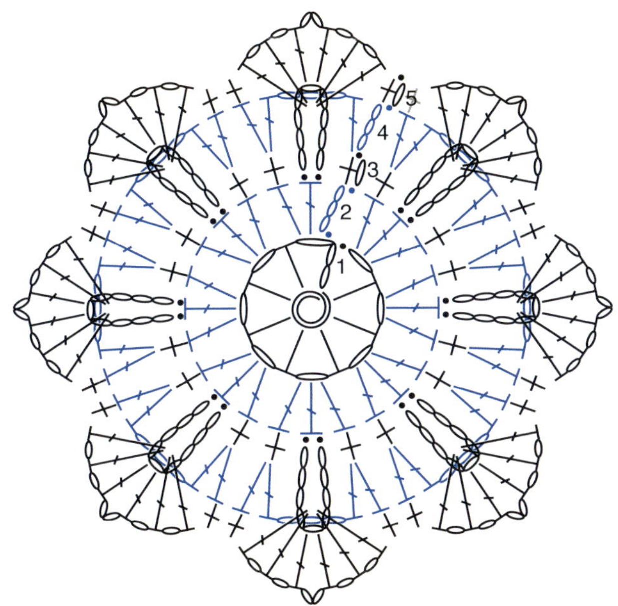

Anmerkungen

- 1 Anf-Lm zählt nie als Masche.
- Wird für die 3. und 5. Rd dieselbe Farbe verwendet, sieht es aus, als wären sie verbunden.

In Fb A einen Fadenring legen.

1. Rd: 3 Anf-Lm (zählen als 1 hStb, 1 Lm), 7x (1 hStb, 1 Lm) in den Ring, Rd mit 1 Km in 2. Anf-Lm schließen – 8 hStb, 8 1-Lm-Bg. Fb A abm.

2. Rd: Mit 1 Km in beliebigem 1-Lm-Bg Fb B anm, 3 Anf-Lm (zählen als 1 Stb), 2 Stb in dens Lm-Bg, 3 Stb fortl in jeden 1-Lm-Bg, Rd mit 1 Km in oberste Anf-Lm schließen – 24 Stb. Fb B abm.

3. Rd: Mit 1 Km in 1. Stb einer beliebigen 3-Stb-Gruppe Fb C anm, 1 Anf-Lm, 1 fM in 1. M, *(1 Km, 9 Lm, 1 Km) in folg M**, je 1 fM in folg 2 M; ab * fortl wh, letzte Wh bei ** beenden, 1 fM in folg M, Rd mit 1 Km in 1. fM schließen – 16 fM, 16 Km, 8 9-Lm-Bg. Fb C abm.

4. Rd: Mit 1 Km in dies M wie die Verbindungs-Km der Vor-Rd Fb D anm, 3 Anf-Lm (zählen als 1 Stb), 1 Stb in dies M, *3 Lm hinter dem 9-Lm-Bg der 3. Rd**, je 2 Stb in folg 2 fM; ab * fortl wh, letzte Wh bei ** beenden, 2 Stb in folg fM, Rd mit 1 Km in oberste Anf-Lm schließen – 32 Stb, 8 3-Lm-Bg. Fb D abm.

5. Rd: Mit 1 Km in dies M wie die Verbindungs-Km der Vor-Rd Fb C anm, 1 Anf-Lm, 1 fM in 1. M, *1 M ausl, (1 Stb, 1 Lm, 1 Stb, 1 Lm) um 9-Lm-Bg der 3. Rd und 3-Lm-Bg der 4. Rd, (1 Stb, 2 Lm, 1 Stb, 1 Lm) nur um 9-Lm-Bg der 3. Rd, (1 Stb, 1 Lm, 1 Stb) um 9-Lm-Bg der 3. Rd und 3-Lm-Bg der 4. Rd, 1 M ausl**, je 1 fM in folg 2 M; ab * fortl wh, letzte Wh bei ** beenden, 1 fM in folg M, Rd mit 1 Km in 1. fM schließen – 16 fM, 48 Stb, 32 1-Lm-Bg, 8 2-Lm-Bg. Fb C abm.

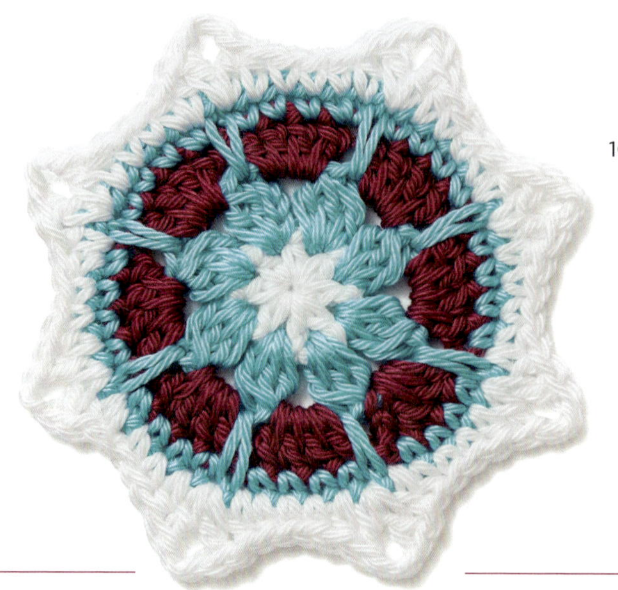

FERTIGE GRÖSSE
10 cm Durchmesser vor dem Spannen

HÄKELNADEL
4,0 mm

MASCHENPROBE
1.–3. Runde = 6,5 cm Durchmesser

FARBEN
(A) 3728 White
(B) 3775 Cool Mint
(C) 3703 Magenta

Anmerkungen

- 1 Anf-Lm zählt nie als Masche.
- Wird für die 2. und 4. Rd dieselbe Farbe verwendet, wirkt das Motiv einheitlicher.

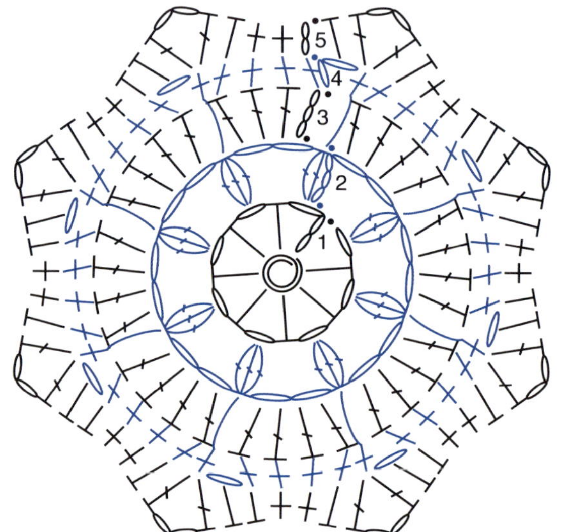

In Fb A einen Fadenring legen.

1. Rd: 3 Anf-Lm (zählen als 1 hStb, 1 Lm), 7x (1 hStb, 1 Lm) in den Ring, Rd mit 1 Km in 2. Anf-Lm schließen – 8 hStb, 8 1-Lm-Bg. Fb A abm.

2. Rd: Mit 1 Km in beliebigem 1-Lm-Bg Fb B anm, 3 Anf-Lm, 1 2er-BüStb in dens Lm-Bg (zählt als 1 3er-BüStb), 2 Lm, (1 3er-BüStb, 2 Lm) fortl in jeden 1-Lm-Bg, Rd mit 1 Km in 1. 2er-BüStb schließen – 8 3er-BüStb, 8 2-Lm-Bg. Fb B abm.

3. Rd: Mit 1 Km in beliebigem 2-Lm-Bg Fb C anm, 3 Anf-Lm (zählen als 1 Stb), 3 Stb in dens Lm-Bg, 4 Stb fortl in jeden 2-Lm-Bg, Rd mit 1 Km in oberste Anf-Lm schließen – 32 Stb. Fb C abm.

4. Rd: Mit 1 Km in dies M wie die Verbindungs-Km der Vor-Rd Fb B anm, 1 Anf-Lm, je 1 fM in erste 4 M, *1 tfM in das entsprechende folg 3er-BüStb der 2. Rd, 1 Lm**, je 1 fM in folg 4 M; ab * fortl wh, letzte Wh bei ** beenden, Rd mit 1 Km in 1. fM schließen – 32 fM, 8 tfM, 8 1-Lm-Bg. Fb B abm.

5. Rd: Mit 1 Km in dies M wie die Verbindungs-Km der Vor-Rd Fb A anm, 2 Anf-Lm (zählen als 1 hStb), *je 1 fM in folg 2 M, 1 hStb in folg M, (1 Stb, 2 Lm, 1 Stb) in folg M, 1 hStb in folg 1-Lm-Bg**, 1 hStb in folg M; ab * fortl wh, letzte Wh bei ** beenden, Rd mit 1 Km in oberste Anf-Lm schließen – 16 Stb, 24 hStb, 16 fM, 8 2-Lm-Bg. Fb A abm.

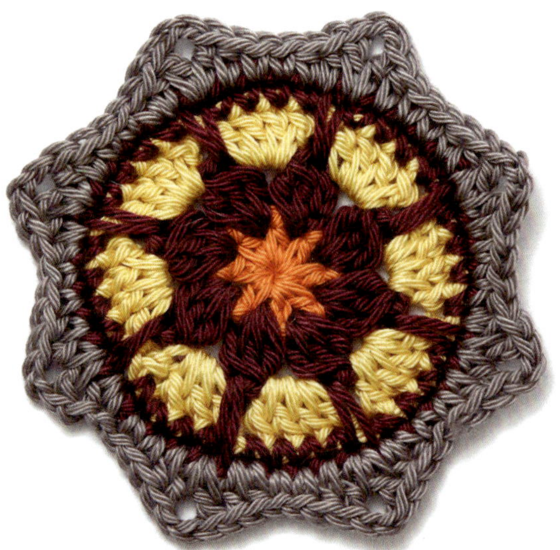

Alternative Farbfolge
(A) 3750 Tangerine (1. Rd)
(B) 3704 Syrah (2. und 4. Rd)
(C) 3764 Sunshine (3. Rd)
(D) 3798 Suede (5. Rd)

FERTIGE GRÖSSE
9 cm Durchmesser vor dem Spannen

HÄKELNADEL
4,0 mm

MASCHENPROBE
1.–3. Runde = 5,5 cm Durchmesser

FARBEN
(A) 3736 Ice
(B) 3792 Brick
(C) 3802 Honeysuckle
(D) 3729 Grey

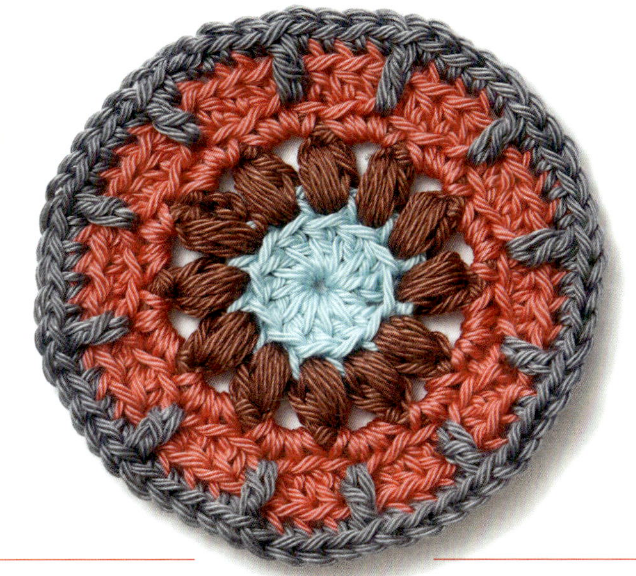

Anmerkungen

- 1 Anf-Lm zählt nie als Masche.
- Wird in einer Rd in das hMg gehäkelt, kann in einer Folge-Rd in das frei gebliebene vMg gearbeitet werden.
- Bei diesem Motiv werden einige M in Mehrlagen-Technik (Overlay-Technik) gehäkelt. Für die überlagerten M arbeitet man einige Rd in das hMg, dann werden zusätzliche M durch Häkeln in das vMg »darübergelegt«. Bei dieser Technik lässt man die Masche(n) der darunterliegenden Rd manchmal aus, manchmal nicht. Dies wird in der Anleitung angegeben. Wenn nicht anders vermerkt, wird jede Rd mit einer »unsichtbaren Verbindung« beendet (siehe Glossar).

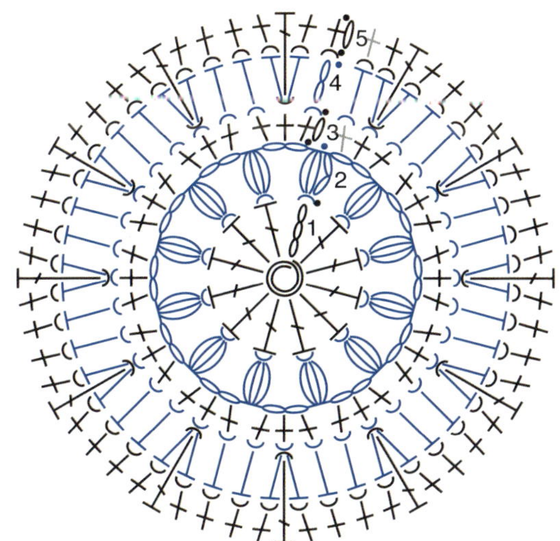

In Fb A einen Fadenring legen.

1. Rd: 3 Anf-Lm (zählen als 1 Stb), 11 Stb in den Ring, Rd mit 1 Km in oberste Anf-Lm schließen – 12 Stb. Fb A abm.

2. Rd: Diese Rd nur in hMg arbeiten. Mit 1 Km in beliebiger M Fb B anm, 1 Anf-PuffM in 1. M, 2 Lm, (1 PuffM, 2 Lm) fortl in jede M, Rd mit 1 Km in Anf-PuffM schließen – 12 PuffM, 12 2-Lm-Bg. Fb B abm.

3. Rd: Mit 1 Km in beliebigem 2-Lm-Bg Fb C anm, 1 Anf-Lm, 3 fM fortl in jeden 2-Lm-Bg, Rd mit 1 Km in 1. fM schließen – 36 fM.

4. Rd: Diese Rd nur in hMg arbeiten. 2 Anf-Lm (zählen als 1 hStb), *2 hStb in folg M**, je 1 hStb in folg 2 M fortl wh, letzte Wh bei ** beenden, 1 hStb in letzte M, Rd mit 1 Km in oberste Anf-Lm schließen – 48 hStb. Fb C abm.

5. Rd: Wenn nicht anders angegeben, diese Rd nur in hMg arbeiten. Mit 1 Km in dies M wie die Verbindungs-Km der Vor-Rd Fb D anm, 1 Anf-Lm, je 1 fM in erste 2 M, *1 Stb in vMg der entsprechenden folg fM der 3. Rd (mittlere fM einer 3fM-Gruppe), in der 5. Rd keine M ausl**, je 1 fM in folg 4 M; ab * fortl wh, letzte Wh bei ** beenden, Rd mit 1 Km in 1. fM schließen – 48 fM, 12 Stb. Fb D abm.

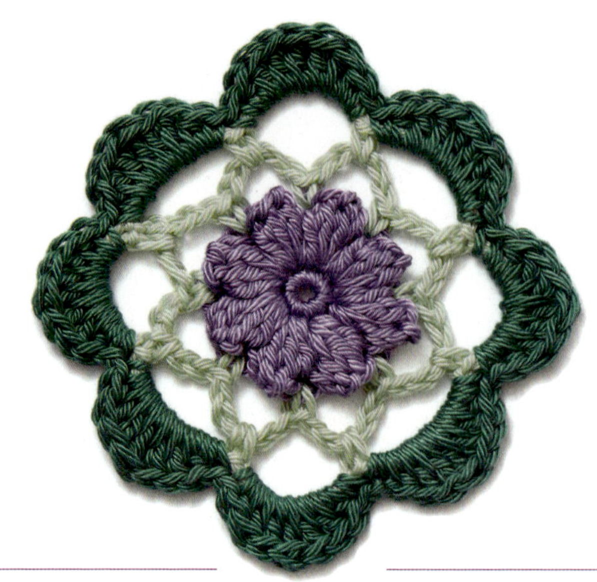

FERTIGE GRÖSSE
10 cm Durchmesser vor dem Spannen

HÄKELNADEL
4,0 mm

MASCHENPROBE
1.–3. Runde = 6,5 cm Durchmesser

FARBEN
(A) 3778 Lavender
(B) 3760 Celery
(C) 3761 Juniper

Anmerkungen

- 1 Anf-Lm zählt nie als Masche.
- Die 3. Rd endet mit (2 Lm, 1 Stb), die als 5-Lm-Bg zählen. So liegen die M besser für den Anf der folg Rd.

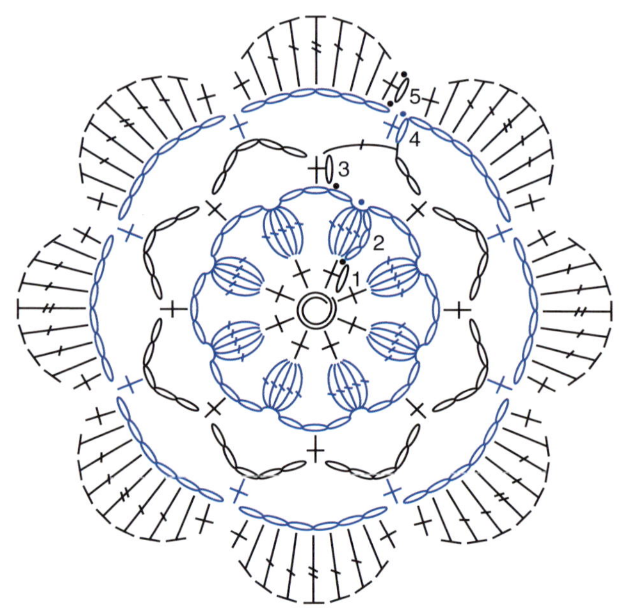

In Fb A einen Fadenring legen.

1. Rd: 1 Anf-Lm, 8 fM in den Ring, Rd mit 1 Km in 1. fM schließen – 8 fM.

2. Rd: 1 Anf-PopcM, 3 Lm, (1 PopcM, 3 Lm) fortl in jede M, Rd mit 1 Km in Anf-PopcM schließen – 8 PopcM, 8 3-Lm-Bg. Fb A abm.

3. Rd: Mit 1 Km in beliebigem 3-Lm-Bg Fb B anm, 1 Anf-Lm, 1 fM in dens Lm-Bg, (5 Lm, 1 fM) fortl in jeden 3-Lm-Bg, Rd mit 2 Lm, 1 Stb in 1. fM schließen (zählen als 5-Lm-Bg) – 8 fM, 8 5-Lm-Bg.

4. Rd: 1 Anf-Lm, (1 fM, 6 Lm) fortl in jeden 5-Lm-Bg, Rd mit 1 Km in 1. fM schließen – 8 fM, 8 6-Lm-Bg. Fb B abm.

5. Rd: Mit 1 Km in beliebigem 6-Lm-Bg Fb C anm, 1 Anf-Lm, (1 fM, 1 hStb, 2 Stb, 1 DStb, 2 Stb, 1 hStb, 1 fM) fortl in jeden 6-Lm-Bg, Rd mit 1 Km in 1. fM schließen – 16 fM, 16 hStb, 32 Stb, 8 DStb. Fb C abm.

Alternative Farbfolge für Motiv 11 ▶
(A) 3748 Buttercup (1. Rd)
(B) 3725 Cobalt (2. und 7. Rd)
(C) 3746 Chartreuse (3. Rd)
(D) 3722 Cornflower (4.–6. Rd)

FERTIGE GRÖSSE
14 cm Durchmesser vor dem Spannen

HÄKELNADEL
4,0 mm

MASCHENPROBE
1.–3. Runde = 7,5 cm Durchmesser

FARBEN
(A) 3704 Syrah
(B) 3710 Orchid

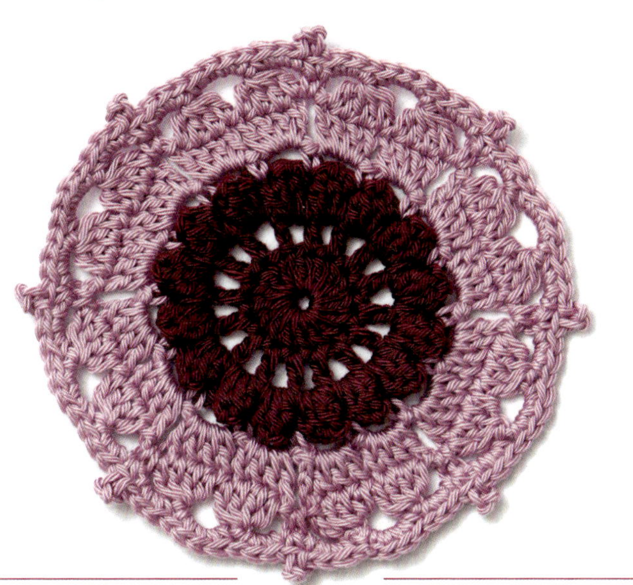

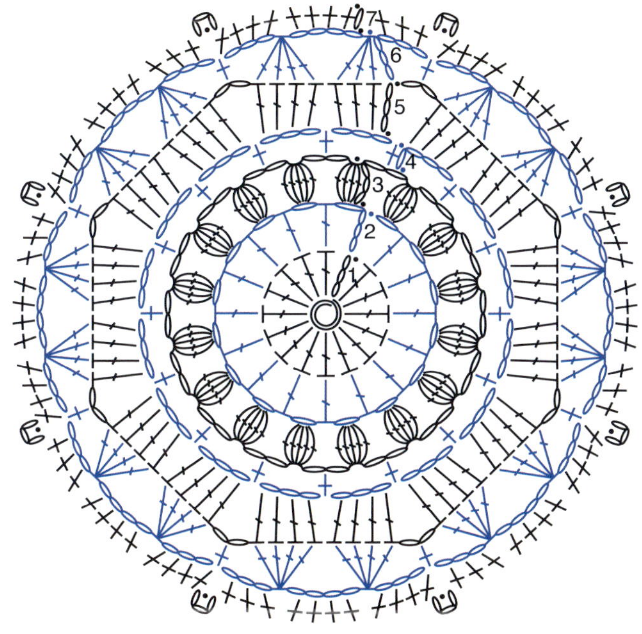

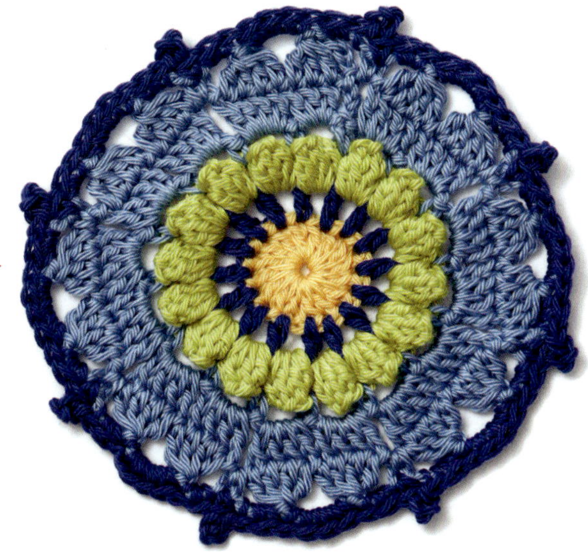

Anmerkung

- 1 Anf-Lm zählt nie als Masche.

In Fb A einen Fadenring legen.

1. Rd: 3 Anf-Lm (zählen stets als 1 Stb), 15 Stb in den Ring, Rd mit 1 Km in oberste Anf-Lm schließen – 16 Stb.

2. Rd: 4 Anf-Lm (zählen als 1 Stb, 1 Lm), (1 Stb, 1 Lm) fortl in jede M, Rd mit 1 Km in 3. Anf-Lm schließen – 16 Stb, 16 1-Lm-Bg.

3. Rd: 1 Km in folg 1-Lm-Bg, 1 Anf-PopcM, 2 Lm, (1 PopcM, 2 Lm) fortl in jeden 1-Lm-Bg, Rd mit 1 Km in Anf-PopcM schließen – 16 PopcM, 16 2-Lm-Bg. Fb A abm.

4. Rd: Mit 1 Km in beliebigem 2-Lm-Bg Fb B anm, 1 Anf-Lm, (1 fM, 3 Lm) fortl in jeden 2-Lm-Bg, Rd mit 1 Km in 1. fM schließen – 16 fM, 16 3-Lm-Bg.

5. Rd: 1 Km in folg 3-Lm-Bg, 3 Anf-Lm, 3 Stb in dens Lm-Bg, *4 Stb in folg 3-Lm-Bg, 2 Lm**, 4 Stb in folg 3-Lm-Bg; ab * fortl wh, letzte Wh bei ** beenden, Rd mit 1 Km in oberste Anf-Lm schließen – 64 Stb, 8 2-Lm-Bg.

6. Rd: 3 Anf-Lm, 3 Stb zus über folg 3 M (zählt als 4 Stb zus), *4 Lm, 4 Stb zus über folg 4 M, 3 Lm, 1 fM in folg 2-Lm-Bg, 3 Lm**, 4 Stb zus über folg 4 M; ab * fortl wh, letzte Wh bei ** beenden, Rd mit 1 Km in 1. 3-Stb-zus schließen – 16 4-Stb-zus, 8 4-Lm-Bg, 16 3-Lm-Bg, 8 fM.

7. Rd: 1 Km in folg 4-Lm-Bg, 1 Anf-Lm, *4 fM in 4-Lm-Bg, 3 fM in folg 3-Lm-Bg, (1 fM, 1 P) in folg fM, 3 fM in folg 3-Lm-Bg; ab * fortl wh, Rd mit 1 Km in 1. fM schließen – 88 fM, 8 P. Fb B abm.

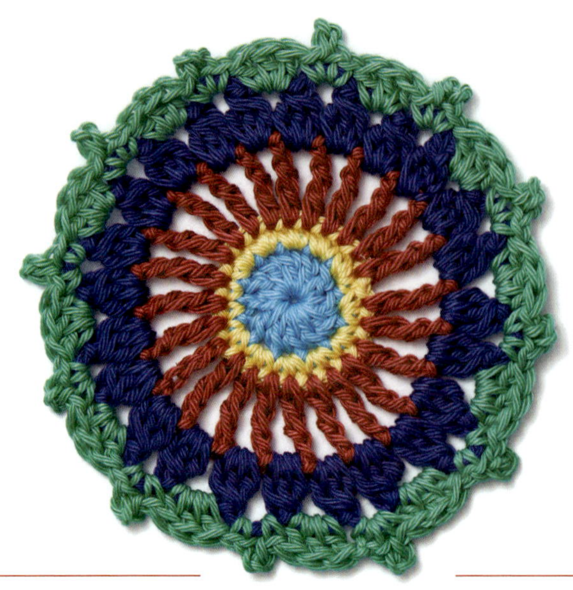

FERTIGE GRÖSSE
12,5 cm Durchmesser vor dem Spannen

HÄKELNADEL
4,0 mm

MASCHENPROBE
1.–3. Runde = 7,5 cm Durchmesser

FARBEN
(A) 3732 Aqua
(B) 3764 Sunshine
(C) 3701 Cranberry
(D) 3725 Cobalt
(E) 3738 Spearmint

Anmerkung

- 1 Anf-Lm zählt nie als Masche.

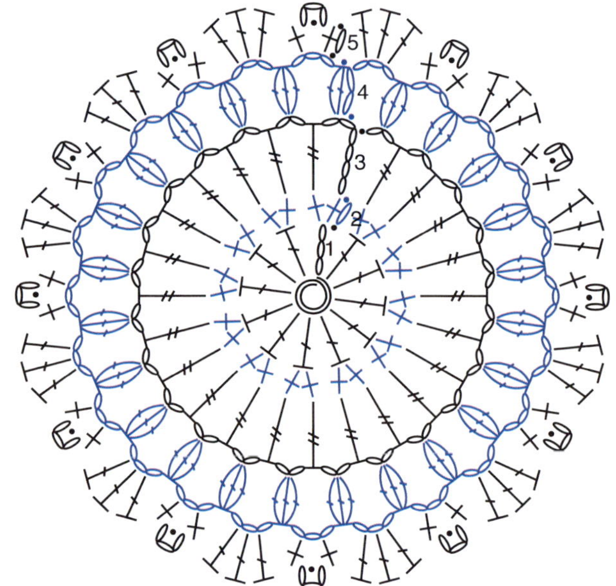

In Fb A einen Fadenring legen.

1. Rd: 3 Anf-Lm (zählen als 1 Stb), 11 Stb in den Ring, Rd mit 1 Km in oberste Anf-Lm schließen – 12 Stb. Fb A abm.

2. Rd: Mit 1 Km in beliebiger M Fb B anm, 1 Anf-Lm, 2 fM fortl in jede M, Rd mit 1 Km in 1. fM schließen – 24 fM. Fb B abm.

3. Rd: Mit 1 Km in beliebiger M Fb C anm, 6 Anf-Lm (zählen als 1 DStb, 2 Lm), (1 DStb, 2 Lm) fortl in jede M, Rd mit 1 Km in 4. Anf-Lm schließen – 24 DStb, 24 2-Lm-Bg. Fb C abm.

4. Rd: Mit 1 Km in beliebigem 2-Lm-Bg Fb D anm, 2 Anf-Lm, 1 2er-BüStb in dens Lm-Bg (zählt als 1 3er-BüStb), 3 Lm, (1 3er-BüStb, 3 Lm) fortl in jeden 2-Lm-Bg, Rd mit 1 Km in 1. 2er-BüStb schließen – 24 3er-BüStb, 24 3-Lm-Bg. Fb D abm.

5. Rd: Mit 1 Km in beliebigem 3-Lm-Bg Fb E anm, 1 Anf-Lm, *(1 fM, 1 P, 1 fM) in 3-Lm-Bg, 3 Stb in folg 3-Lm-Bg; ab * fortl wh, Rd mit 1 Km in 1. fM schließen – 24 fM, 12 P, 36 Stb. Fb E abm.

FERTIGE GRÖSSE
11,5 cm Durchmesser vor dem Spannen

HÄKELNADEL
4,0 mm

MASCHENPROBE
1.–3. Runde = 7 cm Durchmesser von Picot zu Picot

FARBEN
(A) 3743 Yellow Rose
(B) 3736 Ice

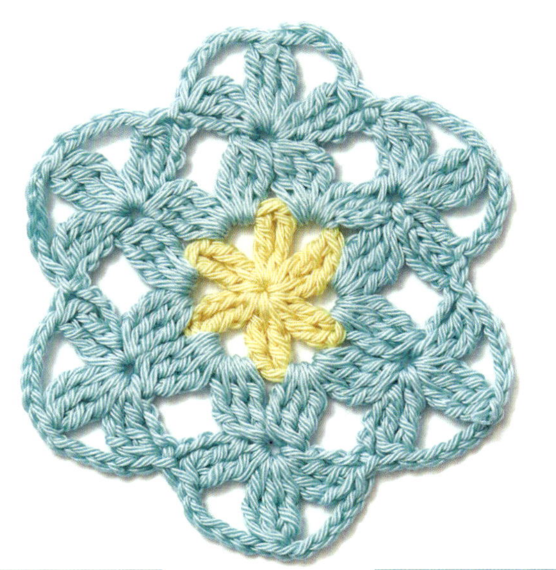

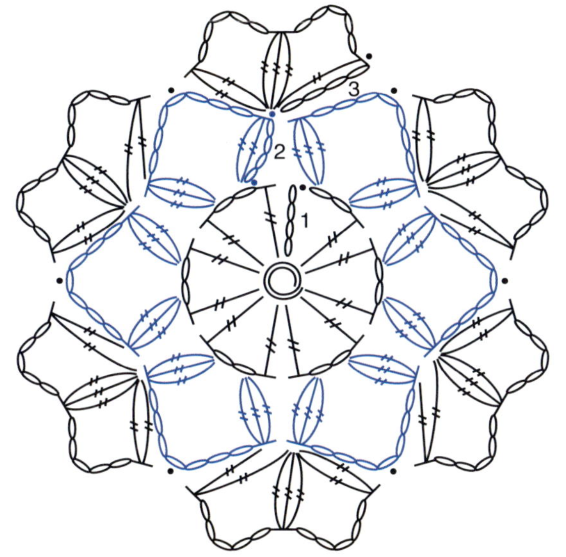

Anmerkung

- Durch Verwenden derselben Farbe für die 2. und 3. Runde entstehen die äußeren »Blumen« dieses Motivs.

In Fb A einen Fadenring legen.

1. Rd: 4 Anf-Lm (zählen als 1 DStb), 1 DStb in den Ring, 2 Lm, 5x (2 DStb, 2 Lm) in den Ring, Rd mit 1 Km in oberste Anf-Lm schließen – 12 DStb, 6 2-Lm-Bg. Fb A abm.

2. Rd: Mit 1 Km in beliebigem 2-Lm-Bg Fb B anm, 4 Anf-Lm, 1 2er-BüDStb in dens Lm-Bg (zählt als 1 3er-BüDStb), 7 Lm, 1 3er-BüDStb in dens Lm-Bg, (1 3er-BüDStb, 7 Lm, 1 3er-BüDStb) fortl in jeden 2-Lm-Bg, Rd mit 1 Km in 1. 2er-BüDStb schließen – 12 3er-BüDStb, 6 7-Lm-Bg.

3. Rd: 4 Anf-Lm, 1 DStb in dies M (zählt als 2 DStb zus), (5 Lm, 1 3er-BüDStb, 5 Lm, 1 2er-BüDStb) in dies M, *1 Km in die mittlere Lm des folg 7-Lm-Bg**, 2 DStb zus über folg 2 3er-BüDStb, 5 Lm, (1 3er-BüDStb, 5 Lm, 1 2er-BüDStb) in dies M wie das 2. der eben gearbeiteten 2-DStb-zus; ab * fortl wh, letzte Wh bei ** beenden, Rd mit 1 Km in 1. DStb schließen – 6 2-DStb-zus, 6 2er-BüDStb, 6 3er-BüDStb, 12 5-Lm-Bg, 6 Km. Fb B abm.

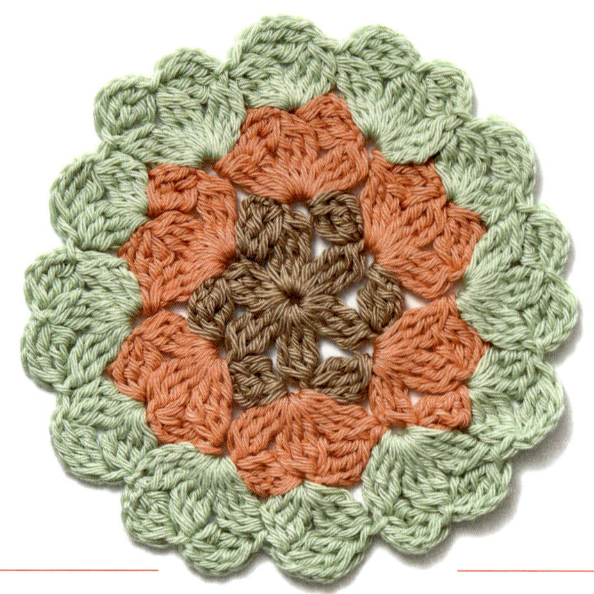

FERTIGE GRÖSSE
14 cm Durchmesser vor dem Spannen

HÄKELNADEL
4,0 mm

MASCHENPROBE
1.–2. Runde = 10 cm Durchmesser

FARBEN
(A) 3717 Sand
(B) 3752 Coral
(C) 3760 Celery

Anmerkungen

- Das uhMg (unteres hMg) der Lm ist hier die unterste Schlaufe der Lm (im Unterschied zum vMg und hMg oben an der Lm), in die von hinten eingestochen wird.
- Wenn dieses Motiv gespannt wird, sind die »Blütenblätter« deutlicher voneinander abgegrenzt.

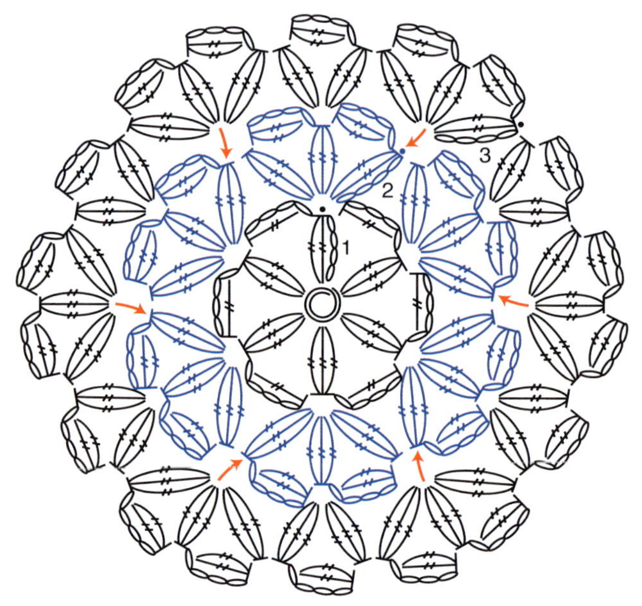

In Fb A einen Fadenring legen.

1. Rd: 4 Anf-Lm, 1 2er-BüDStb in den Ring (zählt stets als 1 3er-BüDStb), 4 Lm, 1 2er-BüDStb in uhMg der 4. Lm ab der Nadel, 5x (1 3er-BüDStb, 4 Lm, 1 2er-BüDStb in uhMg der 4. Lm ab der Nadel) in den Ring, Rd mit 1 Km in 1. 2er-BüDStb schließen – 6 3er-BüDStb, 6 4-Lm-Bg, 6 2er-BüDStb. Fb A abm.

2. Rd: Mit 1 Km in beliebigem 3er-BüDStb Fb B anm, (4 Anf-Lm, 1 2er-BüDStb, 2x [4 Lm, 1 2er-BüDStb in uhMg der 4. Lm ab der Nadel, 1 3er-BüDStb]) in dies M, (1 3er-BüDStb, 2x [4 Lm, 1 2er-BüDStb in uhMg der 4. Lm ab der Nadel, 1 3er-BüDStb]) fortl in jedes 3er-BüDStb, Rd mit 1 Km in 1. 2er-BüDStb schließen – 18 3er-BüDStb, 12 4-Lm-Bg, 12 2er-BüDStb. Fb B abm.

3. Rd: Mit 1 Km in dies M wie die Verbindungs-Km der Vor-Rd Fb C anm, (4 Anf-Lm, 1 2er-BüDStb, 2x [4 Lm, 1 2er-BüDStb in uhMg der 4. Lm ab der Nadel, 1 3er-BüDStb]) in dies M, *folg (4 Lm, 1 2er-BüDStb) ausl, (1 3er-BüDStb, 4 Lm, 1 2er-BüDStb in uhMg der 4. Lm ab der Nadel, 1 3er-BüDStb) in folg 3er-BüDStb, folg (4 Lm, 1 2er-BüDStb, 1 3er-BüDStb) ausl**, (1 3er-BüDStb, 2x [4 Lm, 1 2er-BüDStb in uhMg der 4. Lm ab der Nadel, 1 3er-BüDStb]) in folg 3er-BüDStb; ab * fortl wh, letzte Wh bei ** beenden, Rd mit 1 Km in 1. 2er-BüDStb schließen – 30 3er-BüDStb, 18 4-Lm-Bg, 18 2er-BüDStb. Fb C abm.

FERTIGE GRÖSSE
12,5 cm Durchmesser vor dem Spannen

HÄKELNADEL
4,0 mm

MASCHENPROBE
1.–3. Runde = 7,5 cm Durchmesser

FARBEN
(A) 3798 Suede
(B) 3752 Coral
(C) 3793 Indigo Blue
(D) 3735 Jade

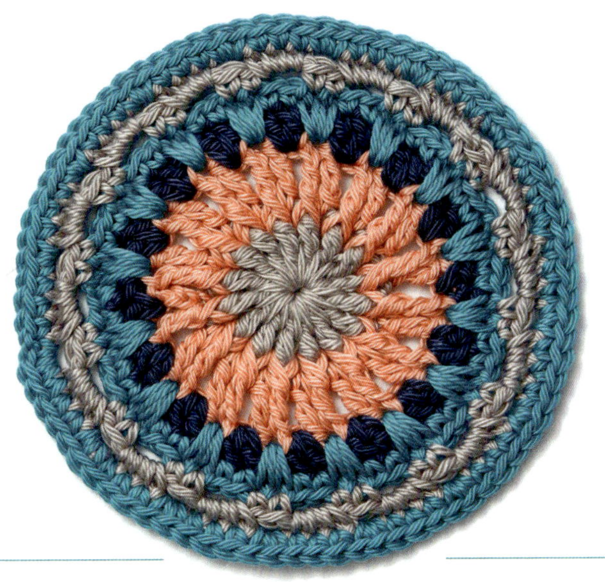

Anmerkung

- 1 Anf-Lm zählt nie als Masche.

In Fb A einen Fadenring legen.

1. Rd: 4 Anf-Lm (zählen stets als 1 DStb), 15 DStb in den Ring, Rd mit 1 Km in oberste Anf-Lm schließen – 16 DStb. Fb A abm.

2. Rd: Mit 1 Km in beliebiger M Fb B anm, 4 Anf-Lm, 1 RDStbv um dies M, (1 DStb, 1 RDStbv) fortl in und um jede M, Rd mit 1 Km in oberste Anf-Lm schließen – 16 DStb, 16 RDStbv. Fb B abm.

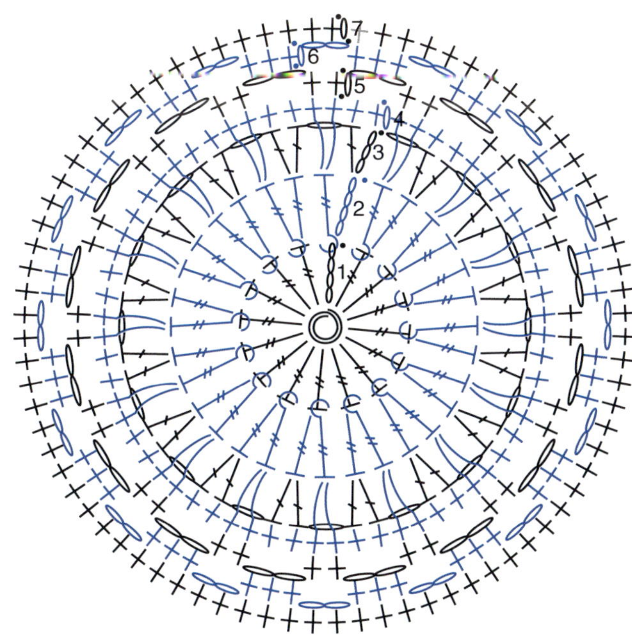

3. Rd: Mit 1 Km in beliebigem DStb Fb C anm, 3 Anf-Lm (zählen als 1 Stb), 1 Stb in dies M, 1 Lm, folg RDStbv ausl, *2 Stb in folg DStb, 1 Lm, folg RDStbv ausl; ab * fortl wh, Rd mit 1 Km in oberste Anf-Lm schließen – 32 Stb, 16 1-Lm-Bg. Fb C abm.

4. Rd: Mit 1 Km in dies M wie die Verbindungs-Km der Vor-Rd Fb D anm, 1 Anf-Lm, je 1 fM in erste 2 M, *über den 1-Lm-Bg hinweg 2 tfM in entsprechende Folge-M der 2. Rd**, je 1 fM in folg 2 M der 3. Rd; ab * fortl wh, letzte Wh bei ** beenden, Rd mit 1 Km in 1. fM schließen – 32 fM, 32 tfM. Fb D abm.

5. Rd: Mit 1 Km in 1. M einer beliebigen 2-tfM-Gruppe Fb A anm, 1 Anf-Lm, je 1 fM in erste 2 M, *2 Lm, 2 M ausl**, je 1 fM in folg 2 M; ab * fortl wh, letzte Wh bei ** beenden, Rd mit 1 Km in 1. fM schließen – 32 fM, 16 2-Lm-Bg.

6. Rd: 1 Km in folg 2-Lm-Bg, 1 Anf-Lm, (3 fM, 2 Lm) fortl in jeden 2-Lm-Bg, Rd mit 1 Km in 1. fM schließen – 48 fM, 16 2-Lm-Bg. Fb A abm.

7. Rd: Mit 1 Km in beliebigem 2-Lm-Bg Fb D anm, 1 Anf-Lm, *2 fM in 2-Lm-Bg, je 1 fM in folg 3 M; ab * fortl wh, Rd mit 1 Km in 1. fM schließen – 80 fM. Fb D abm.

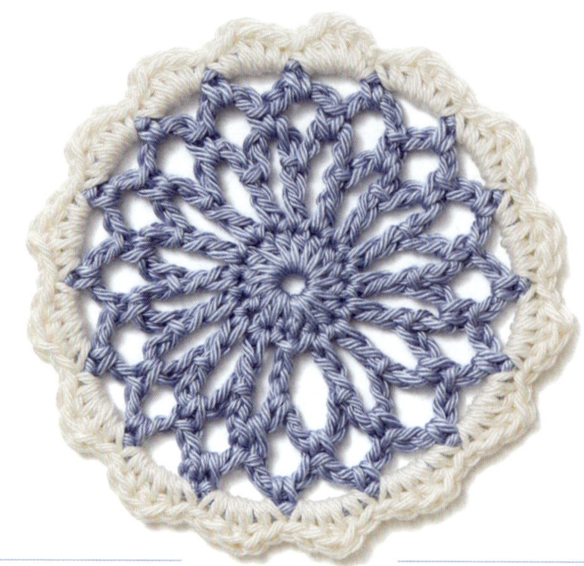

FERTIGE GRÖSSE
11,5 cm Durchmesser vor dem Spannen

HÄKELNADEL
4,0 mm

MASCHENPROBE
1.–3. Runde = 9 cm Durchmesser

FARBEN
(A) 3727 Sky Blue
(B) 3718 Natural

Anmerkungen

- 1 Anf-Lm zählt nie als Masche.
- Die 2. Rd schließt mit (2 Lm, 1 Stb) [zählt als 5-Lm-Bg]. Die 3. Rd schließt mit (1 Lm, 1 Stb) [zählt als 4-Lm-Bg]. So liegen die M besser für den Anf der folg Rd.

In Fb A einen Fadenring legen.

1. Rd: 2 Anf-Lm (zählen als 1 hStb), 15 hStb in den Ring, Rd mit 1 Km in oberste Anf-Lm schließen – 16 hStb.

2. Rd: 8 Anf-Lm (zählen als 1 Stb, 5 Lm), 1 Stb in folg M, (5 Lm, 1 Stb) fortl in jede M, Rd mit 2 Lm, 1 Stb in 3. Anf-Lm schließen (zählt als 5-Lm-Bg) – 16 Stb, 16 5-Lm-Bg.

3. Rd: 1 Anf-Lm, 1 fM in dens Lm-Bg, (4 Lm, 1 fM) fortl in jeden 5-Lm-Bg, Rd mit 1 Lm, 1 Stb in 1. fM schließen (zählt als 4-Lm-Bg) – 16 fM, 16 4-Lm-Bg.

4. Rd: 1 Anf-Lm, 1 fM in dens Lm-Bg, 3 Lm, (1 fM, 3 Lm) fortl in jeden 4-Lm-Bg, Rd mit 1 Km in 1. fM schließen – 16 fM, 16 3-Lm-Bg. Fb A abm.

5. Rd: Mit 1 Km in beliebigem 3-Lm-Bg Fb B anm, 1 Anf-Lm, (1 fM, 1 hStb, 1 Stb, 1 hStb, 1 fM) fortl in jeden 3-Lm-Bg, Rd mit 1 Km in 1. fM schließen – 32 fM, 32 hStb, 16 Stb. Fb B abm.

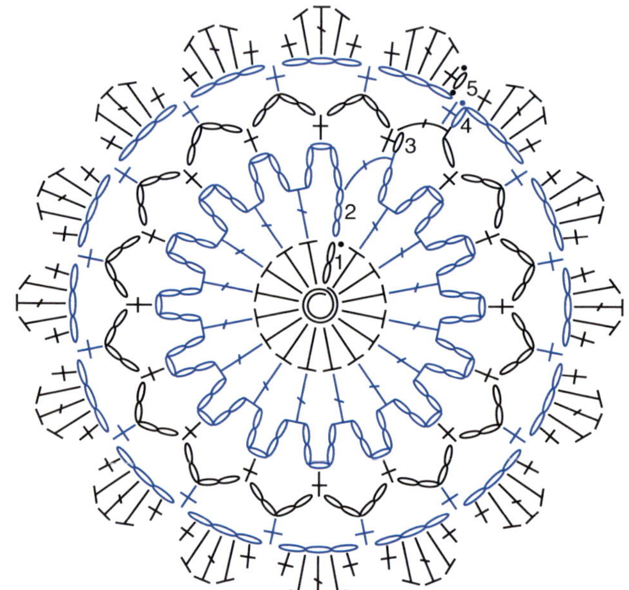

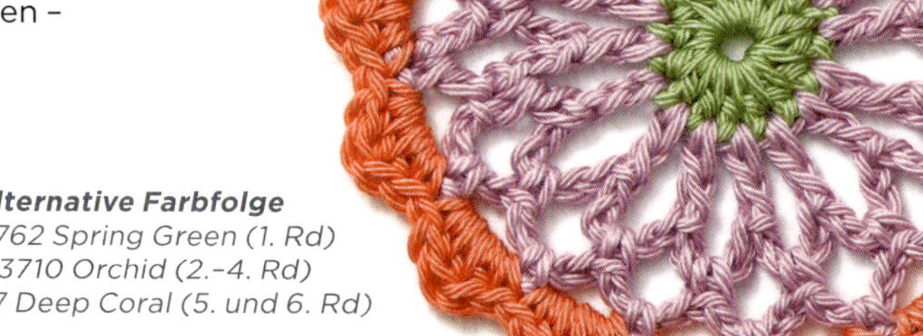

Alternative Farbfolge
(A) 3762 Spring Green (1. Rd)
(B) 3710 Orchid (2.–4. Rd)
(C) 3767 Deep Coral (5. und 6. Rd)

FERTIGE GRÖSSE
11,5 cm Durchmesser vor dem Spannen

HÄKELNADEL
4,0 mm

MASCHENPROBE
1.–3. Runde = 5,5 cm Durchmesser

FARBEN
(A) 3738 Spearmint
(B) 3732 Aqua
(C) 3767 Deep Coral
(D) 3775 Cool Mint

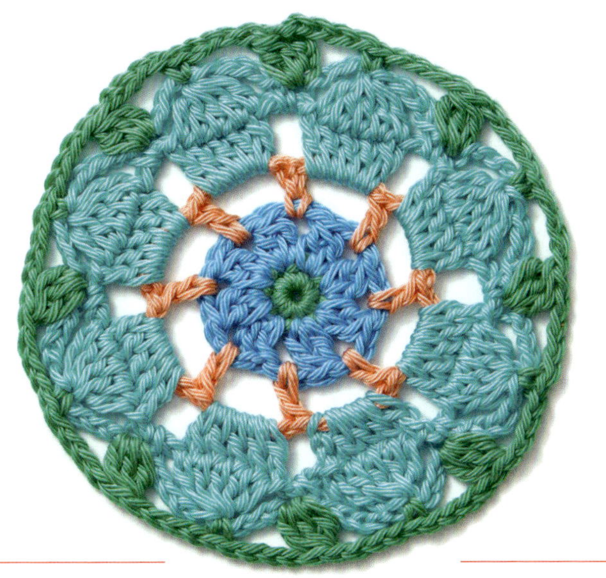

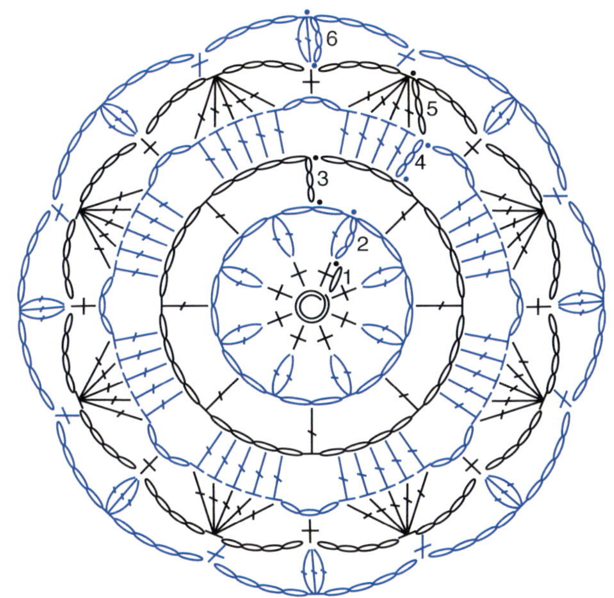

Anmerkung

- 1 Anf-Lm zählt nie als Masche.

In Fb A einen Fadenring legen.

1. Rd: 1 Anf-Lm, 8 fM in den Ring, Rd mit 1 Km in 1. fM schließen – 8 fM. Fb A abm.

2. Rd: Mit 1 Km in beliebiger M Fb B anm, 3 Anf-Lm, 1 Stb in dies M (zählt als 1 2er-BüStb), 2 Lm, (1 2er-BüStb, 2 Lm) fortl in jede M, Rd mit 1 Km in oberste Anf-Lm schließen – 8 2er-BüStb, 8 2-Lm-Bg. Fb B abm.

3. Rd: Mit 1 Km in beliebigem 2-Lm-Bg Fb C anm, 7 Anf-Lm (zählen als 1 Stb, 4 Lm), (1 Stb, 4 Lm) fortl in jeden 2-Lm-Bg, Rd mit 1 Km in 3. Anf-Lm schließen – 8 Stb, 8 4-Lm-Bg. Fb C abm.

4. Rd: Mit 1 Km in beliebigem 4-Lm-Bg Fb D anm, 3 Anf-Lm (zählen als 1 Stb), 4 Stb in dens Lm-Bg, 3 Lm, (5 Stb, 3 Lm) fortl in jeden 4-Lm-Bg, Rd mit 1 Km in oberste Anf-Lm schließen – 40 Stb, 8 3-Lm-Bg.

5. Rd: 3 Anf-Lm, 4 Stb zus über folg 4 M (zählt als 5 Stb zus), *4 Lm, 1 fM in folg 3-Lm-Bg, 4 Lm**, 5 Stb zus über folg 5 M; ab * fortl wh, letzte Wh bei ** beenden, Rd mit 1 Km in 1. 4-Stb-zus schließen – 8 5-Stb-zus, 16 4-Lm-Bg, 8 fM. Fb D abm.

6. Rd: Mit 1 Km in beliebiger fM Fb A anm, 3 Anf-Lm, 1 2er-BüStb in dies M (zählt als 1 3er-BüStb), *4 Lm, 5 Stb-zus ausl, 1 fM in 1. Lm des folg 4-Lm-Bg, 4 Lm**, 1 3er-BüStb in folg fM; ab * fortl wh, letzte Wh bei ** beenden, Rd mit 1 Km in 1. 2er-BüStb schließen – 8 3er-BüStb, 16 4-Lm-Bg. Fb A abm.

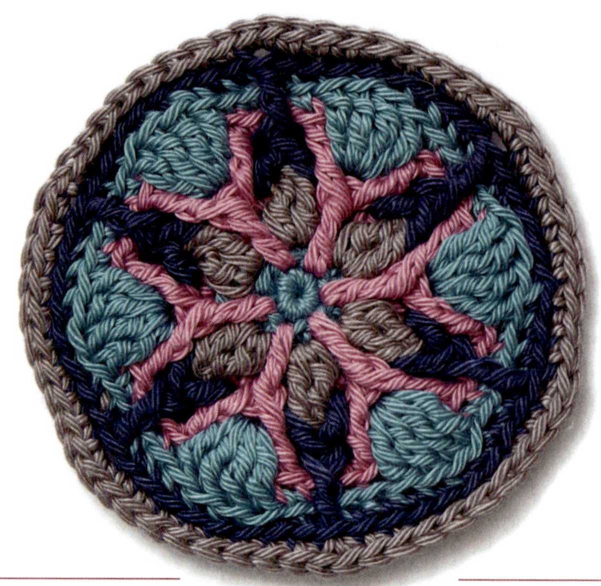

FERTIGE GRÖSSE
9,5 cm Durchmesser vor dem Spannen

HÄKELNADEL
4,0 mm

MASCHENPROBE
1.–4. Runde = 3,8 cm Durchmesser

FARBEN
(A) 3797 Dark Sea Foam
(B) 3776 Pink Rose
(C) 3798 Suede
(D) 3793 Indigo Blue

Anmerkungen

- Wenn nicht anders angegeben, werden alle Rd nur in hMg gearbeitet.
- 1 Anf-Lm zählt bei manchen, aber nicht allen Rd als M (siehe genaue Angaben in der Anleitung).
- Um in die M rechts der 2 zusammengehäkelten DStb (2 DStb zus) in der 4. Rd einzustechen, die DStb ggf. etwas zur Seite schieben.
- Bei diesem Motiv werden einige M in Mehrlagen-Technik (Overlay-Technik) gehäkelt. Für die überlagerten M arbeitet man einige Rd in das hMg, dann werden zusätzliche M durch Häkeln in das vMg »darübergelegt«. Bei dieser Technik lässt man die Masche(n) der darunterliegenden Rd manchmal aus, manchmal nicht. Dies wird in der Anleitung angegeben. Wenn nicht anders vermerkt, wird jede Rd mit einer »unsichtbaren Verbindung« beendet (siehe Glossar).

In Fb A einen Fadenring legen.

1. Rd: 1 Anf-Lm (zählt nicht als M), 6 fM in den Ring, Rd mit 1 Km in 1. fM schließen – 6 fM.

2. Rd: 1 Anf-Lm (zählt nicht als M), 2 fM fortl in jede M, Rd mit 1 Km in das hMg der 1. fM schließen – 12 fM.

3. Rd: 1 Anf-Lm (zählt nicht als M), 2 fM in dies M, *1 fM in folg M**, 2 fM in folg M; ab * fortl wh, letzte Wh bei ** beenden, Rd mit 1 Km in das hMg der 1. fM schließen – 18 fM. Fb A abm.

4. Rd: Mit 1 Km in die 1. M nach der Verbindungs-Km der Vor-Rd Fb B anm, 1 Anf-Lm (zählt als 1 fM), *1 DStb nur in vMg der entsprechenden Folge-M der 1. Rd**, je 1 fM in folg 3 M; ab * fortl wh, letzte Wh bei ** beenden, unsichtbare Verbindung in 1. DStb – 6 DStb, 18 fM. Fb B abm

5. Rd: Mit 1 Km in beliebigem DStb Fb C anm, 1 Anf-Lm (zählt als 1 fM), 1 fM in folg M, *1 2er-BüDStb in vMg der entsprechenden Folge-M der 2. Rd**, je 1 fM in folg 4 M; ab * fortl wh, letzte Wh bei ** beenden, je 1 fM in letzte 2 M, unsichtbare Verbindung in 2. fM – 6 2er-BüDStb, 24 fM. Fb C abm.

6. Rd: Mit 1 Km in beliebigem 2er-BüDStb Fb D anm, 1 Anf-Lm (zählt als 1 fM), *2 Stb zus in vMg der 2 M, die in der 4. Rd beidseits des 2er-BüDStb der 5. Rd liegen (siehe Anmerkung)**, je 1 fM in folg 5 M; ab * fortl wh, letzte Wh bei ** beenden, je 1 fM in letzte 4 M, unsichtbare Verbindung in 1. 2Stb-zus – 6 2-Stb-zus, 30 fM. Fb D abm.

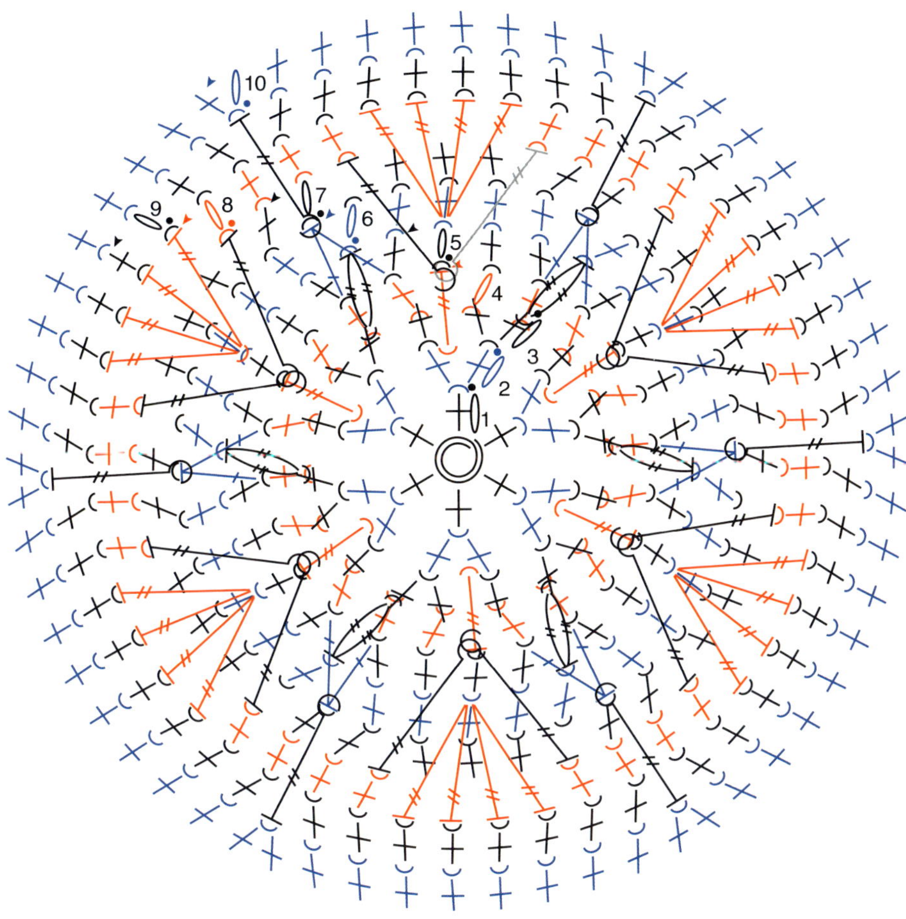

7. Rd: Mit 1 Km in beliebige 2-Stb-zus Fb B anm, 1 Anf-Lm (zählt als 1 fM), 1 fM in folg M, *1 RDStbv um das entsprechende folg DStb der 4. Rd, je 1 fM in folg 3 M, 1 RDStbv um dasselbe DStb der 4. Rd, 1 M ausl**, je 1 fM in folg 2 M; ab * fortl wh, letzte Wh bei ** beenden, unsichtbare Verbindung in 2. fM – 12 RDStbv, 30 fM. Fb B abm.

8. Rd: Mit 1 Km in RDStbv links der Verbindungs-Km Fb A anm, 1 Anf-Lm (zählt als 1 fM), *4 DStb in vMg der entsprechenden Folge-M der 5. Rd, die zw. den 2 RDStbv der 7. Rd liegt, 3 M ausl**, je 1 fM in folg 4 M; ab * fortl wh, letzte Wh bei ** beenden, je 1 fM in letzte 3 M, unsichtbare Verbindung in 2. fM – 24 DStb, 24 fM. Fb A abm.

9. Rd: Mit 1 Km in dies M wie die Verbindungs-Km der Vor-Rd Fb D anm, 1 Anf-Lm (zählt als 1 fM), *je 1 fM in folg 5 M, 1 RDStbv um die entsprechenden folg 2-Stb-zus der 6. Rd**, je 1 fM in folg 3 M; ab * fortl wh, letzte Wh bei ** beenden, je 1 fM in letzte 2 M, unsichtbare Verbindung in 2. fM – 6 RDStbv, 48 fM. Fb D abm.

10. Rd: Mit 1 Km in beliebigem RDStbv Fb C anm, 1 Anf-Lm (zählt als 1 fM), 1 fM in dies M, *je 1 fM in folg 8 M**, 2 fM in folg M; ab * fortl wh, letzte Wh bei ** beenden, unsichtbare Verbindung in 2. fM – 60 fM. Fb C abm.

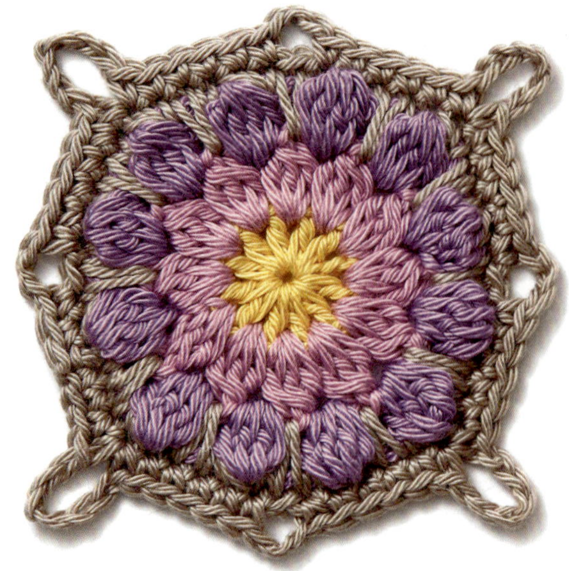

FERTIGE GRÖSSE
9 cm Durchmesser vor dem Spannen

HÄKELNADEL
4,0 mm

MASCHENPROBE
1.–3. Runde = 7 cm Durchmesser

FARBEN
(A)3764 Sunshine
(B) 3710 Orchid
(C) 3779 Pansy
(D) 3759 Taupe

Anmerkungen

- 1 Anf-Lm zählt nie als Masche.
- Dieses Motiv ist zum fortlaufenden Zusammenhäkeln (Join-as-you-go-Methode) konzipiert. Zum Zusammenhäkeln angrenzender Seiten die 3-Lm-Bg verwenden, zum Zusammenhäkeln in der Diagonalen die 6-Lm-Bg.
- Durch abgestufte Nuancen einer Farbe entsteht in der Mitte eine Blume mit Farbverlaufseffekt. Kontrastfarben heben die Büschelmaschen der 3. Rd stärker hervor.

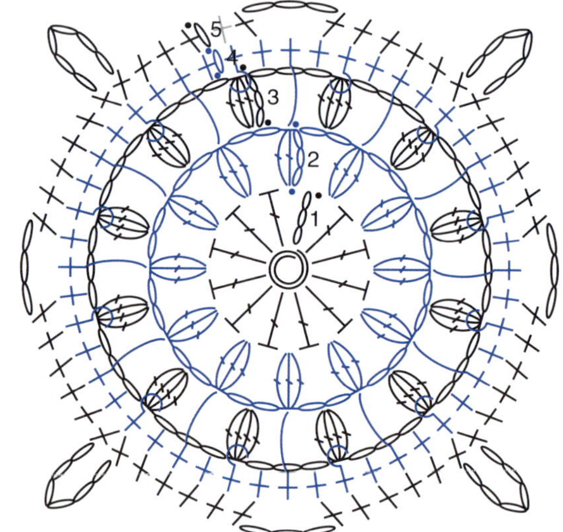

In Fb A einen Fadenring legen.

1. Rd: 3 Anf-Lm (zählen als 1 Stb), 11 Stb in den Ring, Rd mit 1 Km in oberste Anf-Lm schließen – 12 Stb. Fb A abm.

2. Rd: Mit 1 Km zw. 2 beliebigen M Fb B anm, 3 Anf-Lm, 1 2er-BüStb in dens Lm-Bg (zählt als 1 3er-BüStb), 2 Lm, *1 3er-BüStb zw. folg 2 M, 2 Lm; ab * fortl wh, Rd mit 1 Km in 1. 2er-BüStb schließen – 12 3er-BüStb, 12 2-Lm-Bg. Fb B abm.

3. Rd: Mit 1 Km in beliebigem 2-Lm-Bg Fb C anm, 3 Anf-Lm, 1 3er-BüStb in dens Lm-Bg (zählt als 1 4er-BüStb), 3 Lm, (1 4er-BüStb, 3 Lm) fortl in jeden 2-Lm-Bg, Rd mit 1 Km in 1. 3er-BüStb schließen – 12 4er-BüStb, 12 3-Lm-Bg. Fb C abm.

4. Rd: Mit 1 Km in beliebigem 3-Lm-Bg Fb D anm, 1 Anf-Lm, *(1 fM, über 3-Lm-Bg hinweg 1 tfM in entsprechendes folg 3er-BüStb der 2. Rd, 1 fM) in folg 3-Lm-Bg, 1 RfMv um folg 4er-BüStb; ab * fortl wh, Rd mit 1 Km in 1. fM schließen – 24 fM, 12 tfM, 12 RfMv.

5. Rd: 1 Anf-Lm, 1 fM in dies M, je 1 fM in folg 2 M, *(1 fM, 6 Lm, 1 fM) in folg M, je 1 fM in folg 5 M, 3 Lm, 1 M ausl**, je 1 fM in folg 5 M; ab * fortl wh, letzte Wh bei ** beenden, je 1 fM in letzte 2 M, Rd mit 1 Km in 1. fM schließen – 48 fM, 4 6-Lm-Bg, 4 3-Lm-Bg. Fb D abm.

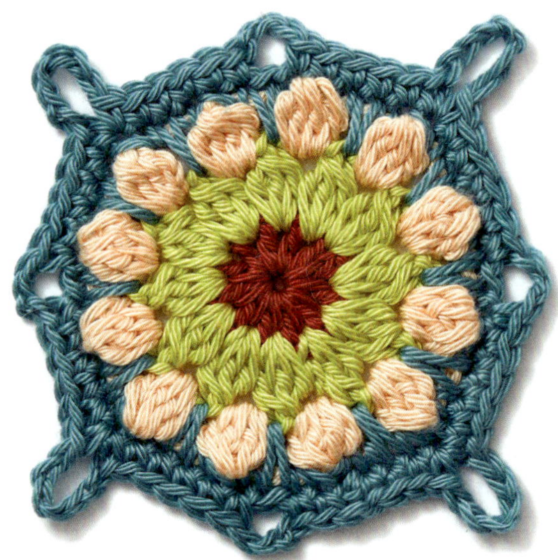

Alternative Farbfolge
(A) 3701 Cranberry
(B) 3746 Chartreuse
(C) 3753 White Peach
(D) 3797 Dark Sea Foam

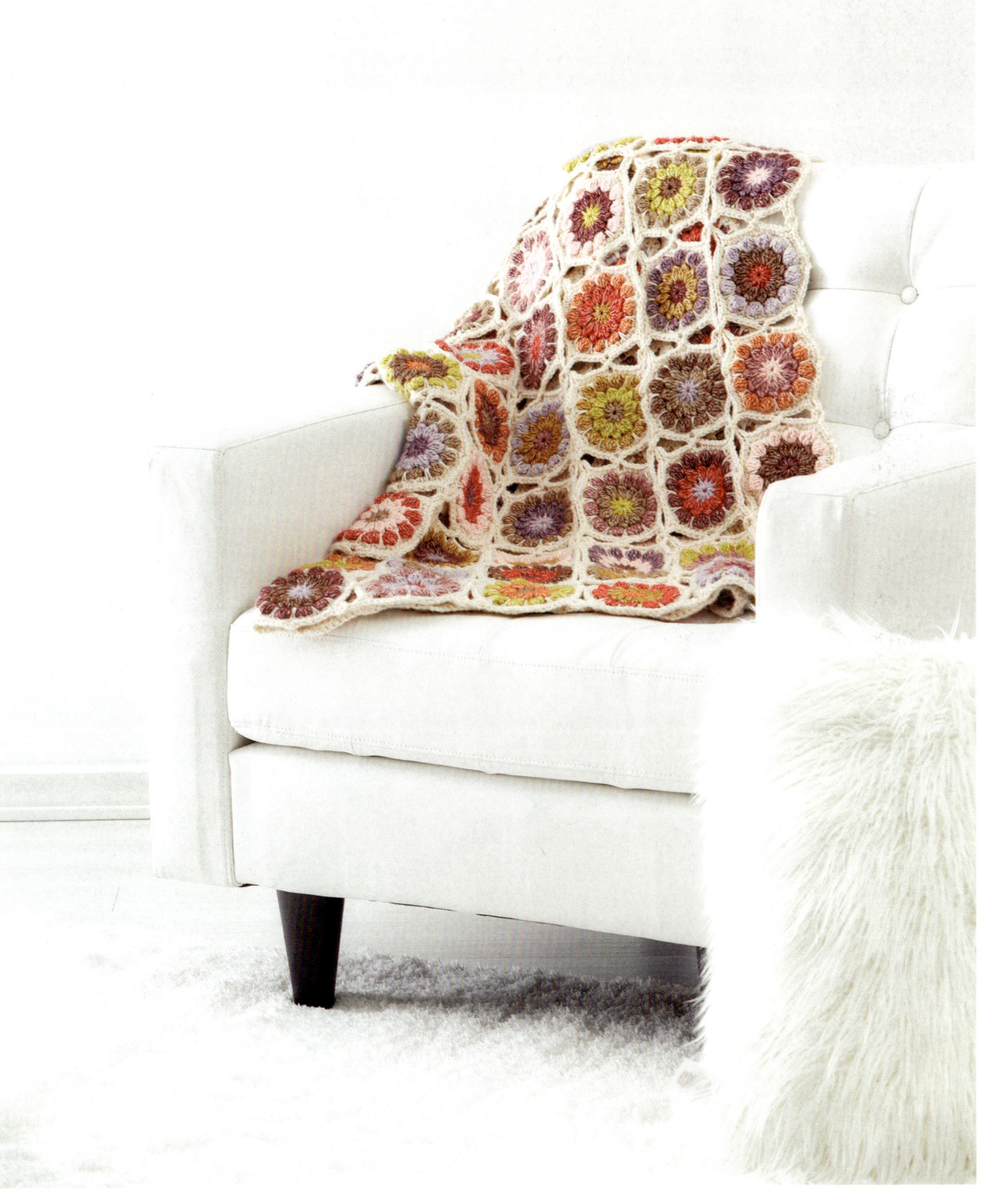

DIE MOTIVE: Quadrate

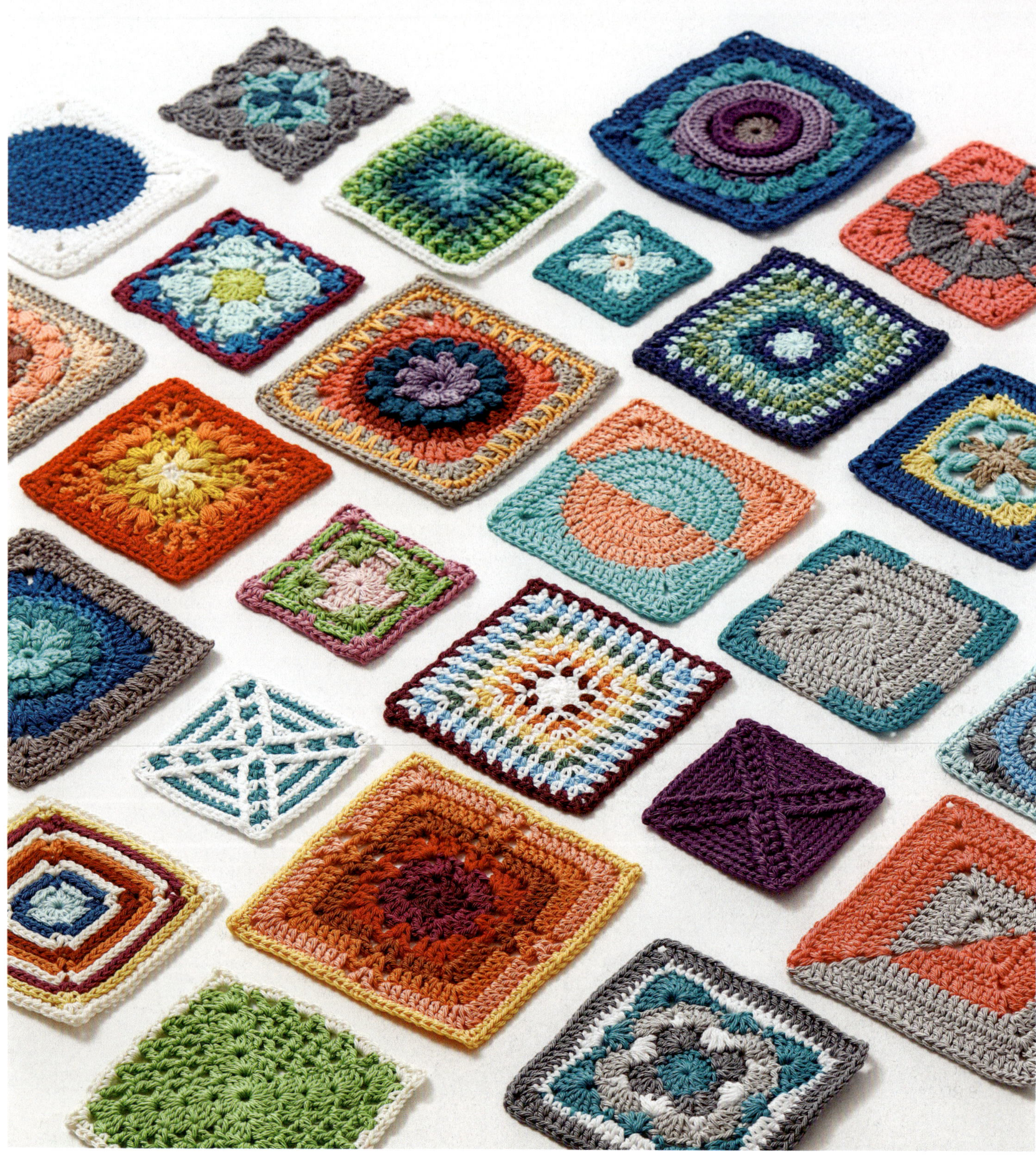

FERTIGE GRÖSSE
12,5 cm Breite vor dem Spannen

HÄKELNADEL
4,0 mm

MASCHENPROBE
1.–3. Runde = 11,5 cm Breite

FARBEN
(A) 3747 Gold
(B) 3775 Cool Mint
(C) 3718 Natural
(D) 3793 Indigo Blue

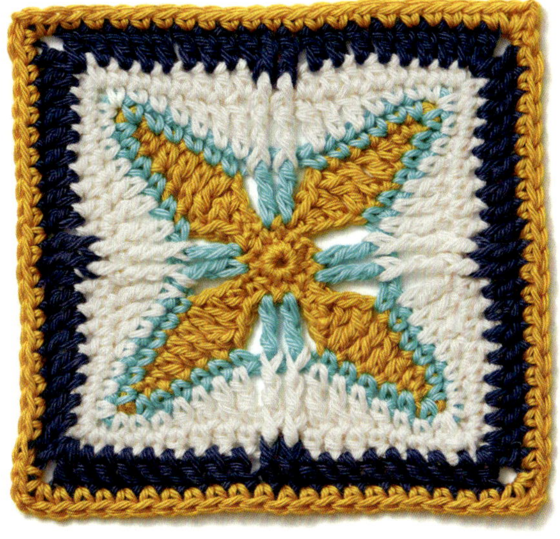

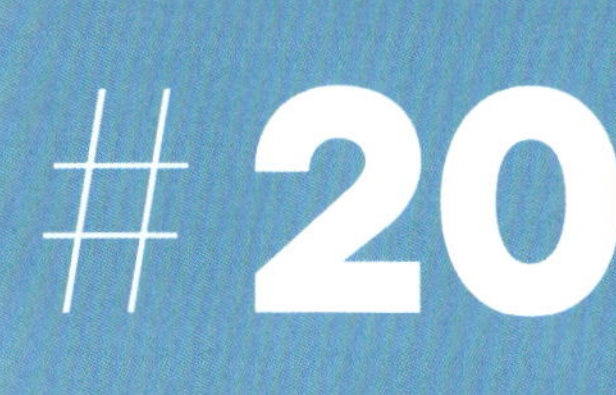

#20

Anmerkungen

- 1 Anf-Lm zählt nie als Masche.
- 2. Rd: Beim Häkeln in eine Lm am besten von hinten in die unterste Schlaufe der Lm arbeiten – so bleiben vMg und hMg der Lm frei für die folg Rd.
- Nach dem Spannen liegt dieses Quadrat flacher.

In Fb A einen Fadenring legen.

1. Rd: 1 Anf-Lm, 8 fM in den Ring, Rd mit 1 Km in 1. fM schließen – 8 fM.

2. Rd: *10 Lm, 1 Km in 2. Lm ab der Nadel, 1 fM in folg Lm, 1 hStb in folg Lm, je 1 Stb in folg 2 Lm, 1 DStb in folg Lm, 1 Stb in folg Lm, 1 hStb in folg Lm, 1 fM in folg Lm, 1 Km in folg M der 1. Rd**, 1 Km in folg M der 1. Rd; ab * fortl wh, letzte Wh bei ** beenden, Rd mit 1 Km in 1. fM der 1. Rd schließen – 4 10-Lm-Ketten, 11 Km, 8 fM, 8 hStb, 12 Stb, 4 DStb. Fb A abm.

3. Rd: Mit 1 Km in die Km links eines beliebigen »Blütenblatts« Fb B anm, 4 Anf-Lm (zählen als 1 DStb), 1 DStb in folg M, *in gegenüberlieg. Seite der Lm-Kette der 2. Rd arb, folg 3 Lm ausl, je 1 fM in folg 5 Lm, (1 fM, 2 Lm, 1 fM) in Blütenblattspitze, je 1 fM in folg 5 M, folg 3 M des Blütenblatts ausl**, je 1 DStb in folg 2 Km fortl wh, letzte Wh bei ** beenden, Rd mit 1 Km in oberste Anf-Lm schließen – 8 DStb, 48 fM, 4 2-Lm-Bg. Fb B abm.

4. Rd: Mit 1 Km in beliebigem 2-Lm-Bg Fb C anm, 1 Anf-Lm, *(1 fM, 2 Lm, 1 fM) in 2-Lm-Bg, je 1 fM in folg 2 M, 1 hStb in folg M, je 1 Stb in folg 2 M, 1 DStb in folg M, je 1 RDStbv um folg 2 DStb, 1 DStb in folg M, je 1 Stb in folg 2 M, 1 hStb in folg M, je 1 fM in folg 2 M; ab * fortl wh, Rd mit 1 Km in 1. fM schließen – 24 fM, 8 hStb, 16 Stb, 8 DStb, 8 RDStbv, 4 2-Lm-Bg.

5. Rd: 1 Km in folg 2-Lm-Bg, 1 Anf-Lm, *1 fM, 2 Lm, 1 fM) in 2-Lm-Bg, je 1 fM in folg 3 M, je 1 hStb in folg 4 M, je 1 RStbv um folg 2 RDStbv, je 1 hStb in folg 4 M, je 1 fM in folg 3 M; ab * fortl wh, Rd mit 1 Km in 1. fM schließen – 32 fM, 32 hStb, 8 RStbv, 4 2-Lm-Bg. Fb C abm.

6. Rd: Mit 1 Km in beliebigem 2-Lm-Bg Fb D anm, 5 Anf-Lm (zählen als 1 Stb, 2 Lm), 1 Stb in dens Lm-Bg, * je 1 Stb in folg 8 M, je 1 RStbv um folg 2 RStbv, je 1 Stb in folg 8 M**, (1 Stb, 2 Lm, 1 Stb) in 2-Lm-Bg; ab * fortl wh, letzte Wh bei ** beenden, Rd mit 1 Km in 3. Anf-Lm schließen – 72 Stb, 8 RStbv, 4 2-Lm-Bg. Fb D abm.

7. Rd: Mit 1 Km in beliebigem 2-Lm-Bg Fb A anm, 1 Anf-Lm, *(1 fM, 2 Lm, 1 fM) in 2-Lm-Bg, je 1 fM in folg 20 M; ab * fortl wh, Rd mit 1 Km in 1. fM schließen – 88 fM, 4 2-Lm-Bg. Fb A abm.

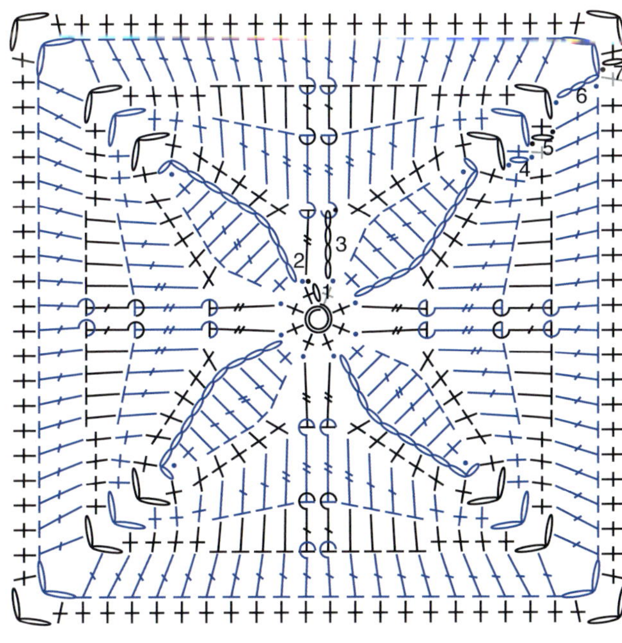

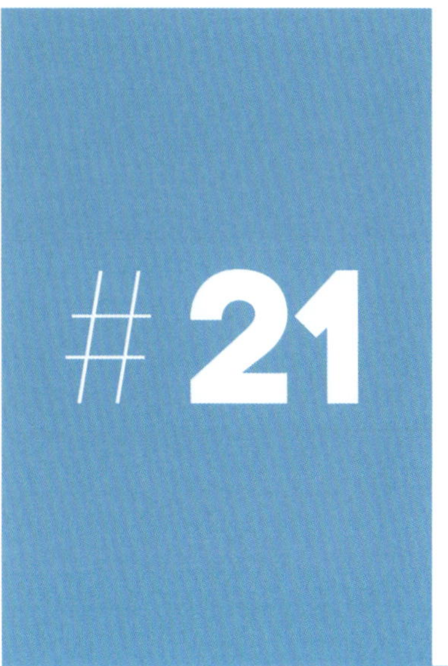

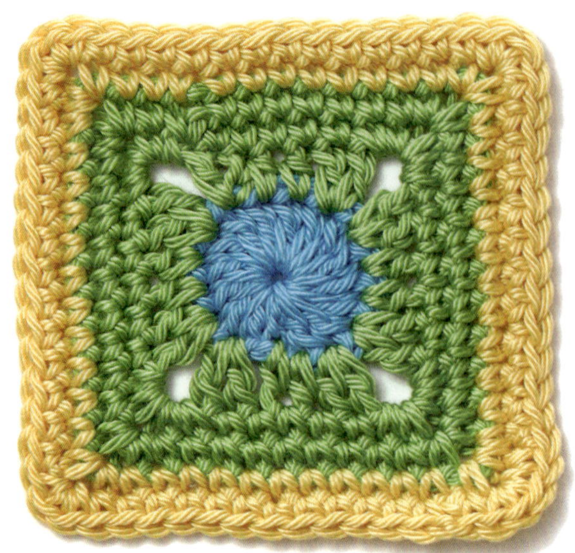

FERTIGE GRÖSSE
9 cm Breite vor dem Spannen.

HÄKELNADEL
4,0 mm

MASCHENPROBE
1.–3. Runde = 5 cm Breite

FARBEN
(A) 3732 Aqua
(B) 3807 Jasmine Green
(C) 3764 Sunshine

Anmerkungen

- 1 Anf-Lm zählt nie als Masche.
- Experimentieren Sie mit Farbwechseln in verschiedenen Rd – so entstehen unterschiedlich breite Streifen.

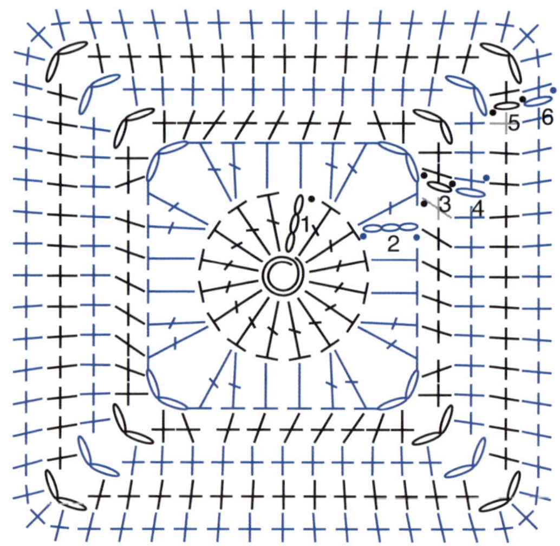

In Fb A einen Fadenring legen.

1. Rd: 3 Anf-Lm (zählen stets als 1 Stb), 15 Stb in den Ring, Rd mit 1 Km in oberste Anf-Lm schließen – 16 Stb. Fb A abm.

2. Rd: Mit 1 Km in beliebiger M Fb B anm, 3 Anf-Lm, 1 Stb in dies M, *2 Lm, 2 Stb in folg M, je 1 hStb in folg 2 M**, 2 Stb in folg M; ab * fortl wh, letzte Wh bei ** beenden, Rd mit 1 Km in oberste Anf-Lm schließen – 16 Stb, 8 hStb, 4 2-Lm-Bg.

3. Rd: 1 Km in folg 2-Lm-Bg, 1 Anf-Lm, *(2 fM, 2 Lm, 2 fM) in 2-Lm-Bg, 1 M ausl, je 1 fM in folg 5 M; ab * fortl wh, Rd mit 1 Km in 1. fM schließen – 36 fM, 4 2-Lm-Bg.

4. Rd: 1 Anf-Lm, je 1 fM in erste 2 M, *(1 fM, 2 Lm, 1 fM) in folg 2-Lm-Bg**, je 1 fM in folg 9 M; ab * fortl wh, letzte Wh bei ** beenden, je 1 fM in folg 7 M, Rd mit 1 Km in 1. fM schließen – 44 fM, 4 2-Lm-Bg. Fb B abm.

5. Rd: Mit 1 Km in beliebigem 2-Lm-Bg Fb C anm, 1 Anf-Lm, *(1 fM, 2 Lm, 1 fM) in 2-Lm-Bg, je 1 fM in folg 11 M; ab * fortl wh, Rd mit 1 Km in 1. fM schließen – 52 fM, 4 2-Lm-Bg.

6. Rd: 1 Anf-Lm, 1 fM in dies M, *3 fM in folg 2-Lm-Bg**, je 1 fM in folg 13 M; ab * fortl wh, letzte Wh bei ** beenden, je 1 fM in folg 12 M, Rd mit 1 Km in 1. fM schließen – 64 fM. Fb C abm.

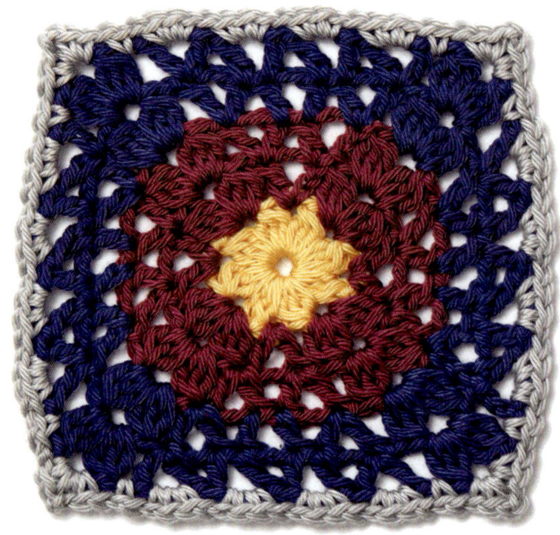

FERTIGE GRÖSSE
12,5 cm Breite vor dem Spannen

HÄKELNADEL
4,0 mm

MASCHENPROBE
1.–3. Runde = 7,5 cm Breite

FARBEN
(A) 3807 Jasmine Green
(B) 3718 Natural

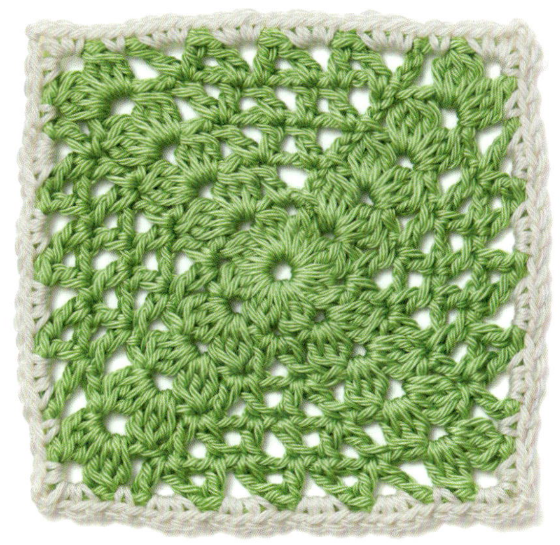

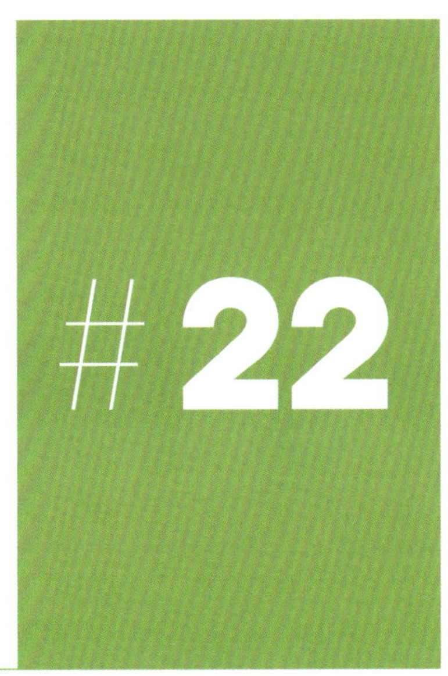

Anmerkungen

- Wird dieses Motiv in nur einer Farbe mit einer Kontrastfarbe gehäkelt, tritt das »X« im Quadrat stärker hervor. Durch mehrere Farben wird eher die Farbfolge betont als das Häkelmuster.
- 1 Anf-Lm zählt nie als Masche.

In Fb A einen Fadenring legen.

1. Rd: 2 Anf-Lm, 1 2er-BüStb in den Ring (zählt als 1 3er-BüStb), 2 Lm, 7x (1 3er-BüStb, 2 Lm) in den Ring, Rd mit 1 Km in 1. 2er-BüStb schließen – 8 3er-BüStb, 8 2-Lm-Bg.

2. Rd: 1 Km in folg 2-Lm-Bg, 5 Anf-Lm (zählen stets als 1 Stb, 2 Lm), 1 Stb in dens Lm-Bg, *(1 3er-BüStb, 2 Lm, 1 3er-BüStb) in folg 2-Lm-Bg**, (1 Stb, 2 Lm, 1 Stb) in folg 2-Lm-Bg; ab * fortl wh, letzte Wh bei ** beenden, Rd mit 1 Km in 3. Anf-Lm schließen – 8 Stb, 8 2-Lm-Bg, 8 3er-BüStb.

3. Rd: 5 Anf-Lm, 1 Stb in dies M, *(1 Stb, 2 Lm, 1 Stb) in folg Stb, (1 3er-BüStb, 2 Lm, 1 3er-BüStb) in folg 2-Lm-Bg**, (1 Stb, 2 Lm, 1 Stb) in folg Stb; ab * fortl wh, letzte Wh bei ** beenden, Rd mit 1 Km in 3. Anf-Lm schließen – 16 Stb, 12 2-Lm-Bg, 8 3er-BüStb.

◂ ***Alternative Farbfolge für Motiv 22***
(A) 3748 Buttercup (1. Rd)
(B) 3703 Magenta (2. und 3. Rd)
(C) 3725 Cobalt (4. und 5. Rd)
(D) 3808 Light Grey (6. Rd)

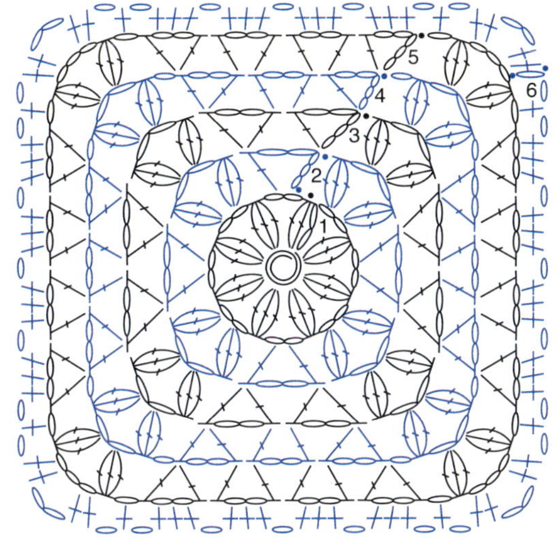

4. Rd: 5 Anf-Lm, 1 Stb in dies M, *1 Stb in folg Stb, 2 Lm, 1 Stb in folg Stb, (1 Stb, 2 Lm, 1 Stb) in folg Stb, 1 Lm, (1 3er-BüStb, 3 Lm, 1 3er-BüStb) in folg 2-Lm-Bg, 1 Lm**, (1 Stb, 2 Lm, 1 Stb) in folg Stb; ab * fortl wh, letzte Wh bei ** beenden, Rd mit 1 Km in 3. Anf-Lm schließen – 24 Stb, 12 2-Lm-Bg, 4 3-Lm-Bg, 8 1-Lm-Bg, 8 3er-BüStb.

5. Rd: 5 Anf-Lm, 1 Stb in dies M, *1 Stb in folg Stb, 2 Lm, je 1 Stb in folg 2 Stb, 2 Lm, 1 Stb in folg Stb, (1 Stb, 2 Lm, 1 Stb) in folg Stb, 1 Lm, (1 3er-BüStb, 3 Lm, 1 3er-BüStb) in folg 3-Lm-Bg, 1 Lm**, (1 Stb, 2 Lm, 1 Stb) in folg Stb; ab * fortl wh, letzte Wh bei ** beenden, Rd mit 1 Km in 3. Anf-Lm schließen – 32 Stb, 16 2-Lm-Bg, 4 3-Lm-Bg, 8 1-Lm-Bg, 8 3er-BüStb. Fb A abm.

6. Rd: Mit 1 Km in beliebigem 3-Lm-Bg Fb B anm, 1 Anf-Lm, *(2 fM, 2 Lm, 2 fM) in 3-Lm-Bg, 1 Lm, 1 fM in folg 1-Lm-Bg, 1 Lm, je (3 fM, 1 Lm) in folg 4 2-Lm-Bg), 1 fM in folg 1-Lm-Bg, 1 Lm; ab * fortl wh, Rd mit 1 Km in 1. fM schließen – 72 fM, 4 2-Lm-Bg, 28 1-Lm-Bg. Fb B abm.

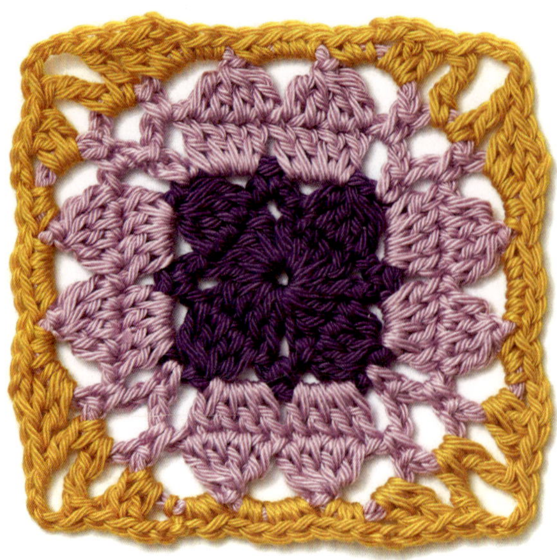

FERTIGE GRÖSSE
Fertige Größe
11 cm Breite vor dem Spannen

HÄKELNADEL
4,0 mm

MASCHENPROBE
1.–3. Runde = 7 cm Breite

FARBEN
(A) 3779 Pansy
(B) 3710 Orchid
(C) 3747 Gold

Anmerkung

- 1 Anf-Lm zählt nie als Masche.

In Fb A einen Fadenring legen.

1. Rd: 3 Anf-Lm (zählen als 1 Stb), 3 Stb in den Ring, 3 Lm, 3x (4 Stb, 3 Lm) in den Ring, Rd mit 1 Km in oberste Anf-Lm schließen – 16 Stb, 4 3-Lm-Bg.

2. Rd: 3 Anf-Lm, 3 Stb zus über folg 3 M (zählt als 4 Stb zus), *3 Lm, 1 fM in folg 3-Lm-Bg, 3 Lm**, 4 Stb zus über folg 4 M; ab * fortl wh, letzte Wh bei ** beenden, Rd mit 1 Km in 1. 3-Stb-zus schließen – 4 -Stb-zus, 8 3-Lm-Bg, 4 fM. Fb A abm.

3. Rd: Mit 1 Km in beliebigen 4-Stb-zus Fb B anm, 1 Anf-Lm, 1 fM in 1. M, *3 Lm, je 4 Stb in folg 2 3-Lm-Bg, 3 Lm **, 1 fM in folg 4-Stb-zus; ab * fortl wh, letzte Wh bei ** beenden, Rd mit 1 Km in 1. fM schließen – 4 fM, 8 3-Lm-Bg, 32 Stb.

4. Rd: 1 Km in folg 3-Lm-Bg, 1 Anf-Lm, *1 fM in 3-Lm-Bg, 5 Lm, 4 Stb zus über folg 4 M, 4 Lm, 4 Stb zus über folg 4 M, 5 Lm, 1 fM in folg 3-Lm-Bg, 4 Lm; ab * fortl wh, Rd mit 1 Km in 1. fM schließen – 8 fM, 8 5-Lm-Bg, 8 4-Lm-Bg, 8 4-Stb-zus. Fb B abm.

5. Rd: Mit 1 Km in 4-Lm-Bg zw. beliebigen 2 4-Stb-zus Fb C anm, 1 Anf-Lm, *4 fM in 4-Lm-Bg, (2 fM, 2 Lm, 2 Stb) in folg 5-Lm-Bg, (1 DStb, 3 Lm, 1 DStb) in folg 4-Lm-Bg, (2 Stb, 2 Lm, 2 fM) in folg 5-Lm-Bg; ab * fortl wh, Rd mit 1 Km in 1. fM schließen – 32 fM, 8 2-Lm-Bg, 16 Stb, 8 DStb, 4 3-Lm-Bg. Fb C abm.

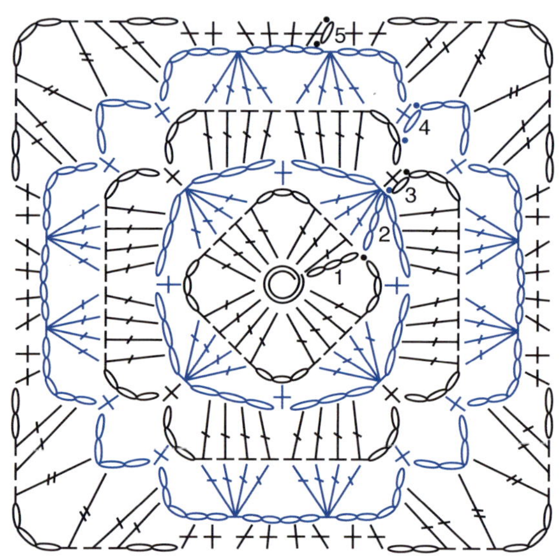

Alternative Farbfolge für Motiv 24 ▶
(A) 3703 Magenta (1. Rd)
(B) 3747 Gold (2. Rd)
(C) 3718 Natural (3.–5. Rd)

FERTIGE GRÖSSE
8,5 cm Breite vor dem Spannen

HÄKELNADEL
4,0 mm

MASCHENPROBE
1.–3. Runde = 5,5 cm Breite

FARBEN
(A) 3792 Brick
(B) 3752 Coral
(C) 3747 Gold
(D) 3764 Sunshine
(E) 3743 Yellow Rose

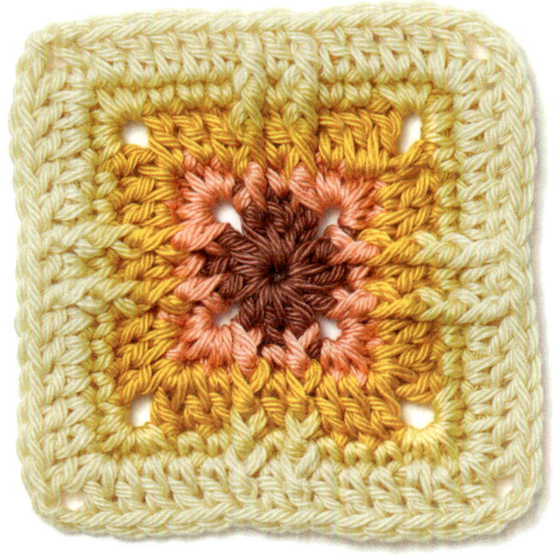

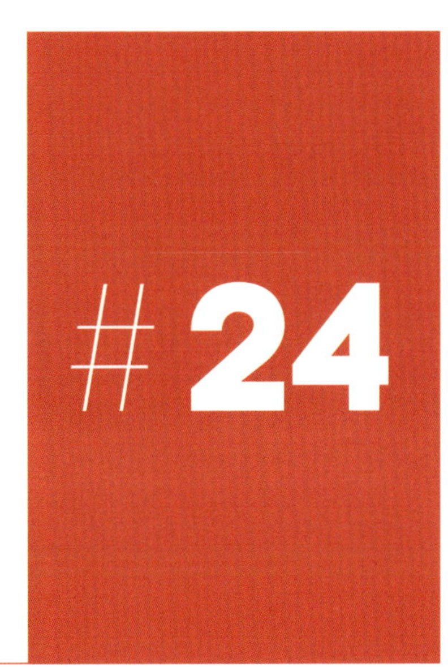

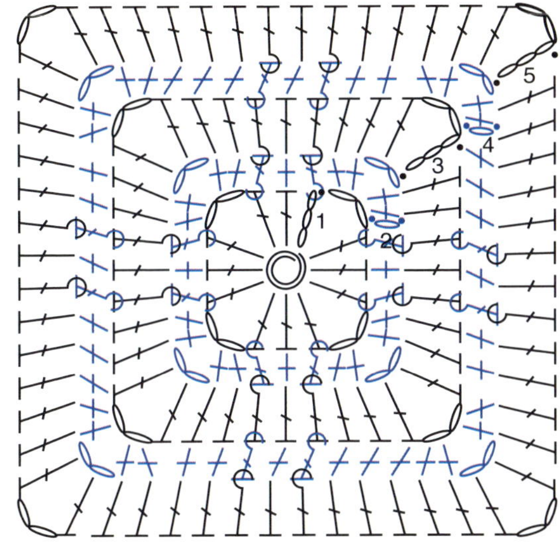

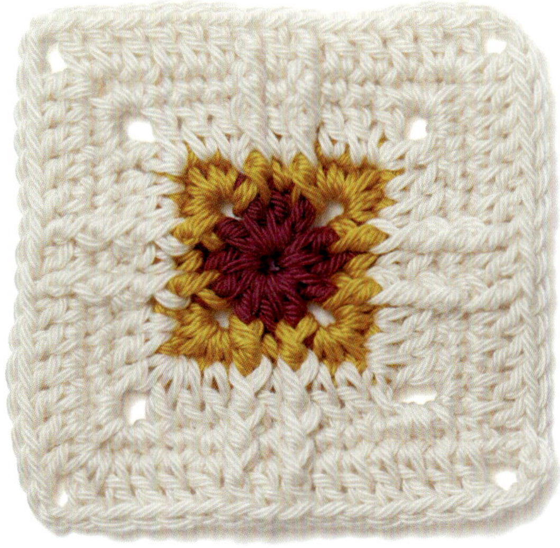

Anmerkung

- 1 Anf-Lm zählt nie als Masche.

In Fb A einen Fadenring legen.

1. Rd: 3 Anf-Lm (zählen als 1 Stb), 2 Stb in den Ring, 2 Lm, 3x (3 Stb, 2 Lm) in den Ring, Rd mit 1 Km in oberste Anf-Lm schließen – 12 Stb, 4 2-Lm-Bg. Fb A abm.

2. Rd: Mit 1 Km in beliebigem 2-Lm-Bg Fb B anm, 1 Anf-Lm, *(2 fM, 2 Lm, 2 fM) in 2-Lm-Bg, 1 RStbv um folg Stb, 1 fM in folg Stb, 1 RStbv um folg Stb; ab * fortl wh, Rd mit 1 Km in 1. fM schließen – 20 fM, 4 2-Lm-Bg, 8 RStbv. Fb B abm.

3. Rd: Mit 1 Km in beliebigem 2-Lm-Bg Fb C anm, 5 Anf-Lm (zählen stets als 1 Stb, 2 Lm), 1 Stb in dens Lm-Bg, *je 1 Stb in folg 2 M, 1 RStbv um folg RStbv, 1 Stb in folg M, 1 RStbv um folg RStbv, je 1 Stb in folg 2 M**, (1 Stb, 2 Lm, 1 Stb) in folg 2-Lm-Bg; ab * fortl wh, letzte Wh bei ** beenden, Rd mit 1 Km in 3. Anf-Lm schließen – 28 Stb, 4 2-Lm-Bg, 8 RStbv. Fb C abm.

4. Rd: Mit 1 Km in beliebigem 2-Lm-Bg Fb D anm, 1 Anf-Lm, *(2 fM, 2 Lm, 2 fM) in 2-Lm-Bg, 1 M ausl, je 1 fM in folg 2 M, 1 RStbv um folg RStbv, 1 fM in folg M, 1 RStbv um folg RStbv, je 1 fM in folg 3 M; ab * fortl wh, Rd mit 1 Km in 1. fM schließen – 40 fM, 4 2-Lm-Bg, 8 RStbv. Fb D abm.

5. Rd: Mit 1 Km in beliebigem 2-Lm-Bg Fb E anm, 5 Anf-Lm, 1 Stb in dens Lm-Bg, *je 1 Stb in folg 4 M, 1 RStbv um folg RStbv, 1 Stb in folg M, 1 RStbv um folg RStbv, je 1 Stb in folg 5 M**, (1 Stb, 2 Lm, 1 Stb) in folg 2-Lm-Bg; ab * fortl wh, letzte Wh bei ** beenden, Rd mit 1 Km in 3. Anf-Lm schließen – 48 Stb, 4 2-Lm-Bg, 8 RStbv. Fb E abm.

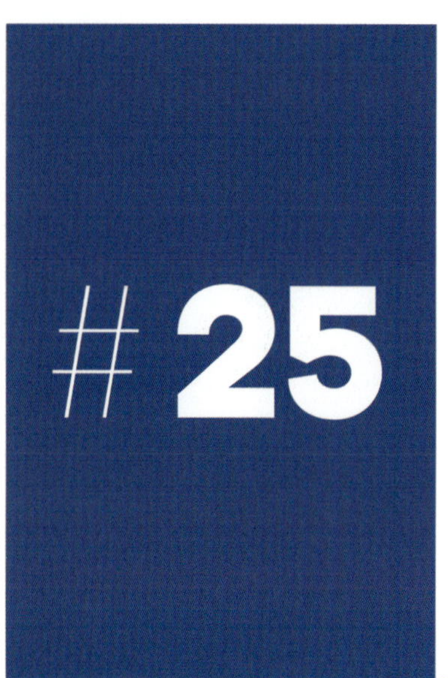

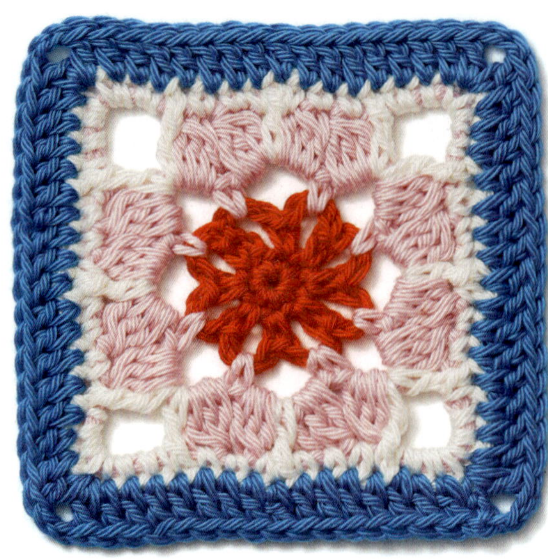

FERTIGE GRÖSSE
10 cm Breite vor dem Spannen

HÄKELNADEL
4,0 mm

MASCHENPROBE
1.–3. Runde = 5,5 cm Breite

FARBEN
(A)3755 Lipstick Red
(B) 3711 China Pink
(C) 3718 Natural
(D) 3733 Turquoise

Anmerkungen

- 1 Anf-Lm zählt nie als Masche.
- 1 Lm, 1 Stb am Ende der 3. Rd zählt als 4-Lm-Bg.

In Fb A einen Fadenring legen.

1. Rd: 1 Anf-Lm, 8 fM in den Ring, Rd mit 1 Km in 1. fM schließen – 8 fM.

2. Rd: 1 Anf-Lm, (1 fM, 3 Lm) fortl in jede M, Rd mit 1 Km in 1. fM schließen – 8 fM, 8 3-Lm-Bg. Fb A abm.

3. Rd: Mit 1 Km in beliebigem 3-Lm-Bg Fb B anm, 1 Anf-Lm, 1 fM in dens Lm-Bg, (4 Lm, 1 fM) fortl in jeden 3-Lm-Bg, 1 Lm, Rd mit 1 Stb in 1. fM schließen (zählt als 4-Lm-Bg) – 8 fM, 8 4-Lm-Bg.

4. Rd: 2 Anf-Lm, 1 2er-BüStb in 4-Lm-Bg (zählt als 1 3er-BüStb), *(1 3er-BüStb, 7 Lm, 1 3er-BüStb) in folg 4-Lm-Bg, (1 3er-BüStb, 2 Lm **, 1 3er-BüStb) in folg 4-Lm-Bg; ab * fortl wh, letzte Wh bei ** beenden, Rd mit 1 Km in 1. 2er-BüStb schließen – 16 3er-BüStb, 4 7-Lm-Bg, 4 2-Lm-Bg. Fb B abm.

5. Rd: Mit 1 Km in beliebigem 7-Lm-Bg Fb C anm, 1 Anf-Lm, *(3 fM, 2 Lm, 3 fM) in 7-Lm-Bg, über den 7-Lm-Bg hinweg 1 DStb in folg 4-Lm-Bg der 3. Rd (zw. den 2 3er-BüStb der 4. Rd), je 1 fM in folg 2 3er-BüStb, 1 fM in folg 2-Lm-Bg, über den 2-Lm-Bg hinweg 1 DStb in folg 4-Lm-Bg der 3. Rd (zw. den 2 3er-BüStb der 4. Rd), 1 fM in dens 2-Lm-Bg der 3. Rd, je 1 fM in folg 2 3er-BüStb, 1 DStb in folg 4-Lm-Bg der 3. Rd (zw. den 2 3er-BüStb der 4. Rd); ab * fortl wh, Rd mit 1 Km in 1. fM schließen – 48 fM, 12 DStb, 4 2-Lm-Bg. Fb C abm.

6. Rd: Mit 1 Km in beliebigem 2-Lm-Bg Fb D anm, 5 Anf-Lm (zählen als 1 Stb, 2 Lm), 1 Stb in dens Lm-Bg, *je 1 Stb in folg 15 M**, (1 Stb, 2 Lm, 1 Stb) in folg 2-Lm-Bg; ab * fortl wh, letzte Wh bei ** beenden, Rd mit 1 Km in 3. Anf-Lm schließen – 68 Stb, 4 2-Lm-Bg. Fb D abm.

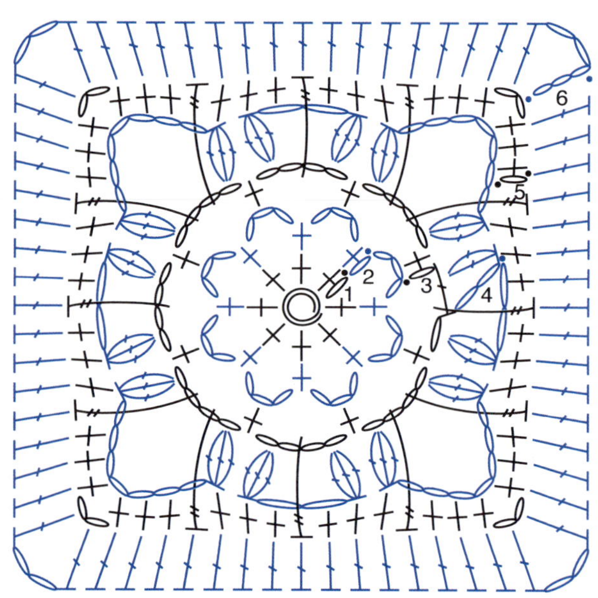

FERTIGE GRÖSSE
11 cm Breite vor dem Spannen

HÄKELNADEL
4,0 mm

MASCHENPROBE
1.–3. Runde = 6,5 cm Breite

FARBEN
(A)3797 Dark Sea
(B) 3808 Light Grey
(C) 3793 Indigo Blue
(D) 3738 Spearmint

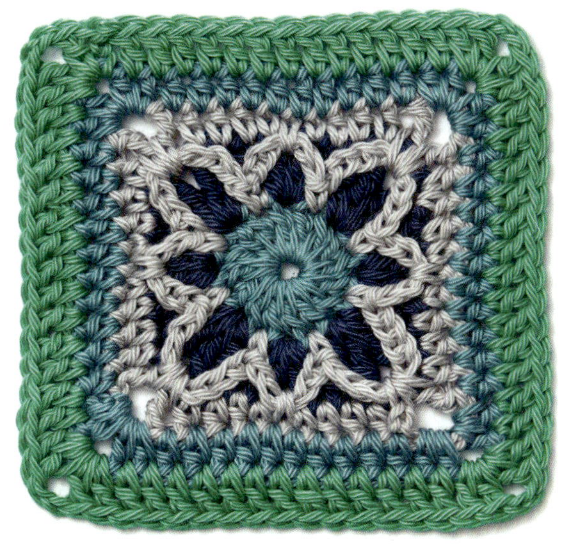

Anmerkungen

- Vor einer Kontrastfarbe wirken die Lm-Bg der 2. Rd wie eine plastische Blume in der Mitte dieses Motivs.
- 1 Anf-Lm zählt nie als Masche.

In Fb A einen Fadenring legen.

1. Rd: 3 Anf-Lm (zählen stets als 1 Stb), 15 Stb in den Ring, Rd mit 1 Km in oberste Anf-Lm schließen – 16 Stb. Fb A abm.

2. Rd: Mit 1 Km in beliebiger M Fb B anm, 1 Anf-Lm, 1 fM in 1. M, *8 Lm, 1 M ausl, 1 fM in folg M, 5 Lm, 1 M ausl**, 1 fM in folg M; ab * fortl wh, letzte Wh bei ** beenden, Rd mit 1 Km in 1. fM schließen – 8 fM, 4 8-Lm-Bg, 4 5-Lm-Bg. Fb B abm.

3. Rd: Hinter den Schlaufen der 2. Rd arbeiten; mit 1 Km in eine ausgel M der 1. Rd, die in der Mitte unter einem beliebigen 8-Lm-Bg liegt, Fb C anm, 4 Anf-Lm (zählen als 1 DStb), (1 DStb, 2 Lm, 2 DStb) in dies M, *(2 Stb, 1 Lm, 2 Stb) in folg ausgel M der 1. Rd**, (2 DStb, 2 Lm, 2 DStb) in folg ausgel M der 1. Rd; ab * fortl wh, letzte Wh bei ** beenden, Rd mit 1 Km in oberste Anf-Lm schließen – 16 DStb, 4 2-Lm-Bg, 16 Stb, 4 1-Lm-Bg. Fb C abm.

4. Rd: Über 8-Lm-Bg der 2. Rd hinweg mit 1 Km in beliebigem 2-Lm-Bg der 3. Rd Fb B anm, 6 Anf-Lm (zählen als 1 DStb, 2 Lm), 1 DStb in dens Lm-Bg, *je 1 hStb in folg 3 M, 1 fM in folg M, über 5-Lm-Bg der 2. Rd hinweg 1 fM in folg 1-Lm-Bg, 1 fM in folg M, je 1 hStb in folg 3 M**, über 8-Lm-Bg der 2. Rd hinweg (1 DStb, 2 Lm, 1 DStb) in folg 2-Lm-Bg; ab * fortl wh, letzte Wh bei ** beenden, Rd mit 1 Km in 4. Anf-Lm schließen – 8 DStb, 4 2-Lm-Bg, 24 hStb, 12 fM. Fb B abm.

5. Rd: Mit 1 Km in beliebigem 2-Lm-Bg Fb A anm, 2 Anf-Lm (zählen als 1 hStb), (1 hStb, 2 Lm, 2 hStb) in dens Lm-Bg, *folg DStb ausl, je 1 hStb in folg 10 M**, (2 hStb, 2 Lm, 2 hStb) in folg 2-Lm-Bg; ab * fortl wh, letzte Wh bei ** beenden, Rd mit 1 Km in oberste Anf-Lm schließen – 56 hStb, 4 2-Lm-Bg. Fb A abm.

6. Rd: Mit 1 Km in beliebigem 2-Lm-Bg Fb D anm, 3 Anf-Lm, (1 Stb, 2 Lm, 2 Stb) in dens Lm-Bg, *1 M ausl, je 1 Stb in folg 13 M**, (2 Stb, 2 Lm, 2 Stb) in folg 2-Lm-Bg; ab * fortl wh, letzte Wh bei ** beenden, Rd mit 1 Km in oberste Anf-Lm schließen – 68 Stb, 4 2-Lm-Bg. Fb D abm.

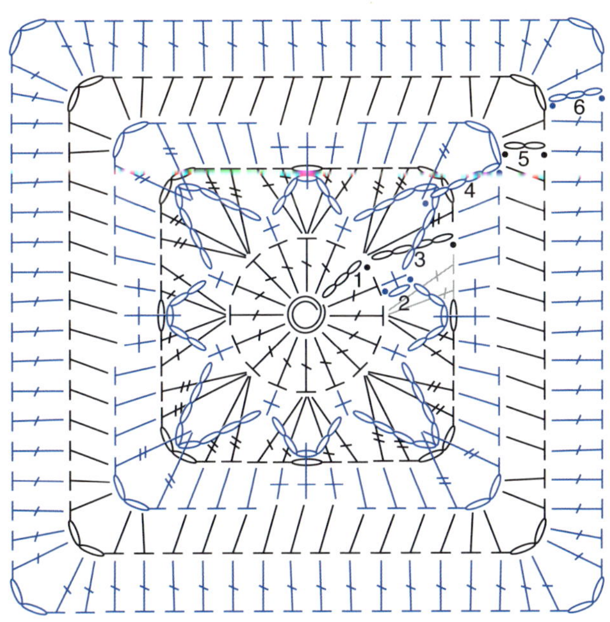

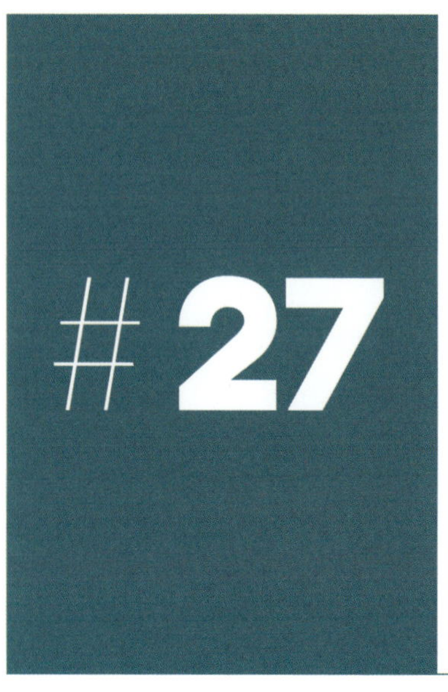

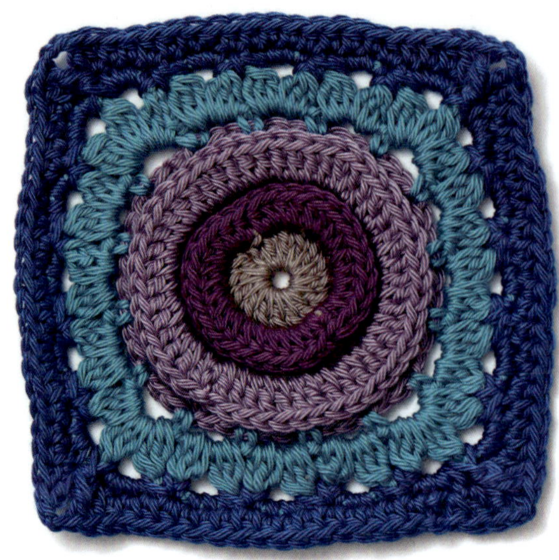

FERTIGE GRÖSSE
13,5 cm Breite vor dem Spannen

HÄKELNADEL
4,0 mm

MASCHENPROBE
1.–3. Runde = 5 cm Breite

FARBEN
(A) 3798 Suede
(B) 3779 Pansy
(C) 3778 Lavender
(D) 3738 Jade
(E) 3774 Major Teal

Anmerkungen

- Die plastische Struktur dieses Motivs entsteht dadurch, dass in aufeinanderfolgenden Rd erst in die vorderen, dann in die hinteren Maschenglieder gearbeitet wird.
- 1 Anf-Lm zählt nie als Masche.

In Fb A einen Fadenring legen.

1. Rd: 3 Anf-Lm (zählen stets als 1 Stb), 15 Stb in den Ring, Rd mit 1 Km in oberste Anf-Lm schließen – 16 Stb. Fb A abm.

2. Rd: Rd in vMg arbeiten. Mit 1 Km in beliebiger M Fb B anm, 2 Anf-Lm (zählen als 1 hStb), 1 hStb in dies M, 2 hStb fortl in jede M, Rd mit 1 Km in obere Anf-Lm schließen – 32 hStb. Fb B abm.

3. Rd: Rd in hMg der M der 1. Rd arbeiten. Mit 1 Km in beliebiger M der 1. Rd Fb B neu anm, 3 Anf-Lm, 1 Stb in dies M, 2 Stb fortl in jede M, Rd mit 1 Km in oberste Anf-Lm schließen – 32 Stb. Fb B abm.

4. Rd: Rd in vMg arbeiten. Mit 1 Km in beliebiger M Fb C anm, 3 Anf-Lm, 1 Stb in dies M, *1 Stb in folg M**, 2 Stb in folg M; ab * fortl wh, letzte Wh bei ** beenden, Rd mit 1 Km in oberste Anf-Lm schließen – 48 Stb. Fb C abm.

5. Rd: Rd in hMg der M der 3. Rd arbeiten, mit 1 Km in beliebiger M der 3. Rd Fb C neu anm, 3 Anf-Lm, 1 Stb in dies M, *1 Stb in folg M**, 2 Stb in folg M; ab * fortl wh, letzte Wh bei ** beenden, Rd mit 1 Km in oberste Anf-Lm schließen – 48 Stb. Fb C abm.

6. Rd: Mit 1 Km in beliebigem einzelnen Stb Fb D anm, 1 Anf-Lm, 1 fM in 1. M, *3 Lm, 2 M ausl**, 1 fM in folg M; ab * fortl wh, letzte Wh bei ** beenden, Rd mit 1 Km in 1. fM schließen – 16 fM, 16 3-Lm-Bg.

7. Rd: 1 Km in folg 3-Lm-Bg, 2 Anf-Lm, 1 2er-BüStb (zählt als 1 3er-BüStb), 2x (3 Lm, 1 3er-BüStb) in dens Lm-Bg, *(1 3er-BüStb, 3 Lm, 1 3er-BüStb) in jeden der 3 folg 3-Lm-Bg**, (2x [1 3er-BüStb, 3 Lm], 1 3er-BüStb) in folg 3-Lm-Bg; ab * fortl wh, letzte Wh bei ** beenden, Rd mit 1 Km in 1. 2er-BüStb schließen – 36 3er-BüStb, 20 3-Lm-Bg. Fb D abm.

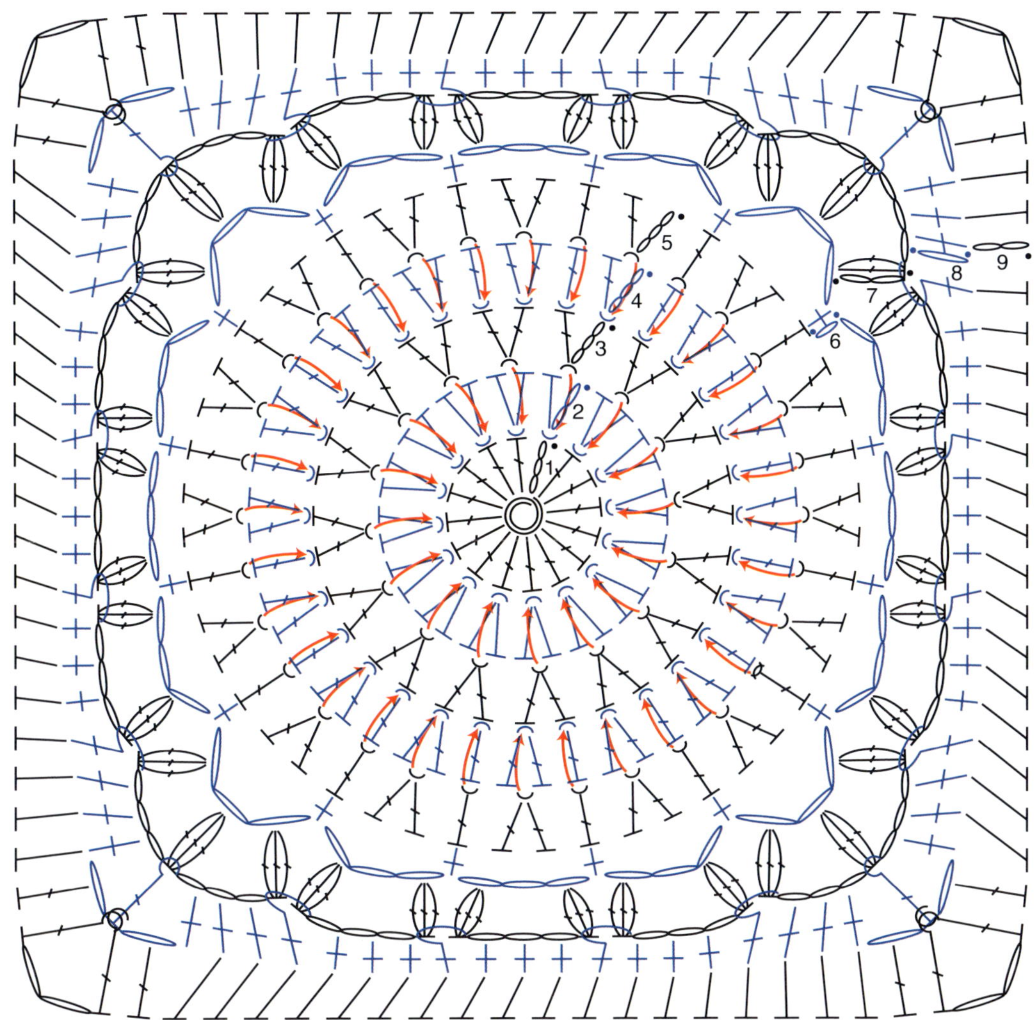

8. Rd: Mit 1 Km in den 3-Lm-Bg nach der Verbindungs-Km Fb E anm, 1 Anf-Lm, *3 fM in 3-Lm-Bg, 1 Lm, 1 RStbv um folg 3er-BüStb, 1 Lm, 4x (3 fM in folg 3-Lm-Bg, 1 RfMv um folg 2 3er-BüStb); ab * fortl wh, Rd mit 1 Km in 1. fM schließen – 60 fM, 8 1-Lm-Bg, 4 RStbv, 16 RfMv.

9. Rd: 2 Anf-Lm (zählen als 1 hStb), je 1 hStb in folg 2 M, *1 Stb in folg 1-Lm-Bg, (1 RStbv, 2 Lm, 1 RStbv) um folg RStbv, 1 Stb in folg 1-Lm-Bg, 1 M ausl**, je 1 hStb in folg 18 M; ab * fortl wh, letzte Wh bei ** beenden, je 1 hStb in folg 15 M, Rd mit 1 Km in obere Anf-Lm schließen – 72 hStb, 8 Stb, 8 RStbv, 4 2-Lm-Bg. Fb E abm.

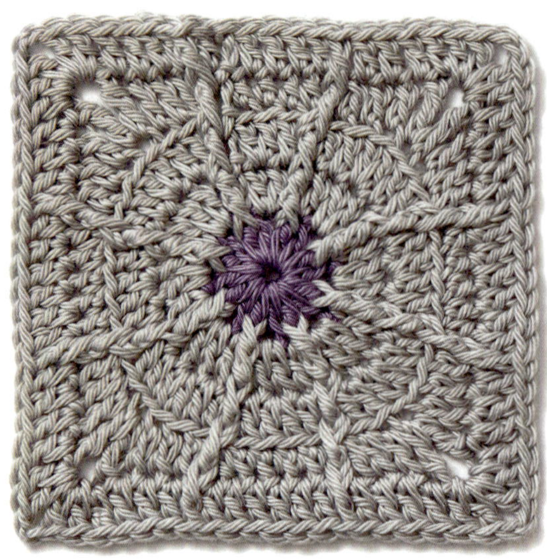

FERTIGE GRÖSSE
11 cm Breite vor dem Spannen

HÄKELNADEL
4,0 mm

MASCHENPROBE
1.–3. Runde = 7 cm Breite

FARBEN
(A) 3778 Lavender
(B) 3808 Light Grey

Anmerkungen

- Wenn nicht anders angegeben, zählen 2 Lm am Anf einer Rd als 1 Stb.
- Wenn das Motiv sich durch die Reliefmaschen nach innen wellt, die RStbv evtl. durch RDStbv ersetzen. Auch durch Spannen liegt das Motiv später glatter.
- Variante in Tapestry-Technik: Die zweite Farbe für die Reliefmaschen weiter mitführen, so dass diese stärker hervorstechen.

In Fb A einen Fadenring legen.

1. Rd: 2 Anf-Lm (zählen als 1 Stb), 15 Stb in den Ring, Rd mit 1 Km in oberste Anf-Lm schließen – 16 Stb). Fb A abm.

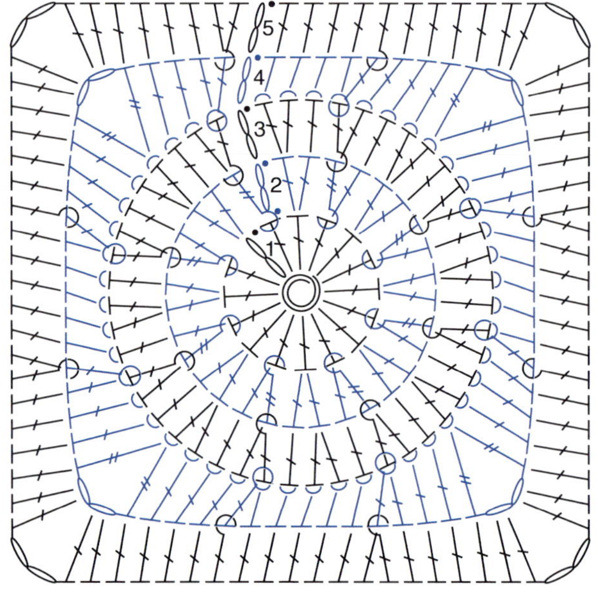

2. Rd: Mit 1 Km in die M rechts der Verbindungs-Km Fb B anm, 2 Anf-Lm, 1 RDStbv um dies M, *2 Stb in folg M**, 1 Stb in folg M, 1 RDStbv um dies M; ab * fortl wh, letzte Wh bei ** beenden, mit 1 Km in oberste Anf-Lm schließen – 24 Stb, 8 RDStbv.

3. Rd: 2 Anf-Lm, *1 RStbv um folg RDStbv, 1 Stb in dies M, 1 Stb in folg M, 2 Stb in folg M, je 1 Stb in folg 2 M, 1 RStbv um dasselbe RDStbv, 1 Stb in folg M, 2 Stb in folg M**, 1 Stb in folg M; ab * fortl wh, letzte Wh bei ** beenden, Rd mit 1 Km in oberste Anf-Lm schließen – 40 Stb, 8 RStbv.

4. Rd: Rd in hMg arbeiten. 2 Anf-Lm (zählen als 1 hStb), *1 RStbv um folg RStbv, 1 Stb in dies M, je 1 Stb in folg 2 M, (1 DStb, 2 Lm, 1 DStb) in folg M, je 1 Stb in folg 3 M, 1 RStbv um folg RStbv, 1 hStb in dies M**, je 1 hStb in folg 4 M; ab * fortl wh, letzte Wh bei ** beenden, je 1 hStb in letzte 3 M, Rd mit 1 Km in oberste Anf-Lm schließen – 24 Stb, 8 DStb, 8 RStbv, 20 hStb, 4 2-Lm-Bg.

5. Rd: 2 Anf-Lm, *1 Stb in folg RStbv, 1 RStbv um dasselbe RStbv, je 1 Stb in folg 4 M, (2 Stb, 2 Lm, 2 Stb) in folg 2-Lm-Bg, je 1 Stb in folg 4 M, 1 RStbv um folg RStbv**, je 1 Stb in folg 5 M; ab * fortl wh, letzte Wh bei ** beenden, je 1 Stb in letzte 4 M, Rd mit 1 Km in oberste Anf-Lm schließen – 72 Stb, 8 RStbv, 4 2-Lm-Bg. Fb B abm.

Alternative Farbfolge für Motiv 28 ▶
(A) 3802 Honeysuckle
(1. Rd und alle Reliefmaschen)
(B) 3729 Grey (4. und 5. Rd)

FERTIGE GRÖSSE
12 cm Breite vor dem Spannen

HÄKELNADEL
4,0 mm

MASCHENPROBE
1.–3. Runde = 7,5 cm Breite

FARBEN
(A) 3736 Ice
(B) 3750 Tangerine
(C) 3767 Deep Coral

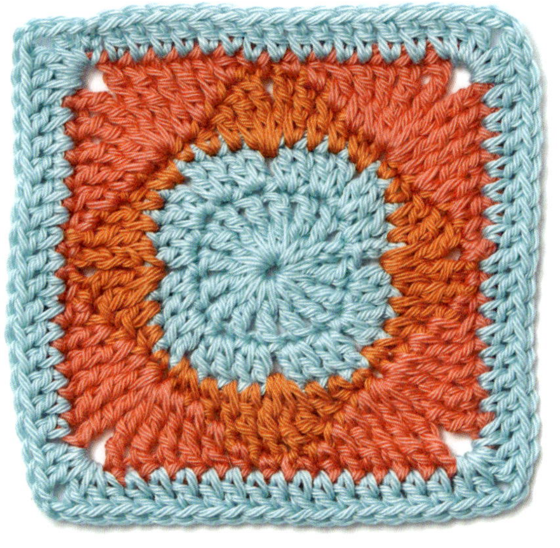

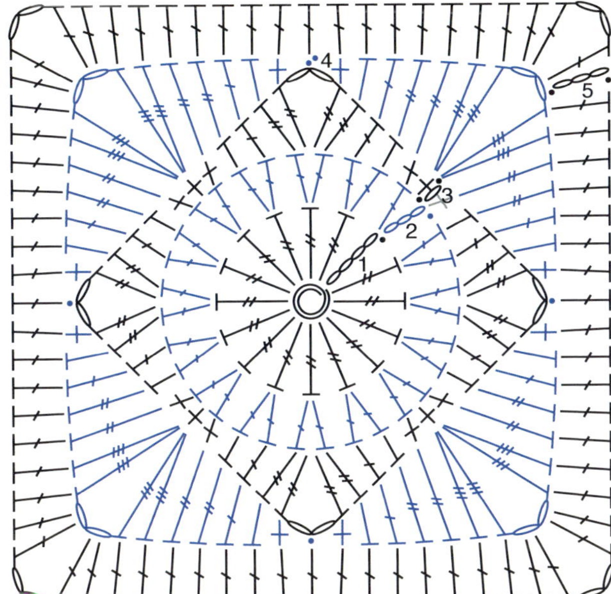

Anmerkungen

- 1 Anf-Lm zählt nie als Masche.
- Spielen Sie mit dem Kontrast der Farben für die Quadrate in der Mitte, um diese unterschiedlich markant hervortreten zu lassen.

In Fb A einen Fadenring legen.

1. Rd: 4 Anf-Lm (zählen als 1 DStb), 15 Stb in den Ring, Rd mit 1 Km in oberste Anf-Lm schließen – 16 DStb.

2. Rd: 3 Anf-Lm (zählen stets als 1 Stb), 1 Stb in dies M, 2 Stb fortl in jede M, Rd mit 1 Km in oberste Anf-Lm schließen – 32 Stb. Fb A abm.

3. Rd: Mit 1 Km zw. 2 beliebigen M Fb B anm, 1 Anf-Lm, *1 fM zw. 2 M, 1 fM in folg M, 1 hStb in folg M, 1 Stb in folg M, 1 DStb in folg M, (1 DStb, 2 Lm, 1 DStb) zw. folg 2 M, 1 DStb in folg M, 1 Stb in folg M, 1 hStb in folg M, 1 fM in folg M; ab * fortl wh, Rd mit 1 Km in 1. fM schließen – 16 DStb, 8 Stb, 8 hStb, 12 fM, 4 2-Lm-Bg. Fb B abm.

4. Rd: Mit 1 Km in beliebigem 2-Lm-Bg Fb C anm, *1 fM in folg M, 1 hStb in folg M, 1 Stb in folg M, je 1 DStb in folg 2 M, (2 DreifStb, 2 Lm, 2 DreifStb) in folg M, je 1 DStb in folg 2 M, 1 Stb in folg M, 1 hStb in folg M, 1 fM in folg M**, 1 Km in folg 2-Lm-Bg; ab * fortl wh, letzte Wh bei ** beenden, Rd mit 1 Km in 1. Km schließen – 16 DreifStb, 16 DStb, 8 Stb, 8 hStb, 8 fM, 4 Km, 4 2-Lm-Bg. Fb C abm.

5. Rd: Mit 1 Km in beliebigem 2-Lm-Bg Fb A anm, 3 Anf-Lm, (1 Stb, 2 Lm, 2 Stb) in dens Lm-Bg, *je 1 Stb in folg 15 M**, (2 Stb, 2 Lm, 2 Stb) in folg 2-Lm-Bg; ab * fortl wh, letzte Wh bei ** beenden, Rd mit 1 Km in oberste Anf-Lm schließen – 76 Stb, 4 2-Lm-Bg. Fb A abm.

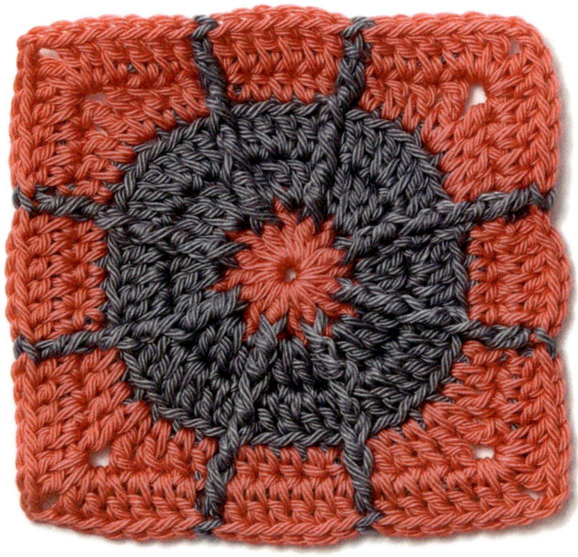

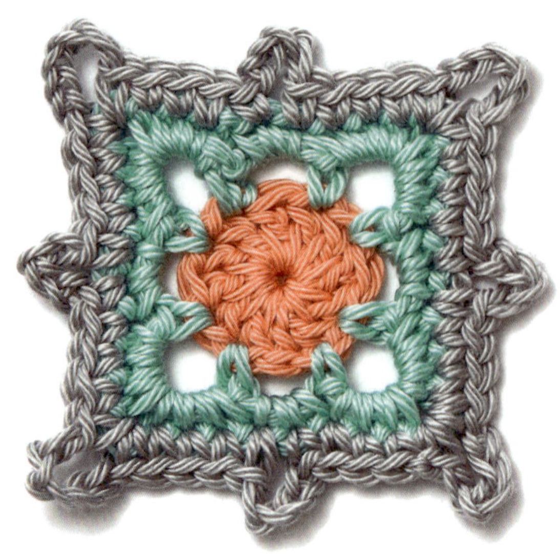

FERTIGE GRÖSSE
7,5 cm Breite vor dem Spannen

HÄKELNADEL
4,0 mm

MASCHENPROBE
1.–3. Runde = 5 cm Breite

FARBEN
(A) 3752 Coral
(B) 3763 Water Lily
(C) 3808 Light Grey

Anmerkung

- 1 Anf-Lm zählt nie als Masche.

In Fb A einen Fadenring legen.

1. Rd: 3 Anf-Lm (zählen als 1 Stb), 11 Stb in den Ring, Rd mit 1 Km in oberste Anf-Lm schließen – 12 Stb. Fb A abm.

2. Rd: Mit 1 Km in beliebiger M Fb B anm, 1 Anf-Lm, 1 fM in dies M, *4 Lm, 1 fM in folg M, 3 Lm, 1 M ausl**, 1 fM in folg M; ab * fortl wh, letzte Wh bei ** beenden, Rd mit 1 Km in 1. fM schließen – 8 fM, 4 4-Lm-Bg, 4 3-Lm-Bg.

3. Rd: 1 Km in folg 4-Lm-Bg, 1 Anf-Lm, *(3 fM, 2 Lm, 3 fM) in 4-Lm-Bg, 2 fM in folg 3-Lm-Bg; ab * fortl wh, Rd mit 1 Km in 1. fM schließen – 32 fM, 4 2-Lm-Bg. Fb B abm.

4. Rd: Mit 1 Km in beliebigem 2-Lm-Bg Fb C anm, 1 Anf-Lm, *(1 fM, 5 Lm, 1 fM) in 2-Lm-Bg, je 1 fM in folg 4 M, 4 Lm, je 1 fM in folg 4 M; ab * fortl wh, Rd mit 1 Km in 1. fM schließen – 40 fM, 4 5-Lm-Bg, 4 4-Lm-Bg. Fb C abm.

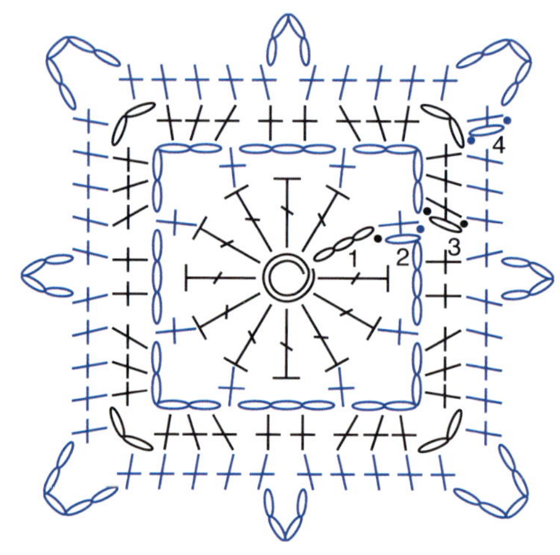

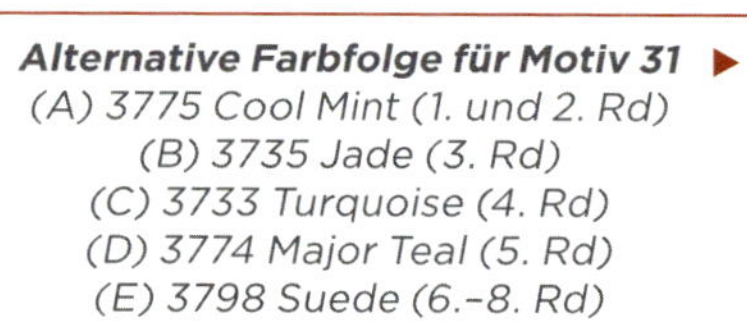

Alternative Farbfolge für Motiv 31 ▶
(A) 3775 Cool Mint (1. und 2. Rd)
(B) 3735 Jade (3. Rd)
(C) 3733 Turquoise (4. Rd)
(D) 3774 Major Teal (5. Rd)
(E) 3798 Suede (6.–8. Rd)

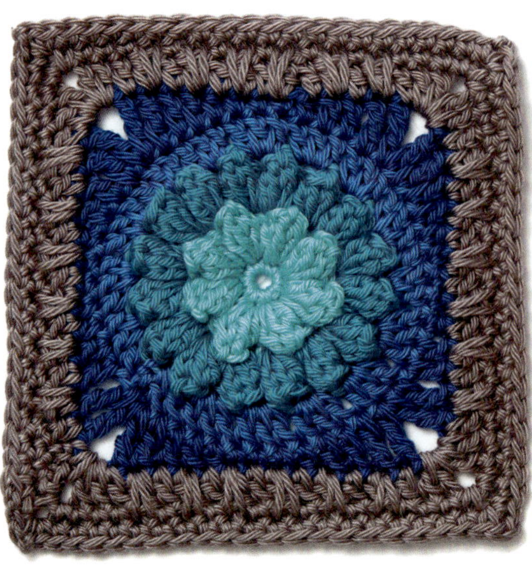

FERTIGE GRÖSSE
12,5 cm Breite vor dem Spannen

HÄKELNADEL
4,0 mm

MASCHENPROBE
1.–3. Runde = 6,5 cm Breite

FARBEN
(A) 3778 Lavender
(B) 3734 Teal
(C) 3701 Cranberry
(D) 3767 Deep Coral
(E) 3759 Taupe
(F) 3822 Vibrant Orange

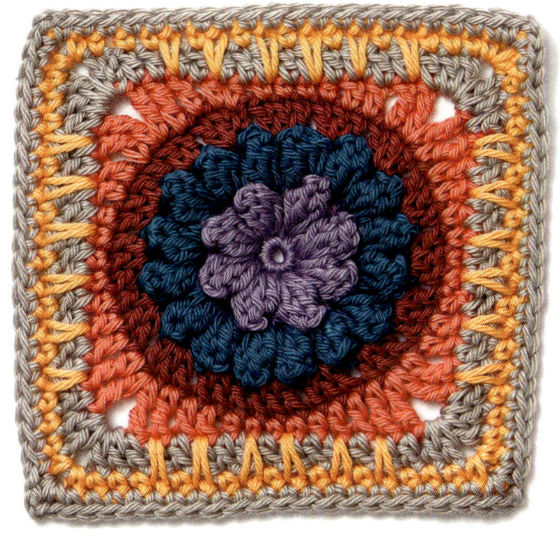

Anmerkungen

- 1 Anf-Lm zählt nie als Masche.
- Durch eine Akzentfarbe stechen die M der 7. Rd besonders hervor. Häkelt man die 6. bis 8. Rd in derselben Farbe, wird die Maschenstruktur betont.

In Fb A einen Fadenring legen.

1. Rd: 1 Anf-Lm, 8 fM in den Ring, Rd mit 1 Km in 1. fM schließen – 8 fM.

2. Rd: 1 Anf-PopcM in 1. M, 2 Lm, (1 PopcM, 2 Lm) fortl in jede M, Rd mit 1 Km in Anf-PopcM schließen – 8 PopcM, 8 2-Lm-Bg. Fb A abm.

3. Rd: Mit 1 Km in beliebigem 2-Lm-Bg Fb B anm, 1 Anf-PopcM in dens Lm-Bg, 2 Lm, *1 PopcM in folg PopcM, 2 Lm**, 1 PopcM in folg 2-Lm-Bg, 2 Lm; ab * fortl wh, letzte Wh bei ** beenden, Rd mit 1 Km in Anf-PopcM schließen – 16 PopcM, 16 2-Lm-Bg. Fb B abm.

4. Rd: Mit 1 Km in beliebigem 2-Lm-Bg Fb C anm, 3 Anf-Lm (zählen stets als 1 Stb), 2 Stb in dens Lm-Bg, 3 Stb fortl in jeden 2-Lm-Bg, Rd mit 1 Km in oberste Anf-Lm schließen – 48 Stb. Fb C abm.

5. Rd: Mit 1 Km in dies M wie die Verbindungs-Km der Vor-Rd Fb D anm, 1 Anf-Lm, je 1 fM in erste 3 M, *1 hStb in folg M, je 1 Stb in folg 2 M, 1 DStb in folg M, (1 DStb, 2 Lm, 1 DStb) in folg M, 1 DStb in folg M, je 1 Stb in folg 2 M, 1 hStb in folg M**, je 1 fM in folg 3 M; ab * fortl wh, letzte Wh bei ** beenden, Rd mit 1 Km in 1. fM schließen – 12 fM, 8 hStb, 16 Stb, 16 DStb, 4 2-Lm-Bg. Fb D abm.

6. Rd: Mit 1 Km in beliebigem 2-Lm-Bg Fb E anm, 3 Anf-Lm, (1 Stb, 2 Lm, 2 Stb) in dens Lm-Bg, *je 1 Stb in folg 13 M**, (2 Stb, 2 Lm, 2 Stb) in folg 2-Lm-Bg; ab * fortl wh, letzte Wh bei ** beenden, Rd mit 1 Km in oberste Anf-Lm schließen – 68 Stb, 4 2-Lm-Bg. Fb E abm.

7. Rd: Mit 1 Km in beliebigem 2-Lm-Bg Fb F anm, 1 Anf-Lm, *(1 fM, 2 Lm, 1 fM) in 2-Lm-Bg, je 1 fM in folg 3 M, 6x (über die M der 6. Rd hinweg 1 tfM in entsprechendes folg Stb der 5. Rd, in der 6. Rd 1 M ausl, 1 fM in folg M), je 1 fM in folg 2 M; ab * fortl wh, Rd mit 1 Km in 1. fM schließen – 52 fM, 24 tfM, 4 2-Lm-Bg. Fb F abm.

8. Rd: Mit 1 Km in beliebigem 2-Lm-Bg Fb E anm, 1 Lm, *(1 fM, 2 Lm, 1 fM) in 2-Lm-Bg, je 1 fM in folg 19 M; ab * fortl wh, Rd mit 1 Km in 1. fM schließen – 84 fM, 4 2-Lm-Bg. Fb E abm.

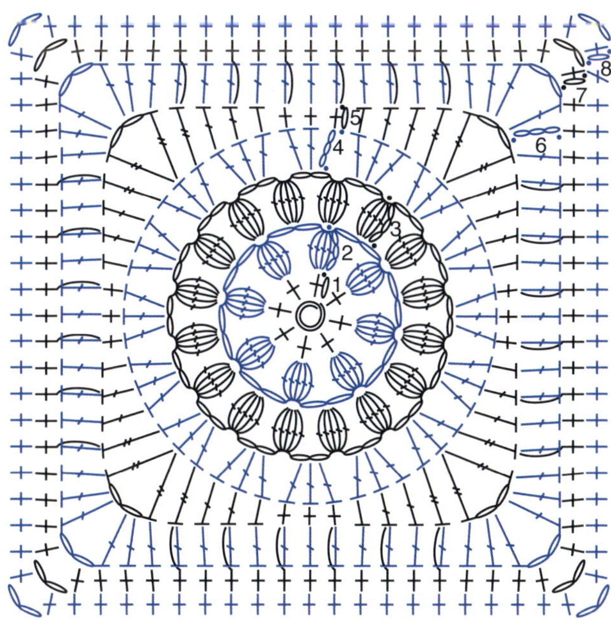

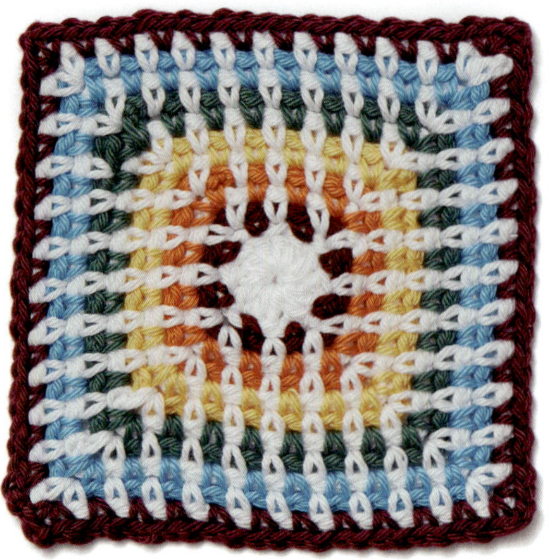

FERTIGE GRÖSSE
12 cm Breite vor dem Spannen

HÄKELNADEL
4,0 mm

MASCHENPROBE
1.–3. Runde = 4,5 cm Breite

FARBEN
(A) 3728 White
(B) 3714 Burgundy
(C) 3750 Tangerine
(D) 3748 Buttercup
(E) 3761 Juniper
(F) 3732 Aqua
(G) 3704 Syrah

Anmerkungen

- 1 Anf-Lm zählt nie als Masche.
- Wird in jeder 2. Rd dieselbe Farbe verwendet, entsteht ein anderer Effekt als bei verschiedenen Farben in jeder Runde.

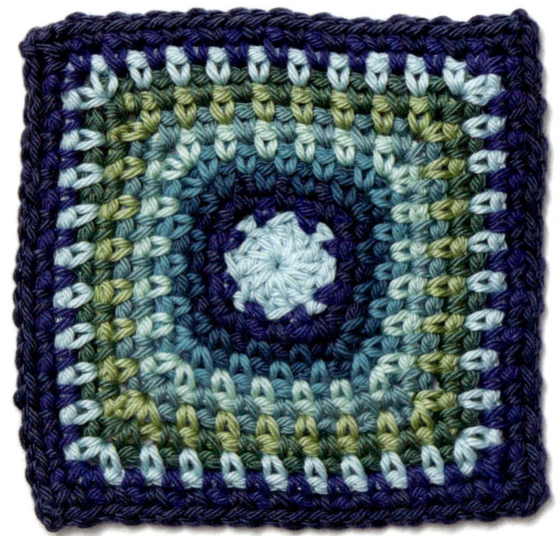

Alternative Farbfolge
(A) 3736 Ice (1. und 10. Rd)
(B) 3715 Cobalt (2. und 11. Rd)
(C) 3793 Indigo Blue (3. und 12. Rd)
(D) 3734 Teal (4. Rd)
(E) 3735 Jade (5. Rd)
(F) 3763 Water Lily (6. Rd)
(G) 3797 Dark Sea Foam (7. Rd)
(H) 3762 Spring Green (8. Rd)
(I) 3761 Juniper (9. Rd)

In Fb A einen Fadenring legen.

1. Rd: 3 Anf-Lm (zählen als 1 Stb), 11 Stb in den Ring, Rd mit 1 Km in oberste Anf-Lm schließen – 12 Stb. Fb A abm.

2. Rd: Mit 1 Km in beliebiger M Fb B anm, 1 Anf-Lm, 1 fM in dies M, *2 Lm, 1 fM in folg M, 1 Lm, 1 M ausl**, 1 fM in folg M; ab * fortl wh, letzte Wh bei ** beenden, Rd mit 1 Km in 1. fM schließen – 8 fM, 4 2-Lm-Bg, 4 1-Lm-Bg. Fb B abm.

3. Rd: Mit 1 Km in beliebigem 2-Lm-Bg Fb A anm, 1 Anf-Lm, *(1 fM, 2 Lm, 1 fM) in 2-Lm-Bg, 1 Lm, 1 M ausl, 1 fM in folg 1-Lm-Bg, 1 Lm, 1 M ausl fortl wh, Rd mit 1 Km in 1. fM schließen – 12 fM, 4 2-Lm-Bg, 8 1-Lm-Bg. Fb A abm.

4. Rd: Mit 1 Km in beliebigem 2-Lm-Bg Fb C anm, 1 Anf-Lm, *(1 fM, 2 Lm, 1 fM) in 2-Lm-Bg, 1 Lm, 1 M ausl, je (1 fM, 1 Lm) in folg 2 1-Lm-Bg; ab * fortl wh, Rd mit 1 Km in 1. fM schließen – 16 fM, 4 2-Lm-Bg, 12 1-Lm-Bg. Fb C abm.

5. Rd: Mit 1 Km in beliebigem 2-Lm-Bg Fb A anm, 1 Anf-Lm, *(1 fM, 2 Lm, 1 fM) in 2-Lm-Bg, 1 Lm, 1 M ausl, je (1 fM, 1 Lm) in folg 3 1-Lm-Bg; ab * fortl wh, Rd mit 1 Km in 1. fM schließen – 20 fM, 4 2-Lm-Bg, 16 1-Lm-Bg. Fb A abm.

6. Rd: Mit 1 Km in beliebigem 2-Lm-Bg Fb D anm, 1 Anf-Lm, *(1 fM, 2 Lm, 1 fM) in 2-Lm-Bg, 1 Lm, 1 M ausl, je (1 fM, 1 Lm) in folg 4 1-Lm-Bg; ab * fortl wh, Rd mit 1 Km in 1. fM schließen – 24 fM, 4 2-Lm-Bg, 20 1-Lm-Bg. Fb D abm.

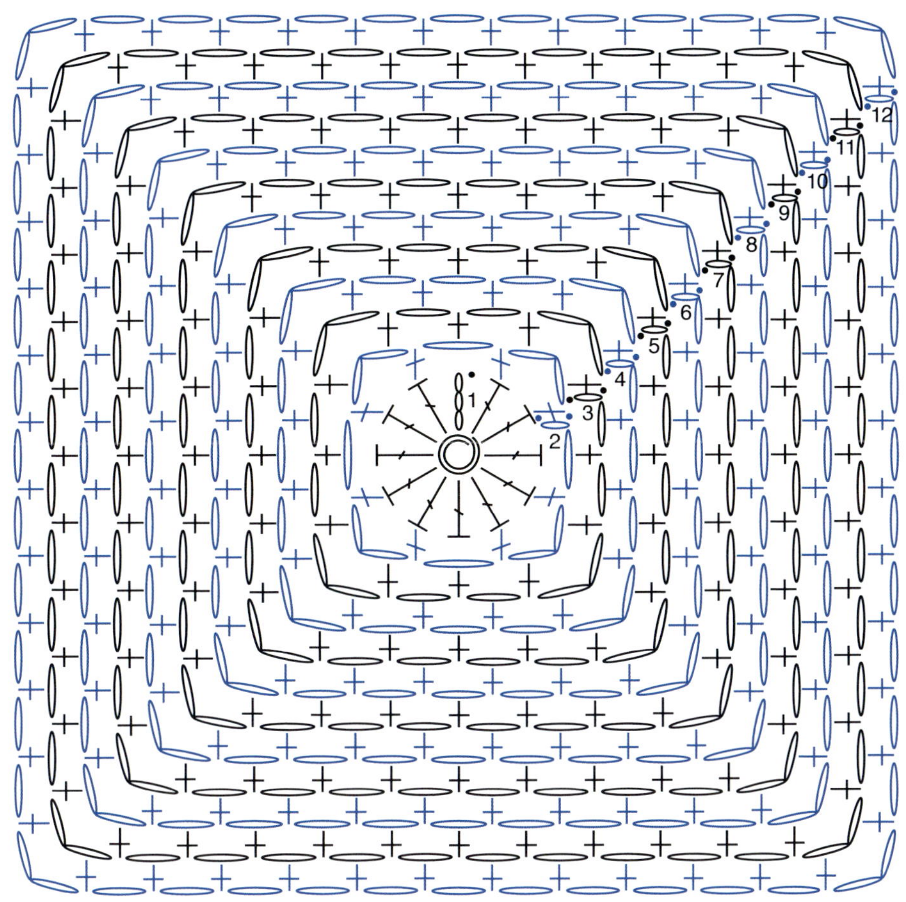

7. Rd: Mit 1 Km in beliebigem 2-Lm-Bg Fb A anm, 1 Anf-Lm, *(1 fM, 2 Lm, 1 fM) in 2-Lm-Bg, 1 Lm, 1 M ausl, je (1 fM, 1 Lm) in folg 5 1-Lm-Bg; ab * fortl wh, Rd mit 1 Km in 1. fM schließen – 28 fM, 4 2-Lm-Bg, 24 1-Lm-Bg. Fb A abm.

8. Rd: Mit 1 Km in beliebigem 2-Lm-Bg Fb E anm, 1 Anf-Lm, *(1 fM, 2 Lm, 1 fM) in 2-Lm-Bg, 1 Lm, 1 M ausl, je (1 fM, 1 Lm) in folg 6 1-Lm-Bg; ab * fortl wh, Rd mit 1 Km in 1. fM schließen – 32 fM, 4 2-Lm-Bg, 28 1-Lm-Bg. Fb E abm.

9. Rd: Mit 1 Km in beliebigem 2-Lm-Bg Fb A anm, 1 Anf-Lm, *(1 fM, 2 Lm, 1 fM) in 2-Lm-Bg, 1 Lm, 1 M ausl, je (1 fM, 1 Lm) in folg 7 1-Lm-Bg; ab * fortl wh, Rd mit 1 Km in 1. fM schließen – 36 fM, 4 2-Lm-Bg, 32 1-Lm-Bg. Fb A abm.

10. Rd: Mit 1 Km in beliebigem 2-Lm-Bg Fb F anm, 1 Anf-Lm, *(1 fM, 2 Lm, 1 fM) in 2-Lm-Bg, 1 Lm, 1 M ausl, je (1 fM, 1 Lm) in folg 8 1-Lm-Bg; ab * fortl wh, Rd mit 1 Km in 1. fM schließen – 40 fM, 4 2-Lm-Bg, 36 1-Lm-Bg. Fb F abm.

11. Rd: Mit 1 Km in beliebigem 2-Lm-Bg Fb A anm, 1 Anf-Lm, *(1 fM, 2 Lm, 1 fM) in 2-Lm-Bg, 1 Lm, 1 M ausl, je (1 fM, 1 Lm) in folg 9 1-Lm-Bg; ab * fortl wh, Rd mit 1 Km in 1. fM schließen – 44 fM, 4 2-Lm-Bg, 40 1-Lm-Bg. Fb A abm.

12. Rd: Mit 1 Km in beliebigem 2-Lm-Bg Fb G anm, 1 Anf-Lm, *(1 fM, 2 Lm, 1 fM) in 2-Lm-Bg, 1 Lm, 1 M ausl, je (1 M, 1 Lm) in folg 10 1-Lm-Bg; ab * fortl wh, Rd mit 1 Km in 1. fM schließen – 48 fM, 4 2-Lm-Bg, 44 1-Lm-Bg. Fb G abm.

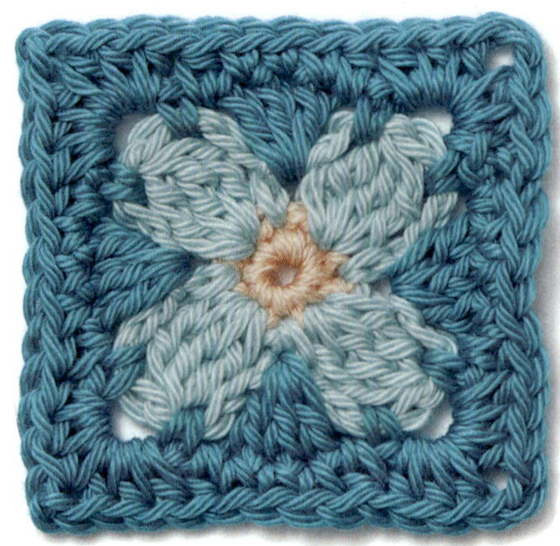

FERTIGE GRÖSSE
6,5 cm Breite vor dem Spannen

HÄKELNADEL
4,0 mm

MASCHENPROBE
1.–3. Runde = 5 cm Durchmesser

FARBEN
(A) 3753 White Peach
(B) 3736 Ice
(C) 3735 Jade

Anmerkungen

- 1 Anf-Lm zählt nie als Masche.
- Wird für die 1. und 2. Rd dieselbe Farbe verwendet, entsteht in der Mitte ein »X«.

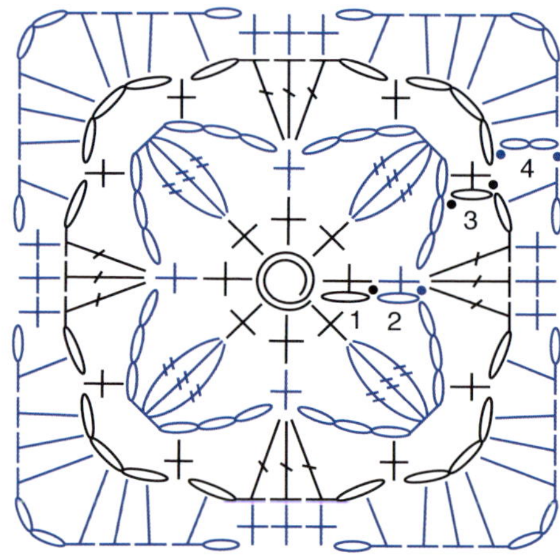

In Fb A einen Fadenring legen.

1. Rd: 1 Anf-Lm, 8 fM in den Ring, Rd mit 1 Km in 1. fM schließen – 8 fM. Fb A abm.

2. Rd: Mit 1 Km in beliebiger M Fb B anm, 1 Anf-Lm, 1 fM in 1. M, *3 Lm, 1 3er-BüDStb in folg M, 3 Lm**, 1 fM in folg M; ab * fortl wh, letzte Wh bei ** beenden, Rd mit 1 Km in 1. fM schließen – 4 fM, 8 3-Lm-Bg, 4 3er-BüDStb. Fb B abm.

3. Rd: Mit 1 Km in den 3-Lm-Bg nach der Verbindungs-Km der Vor-Rd Fb C anm, 1 Anf-Lm, 1 fM in dens Lm-Bg, *3 Lm, 1 fM in folg 3-Lm-Bg, 1 Lm, 3 Stb in folg fM, 1 Lm**, 1 fM in folg 3-Lm-Bg; ab * fortl wh, letzte Wh bei ** beenden, Rd mit 1 Km in 1. fM schließen – 8 fM, 4 3-Lm-Bg, 8 1-Lm-Bg, 12 Stb.

4. Rd: 1 Km in folg 3-Lm-Bg, 2 Anf-Lm (zählen als 1 hStb), (2 hStb, 2 Lm, 3 hStb) in dens Lm-Bg, *1 hStb in folg 1-Lm-Bg, je 1 fM in folg 3 M, 1 Lm, 1 hStb in folg 1-Lm-Bg**, (3 hStb, 2 Lm, 3 hStb) in folg 3-Lm-Bg; ab * fortl wh, letzte Wh bei ** beenden, Rd mit 1 Km in oberste Anf-Lm schließen – 32 hStb, 12 fM, 4 2-Lm-Bg, 8 1-Lm-Bg. Fb C abm.

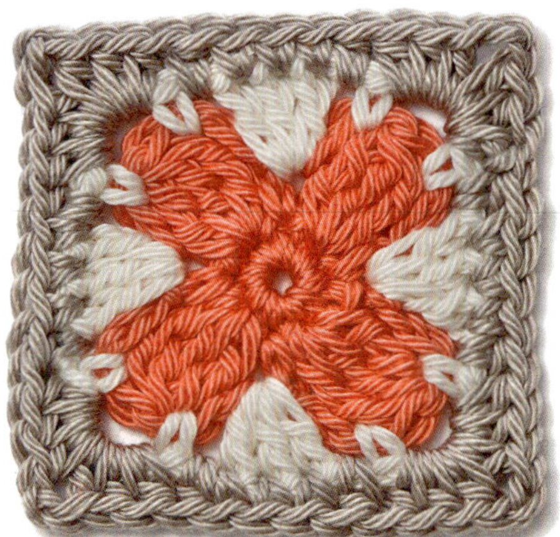

Alternative Farbfolge
(A) 3767 Deep Coral (1. und 2. Rd)
(B) 3718 Natural (3. Rd)
(C) 3759 Taupe (4. Rd)

FERTIGE GRÖSSE
12,5 cm Breite vor dem Spannen

HÄKELNADEL
4,0 mm

MASCHENPROBE
1.–3. Runde = 5 cm Durchmesser

FARBEN
(A) 3750 Tangerine
(B) 3764 Sunshine
(C) 3718 Natural
(D) 3712 Primrose

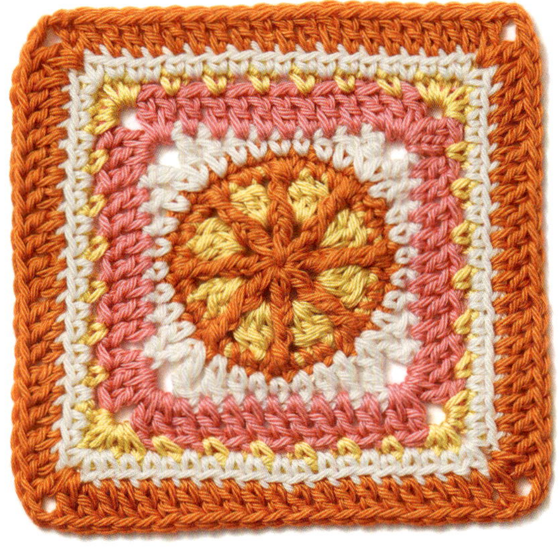

Anmerkung

- 1 Anf-Lm zählt nie als Masche.

In Fb A einen Fadenring legen.

1. Rd: 4 Anf-Lm (zählen als 1 Stb, 1 Lm), 7x (1 Stb, 1 Lm) in den Ring, Rd mit 1 Km in die oberste Anf-Lm schließen – 8 Stb, 8 1-Lm-Bg. Fb A abm.

2. Rd: Mit 1 Km in beliebigem 1-Lm-Bg Fb B anm, 2 Anf-Lm, 1 2er-BüStb in dens Lm-Bg (zählt als 1 3er-BüStb), 3 Lm, (1 3er-BüStb, 3 Lm) fortl in jeden 1-Lm-Bg, Rd mit 1 Km in 1. 2er-BüStb schließen – 8 3er-BüStb, 8 3-Lm-Bg. Fb B abm.

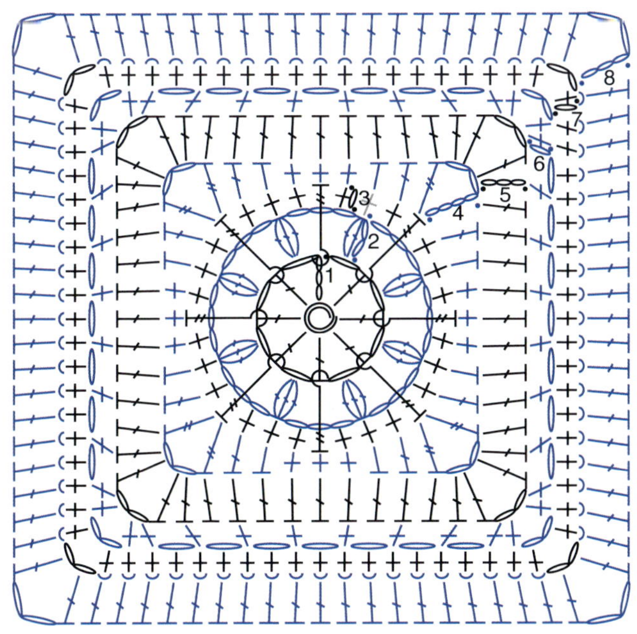

3. Rd: Mit 1 Km in beliebigem 3-Lm-Bg Fb A anm, 1 Anf-Lm, *1 fM in folg 3-Lm-Bg, über 3-Lm-Bg der 2. Rd hinweg 1 RDStbv um folg Stb in der 1. Rd, 1 fM in dens 3-Lm-Bg, 1 fM in folg 3er-BüStb; ab * fortl wh, Rd mit 1 Km in 1. fM schließen – 24 fM, 8 RDStbv. Fb A abm.

4. Rd: Mit 1 Km in beliebigem RDStbv Fb C anm, 6 Anf-Lm (zählen als 1 DStb, 2 Lm), 1 DStb in dies M, *1 Stb in folg M, 1 hStb in folg M, je 1 fM in folg 3 M, 1 hStb in folg M, 1 Stb in folg M**, (1 DStb, 2 Lm, 1 DStb) in folg M; ab * fortl wh, letzte Wh bei ** beenden, Rd mit 1 Km in die 4. der 6 Anf-Lm schließen – 8 DStb, 8 Stb, 8 hStb, 12 fM, 4 2-Lm-Bg. Fb C abm.

5. Rd: Mit 1 Km in beliebigem 2-Lm-Bg Fb D anm, 3 Anf-Lm (zählen als 1 Stb), (1 Stb, 2 Lm, 2 Stb) in dens Lm-Bg, *je 1 Stb in folg 9 M**, (2 Stb, 2 Lm, 2 Stb) in folg 2-Lm-Bg; ab * fortl wh, letzte Wh bei ** beenden, Rd mit 1 Km in oberste Anf-Lm schließen – 52 Stb, 4 2-Lm-Bg. Fb D abm.

6. Rd: Mit 1 Km in beliebigem 2-Lm-Bg Fb B anm, 1 Anf-Lm, *(2 fM, 2 Lm, 2 fM) in 2-Lm-Bg, 6x (1 Lm, 1 M ausl, 1 fM in folg M), 1 Lm, 1 M ausl; ab * fortl wh, Rd mit 1 Km in 1. fM schließen – 40 fM, 4 2-Lm-Bg, 28 1-Lm-Bg. Fb B abm.

7. Rd: Mit 1 Km in beliebigem 2-Lm-Bg Fb C anm, 1 Anf-Lm, *(1 fM, 2 Lm, 1 fM) in 2-Lm-Bg, 1 fM in folg M, 7x (1 fM in folg M, 1 fM in folg 1-Lm-Bg), je 1 fM in folg 2 M; ab * fortl wh, Rd mit 1 Km in 1. fM schließen – 76 fM, 4 2-Lm-Bg. Fb C abm.

8. Rd: Diese Rd nur in hMg arbeiten – außer an den Eck-Lm-Bg. Mit 1 Km in beliebigem 2-Lm-Bg Fb A anm, 5 Anf-Lm (zählen als 1 Stb, 2 Lm), 1 Stb in dens Lm-Bg, *je 1 Stb in folg 19 M**, (1 Stb, 2 Lm, 1 Stb) in folg 2-Lm-Bg,; ab * fortl wh, letzte Wh bei ** beenden, Rd mit 1 Km in 3. Anf-Lm schließen – 84 Stb, 4 2-Lm-Bg. Fb A abm.

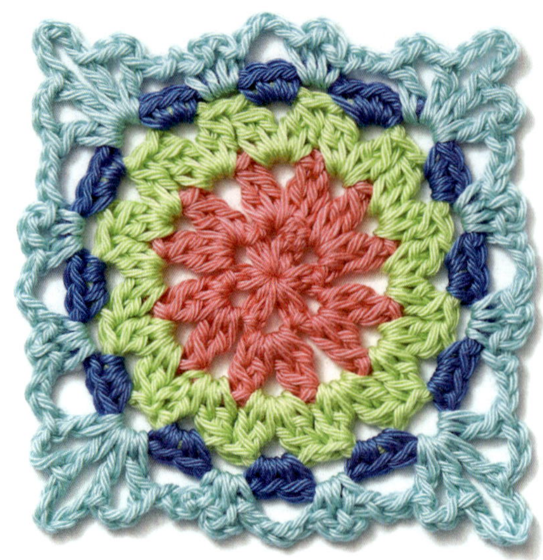

FERTIGE GRÖSSE
10 cm Breite vor dem Spannen

HÄKELNADEL
4,0 mm

MASCHENPROBE
1.–3. Runde = 7,5 cm Breite

FARBEN
(A) 3712 Primrose
(B) 3739 Lime
(C) 3800 Blueberry
(D) 3736 Ice

Anmerkung

- 1 Anf-Lm zählt nie als Masche.

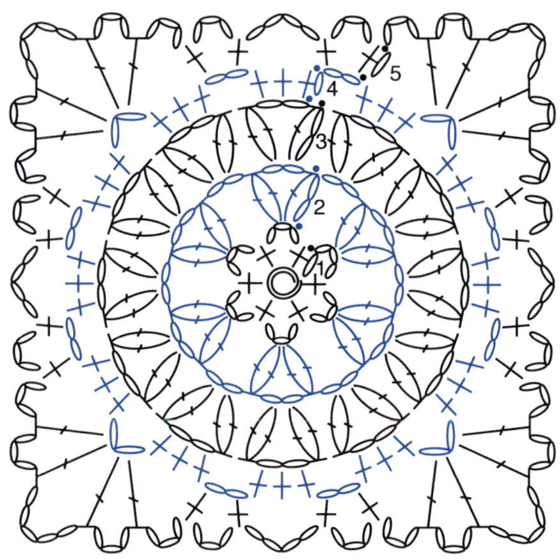

In Fb A einen Fadenring legen.

1. Rd: 1 Anf-Lm, 6x (1 fM, 3 Lm) in den Ring, Rd mit 1 Km in 1. fM schließen – 6 fM, 6 3-Lm-Bg.

2. Rd: 1 Km in folg 3-Lm-Bg, 2 Anf-Lm, 1 Stb in dens Lm-Bg (zählt stets als 1 2er-BüStb), 2 Lm, 1 2er-BüStb in dens Lm-Bg, 2 Lm, (1 2er-BüStb, 2 Lm, 1 2er-BüStb, 2 Lm) fortl in jeden 3-Lm-Bg, Rd mit 1 Km in 1. Stb schließen – 12 2er-BüStb, 12 2-Lm-Bg. Fb A abm.

3. Rd: Mit 1 Km in beliebigem 2-Lm-Bg Fb B anm, 2 Anf-Lm, 1 Stb in dens Lm-Bg, 2 Lm, 1 2er-BüStb in dens Lm-Bg, (1 2er-BüStb, 2 Lm, 1 2er-BüStb) fortl in jeden 2-Lm-Bg, Rd mit 1 Km in 1. Stb schließen – 24 2er-BüStb, 12 2-Lm-Bg. Fb B abm.

4. Rd: Mit 1 Km in beliebigem 2-Lm-Bg Fb C anm, 1 Anf-Lm, (3 fM, 2 Lm) fortl in jeden 2-Lm-Bg, Rd mit 1 Km in 1. fM schließen – 36 fM, 12 2-Lm-Bg. Fb C abm.

5. Rd: Mit 1 Km in beliebigem 2-Lm-Bg Fb D anm, 1 Anf-Lm, *(1 fM, 3 Lm, 1 fM) in 2-Lm-Bg, 4 Lm, (1 fM, 3 Lm, 1 fM) in folg 2-Lm-Bg, 3 Lm, (1 Stb, 3 Lm, 1 Stb, 5 Lm, 1 Stb, 3 Lm, 1 Stb) in folg 2-Lm-Bg, 3 Lm; ab * fortl wh, Rd mit 1 Km in 1. fM schließen – 16 Stb, 24 3-Lm-Bg, 4 5-Lm-Bg, 4 4-Lm-Bg, 16 fM. Fb D abm.

Alternative Farbfolge für Motiv 36 ▶
(A) 3704 Syrah (1. Rd)
(B) 3778 Lavender (2. Rd)
(C) 3760 Celery (3. Rd)
(D) 3808 Light Grey (4. Rd)
(E) 3736 Ice (5. Rd)

FERTIGE GRÖSSE
10 cm Breite vor dem Spannen

HÄKELNADEL
4,0 mm

MASCHENPROBE
1.–3. Runde = 7 cm Breite

FARBEN
(A) 3771 Paprika
(B) 3805 Colony Blue
(C) 3747 Gold

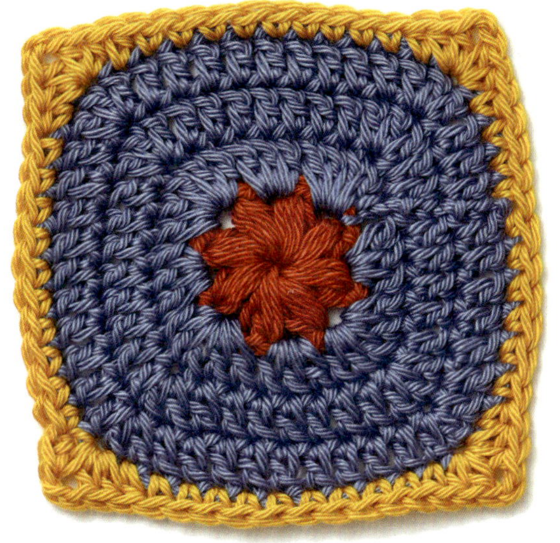

Anmerkungen

- Für einen klaren Look die 2.–4. Rd uni arbeiten.
- Für fröhliche Streifen die Farbe in jeder Rd wechseln.

In Fb A einen Fadenring legen.

1. Rd: 1 Anf-PuffM in den Ring, 2 Lm, 7x (1 PuffM, 2 Lm) in den Ring, Rd mit 1 Km in Anf-PuffM schließen – 8 PuffM, 8 2-Lm-Bg. Fb A beenden.

2. Rd: Mit 1 Km in beliebigem 2-Lm-Bg Fb B anm, 3 Anf-Lm (zählen als 1 Stb), 4 Stb in dens Lm-Bg, *3 Stb in folg 2-Lm-Bg**, 5 Stb in folg 2-Lm-Bg; ab * fortl wh, letzte Wh bei ** beenden, Rd mit 1 Km in oberste Anf-Lm schließen – 32 Stb.

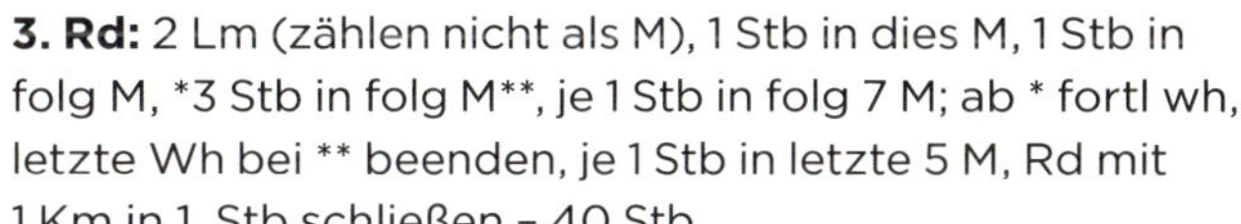

3. Rd: 2 Lm (zählen nicht als M), 1 Stb in dies M, 1 Stb in folg M, *3 Stb in folg M**, je 1 Stb in folg 7 M; ab * fortl wh, letzte Wh bei ** beenden, je 1 Stb in letzte 5 M, Rd mit 1 Km in 1. Stb schließen – 40 Stb.

4. Rd: 2 Lm (zählen nicht als M), 1 Stb in dies M, je 1 Stb in folg 2 M, *3 Stb in folg M**, je 1 Stb in folg 9 M; ab * fortl wh, letzte Wh bei ** beenden, je 1 Stb in folg 6 M, Rd mit 1 Km in 1. Stb schließen – 48 Stb. Fb B abm.

5. Rd: Mit 1 Km in 2. Stb einer beliebigen 3Stb-Gruppe Fb C anm, 2 Anf-Lm (zählen als 1 hStb), (1 hStb, 2 Lm, 2 hStb) in dies M, *1 hStb in folg M, je 1 fM in folg 9 M, 1 hStb in folg M**, (2 hStb, 2 Lm, 2 hStb) in folg M; ab * fortl wh, letzte Wh bei ** beenden, Rd mit 1 Km in oberste Anf-Lm schließen – 24 hStb, 4 2-Lm-Bg, 36 fM. Fb C abm.

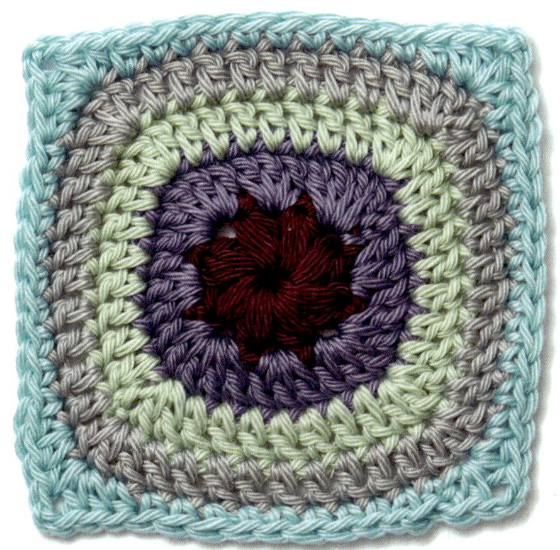

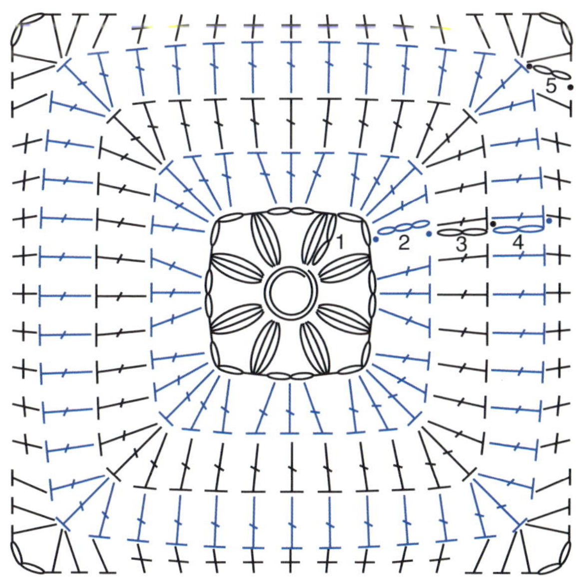

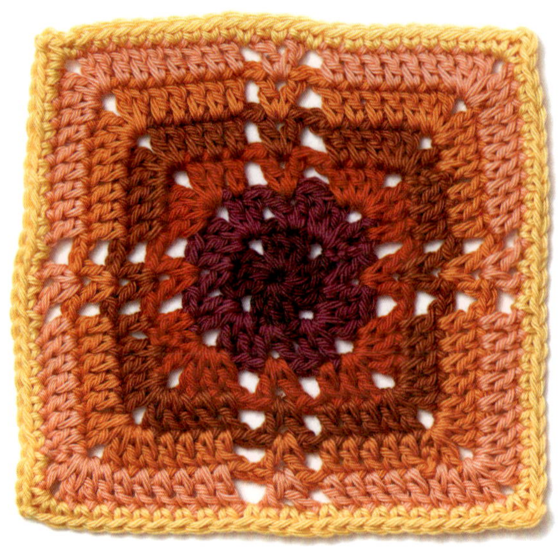

FERTIGE GRÖSSE
14,5 cm Breite vor dem Spannen

HÄKELNADEL
4,0 mm

MASCHENPROBE
1.–3. Runde = 7 cm Breite

FARBEN
(A) 3704 Syrah
(B) 3703 Magenta
(C) 3755 Lipstick Red
(D) 3769 Ginger
(E) 3750 Tangerine
(F) 3752 Coral
(G) 3748 Buttercup

Anmerkungen

- 3 Lm am Anf einer Rd zählen stets als 1 Stb.
- 1 Anf-Lm zählt nie als M.
- Experimentieren Sie mit Farbwechseln in den Runden.

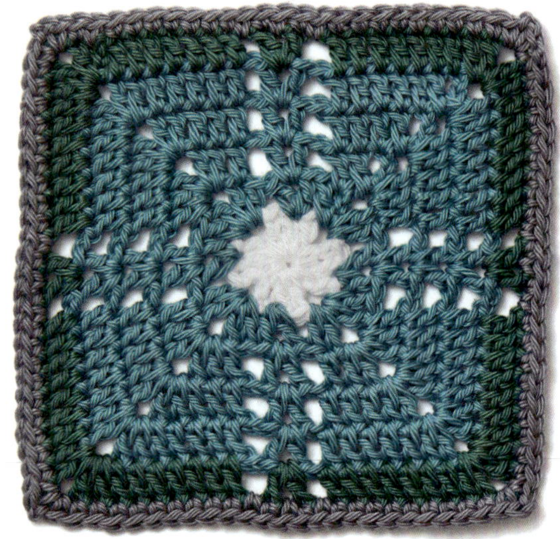

Alternative Farbfolge
(A) 3728 White (1. Rd)
(B) 3797 Dark Sea Foam (2.–5. Rd)
(C) 3761 Juniper (6. Rd)
(D) 3729 Grey (7. Rd)

In Fb A einen Fadenring legen.

1. Rd: 3 Anf-Lm, 2 Stb in den Ring, 2 Lm, 3x (3 Stb, 2 Lm) in den Ring, Rd mit 1 Km in oberste Anf-Lm schließen – 12 Stb, 4 2-Lm-Bg. Fb A beenden.

2. Rd: Mit 1 Km in beliebigem 2-Lm-Bg Fb B anm, 3 Lm, (1 Stb, 2 Lm, 2 Stb) in dens Lm-Bg, *1 M ausl, (1 Stb, 1 Lm, 1 Stb) in folg M, 1 M ausl**, (2 Stb, 2 Lm, 2 Stb) in folg 2-Lm-Bg; ab * fortl wh, letzte Wh bei ** beenden, Rd mit 1 Km in oberste Anf-Lm schließen – 24 Stb, 4 2-Lm-Bg, 4 1-Lm-Bg. Fb B abm.

3. Rd: Mit 1 Km in beliebigem 2-Lm-Bg Fb C anm, 3 Anf-Lm, (1 Stb, 2 Lm, 2 Stb) in dens Lm-Bg, *1 Stb in folg M, 1 Lm, 2 M ausl, (1 Stb, 1 Lm, 1 Stb) in folg 1-Lm-Bg, 1 Lm, 2 M ausl, 1 Stb in folg M**, (2 Stb, 2 Lm, 2 Stb) in folg 2-Lm-Bg; ab * fortl wh, letzte Wh bei ** beenden, Rd mit 1 Km in oberste Anf-Lm schließen – 32 Stb, 4 2-Lm-Bg, 12 1-Lm-Bg. Fb C beenden.

4. Rd: Mit 1 Km in beliebigem 2-Lm-Bg Fb D anm, 3 Anf-Lm, (1 Stb, 2 Lm, 2 Stb) in dens Lm-Bg, *je 1 Stb in folg 3 M, 1 Lm, folg 1-Lm-Bg ausl, (1 Stb, 1 Lm, 1 Stb) in folg 1-Lm-Bg, 1 Lm, folg 1-Lm-Bg ausl, je 1 Stb in folg 3 M**, (2 Stb, 2 Lm, 2 Stb) in folg 2-Lm-Bg; ab * fortl wh, letzte Wh bei ** beenden, Rd mit 1 Km in oberste Anf-Lm schließen – 48 Stb, 4 2-Lm-Bg, 12 1-Lm-Bg. Fb D beenden.

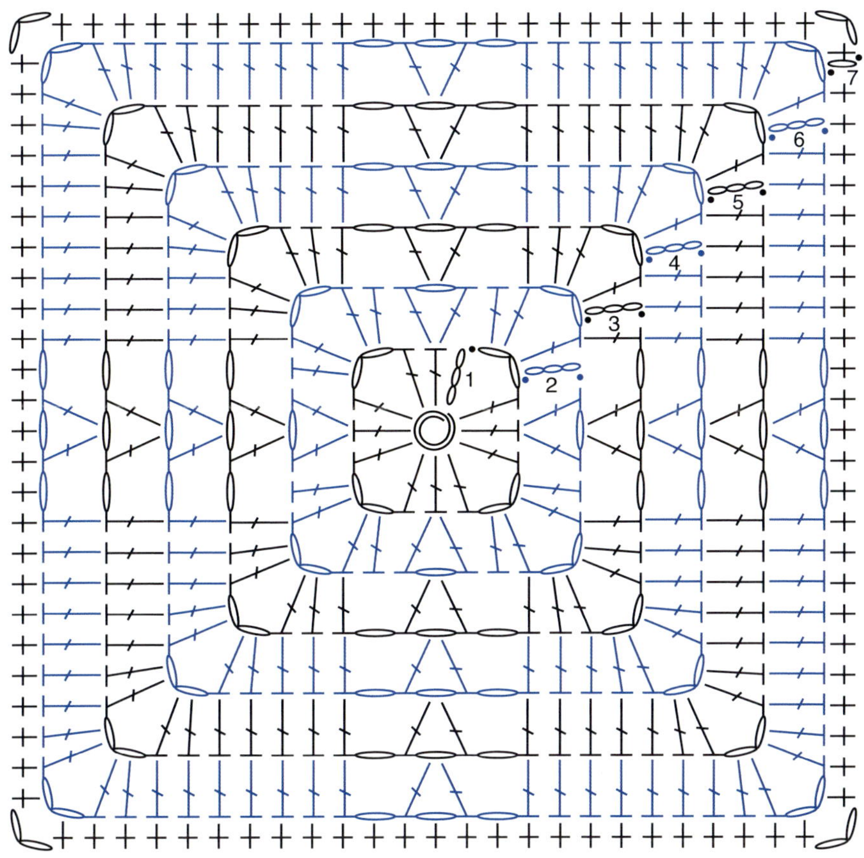

5. Rd: Mit 1 Km in beliebigem 2-Lm-Bg Fb E anm, 3 Anf-Lm, (1 Stb, 2 Lm, 2 Stb) in dens Lm-Bg, *je 1 Stb in folg 5 M, 1 Lm, folg 1-Lm-Bg ausl, (1 Stb, 1 Lm, 1 Stb) in folg 1-Lm-Bg, 1 Lm, folg 1-Lm-Bg ausl, je 1 Stb in folg 5 M**, (2 Stb, 2 Lm, 2 Stb) in folg 2-Lm-Bg; ab * fortl wh, letzte Wh bei ** beenden, Rd mit 1 Km in oberste Anf-Lm schließen – 64 Stb, 4 2-Lm-Bg, 12 1-Lm-Bg. Fb E abm.

6. Rd: Mit 1 Km in beliebigem 2-Lm-Bg Fb F anm, 3 Anf-Lm, (1 Stb, 2 Lm, 2 Stb) in dens Lm-Bg, *je 1 Stb in folg 7 M, 1 Lm, folg 1-Lm-Bg ausl, (1 Stb, 1 Lm, 1 Stb) in folg 1-Lm-Bg, 1 Lm, folg 1-Lm-Bg ausl, je 1 Stb in folg 7 M **, (2 Stb, 2 Lm, 2 Stb) in 2-Lm-Bg; ab * fortl wh, letzte Wh bei ** beenden, Rd mit 1 Km in oberste Anf-Lm schließen – 80 Stb, 4 2-Lm-Bg, 12 1-Lm-Bg. Fb F abm.

7. Rd: Mit 1 Km in beliebigem 2-Lm-Bg Fb G anm, 1 Lm, *(1 fM, 2 Lm, 1 fM) in 2-Lm-Bg, je 1 fM in folg 9 M, 3x (1 fM in folg 1-Lm-Bg, 1 fM in folg M), je 1 fM in folg 8 M; ab * fortl wh, Rd mit 1 Km in 1. fM schließen – 100 fM, 4 2-Lm-Bg. Fb G abm.

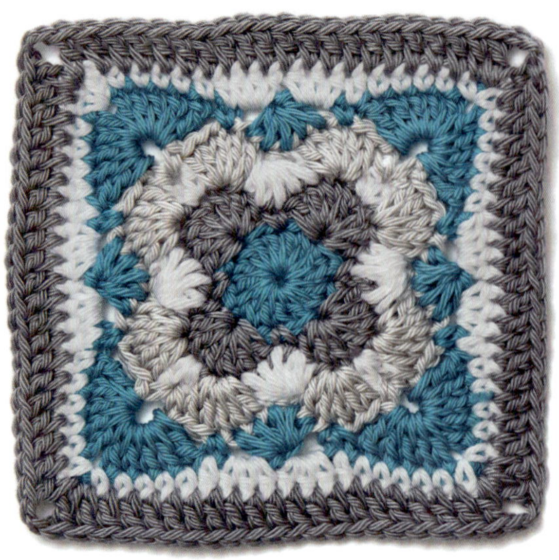

FERTIGE GRÖSSE
12,5 cm Breite vor dem Spannen

HÄKELNADEL
4,0 mm

MASCHENPROBE
1.–3. Runde = 6,5 cm Breite

FARBEN
(A) 3735 Jade
(B) 3729 Grey
(C) 3728 White
(D) 3808 Light Grey

Anmerkung

- 1 Anf-Lm zählt nie als Masche.

In Fb A einen Fadenring legen.

1. Rd: 3 Anf-Lm (zählen als 1 Stb), 15 Stb in den Ring, Rd mit 1 Km in oberste Anf-Lm schließen – 16 Stb. Fb A abm.

2. Rd: Mit 1 Km in beliebiger M Fb B anm, 1 Anf-Lm, 1 fM in 1. M, 1 M ausl, 7 Stb in folg M, 1 M ausl**, 1 fM in folg M fortl wh, letzte Wh bei ** beenden, Rd mit 1 Km in 1. fM schließen – 4 fM, 28 Stb. Fb B abm.

3. Rd: Mit 1 Km in 4. Stb einer beliebigen 7-Stb-Gruppe Fb C anm, 1 Anf-Lm, (1 fM, 2 Lm, 2 fM) in dies M, *3 Lm, 1 M ausl, 5 hStb zus über folg 5 M, 3 Lm, 1 M ausl**, (1 fM, 2 Lm, 1 fM) in folg M; ab * fortl wh, letzte Wh bei ** beenden, Rd mit 1 Km in 1. fM schließen – 8 fM, 4 2-Lm-Bg, 8 3-Lm-Bg, 4 5-hStb-zus. Fb C abm.

4. Rd: Mit 1 Km in beliebigem 2-Lm-Bg Fb D anm, 1 Anf-Lm, *(1 fM, 4 Lm, 1 fM) in 2-Lm-Bg, 1 M ausl, vor dem 3-Lm-Bg der 3. Rd 5 Stb in folg ausgel M der 2. Rd, 1 fM in folg 5hStb-zus, vor dem 3-Lm-Bg der 3. Rd 5 Stb in folg ausgel M der 2. Rd, 1 M ausl; ab * fortl wh, Rd mit 1 Km in 1. fM schließen – 12 fM, 4 4-Lm-Bg, 40 Stb. Fb D abm.

5. Rd: Mit 1 Km in beliebigem 4-Lm-Bg Fb A anm, 4 Anf-Lm (zählen als 1 DStb), (4 Stb, 2 Lm, 4 Stb, 1 DStb) in dens Lm-Bg, *3 M ausl, 1 fM in folg M, 2 Lm, 5 hStb zus über folg 5 M, 2 Lm, 1 fM in folg M**, 3 M ausl, (1 DStb, 4 Stb, 2 Lm, 4 Stb, 1 DStb) in folg 4-Lm-Bg; ab * fortl wh, letzte Wh bei ** beenden, Rd mit 1 Km in oberste Anf-Lm schließen – 8 fM, 12 2-Lm-Bg, 8 DStb, 32 Stb, 4 5-hStb-zus. Fb A abm.

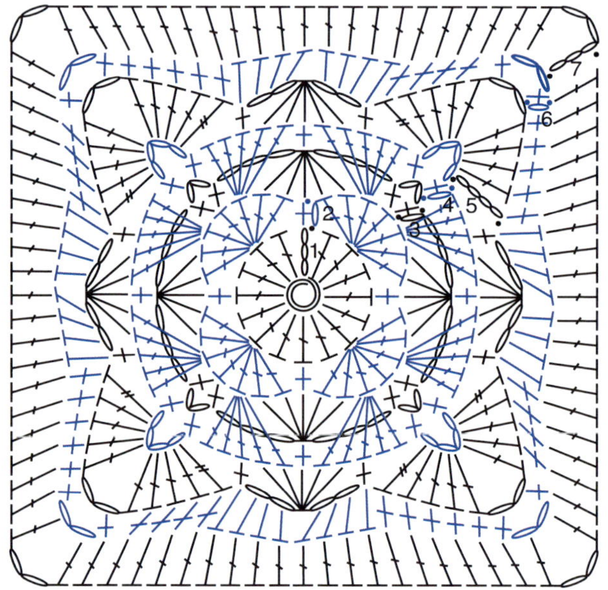

6. Rd: Mit 1 Km in beliebigem Eck-2-Lm-Bg Fb C anm, 1 Anf-Lm, *(1 fM, 2 Lm, 1 fM) in 2-Lm-Bg, 1 M ausl, je 1 fM in folg 4 M, 1 hStb in folg M, je 3 hStb in folg 2 2-Lm-Bg, 1 hStb in folg M, je 1 fM in folg 5 M; ab * fortl wh, Rd mit 1 Km in 1. fM schließen – 44 fM, 4 2-Lm-Bg, 32 hStb. Fb C abm.

7. Rd: Mit 1 Km in beliebigem 2-Lm-Bg Fb B anm, 5 Anf-Lm (zählen als 1 Stb, 2 Lm), 1 Stb in dens Lm-Bg, *je 1 Stb in folg 19 M**, (1 Stb, 2 Lm, 1 Stb) in folg 2-Lm-Bg; ab * fortl wh, letzte Wh bei ** beenden, Rd mit 1 Km in 3. Anf-Lm schließen – 84 Stb, 4 2-Lm-Bg. Fb B abm.

FERTIGE GRÖSSE
9,5 cm Breite vor dem Spannen

HÄKELNADEL
4,0 mm

MASCHENPROBE
1.–3. Runde = 7,5 cm Breite

FARBEN
(A) 3703 Magenta
(B) 3746 Chartreuse
(C) 3753 White Peach
(D) 3797 Dark Sea Foam

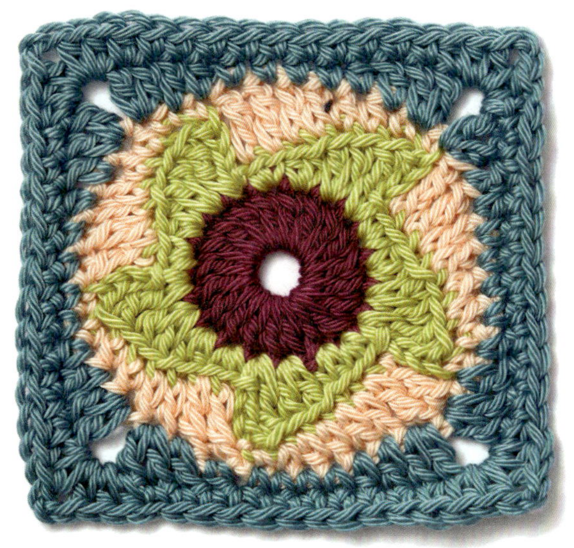

#39

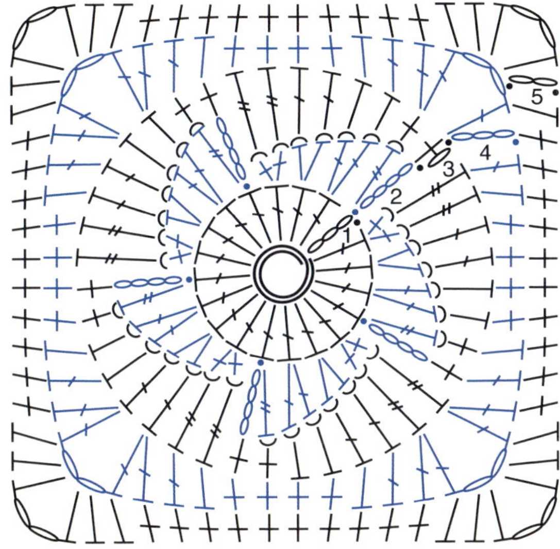

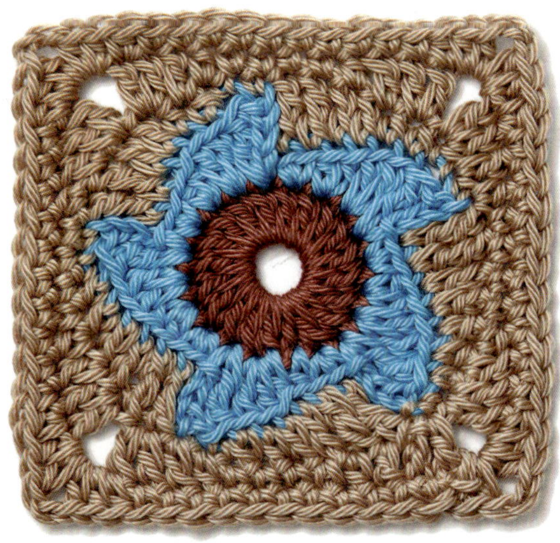

Alternative Farbfolge
(A) 3792 Brick (1. Rd)
(B) 3732 Aqua (2. Rd)
(C) 3717 Sand (3.–5. Rd)

Anmerkungen

- 1 Anf-Lm zählt nie als Masche.
- Werden die 3. bis 5. Rd in derselben Fb gehäkelt, wird der Stern in der Mitte des Motivs betont.

In Fb A einen Fadenring legen.

1. Rd: 3 Anf-Lm (zählen stets als 1 Stb), 19 Stb in den Ring, Rd mit 1 Km in oberste Anf-Lm schließen – 20 Stb. Fb A abm.

2. Rd: Mit 1 Km in beliebiger M Fb B anm, *4 Anf-Lm (zählen stets als 1 DStb), 1 DStb in dies M, 2 Stb in folg M, 2 hStb in folg M, 2 fM in folg M, 1 Km in folg M; ab * fortl wh – 10 DStb, 10 Stb, 10 hStb, 10 fM, 5 Km. Fb B abm.

3. Rd: Diese Rd nur in hMg arbeiten. Mit 1 Km in die oberste der ersten 4 Anf-Lm Fb C anm, 1 Anf-Lm, *1 fM in oberste Anf-Lm, 1 fM in folg M, je 1 hStb in folg 2 M, je 1 Stb in folg 2 M, je 1 DStb in folg 2 M fortl wh, Rd mit 1 Km in 1. fM schließen – 10 fM, 10 hStb, 10 Stb, 10 DStb. Fb C abm.

4. Rd: Mit 1 Km in die Verbindungs-Km der Vor-Rd Fb D anm, 3 Anf-Lm, 1 Stb in dies M, *2 Lm, 2 Stb in folg M, 1 Stb in folg M, 1 hStb in folg M, je 1 fM in folg 4 M, 1 hStb in folg M, 1 Stb in folg M**, 2 Stb in folg M; ab* fortl wh, letzte Wh bei ** beenden, Rd mit 1 Km in oberste Anf-Lm schließen – 16 fM, 8 hStb, 24 Stb, 4 2-Lm-Bg.

5. Rd: 1 Km in folg 2-Lm-Bg, 2 Anf-Lm (zählen als 1 hStb), (1 hStb, 2 Lm, 2 hStb) in dens Lm-Bg, *1 hStb in folg M, je 1 fM in folg 10 M, 1 hStb in folg M**, (2 hStb, 2 Lm, 2 hStb) in 2-Lm-Bg; ab * fortl wh, letzte Wh bei ** beenden, Rd mit 1 Km in oberste Anf-Lm schließen – 24 hStb, 40 fM, 4 2-Lm-Bg. Fb D abm.

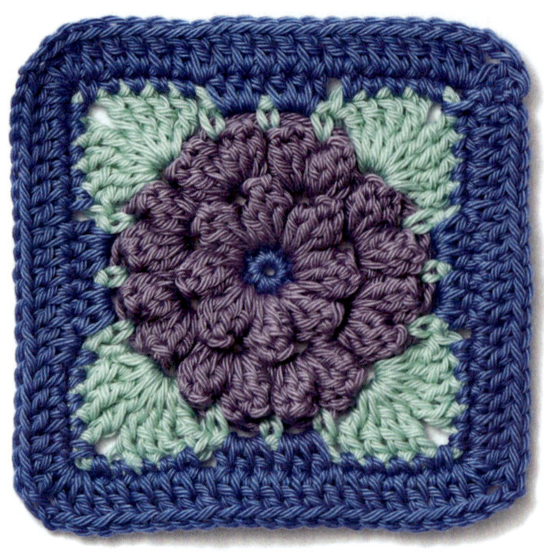

FERTIGE GRÖSSE
11,5 cm Breite vor dem Spannen

HÄKELNADEL
4,0 mm

MASCHENPROBE
1.–3. Runde = 7 cm Durchmesser

FARBEN
(A) 3800 Blueberry
(B) 3778 Lavender
(C) 3763 Water Lily

Anmerkungen

- 1 Anf-Lm zählt nie als Masche.
- Häkelt man die 5. und 6. Rd in derselben neutralen Fb, wird die Blume mit Blüte und Blättern in der Mitte des Motivs hervorgehoben.

In Fb A einen Fadenring legen.

1. Rd: 1 Anf-Lm, 8 fM in den Ring, Rd mit 1 Km in 1. fM schließen – 8 fM. Fb A abm.

2. Rd: Mit 1 Km in beliebiger M Fb B anm, 1 Anf-PopcM in 1. M, 3 Lm, (1 PopcM, 3 Lm) fortl in jede M, Rd mit 1 Km in Anf-PopcM schließen – 8 PopcM, 8 3-Lm-Bg.

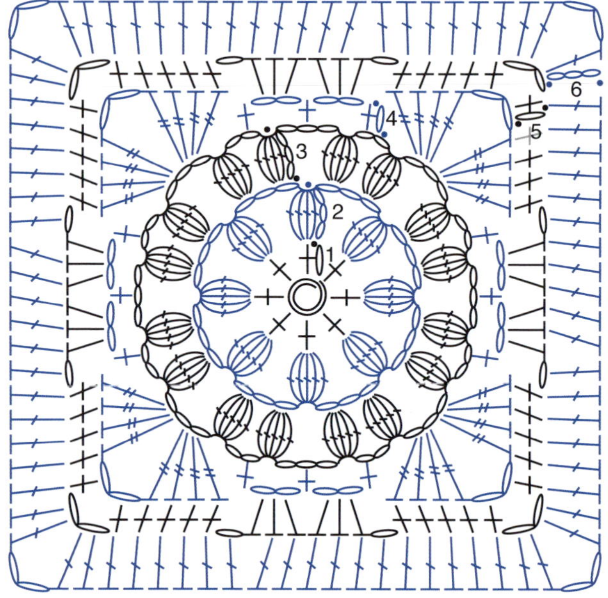

3. Rd: 1 Km in folg 3-Lm-Bg, (1 Anf-PopcM, 2 Lm, 1 PopcM) in dens Lm-Bg, 3 Lm, *(1 PopcM, 2 Lm, 1 PopcM) in folg 3-Lm-Bg, 3 Lm; ab * fortl wh, Rd mit 1 Km in Anf-PopcM schließen – 16 PopcM, 8 2-Lm-Bg, 8 3-Lm-Bg. Fb B abm.

4. Rd: Mit 1 Km in beliebigem 2-Lm-Bg Fb C anm, 1 Anf-Lm, *1 fM in 2-Lm-Bg, 2 Lm, 1 fM in folg 3-Lm-Bg, 2 Lm, 1 fM in folg 2-Lm-Bg, (4 DStb, 2 Lm, 4 DStb) in folg 3-Lm-Bg; ab * fortl wh, Rd mit 1 Km in 1. fM schließen – 12 fM, 12 2-Lm-Bg, 32 DStb. Fb C abm.

5. Rd: Mit 1 Km in beliebigem 2-Lm-Bg Fb A anm, 1 Anf-Lm, *(1 fM, 2 Lm, 1 fM) in 2-Lm-Bg, je 1 fM in folg 4 M, 1 Lm, je 3 hStb in folg 2 2-Lm-Bg, 1 Lm, je 1 fM in folg 4 M; ab * fortl wh, Rd mit 1 Km in 1. fM schließen – 40 fM, 4 2-Lm-Bg, 8 1-Lm-Bg, 24 hStb.

6. Rd: 1 Km in folg 2-Lm-Bg, 3 Anf-Lm (zählen als 1 Stb), (1 Stb, 2 Lm, 2 Stb) in dens Lm-Bg, *je 1 Stb in folg 5 M, 1 Stb in folg 1-Lm-Bg, 1 M ausl, je 1 Stb in folg 5 M, 1 Stb in folg 1-Lm-Bg, je 1 Stb in folg 5 M**, (2 Stb, 2 Lm, 2 Stb) in folg 2-Lm-Bg; ab * fortl wh, letzte Wh bei ** beenden, Rd mit 1 Km in oberste Anf-Lm schließen – 84 Stb, 4 2-Lm-Bg. Fb A abm.

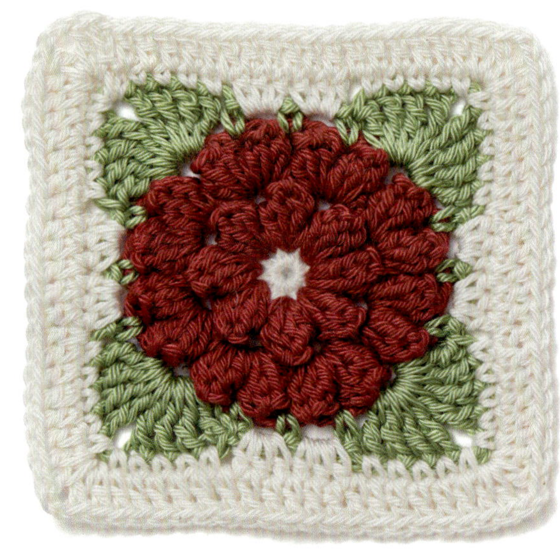

FERTIGE GRÖSSE
10 cm Breite vor dem Spannen

HÄKELNADEL
4,0 mm

MASCHENPROBE
1.–3. Runde = 5,5 cm Durchmesser

FARBEN
(A) 3729 Grey
(B) 3736 Ice
(C) 3732 Aqua

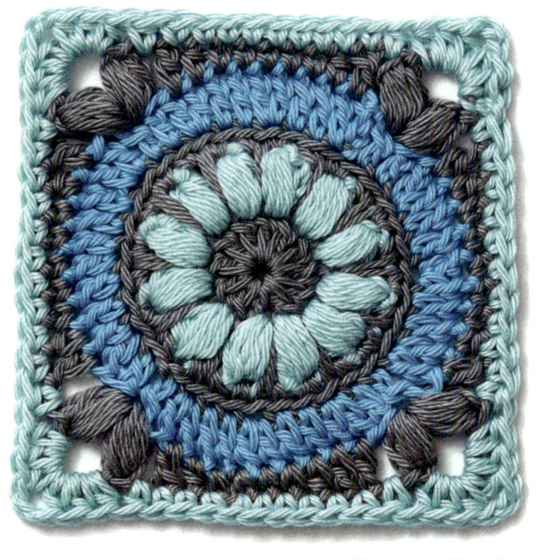

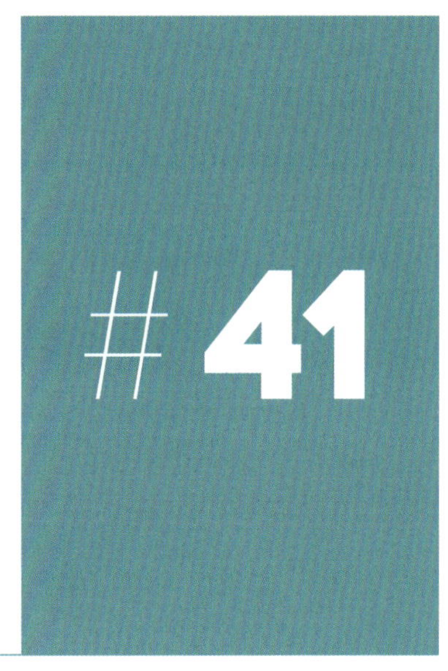

Anmerkung

- 1 Anf-Lm zählt nie als Masche.

In Fb A einen Fadenring legen.

1. Rd: 3 Anf-Lm (zählen stets als 1 Stb), 11 Stb in den Ring, Rd mit 1 Km in oberste Anf-Lm schließen – 12 Stb. Fb A abm.

2. Rd: Mit 1 Km in beliebiger M Fb B anm, 1 Anf-PuffM in dies M, 2 Lm, (1 PuffM, 2 Lm) fortl in jede M, Rd mit 1 Km in Anf-PuffM schließen – 12 PuffM, 12 2-Lm-Bg. Fb B abm.

3. Rd: Mit 1 Km in beliebigem 2-Lm-Bg Fb A anm, 1 Anf-Lm, *1 fM in 2-Lm-Bg, über die M der 2. Rd hinweg 1 tfM in das letzte Stb der 1. Rd (links der PuffM), 1 fM in dens 2-Lm-Bg; ab * fortl wh, Rd mit 1 Km in 1. fM schließen – 24 fM, 12 tfM. Fb A abm.

4. Rd: Nur in hMg arbeiten. Mit 1 Km in beliebiger tfM Fb C anm, 3 Anf-Lm, 1 Stb in dies M, *je 1 Stb in folg 2 M**, 2 Stb in folg M; ab * fortl wh, letzte Wh bei ** beenden, Rd mit 1 Km in oberste Anf-Lm schließen – 48 Stb. Fb C abm.

5. Rd: Mit 1 Km in dies M wie die Verbindungs-Km der Vor-Rd Fb A anm, 1 Anf-Lm, je 1 fM in erste 4 M, *1 hStb in folg M, 1 Stb in folg M, 1 Lm, 1 M ausl, (1 PuffM, 4 Lm, 1 PuffM) in folg M, 2 Lm, 1 M ausl, 1 Stb in folg M, 1 hStb in folg M**, je 1 fM in folg 5 M; ab * fortl wh, letzte Wh bei ** beenden, Rd mit 1 Km in 1. fM schließen – 20 fM, 8 hStb, 8 Stb, 8 PuffM, 4 4-Lm-Bg, 4 1-Lm-Bg, 4 2-Lm-Bg. Fb A abm.

6. Rd: Mit 1 Km in beliebigem 4-Lm-Bg Fb B anm, 2 Anf-Lm (zählen als 1 hStb), (2 hStb, 2 Lm, 3 hStb) in dens Lm-Bg, *1 hStb in folg 2-Lm-Bg, je 1 fM in folg 9 M, 1 hStb in folg 1-Lm-Bg**, (3 hStb, 2 Lm, 3 hStb) in folg 4-Lm-Bg; ab * fortl wh, letzte Wh bei ** beenden, Rd mit 1 Km in oberste Anf-Lm schließen – 32 hStb, 36 fM, 4 2-Lm-Bg. Fb B abm.

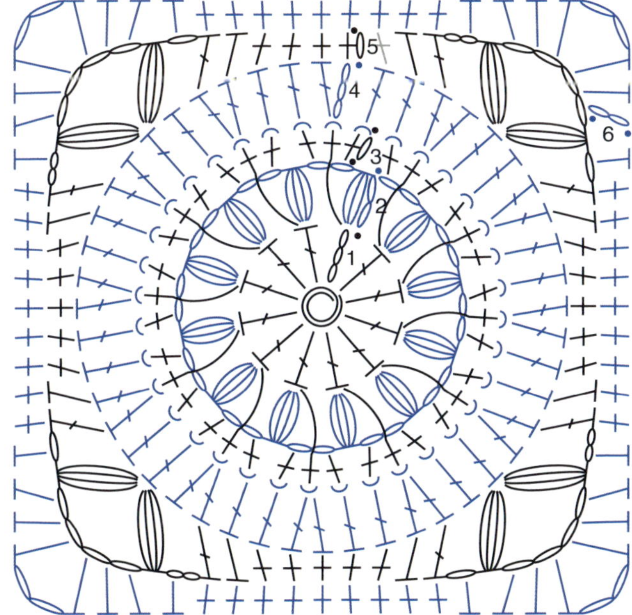

◀ ***Alternative Farbfolge für Motiv 40***
(A) 3718 Natural
(B) 3701 Cranberry
(C) 3762 Spring Green

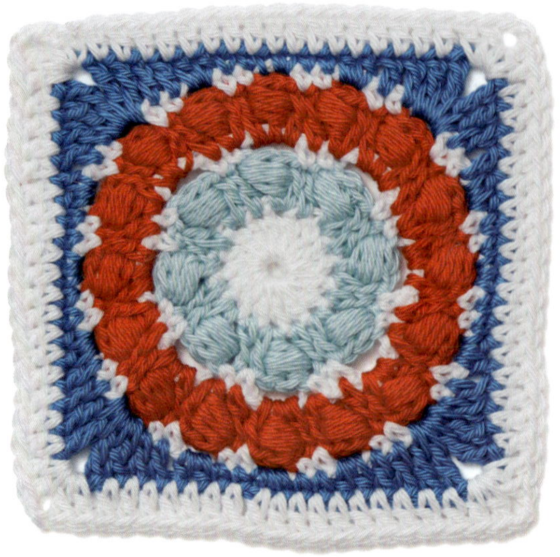

FERTIGE GRÖSSE
13,5 cm Breite vor dem Spannen

HÄKELNADEL
4,0 mm

MASCHENPROBE
1.–3. Runde = 6,5 cm Durchmesser

FARBEN
(A) 3728 White
(B) 3736 Ice
(C) 3755 Lipstick Red
(D) 3733 Turquoise

Anmerkungen

- 1 Anf-Lm zählt nie als Masche.
- Sie können die »Ringe« in Kontrastfarben arbeiten – oder in abgestuften Nuancen für einen Ombré-Effekt.

Alternative Farbfolge
(A) 3798 Suede
(B) 3792 Brick
(C) 3767 Deep Coral
(D) 3752 Coral

In Fb A einen Fadenring legen.

1. Rd: 3 Anf-Lm (zählen stets als 1 Stb), 15 Stb in den Ring, Rd mit 1 Km in oberste Anf-Lm schließen – 16 Stb. Fb A abm.

2. Rd: Mit 1 Km in beliebiger M Fb B anm, 3 Anf-Lm, 1 Stb in dies M, *1 Q-PuffM um das vorige Stb, 1 Stb in folg M**, 2 Stb in folg M; ab * fortl wh, letzte Wh bei ** beenden, Rd mit 1 Km in oberste Anf-Lm schließen – 24 Stb, 8 Q-PuffM. Fb B abm.

3. Rd: Mit 1 Km in dies M wie die Verbindungs-Km der Vor-Rd Fb A anm, 1 Anf-Lm, 1 fM in dies M, *4 Lm, 2 M ausl**, je 1 fM in folg 2 M; ab * fortl wh, letzte Wh bei ** beenden, 1 fM in folg M, Rd mit 1 Km in 1. fM schließen – 16 fM, 8 4-Lm-Bg. Fb A abm.

4. Rd: Mit 1 Km in beliebigem 4-Lm-Bg Fb C anm, 3 Anf-Lm, 1 Stb in dens Lm-Bg, 1 Q-PuffM um das vorige Stb, 1 Stb in dens Lm-Bg, *2 Stb in folg M, 1 Q-PuffM um das vorige Stb, 1 Stb in folg M**, (2 Stb, 1 Q-PuffM um das vorige Stb, 1 Stb) in folg 4-Lm-Bg; ab * fortl wh, letzte Wh bei ** beenden, Rd mit 1 Km in oberste Anf-Lm schließen – 16 Q-PuffM, 48 Stb. Fb C abm.

5. Rd: Mit 1 Km in dies M wie die Verbindungs-Km der Vor-Rd Fb A anm, 1 Anf-Lm, 1 fM in dies M, *2 Lm, 2 M ausl**, je 1 fM in folg 2 M; ab * fortl wh, letzte Wh bei ** beenden, 1 fM in letzte M, Rd mit 1 Km in 1. fM schließen – 32 fM, 16 2-Lm-Bg. Fb A abm.

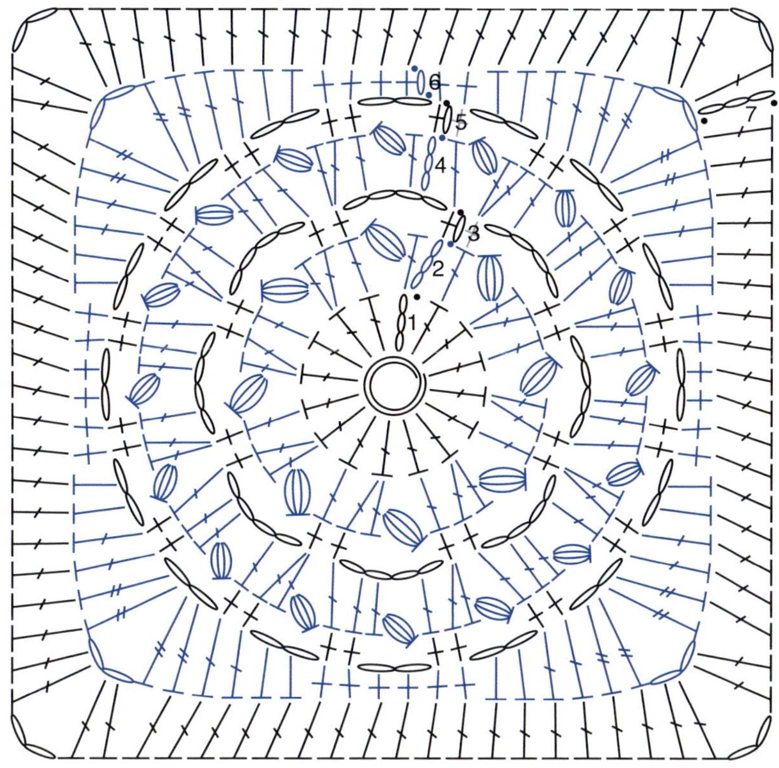

6. Rd: Mit 1 Km in beliebigem 2-Lm-Bg Fb D anm, 1 Anf-Lm, *2 fM in 2-Lm-Bg, je 1 fM in folg 2 M, 2 hStb in folg 2-Lm-Bg, je 1 Stb in folg 2 M, (2 DStb, 2 Lm, 2 DStb) in folg 2-Lm-Bg, je 1 Stb in folg 2 M, 2 hStb in folg 2-Lm-Bg, je 1 fM in folg 2 M; ab * fortl wh, Rd mit 1 Km in 1. fM schließen – 24 fM, 16 hStb, 16 Stb, 16 DStb, 4 2-Lm-Bg. Fb D abm.

7. Rd: Mit 1 Km in beliebigem 2-Lm-Bg Fb A anm, 3 Anf-Lm, (1 Stb, 2 Lm, 2 Stb) in dens Lm-Bg, *1 M ausl, je 1 Stb in folg 17 Stb**, (2 Stb, 2 Lm, 2 Stb) in folg 2-Lm-Bg; ab * fortl wh, letzte Wh bei ** beenden, Rd mit 1 Km in oberste Anf-Lm schließen – 84 Stb, 4 2-Lm-Bg. Fb A abm.

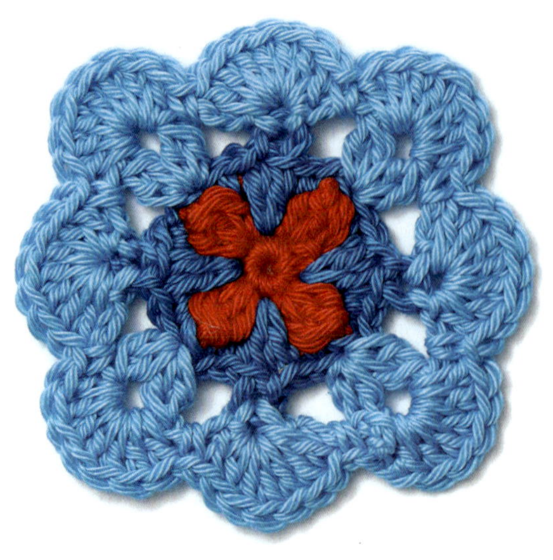

FERTIGE GRÖSSE
9 cm Breite vor dem Spannen

HÄKELNADEL
4,0 mm

MASCHENPROBE
1.–3. Runde = 5 cm von Picot zu Picot

FARBEN
(A) 3755 Lipstick Red
(B) 3733 Turquoise
(C) 3732 Aqua

Anmerkungen

- Durch Farbwechsel in der letzten Rd entsteht um das Motiv ein Rahmen aus Muschelbögen. Dieselbe Farbe in den letzten 2 Rd ergibt eher eine Art Blütenblätter.
- 1 Anf-Lm zählt nie als M.

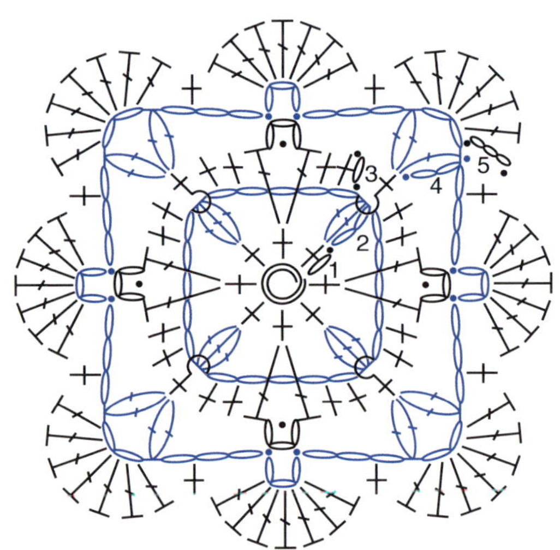

1. Rd: 1 Anf-Lm, 8 fM in den Ring, Rd mit 1 Km in 1. fM schließen – 8 fM.

2. Rd: 2 Anf-Lm, 1 2er-BüStb in dies M (zählt als 1 3er-BüStb), 5 Lm, 1 M ausl, *1 3er-BüStb in folg M, 5 Lm, 1 M ausl fortl wh, Rd mit 1 Km in 1. 2er-BüStb schließen – 4 3er-BüStb, 4 5-Lm-Bg. Fb A abm.

3. Rd: Mit 1 Km in beliebigen 5-Lm-Bg Fb B anm, 1 Anf-Lm, *2 fM in 5-Lm-Bg, vor dem 5-Lm-Bg (1 Stb, 1 P, 1 Stb) in folg ausgel M der 1. Rd, 2 fM in dens 5-Lm-Bg, 1 RfMv um folg 3er-BüStb; ab * fortl wh, Rd mit 1 Km in 1. fM schließen – 8 Stb, 4 Picots, 16 fM, 4 RfMv. Fb B abm.

4. Rd: Mit 1 Km in beliebiger RfMv Fb C anm, 2 Anf-Lm, 1 Stb (zählt als 1 2er-BüStb), 2 Lm, 1 2er-BüStb in dies M, *3 Lm, 3 M ausl, (1 Km, 3 Lm, 1 Km) in folg P, 3 Lm, 3 M ausl**, (1 2er-BüStb 2 Lm, 1 2er-BüStb) in folg RfMv; ab * fortl wh, letzte Wh bei ** beenden, Rd mit 1 Km in 1. Stb schließen – 8 2er-BüStb, 4 2-Lm-Bg, 8 Km, 12 3-Lm-Bg.

5. Rd: 1 Km in folg 2-Lm-Bg, 3 Anf-Lm (zählen als 1 Stb), 6 Stb in dens Lm-Bg, *1 fM in folg 3-Lm-Bg, 7 Stb in folg 3-Lm-Bg, 1 fM in folg 3-Lm-Bg**, 7 Stb in folg 2-Lm-Bg; ab * fortl wh, letzte Wh bei ** beenden, Rd mit 1 Km in oberste Anf-Lm schließen – 56 Stb, 8 fM. Fb C abm.

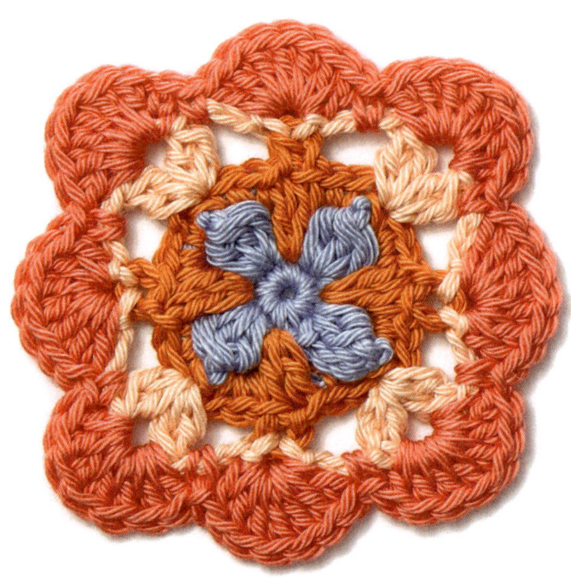

FERTIGE GRÖSSE
9,5 cm Breite vor dem Spannen

HÄKELNADEL
4,0 mm

MASCHENPROBE
1.–3. Runde = 6,5 cm Breite

FARBEN
(A) 3746 Chartreuse
(B) 3736 Ice
(C) 3733 Turquoise
(D) 3703 Magenta

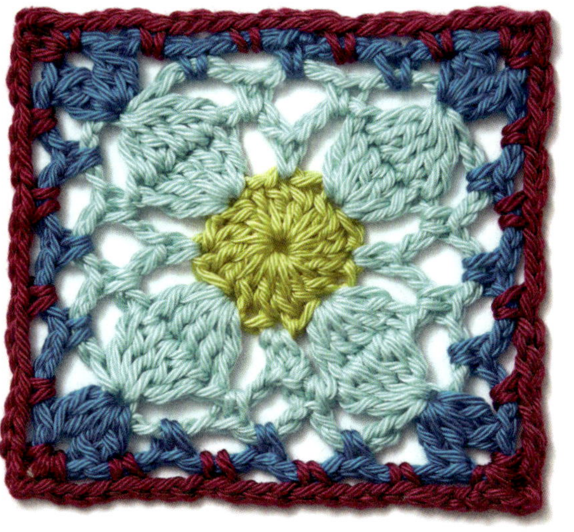

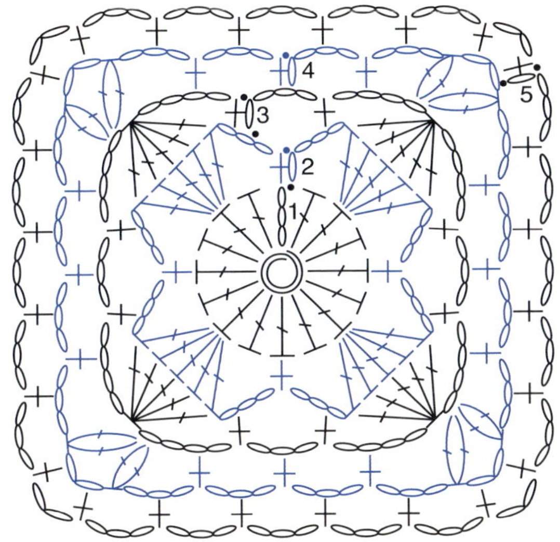

Anmerkung

- 1 Anf-Lm zählt nie als Masche.

In Fb A einen Fadenring legen.

1. Rd: 3 Anf-Lm (zählen als 1 Stb), 15 Stb in den Ring, Rd mit 1 Km in oberste Anf-Lm schließen – 16 Stb. Fb A abm.

2. Rd: Mit 1 Km in beliebiger M Fb B anm, 1 Anf-Lm, 1 fM in 1. M, *3 Lm, 1 M ausl, 5 Stb in folg M, 3 Lm, 1 M ausl**, 1 fM in folg M; ab * fortl wh, letzte Wh bei ** beenden, Rd mit 1 Km in 1. fM schließen – 4 fM, 8 3-Lm-Bg, 20 Stb.

3. Rd: 1 Km in folg 3-Lm-Bg, 1 Anf-Lm, *1 fM in 3-Lm-Bg, 4 Lm, 5 Stb zus über folg 5 Stb, 4 Lm, 1 fM in folg 3-Lm-Bg, 3 Lm; ab * fortl wh, Rd mit 1 Km in 1. fM schließen – 8 fM, 8 4-Lm-Bg, 4 3-Lm-Bg, 4 5Stb-zus. Fb B abm.

4. Rd: Mit 1 Km in beliebigem 3-Lm-Bg Fb C anm, 1 Anf-Lm, *1 fM in 3-Lm-Bg, 3 Lm, 1 fM in folg 4-Lm-Bg, 3 Lm, folg 5Stb-zus ausl, (2 Stb zus, 2 Lm, 2 Stb zus) in 1. Lm des folg 4-Lm-Bg, 3 Lm, 1 fM in dens 4-Lm-Bg, 3 Lm; ab * fortl wh, Rd mit 1 Km in 1. fM schließen – 12 fM, 16 3-Lm-Bg, 4 2-Lm-Bg, 8 2Stb-zus. Fb C abm.

5. Rd: Mit 1 Km in beliebigem 2-Lm-Bg Fb D anm, 1 Anf-Lm, *1 fM, 2 Lm, 1 fM) in 2-Lm-Bg, (3 Lm, 1 fM) in jeden der folg 4 3-Lm-Bg, 3 Lm; ab * fortl wh, Rd mit 1 Km in 1. fM schließen – 24 fM, 20 3-Lm-Bg, 4 2-Lm-Bg. Fb D abm.

◀ ***Alternative Farbfolge für Motiv 43***
(A) 3727 Sky Blue (1. und 2. Rd)
(B) 3750 Tangerine (3. Rd)
(C) 3753 White Peach (4. Rd)
(C) 3767 Deep Coral (5. Rd)

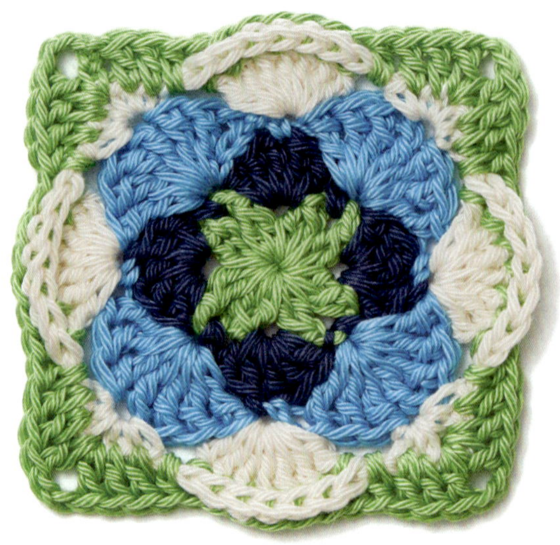

FERTIGE GRÖSSE
9,5 cm Breite vor dem Spannen

HÄKELNADEL
4,0 mm

MASCHENPROBE
1.–3. Runde = 6,5 cm Breite

FARBEN
(A) 3807 Jasmine Green
(B) 3793 Indigo Blue
(C) 3732 Aqua
(D) 3718 Natural

Anmerkung

- 1 Anf-Lm zählt nie als Masche.

In Fb A einen Fadenring legen.

1. Rd: 2 Anf-Lm, 1 Stb in den Ring (zählt als 1 2er-BüStb), 2 Lm, 7x (1 2er-BüStb, 2 Lm) in den Ring, Rd mit 1 Km in 1. Stb schließen – 8 2er-BüStb, 8 2-Lm-Bg. Fb A abm.

2. Rd: Mit 1 Km in beliebigem 2-Lm-Bg Fb B anm, 1 Anf-Lm, *1 fM in 2-Lm-Bg, 5 Stb in folg 2-Lm-Bg; ab * fortl wh, Rd mit 1 Km in 1. fM schließen – 4fM, 20 Stb. Fb B abm.

3. Rd: Mit 1 Km in beliebiger fM Fb C anm, 4 Anf-Lm (zählen als 1 DStb), 6 DStb in dies M, *2 M ausl, 1 fM in folg M**, 2 M ausl, 7 DStb in folg M; ab * fortl wh, letzte Wh bei ** beenden, Rd mit 1 Km in oberste Anf-Lm schließen – 4 fM, 28 DStb. Fb C abm.

4. Rd: Mit 1 Km in 4. DStb einer beliebigen 7-DStb-Gruppe Fb D anm, 1 Anf-Lm, (2 fM, 2 Lm, 2 fM) in dasselbe DStb, *1 Lm, 3 Ma ausl, 7 DStb in folg fM, 1 Lm, 3 M ausl**, (2 fM, 2 Lm, 2 fM) in folg DStb; ab * fortl wh, letzte Wh bei ** beenden, Rd mit 1 Kmin 1. fM schließen – 16 fM, 4 2-Lm-Bg, 8 1-Lm-Bg, 28 DStb. Fb D abm.

5. Rd: Mit 1 Km in beliebigem 2-Lm-Bg Fb A anm, 5 Anf-Lm (zählen als 1 Stb, 2 Lm), 1 Stb in dens Lm-Bg, *je 1 Stb in folg 2 M, 1 hStb in folg 1-Lm-Bg, je 1 RfMh um folg 7 M, 1 hStb in folg 1-Lm-Bg, je 1 Stb in folg 2 M**, (1 Stb, 2 Lm, 1 Stb) in folg 2-Lm-Bg; ab * fortl wh, letzte Wh bei ** beenden, Rd mit 1 Km in 3. Anf-Lm schließen – 24 Stb, 8 hStb, 28 RfMh, 4 2-Lm-Bg. Fb A abm.

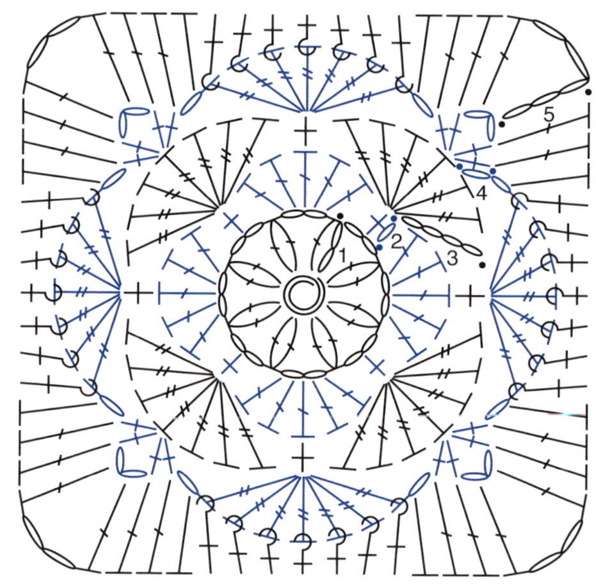

Alternative Farbfolge für Motiv 46 ▶
(A) 3763 Water Lily (1., 2. und 6. Rd)
(B) 3738 Spearmint (3. Rd)
(C) 3718 Natural (4. Rd)
(D) 3776 Pink Rose (5. Rd)

FERTIGE GRÖSSE
11,5 cm Breite vor dem Spannen

HÄKELNADEL
4,0 mm

MASCHENPROBE
1.–3. Runde = 5,5 cm Breite

FARBEN
(A) 3774 Major Teal
(B) 3728 White

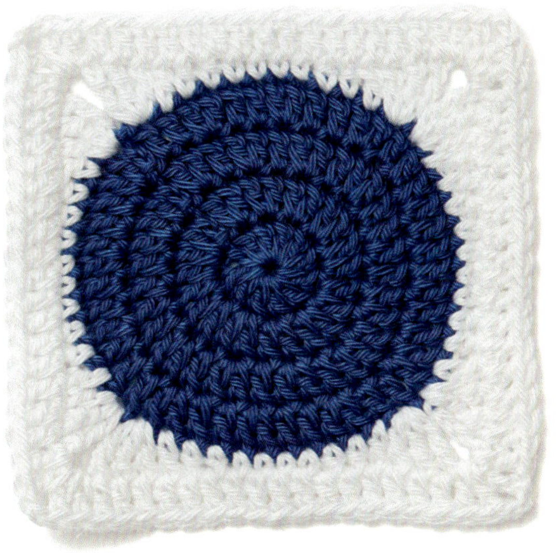

Anmerkungen

- Die Zunahmen im Mittelkreis werden versetzt gearbeitet, damit das Motiv glatt liegt.
- Die 5. Rd schließt mit 1 hStb (zählt als 2-Lm-Bg). So liegen die M besser für den Anf der folg Rd.
- Wird der Mittelkreis in nur einer Farbe gearbeitet, entsteht ein groß gepunktetes Muster. Farbwechsel in jeder Rd ermöglicht fantasievolle Farbenspiele.

In Fb A einen Fadenring legen.

1. Rd: 3 Anf-Lm (zählen stets als 1 Stb), 11 Stb in den Ring, Rd mit 1 Km in oberste Anf-Lm schließen – 12 Stb.

2. Rd: 2 Lm (zählen nie als M), 2 Stb in dies M, 2 Stb fortl in jede M, Rd mit 1 Km in 1. Stb schließen – 24 Stb.

3. Rd: 2 Lm, 1 Stb in dies M, *2 Stb in folg M**, 1 Stb in folg M fortl wh, letzte Wh bei ** beenden, Rd mit 1 Km in 1. Stb schließen – 36 Stb.

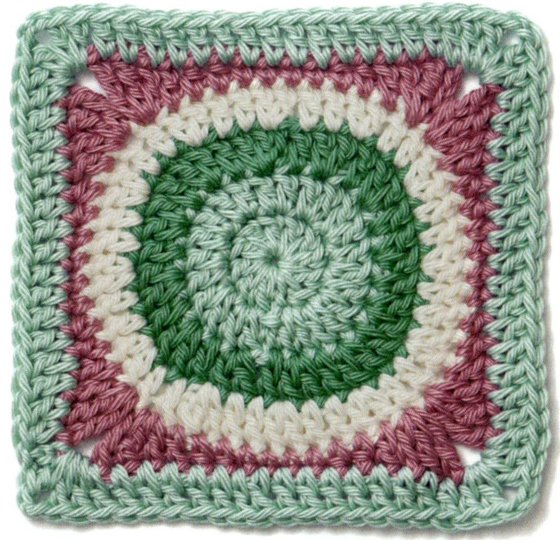

4. Rd: 2 Lm, 2 Stb in dies M, *je 1 Stb in folg 2 M**, 2 Stb in folg M; ab * fortl wh, letzte Wh bei ** beenden, Rd mit 1 Km in 1. Stb schließen – 48 Stb. Fb A abm.

5. Rd: Mit 1 Km in beliebiger M Fb B anm, 4 Anf-Lm (zählen als 1 DStb), (1 DStb, 1 Stb) in dies M, *1 Stb in folg M, je 1 hStb in folg 2 M, je 1 fM in folg 4 M, je 1 hStb in folg 2 M, 1 Stb in folg M, (1 Stb, 1 DStb) in folg M**, 2 Lm, (2 DStb, 1 Stb) in folg M; ab* fortl wh, letzte Wh bei ** beenden, Rd mit 1 hStb in oberste Anf-Lm schließen (zählt als 2Lm Bg) – 16 DStb, 16 Stb, 16 hStb, 16 fM, 4 2-Lm-Bg.

6. Rd: 3 Anf-Lm, 1 Stb in dens Lm-Bg, *je 1 Stb in folg 16 M**, (2 Stb, 2 Lm, 2 Stb) in folg 2-Lm-Bg; ab * fortl wh, letzte Wh bei ** beenden, 2 Stb in den 1., durch das Verbindungs-hStb gebild. Bg, Rd mit 1 Km in oberste Anf-Lm schließen – 80 Stb, 4 2-Lm-Bg. Fb B abm.

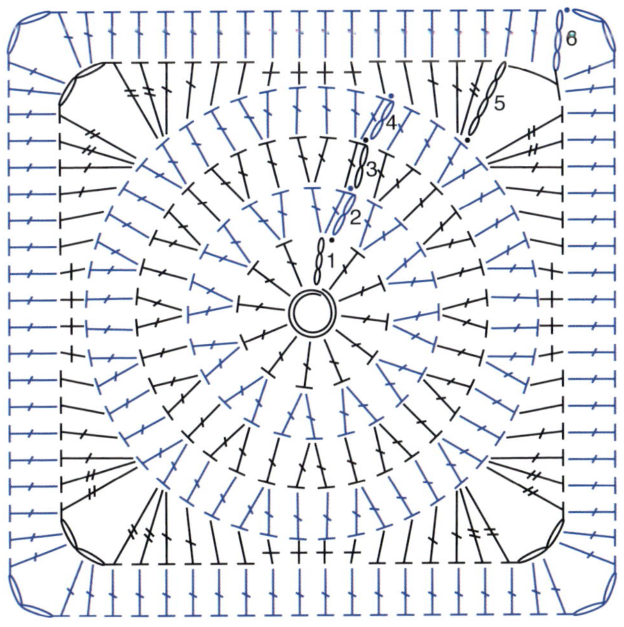

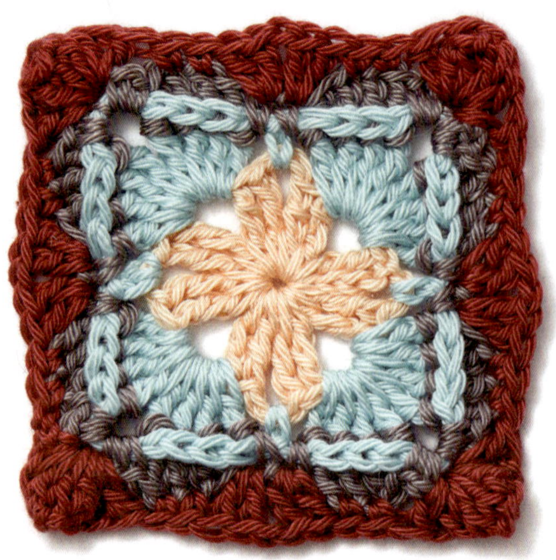

FERTIGE GRÖSSE
9 cm Breite vor dem Spannen

HÄKELNADEL
4,0 mm

MASCHENPROBE
1.–3. Runde = 7,5 cm Breite

FARBEN
(A) 3753 White Peach
(B) 3736 Ice
(C) 3798 Suede
(D) 3701 Cranberry

Anmerkung

- 1 Anf-Lm zählt nie als Masche.

In Fb A einen Fadenring legen.

1. Rd: 4 Anf-Lm (zählen als 1 DStb), 1 DStb in den Ring, 2 Lm, 7x (2 DStb, 2 Lm) in den Ring, Rd mit 1 Km in oberste Anf-Lm schließen – 16 DStb, 8 2-Lm-Bg. Fb A abm.

2. Rd: Mit 1 Km in beliebigem 2-Lm-Bg Fb B anm, 1 Anf-Lm, *1 fM in 2-Lm-Bg, 2 M ausl, (4 DStb, 3 Lm, 4 DStb) in folg 2-Lm-Bg, 2 M ausl; ab * fortl wh, Rd mit 1 Km in 1. fM schließen – 4 fM, 32 DStb, 4 3-Lm-Bg. Fb B abm.

3. Rd: Mit 1 Km in beliebigem 3-Lm-Bg Fb C anm, 1 Anf-Lm, *(2 fM, 2 Lm, 2 fM) in 3-Lm-Bg, je 1 RStbh um folg 4 M, 1 fM zw. folg DStb und fM, 1 fM zw. dies fM und folg DStb, je 1 RStbh um folg 4 M; ab * fortl wh, Rd mit 1 Km in 1. fM schließen – 24 fM, 32 RStbh, 4 2-Lm-Bg. Fb C abm.

4. Rd: Mit 1 Km in beliebigem 2-Lm-Bg Fb A anm, 5 Anf-Lm (zählen als 1 Stb, 2 Lm), (1 PopcM, 2 Lm, 1 Stb) in dens Lm-Bg, *3 M ausl, je 1 fM in folg 2 M, 1 M ausl, 2 Stb in folg M, 1 Lm, 2 Stb in folg M, 1 M ausl, je 1 fM in folg 2 M, 3 M ausl**, (1 Stb, 2 Lm, 1 PopcM, 2 Lm, 1 Stb) in folg 2-Lm-Bg; ab * fortl wh, letzte Wh bei ** beenden, Rd mit 1 Km in 3. Anf-Lm schließen – 24 Stb, 4 PopcM, 16 fM, 8 2-Lm-Bg, 4 1-Lm-Bg. Fb A abm.

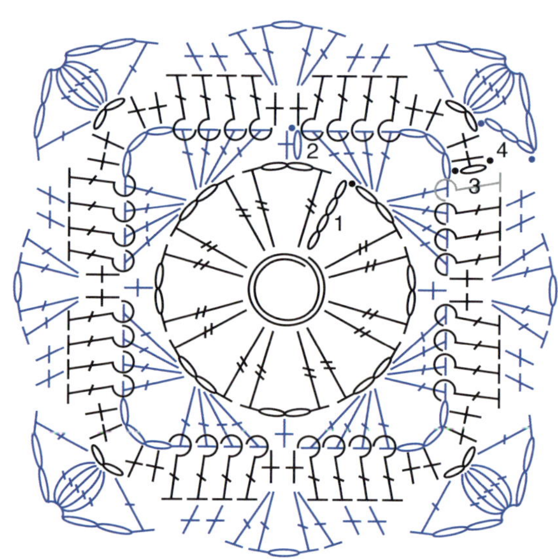

Alternative Farbfolge für Motiv 48 ▶
(A) 3718 Natural (1.–3. Rd)
(B) 3763 Water Lily (4.–6. Rd)
(C) 3738 Spearmint (4.–6.Rd)

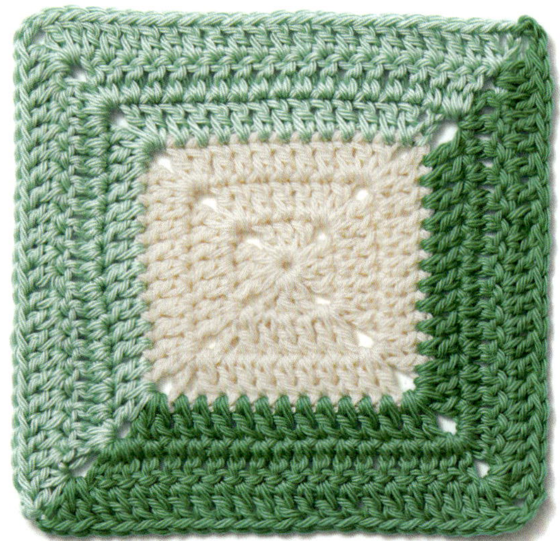

FERTIGE GRÖSSE
12,5 cm Breite vor dem Spannen

HÄKELNADEL
4,0 mm

MASCHENPROBE
1.–3. Runde = 7,5 cm Breite

FARBEN
(A) 3808 Light Grey
(B) 3767 Deep Coral

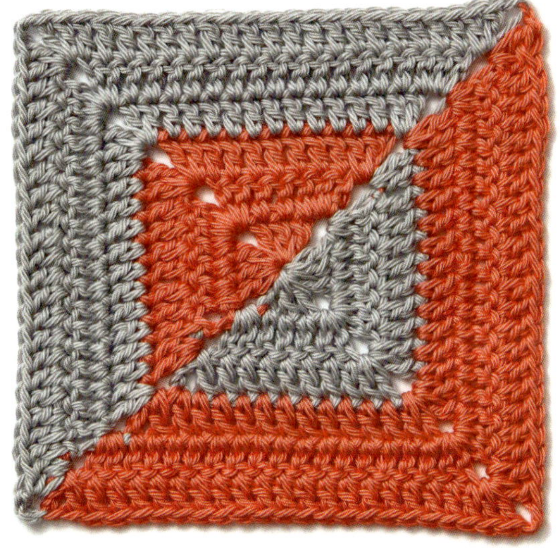

Anmerkungen

- Faden bei Farbwechsel nicht abschneiden. Nicht benutzte Fb müssen nicht mitgeführt werden.
- Die 1.–5. Rd schließen mit 1 hStb (zählt stets als 2-Lm-Bg). So liegt die Nadel besser für den Anf der folg Rd.
- Bei alternativer Farbfolge erfolgt am Ende der 1.–3. Rd kein Farbwechsel oder Wenden. Fb B in beliebigem 2-Lm-Bg anm und Muster weiterarb wie beschrieben.

In Fb A einen Fadenring legen.

1. Rd (Hin-Rd): 3 Anf-Lm (zählen stets als 1 Stb), (2 Stb, 2 Lm, 3 Stb, 1 Lm) in den Ring, Fb A ruhen lassen, Fb B aufn, 1 Lm, (3 Stb, 2 Lm, 3 Stb) in den Ring, Rd mit 1 hStb in oberste Anf-Lm schließen, wenden – 12 Stb, 4 2-Lm-Bg.

2. Rd (Rück-Rd): In Fb B 3 Anf-Lm, 1 Stb in dens Eck-Lm-Bg, je 1 Stb in folg 3 M, (2 Stb, 2 Lm, 2 Stb) in folg 2-Lm-Bg, je 1 Stb in folg 3 M, (2 Stb, 1 Lm) in folg 2-Lm-Bg, Fb B ruhen lassen, Fb A aufn, (1 Lm, 2 Stb) in dens 2-Lm-Bg, je 1 Stb in folg 3 M, (2 Stb, 2 Lm, 2 Stb) in folg 2-Lm-Bg, je 1 Stb in folg 3 M, 2 Stb in 1. Eck-Lm-Bg, Rd mit 1 hStb in oberste Anf-Lm schließen, wenden – 28 Stb, 4 2-Lm-Bg.

3. Rd (Hin-Rd): In Fb A 3 Anf-Lm, 1 Stb in dens Eck-Lm-Bg, je 1 Stb in folg 7 M, (2 Stb, 2 Lm, 2 Stb) in folg 2-Lm-Bg, je 1 Stb in folg 7 M, (2 Stb, 1 Lm) in folg 2-Lm-Bg, Fb A ruhen lassen, Fb B aufn, (1 Lm, 2 Stb) in dens 2-Lm-Bg, je 1 Stb in folg 7 M, (2 Stb, 2 Lm, 2 Stb) in folg 2-Lm-Bg, je 1 Stb in folg 7 M, 2 Stb in 1. Eck-Lm-Bg, Rd mit 1 hStb in oberste Anf-Lm schließen, nicht wenden – 44 Stb, 4 2-Lm-Bg.

4. Rd (Hin-Rd): In Fb B 3 Anf-Lm, 1 Stb in dens Eck-Lm-Bg, je 1 Stb in folg 11 M, (2 Stb, 2 Lm, 2 Stb) in folg 2-Lm-Bg, je 1 Stb in folg 11 M, (2 Stb, 1 Lm) in folg 2-Lm-Bg, Fb B ruhen lassen, Fb A aufn, (1 Lm, 2 Stb) in dens 2-Lm-Bg, je 1 Stb in folg 11 M, (2 Stb, 2 Lm, 2 Stb) in folg 2-Lm-Bg, je 1 Stb in folg 11 M, 2 Stb in 1. Eck-Lm-Bg, Rd mit 1 hStb in oberste Anf-Lm schließen, wenden – 60 Stb, 4 2-Lm-Bg.

5. Rd (Rück-Rd): In Fb A 3 Anf-Lm, 1 Stb in dens Eck-Lm-Bg, je 1 Stb in folg 15 M, (2 Stb, 2 Lm, 2 Stb) in folg 2-Lm-Bg, je 1 Stb in folg 15 M, (2 Stb, 1 Lm) in folg 2-Lm-Bg, Fb A ruhen lassen, Fb B aufn, (1 Lm, 2 Stb) in dens 2-Lm-Bg, je 1 Stb in folg 15 M, (2 Stb, 2 Lm, 2 Stb) in folg 2-Lm-Bg, je 1 Stb in folg 15 M, 2 Stb in 1. Eck-Lm-Bg, Rd mit 1 hStb in oberste Anf-Lm schließen, wenden – 76 Stb, 4 2-Lm-Bg.

6. Rd (Hin-Rd): In Fb B 3 Anf-Lm, 1 Stb in dens Eck-Lm-Bg, je 1 Stb in folg 19 M, (2 Stb, 2 Lm, 2 Stb) in folg 2-Lm-Bg, je 1 Stb in folg 19 M, (2 Stb, 1 Lm) in folg 2-Lm-Bg, Fb B ruhen lassen, Fb A aufn, (1 Lm, 2 Stb) in dens 2-Lm-Bg, je 1 Stb in folg 19 M, (2 Stb, 2 Lm, 2 Stb) in folg 2-Lm-Bg, je 1 Stb in folg 19 M, 2 Stb in 1. Eck-Lm-Bg, 2 Lm, Rd mit 1 Km in oberste Anf-Lm schließen, wenden – 92 Stb, 4 2-Lm-Bg. Fb A und B beenden.

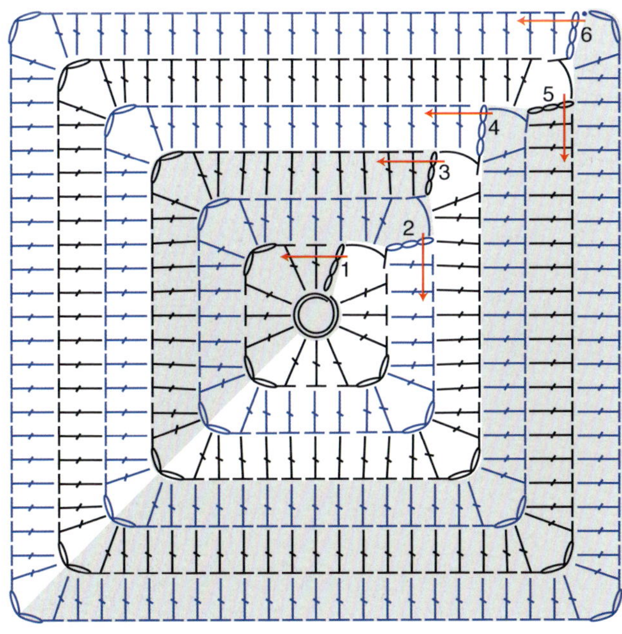

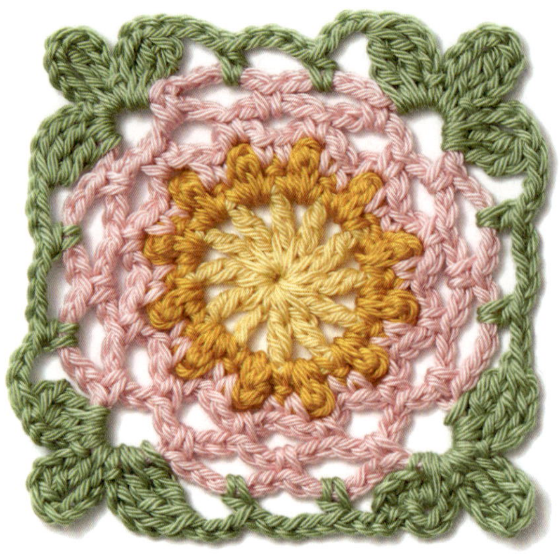

FERTIGE GRÖSSE
11,5 cm Breite vor dem Spannen

HÄKELNADEL
4,0 mm

MASCHENPROBE
1.–3. Runde = 6,5 cm Breite

FARBEN
(A) 3764 Sunshine
(B) 3747 Gold
(C) 3711 China Pink
(D) 3762 Spring Green

Anmerkungen

- 1 Anf-Lm zählt nie als Masche.
- Die 4. Rd schließt mit (1 Lm, 1 Stb) [zählt als 4-Lm-Bg]. So liegt die Nadel besser für den Anf der folg Rd.

In Fb A einen Fadenring legen.

1. Rd (Hin-Rd): 5 Anf-Lm (zählen als 1 DStb, 1 Lm), 11x (1 DStb, 1 Lm) in den Ring, Rd mit 1 Km in 4. Anf-Lm schließen, wenden – 12 DStb, 1 1-Lm-Bg. Fb A abm.

2. Rd (Rück-Rd): Mit 1 Km in beliebigem 1-Lm-Bg Fb B anm, 1 Anf-Lm, (1 fM, 1 DStb, 1 fM) fortl in jeden 1-Lm-Bg, Rd mit 1 Km in 1. fM schließen, wenden – 24 fM, 12 DStb. Fb B abm.

3. Rd (Hin-Rd): Mit 1 Km in dies M wie die Verbindungs-Km der Vor-Rd Fb C anm, 1 Anf-Lm, je 1 fM in erste 2 M, *3 Lm, folg DStb ausl**, je 1 fM in folg 2 fM; ab * fortl wh, letzte Wh bei ** beenden, Rd mit 1 Km in 1. fM schließen – 24 fM, 12 3-Lm-Bg.

4. Rd (Hin-Rd): 1 Km in folg 3-Lm-Bg, 1 Anf-Lm, 1 fM in dens Lm-Bg, (4 Lm, 1 fM) fortl in jeden 3-Lm-Bg, Rd mit 1 Lm, 1 Stb in 1. fM schließen [zählt als 4-Lm-Bg) – 12 fM, 12 4-Lm-Bg.

5. Rd (Hin-Rd): 1 Anf-Lm, (1 fM, 5 Lm) fortl in jeden 4-Lm-Bg, Rd mit 1 Km in 1. fM schließen – 12 fM, 12 5-Lm-Bg. Fb C abm.

6. Rd (Hin-Rd): Mit 1 Km in beliebigem 5-Lm-Bg Fb D anm, 5 Anf-Lm (zählen als 1 hStb, 3 Lm), *(1 2er-BüDStb, 4 Lm, 1 Km, 4 Lm, 1 DStb, 4 Lm, 1 Km, 4 Lm, 1 2er-BüDStb) in folg 5-Lm-Bg, 3 Lm, 1 hStb in folg 5-Lm-Bg, 4 Lm**, 1 hStb in folg 5-Lm-Bg, 3 Lm; ab * fortl wh, letzte Wh bei ** beenden, Rd mit 1 Km in 2. Anf-Lm schließen – 8 hStb, 4 4-Lm-Bg, 8 3-Lm-Bg, 8 2er-BüDStb, 4 DStb, 16 4-Lm-Bg, 8 Km. Fb D abm.

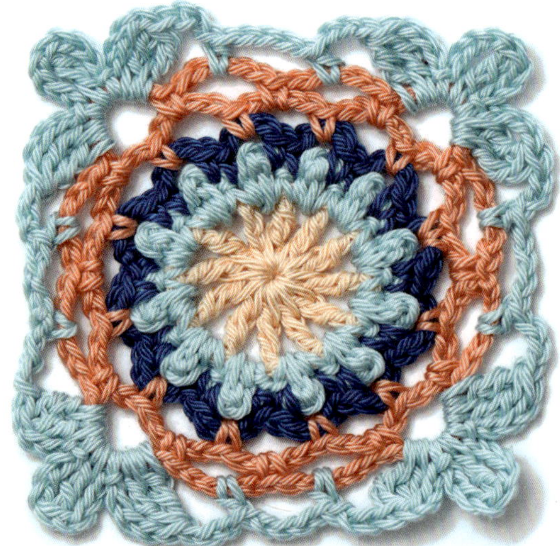

Alternative Farbfolge
(A) 3753 White Peach (1. Rd)
(B) 3736 Ice (2. und 6. Rd)
(C) 3774 Major Teal (3. Rd)
(D) 3767 Deep Coral (4. und 5. Rd)

FERTIGE GRÖSSE
8,5 cm Breite vor dem Spannen

HÄKELNADEL
4,0 mm

MASCHENPROBE
1.–3. Runde = 5,5 cm Breite

FARBEN
(A) 3778 Lavender
(B) 3743 Yellow Rose
(C) 3747 Gold
(D) 3718 Natural

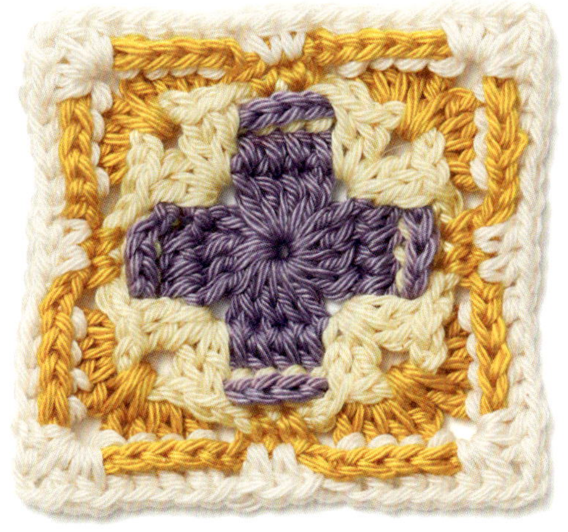

Anmerkungen

- 1 Anf-Lm zählt nie als Masche.
- Werden die 1. und 2. Rd in derselben Farbe gearbeitet, entsteht das »Plus« in der Mitte. Probieren Sie aus, wie andere Farben wirken.

In Fb A einen Fadenring legen.

1. Rd: 3 Anf-Lm (zählen stets als 1 Stb), 3 Stb in den Ring, 2 Lm, 3x (4 Stb, 2 Lm) in den Ring, Rd mit 1 Km in oberste Anf-Lm schließen – 16 Stb, 4 2-Lm-Bg.

2. Rd: 3 Anf-Lm, je 1 Stb in folg 3 M, 6 Lm, folg 2-Lm-Bg ausl, *je 1 Stb in folg 4 M, 6 Lm, folg 2-Lm-Bg ausl; ab * fortl wh, Rd mit 1 Km in oberste Anf-Lm schließen – 16 Stb, 4 6-Lm-Bg. Fb A abm.

3. Rd: Mit 1 Km in beliebigem 2-Lm-Bg der 1. Rd Fb B anm, vor 6-Lm-Bg der 2. Rd 3 Anf-Lm, (1 Stb, 3 Lm, 2 Stb) in dens 2-Lm-Bg, *je 1 RfMh um folg 4 M**, vor 6-Lm-Bg der 2. Rd (2 Stb, 3 Lm, 2 Stb) in folg 2-Lm-Bg der 1. Rd; ab * fortl wh, letzte Wh bei ** beenden, Rd mit 1 Km in oberste Anf-Lm schließen – 16 Stb, 4 3-Lm-Bg, 16 RfMh. Fb B abm.

4. Rd: Mit 1 Km in 2. M einer beliebigen 4RfMh-Gruppe Fb C anm, 1 Anf-Lm, je 1 fM in erste 2 M, *2 Lm, 3 M ausl, 3 Stb in folg 6-Lm-Bg der 2. Rd, (1 DStb, 1 Lm, 1 DStb) um 3-Lm-Bg der 3. Rd und 6-Lm-Bg der 2. Rd, 2Lm, 3 M ausl**, je 1 fM in folg 2 M; ab * fortl wh, letzte Wh bei ** beenden, Rd mit 1 Km in 1. fM schließen – 8 fM, 8 2-Lm-Bg, 24 Stb, 8 DStb, 4 1-Lm-Bg. Fb C abm.

5. Rd: Mit 1 Km in beliebigem 1-Lm-Bg Fb D anm, 2 Anf-Lm (zählen als 1 hStb), (1 hStb, 2 Lm, 2 hStb) in dens Lm-Bg, *je 1 RhStbh um folg 4 M, 1 Lm, folg 2-Lm-Bg ausl, je 1 hStb in folg 2 M, 1 Lm, folg 2-Lm-Bg ausl, je 1 RhStbh um folg 4 M**, (2 hStb, 2 Lm, 2 hStb) in folg 2-Lm-Bg; ab * fortl wh, letzte Wh bei ** beenden, Rd mit 1 Km in oberste Anf-Lm schließen – 24 hStb, 32 RhStbh, 4 2-Lm-Bg, 8 1-Lm-Bg. Fb D abm.

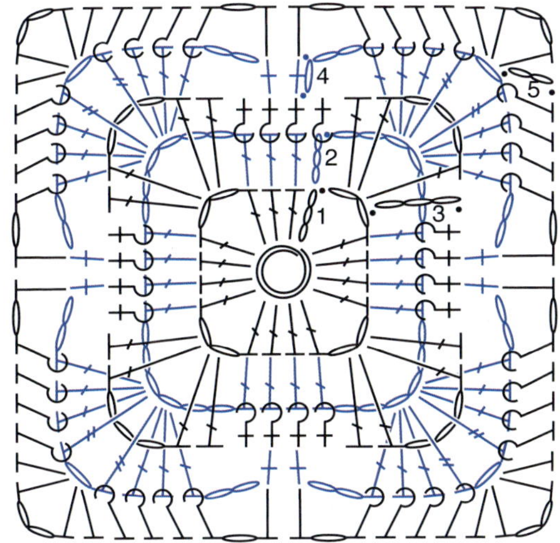

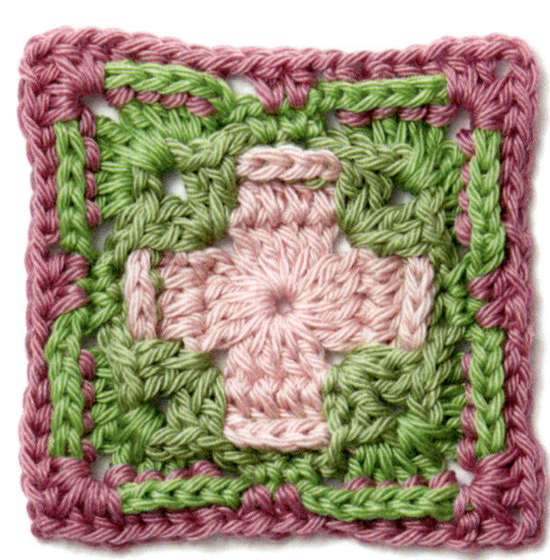

Alternative Farbfolge
(A) 3711 China Pink
(B) 3762 Spring Green
(C) 3807 Jasmine Green
(D)3776 Pink Rose

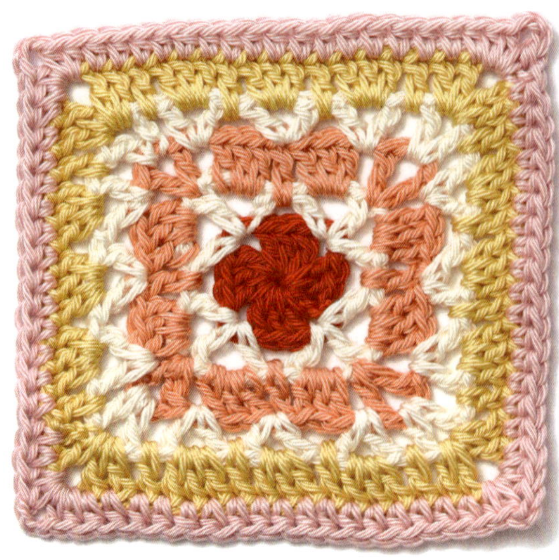

FERTIGE GRÖSSE
12 cm Breite vor dem Spannen

HÄKELNADEL
4,0 mm

MASCHENPROBE
1.–3. Runde = 7 cm Breite

FARBEN
(A) 3755 Lipstick Red
(B) 3718 Natural
(C) 3752 Coral
(D) 3764 Sunshine
(E) 3711 China Pink

Anmerkungen

- 3 Lm am Anf einer Rd zählen stets als 1 Stb.
- Werden 2. und 4. Rd in neutraler Fb gehäkelt, kommt die filigrane Struktur dieser M besonders zur Geltung.
- Dieses Motiv erhält möglicherweise erst durch das Spannen seine korrekte Form.

In Fb A einen Fadenring legen.

1. Rd: 3 Anf-Lm, 2 Stb in den Ring, 2 Lm, 3x (3 Stb, 2 Lm) in den Ring, Rd mit 1 Km in oberste Anf-Lm schließen – 12 Stb, 4 2-Lm-Bg. Fb A abm.

2. Rd: Mit 1 Km in beliebigem 2-Lm-Bg Fb B anm, 6 Anf-Lm (zählen als 1 DStb, 3 Lm), (1 Stb, 3 Lm, 1 Stb) in dens Lm-Bg (1 Stb, 3 Lm, 1 Stb, 3 Lm, 1 Stb) fortl in jeden 2-Lm-Bg, Rd mit 1 Km in 3. Anf-Lm schließen – 12 Stb, 8 3-Lm-Bg. Fb B .

3. Rd: Mit 1 Km in 1. 3-Lm-Bg Fb C anm, 3 Anf-Lm, 2 Stb in dens Lm-Bg, *(1 Stb, 3 Lm, 1 Stb) in folg Stb, 3 Stb in folg 3-Lm-Bg, 1 Stb zw. folg 2 M**, 3 Stb in folg 3-Lm-Bg; ab * fortl wh, letzte Wh bei ** beenden, Rd mit 1 Km in oberste Anf-Lm schließen – 36 Stb, 4 3-Lm-Bg. Fb C abm.

4. Rd: Mit 1 Km in beliebigem 3-Lm-Bg Fb B anm, 5 Anf-Lm (zählen als 1 Stb, 2 Lm), 1 Stb in dens Lm-Bg, *1 Lm, (1 Stb, 2 Lm, 1 Stb) zw. folg 2 M, folg 3 Stb ausl, (1 Stb, 2 Lm, 1 Stb) in folg Stb, folg 3 Stb ausl, (1 Stb, 2 Lm, 1 Stb) zw. folg 2 M, 1 Lm, folg Stb ausl**, (1 Stb, 2 Lm, 1 Stb) in folg 3-Lm-Bg; ab * fortl wh, letzte Wh bei ** beenden, Rd mit 1 Km in 3. Anf-Lm schließen – 32 Stb, 16 2-Lm-Bg, 8 1-Lm-Bg. Fb B abm.

5. Rd: Mit 1 Km in 1. Eck-2-Lm-Bg Fb D anm, 3 Anf-Lm, (1 Stb, 2 Lm, 2 Stb) in dens Lm-Bg, *1 Stb in folg 1-Lm-Bg, 2x (3 Stb in folg 2-Lm-Bg, 1 Stb zw. folg 2 M), 3 Stb in folg 2-Lm-Bg, 1 Stb in folg 1-Lm-Bg**, (2 Stb, 2 Lm, 2 Stb) in folg 2-Lm-Bg; ab * fortl wh, letzte Wh bei ** beenden, Rd mit 1 Km in oberste Anf-Lm schließen – 68 Stb, 4 2-Lm-Bg. Fb D abm.

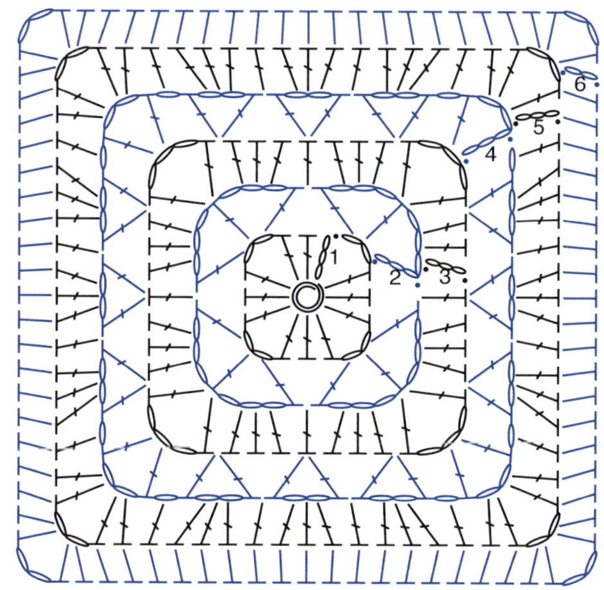

6. Rd: Mit 1 Km in beliebigem 2-Lm-Bg Fb E anm, 2 Anf-Lm (zählen als 1 hStb), (1 hStb, 2 Lm, 2 hStb) in dens Lm-Bg, *je 1 hStb in folg 17 M**, (2 hStb, 2 Lm, 2 hStb) in folg 2-Lm-Bg; ab * fortl wh, letzte Wh bei ** beenden, Rd mit 1 Km in oberste Anf-Lm schließen – 84 hStb, 4 2-Lm-Bg. Fb E abm.

Alternative Farbfolge für Motiv 51 ▶
(A) 3747 Gold (1. Rd)
(B) 3750 Tangerine (2. und 4. Rd)
(C) 3771 Paprika (3. Rd)
(D) 3724 Armada (5. und 6. Rd)

FERTIGE GRÖSSE
11,5 cm Breite vor dem Spannen

HÄKELNADEL
4,0 mm

MASCHENPROBE
1.–3. Runde = 6,5 cm Breite

FARBEN
(A) 3717 Sand
(B) 3775 Cool Mint
(C) 3764 Sunshine
(D) 3774 Major Teal

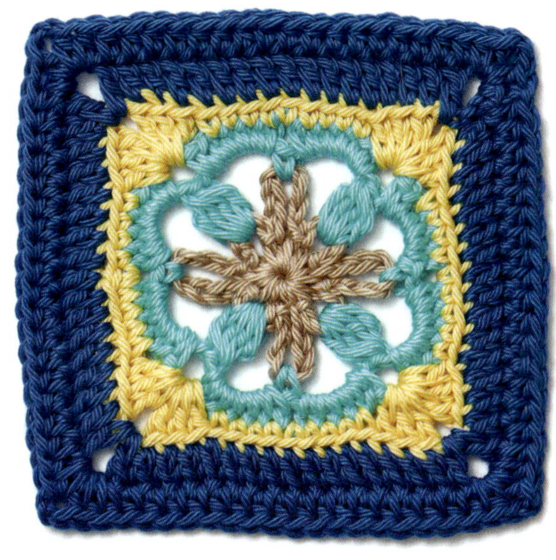

#52

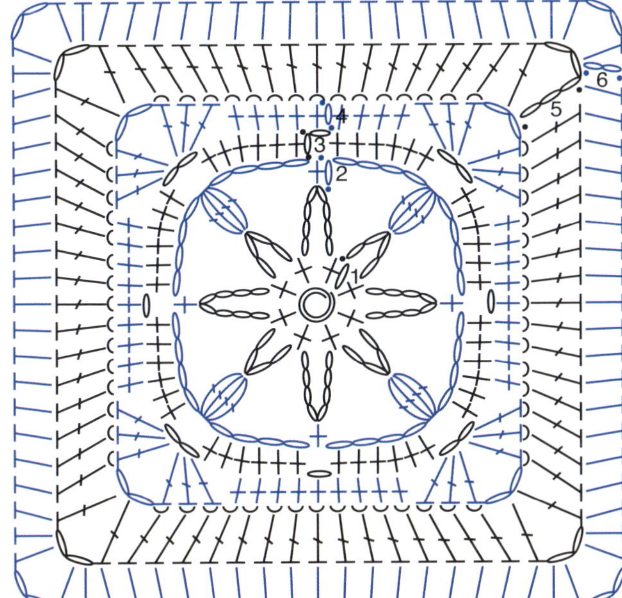

Anmerkung

- 1 Anf-Lm zählt nie als Masche.

In Fb A einen Fadenring legen.

1. Rd: 1 Anf-Lm, 4x (1 fM, 8 Lm, 1 fM, 4 Lm) in den Ring, Rd mit 1 Km in 1. fM schließen – 8 fM, 4 8-Lm-Bg, 4 4-Lm-Bg. Fb A abm.

2. Rd: Mit 1 Km in beliebigem 8-Lm-Bg Fb B anm, 1 Anf-Lm, *1 fM in 8-Lm-Bg, 4 Lm, 1 4er-BüStb in folg 4-Lm-Bg, 4 Lm; ab * fortl wh, Rd mit 1 Km in 1. fM schließen – 4 fM, 8 4-Lm-Bg, 4 4er-BüStb.

3. Rd: 1 Km in folg 4-Lm-Bg, 1 Anf-Lm, *6 fM in 4-Lm-Bg, 2 Lm, folg 4er-BüStb ausl, 6 fM in folg 4-Lm-Bg, 1 Lm, folg fM ausl; ab * fortl wh, Rd mit 1 Km in 1. fM schließen – 48 fM, 4 2-Lm-Bg, 4 1-Lm-Bg. Fb B abm.

4. Rd: Mit 1 Km in beliebigem 1-Lm-Bg Fb C anm, 1 Anf-Lm, *1 fM in 1-Lm-Bg, je 1 fM in folg 4 M, 2 M ausl, (3 Stb, 2 Lm, 3 Stb) in folg 2-Lm-Bg, 2 M ausl, je 1 fM in folg 4 M; ab * fortl wh, Rd mit 1 Km in 1. fM schließen – 36 fM, 24 Stb, 4 2-Lm-Bg. Fb C abm.

5. Rd: Nur in hMg arb. Mit 1 Km in beliebigem 2-Lm-Bg Fb D anm, 5 Anf-Lm (zählen als 1 Stb, 2 Lm), 1 Stb in dens Lm-Bg, *je 1 Stb in folg 15 M**, (1 Stb, 2 Lm, 1 Stb) in folg 2-Lm-Bg; ab * fortl wh, letzte Wh bei ** beenden, Rd mit 1 Km in oberste Anf-Lm schließen – 68 Stb, 4 2-Lm-Bg.

6. Rd: 1 Km in folg 2-Lm-Bg, 2 Anf-Lm (zählen als 1 hStb), (1 hStb, 2 Lm, 2 hStb) in dens Lm-Bg, *je 1 hStb in folg 17 M**, (2 hStb, 2 Lm, 2 hStb) in folg 2-Lm-Bg; ab * fortl wh, letzte Wh bei ** beenden, Rd mit 1 Km in oberste Anf-Lm schließen – 84 hStb, 4 2-Lm-Bg. Fb D abm.

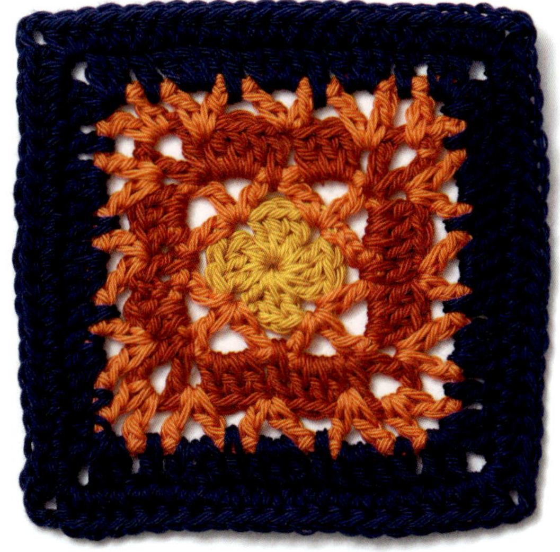

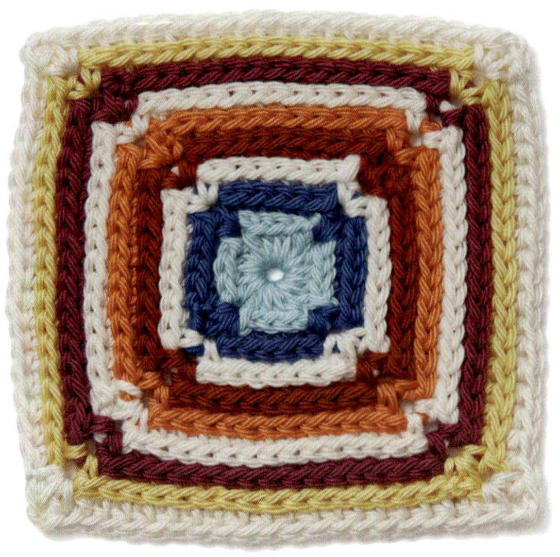

FERTIGE GRÖSSE
11,5 cm Breite vor dem Spannen

HÄKELNADEL
4,0 mm

MASCHENPROBE
1.–3. Runde = 5 cm Durchmesser

FARBEN
(A) 3736 Ice
(B) 3774 Major Teal
(C) 3718 Natural
(D) 3823 Tomato
(E) 3750 Tangerine
(F) 3703 Magenta
(G) 3764 Sunshine

Anmerkungen

- Die »3. Schl« des hStb liegt an der Rückseite des Maschenkörpers unterhalb der vorderen und hinteren Schl oben an der M. Nach dem Umrunden einer Ecke kann die 3. Schl des folg hStb fest sein; hier besonders aufpassen, dass in die richtige Schl gehäkelt wird!
- 1 Anf-Lm zählt nie als Masche.
- Bei Farbwechsel in jeder Rd werden die abgestuften Ecken des Musters besonders betont. Werden aufeinanderfolgende Rd in derselben Fb gehäkelt, kommt die interessante Maschenstruktur schön zur Geltung.

In Fb A einen Fadenring legen.

Rnd 1: 1 Anf-Lm, 4x (4 hStb, 2 Lm) in den Ring, Rd mit 1 Km in 1. hStb schließen – 16 hStb, 4 2-Lm-Bg. Fb A abm.

2. Rd: Mit 1 Km in beliebigem 2-Lm-Bg Fb B anm, 1 Anf-Lm, *(1 hStb, 2 Lm, 1 hStb) in 2-Lm-Bg, je 1 hStb in 3. Schl der folg 4 M; ab * fortl wh, Rd mit 1 Km in 1. hStb schließen – 24 hStb, 4 2-Lm-Bg. Fb B abm.

3. Rd: Mit 1 Km in beliebigem 2-Lm-Bg Fb C anm, 1 Anf-Lm, *(1 hStb, 2 Lm, 1 hStb) in 2-Lm-Bg, je 1 hStb in 3. Schl der folg 6 M; ab * fortl wh, Rd mit 1 Km in 1. hStb schließen – 32 hStb, 4 2-Lm-Bg. Fb C abm.

4. Rd: Mit 1 Km in beliebigem 2-Lm-Bg Fb D anm, 1 Anf-Lm, *(1 hStb, 2 Lm, 1 hStb) in 2-Lm-Bg, je 1 hStb in 3. Schl der folg 8 M; ab * fortl wh, Rd mit 1 Km in 1. hStb schließen – 40 hStb, 4 2-Lm-Bg. Fb D abm.

5. Rd: Mit 1 Km in beliebigem 2-Lm-Bg Fb E anm, 1 Anf-Lm, *(1 hStb, 2 Lm, 1 hStb) in 2-Lm-Bg, je 1 hStb in 3. Schl der folg 10 M; ab * fortl wh, Rd mit 1 Km in 1. hStb schließen – 48 hStb, 4 2-Lm-Bg. Fb E abm.

6. Rd: Mit 1 Km in beliebigem 2-Lm-Bg Fb C anm, 1 Anf-Lm, *(1 hStb, 2 Lm, 1 hStb) in 2-Lm-Bg, je 1 hStb in 3. Schl der folg 12 M; ab * fortl wh, Rd mit 1 Km in 1. hStb schließen – 56 hStb, 4 2-Lm-Bg. Fb C abm.

7. Rd: Mit 1 Km in beliebigem 2-Lm-Bg Fb F anm, 1 Anf-Lm, *(1 hStb, 2 Lm, 1 hStb) in 2-Lm-Bg, je 1 hStb in 3. Schl der folg 14 M; ab * fortl wh, Rd mit 1 Km in 1. hStb schließen – 64 hStb, 4 2-Lm-Bg. Fb F abm.

8. Rd: Mit 1 Km in beliebigem 2-Lm-Bg Fb G anm, 1 Anf-Lm, *(1 hStb, 2 Lm, 1 hStb) in 2-Lm-Bg, je 1 hStb in 3. Schl der folg 16 M; ab * fortl wh, Rd mit 1 Km in 1. hStb schließen – 72 hStb, 4 2-Lm-Bg. Fb G abm.

9. Rd: Mit 1 Km in beliebigem 2-Lm-Bg Fb C anm, 1 Anf-Lm, *(1 hStb, 2 Lm, 1 hStb) in 2-Lm-Bg, je 1 hStb in 3. Schl der folg 18 M; ab * fortl wh, Rd mit 1 Km in 1. hStb schließen – 80 hStb, 4 2-Lm-Bg. Fb C abm.

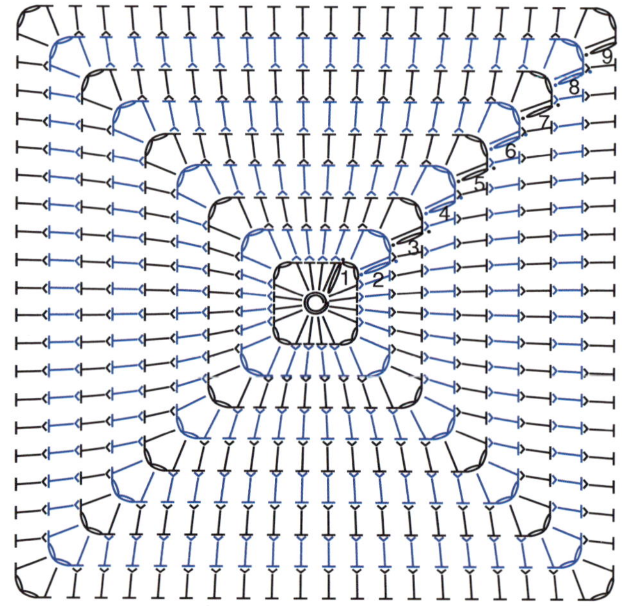

FERTIGE GRÖSSE
11,5 cm Breite vor dem Spannen

HÄKELNADEL
4,0 mm

MASCHENPROBE
1.–3. Runde = 5,5 cm Durchmesser

FARBEN
(A) 3718 Natural
(B) 3764 Sunshine
(C) 3747 Gold
(D) 3750 Tangerine
(E) 3755 Lipstick Red

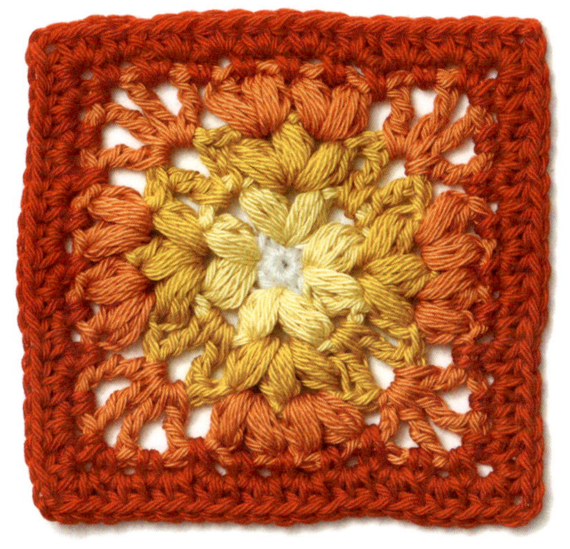

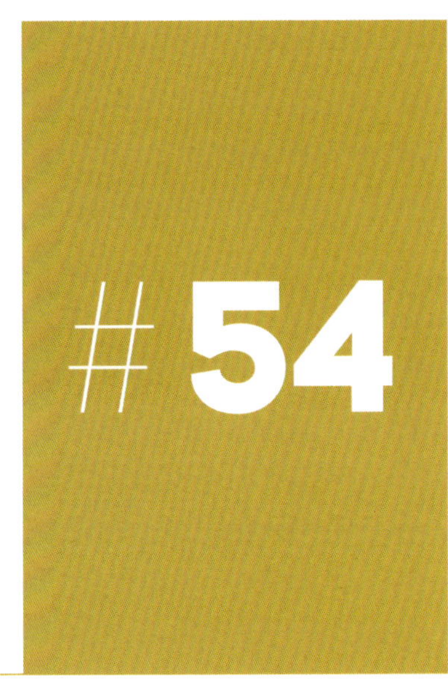

Anmerkungen

- Sie können wie hier gezeigt einen Farbverlauf mit Farbwechsel in jeder Rd arbeiten oder das Motiv durch eine individuelle Farbfolge nach Ihrem Geschmack völlig verändern.
- 1 Anf-Lm zählt nie als Masche.

In Fb A einen Fadenring legen.

1. Rd: 1 Anf-Lm, 8 fM in den Ring, Rd mit 1 Km in 1. fM schließen - 8 fM. Fb A abm.

2. Rd: Mit 1 Km in beliebiger M Fb B anm, (1 Anf-PuffM, 2 Lm, 1 PuffM) in dies M, 3 Lm, 1 M ausl, *(1 PuffM, 2 Lm, 1 PuffM) in folg M, 3 Lm, 1 M ausl; ab * fortl wh, Rd mit 1 Km in Anf-PuffM schließen – 8 PuffM, 4 3-Lm-Bg, 4 2-Lm-Bg Fb B abm.

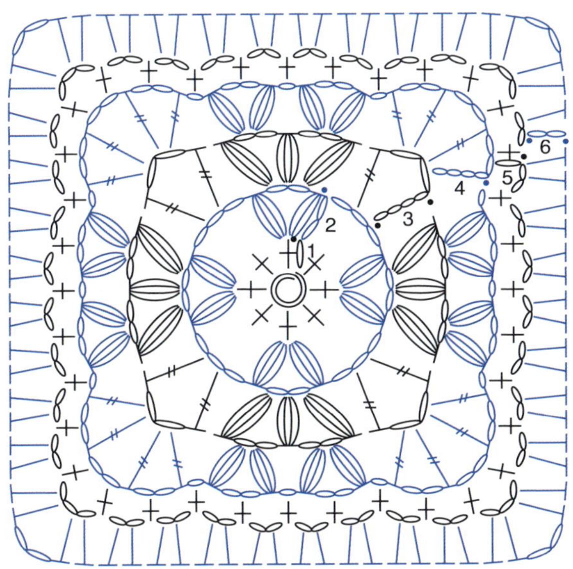

3. Rd: Mit 1 Km in beliebigem 3-Lm-Bg Fb C anm, 6 Anf-Lm (zählen hier und durchgehend als 1 DStb, 2 Lm), 1 DStb in dens Lm-Bg, *(1 PuffM, 2 Lm, 1 PuffM, 2 Lm, 1 PuffM) in folg 2-Lm-Bg**, (1 DStb, 2 Lm, 1 DStb) in folg 3-Lm-Bg; ab * fortl wh, letzte Wh bei ** beenden, Rd mit 1 Km in 3. Anf-Lm schließen – 12 PuffM, 8 DStb, 12 2-Lm-Bg. Fb C beenden.

4. Rd: Mit 1 Km in beliebigem 2-Lm-Bg zw. 2 DStb Fb D anm, 6 Anf-Lm, (2x [1 DStb, 2 Lm], 1 DStb) in dens Lm-Bg, *1 Lm, (1 PuffM, 2 Lm, 1 PuffM, 1 Lm) in folg 2 2-Lm-Bg**(3x [1 DStb, 2 Lm], 1DStb) in folg Eck-2-Lm-Bg; ab *fortl wh, letzte Wh bei ** beenden, Rd mit 1 Km in 3. Anf-Lm schließen – 16 PuffM, 16 DStb, 20 2-Lm-Bg, 12 1-Lm-Bg. Fb D abm.

5. Rd: Mit 1 Km in 1. 2-Lm-Bg nach der Verbindungs-Km Fb E anm, 1 Anf-Lm, *1 fM in 2-Lm-Bg, 2 Lm, (1 fM, 3 Lm, 1 fM) in folg 2-Lm-Bg, je (2 Lm, 1 fM) in folg 7-Lm-Bg; ab * fortl wh, Rd mit 1 Km in 1. fM schließen – 36 fM, 32 2-Lm-Bg, 4 3-Lm-Bg.

6. Rd: 1 Km in folg 2-Lm-Bg, 2 Anf-Lm (zählen als 1 hStb), 1 hStb in dens Lm-Bg, *(2 hStb, 2 Lm, 2 hStb) in folg 3-Lm-Bg**, je 2 hStb in folg 8 2-Lm-Bg; ab * fortl wh, letzte Wh bei ** beenden, je 2 hStb in letzte 7 2-Lm-Bg, Rd mit 1 Km in oberste Anf-Lm schließen – 80 hStb, 4 2-Lm-Bg. Fb E abm.

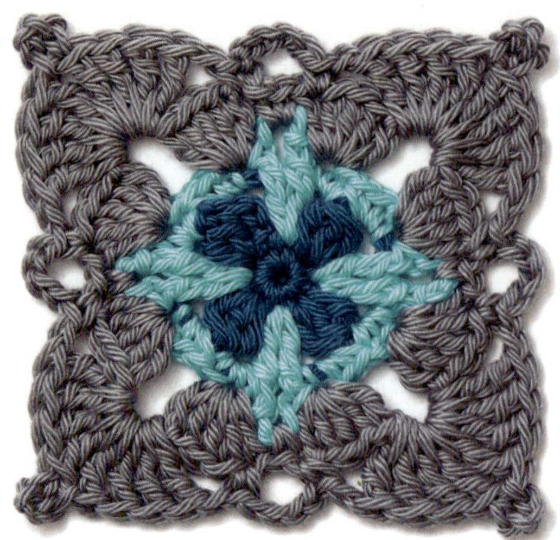

FERTIGE GRÖSSE
9 cm Breite vor dem Spannen

HÄKELNADEL
4,0 mm

MASCHENPROBE
1.–3. Runde = 5,5 cm Breite

FARBEN
(A) 3734 Teal
(B) 3775 Cool Mint
(C) 3729 Grey

Anmerkung

- 1 Anf-Lm zählt nie als Masche.

In Fb A einen Fadenring legen.

1. Rd: 1 Anf-Lm, 8 fM in den Ring, Rd mit 1 Km in 1. fM schließen – 8 fM.

2. Rd: 3 Anf-Lm, 1 2er-BüStb in dies M (zählt als 1 3er-BüStb), 5 Lm, 1 M ausl, *1 3er-BüStb in folg M, 5 Lm, 1 M ausl; ab * fortl wh, Rd mit 1 Km in 1. 2er-BüStb schließen – 4 3er-BüStb, 4 5-Lm-Bg. Fb A abm.

3. Rd: Mit 1 Km in beliebigem 5-Lm-Bg Fb B anm, 1 Anf-Lm, *2 fM in 5-Lm-Bg, vor 5-Lm-Bg der 2. Rd (1 DStb, 3 Lm, 1 DStb) in folg ausgel M der 1. Rd, 2 fM in dens 5-Lm-Bg, 1 RfMv um folg 3er-BüStb; ab * fortl wh, Rd mit 1 Km in 1. fM schließen – 16 fM, 8 DStb, 4 3-Lm-Bg, 4 RfMv. Fb B abm.

4. Rd: Mit 1 Km in beliebigem 3-Lm-Bg Fb C anm, 1 Anf-Lm, *1 fM in 3-Lm-Bg, folg DStb ausl, 5 Stb in folg fM, 3 Lm, 3 M ausl, 5 Stb in folg fM, folg DStb ausl; ab * fortl wh, Rd mit 1 Km in 1. fM schließen – 40 Stb 4 fM, 4 3-Lm-Bg.

5. Rd: 1 Km in folg Stb, 1 Anf-Lm, 1 fM in dasselbe Stb, *1 Lm, 4 M ausl, (4 DStb, 1 P, 4 DStb) in folg 3-Lm-Bg, 1 Lm, 4 M ausl, 1 fM in folg Stb, 4 Lm, 1 M ausl **, 1 fM in folg M; ab * fortl wh, letzte Wh bei ** beenden, Rd mit 1 Km in 1. fM schließen – 32 DStb, 4 P, 8 fM, 4 4-Lm-Bg, 8 1-Lm-Bg. Fb C abm.

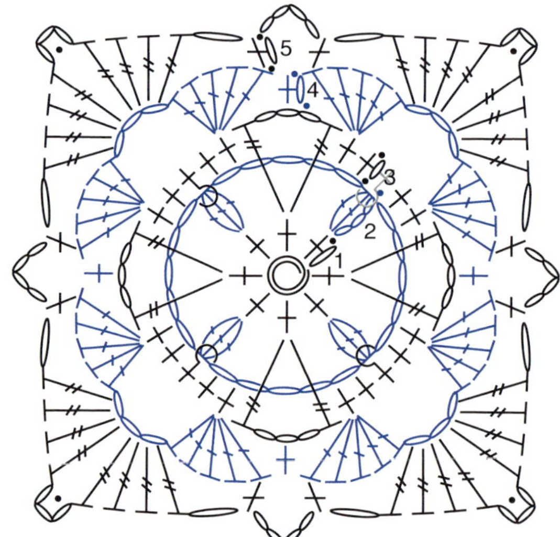

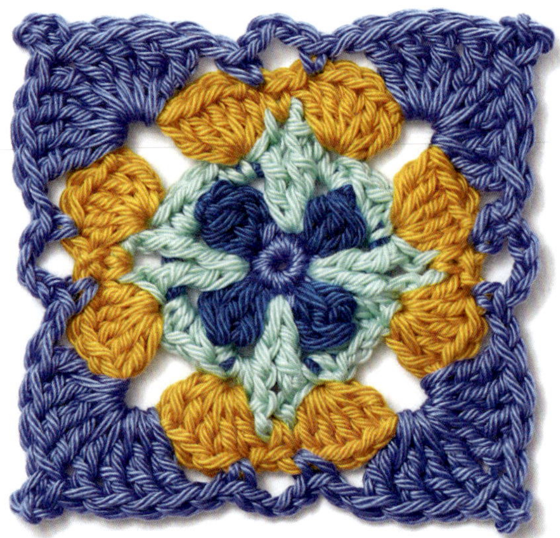

Alternative Farbfolge
(A) 3726 Periwinkle (1. und 5. Rd)
(B) 3725 Cobalt (2. Rd)
(C) 3763 Water Lily (3. Rd)
(D) 3747 Gold (4. Rd)

FERTIGE GRÖSSE
11,5 cm Breite vor dem Spannen

HÄKELNADEL
4,0 mm

MASCHENPROBE
1.–3. Runde = 5 cm Breite

FARBEN
(A) 3823 Tomato
(B) 3800 Blueberry
(C) 3725 Cobalt

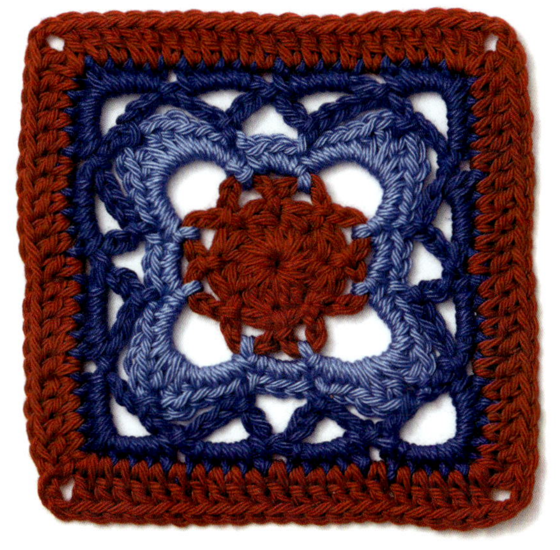

Anmerkungen

- Die 5. Rd schließt mit (3 Lm, 1 Stb) [zählt als 6-Lm-Bg]. So liegt die Nadel besser für den Anf der folg Rd.
- 1 Anf-Lm zählt nie als Masche.

In Fb A einen Fadenring legen.

1. Rd: 2 Anf-Lm, 1 Stb (zählt als 1 2er-BüStb), 1 Lm, 7x (1 2er-BüStb, 1 Lm) in den Ring, Rd mit 1 Km in 1. Stb schließen – 8 2er-BüStb, 8 1-Lm-Bg.

2. RD: 1 Km in folg 1-Lm-Bg, *4 Lm, 1 Km in folg 1-Lm-Bg; ab * fortl wh, Rd mit 1 Km in 1. Km schließen – 8 4-Lm-Bg, 8 Km. Fb A abm.

3. Rd: Mit 1 Km in beliebigem 4-Lm-Bg Fb B anm, *7 Lm, 1 Km in folg 4-Lm-Bg; ab * fortl wh, mit letzter Km in 1. Km die Rd schließen – 4 7-Lm-Bg, 4 3-Lm-Bg, 8 Km.

4. Rd: 1 Km in folg 7-Lm-Bg, 1 Anf-Lm, *(4 fM, 1 hStb, 1 Stb, 1 Lm, 1 Stb, 1 hStb, 4 fM) in 7-Lm-Bg, 3 fM in folg 3-Lm-Bg; ab * fortl wh, Rd mit 1 Km in 1. fM schließen – 44 fM, 8 hStb, 8 Stb, 4 1-Lm-Bg. Fb B abm.

5. Rd: Mit 1 Km in beliebigem 1-Lm-Bg Fb C anm, *6 Lm, 5 M ausl, 1 Km in folg M, 6 Lm, 3 M ausl, 1 Km in folg M**, 6 Lm, 5 M ausl, 1 Km in folg 1-Lm-Bg; ab * fortl wh, letzte Wh bei ** beenden, Rd mit 3 Lm, 1 Stb schließen (zählt als 6-Lm-Bg) – 12 6-Lm-Bg, 12 Km.

6. Rd: *6 Lm, 1 Km in folg 6-Lm-Bg, je (4 Lm, 1 Km) in folg 2 6-Lm-Bg; ab * fortl wh, mit letzter Km in letztem 6-Lm-Bg der 5. Rd die Rd schließen – 4 6-Lm-Bg, 8 4-Lm-Bg, 12 Km.

7. Rd: 1 Km in folg 6-Lm-Bg, 1 Anf-Lm, *(4 fM, 2 Lm, 4 fM) in Eck-6-Lm-Bg, je (2 Lm, 4 fM) in folg 2 4-Lm-Bg, 2 Lm; ab * fortl wh, Rd mit 1 Km in 1. fM schließen – 64 fM, 16 2-Lm-Bg. Fb C abm.

8. Rd: Mit 1 Km in beliebigem Eck-2-Lm-Bg Fb A anm, 5 Anf-Lm (zählen als 1 Stb, 2 Lm), 1 Stb in dens Lm-Bg, *3x (je 1 Stb in folg 4 M, 1 Stb in folg 2-Lm-Bg), je 1 Stb in folg 4 M**, (1 Stb, 2 Lm, 1 Stb) in folg 2-Lm-Bg; ab * fortl wh, letzte Wh bei ** beenden, Rd mit 1 Km in 3. Anf-Lm schließen – 84 Stb, 4 2-Lm-Bg. Fb A abm.

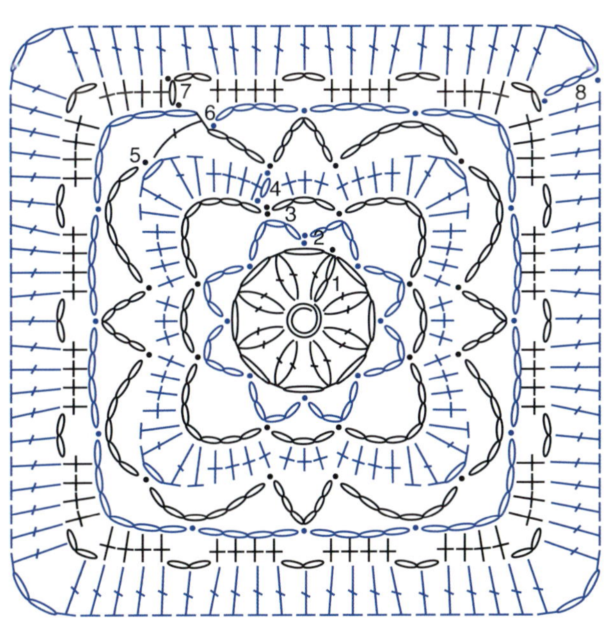

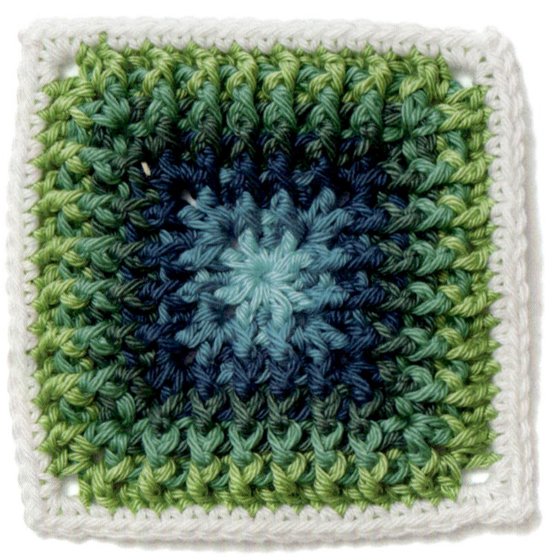

FERTIGE GRÖSSE
11 cm Breite vor dem Spannen

HÄKELNADEL
4,0 mm

MASCHENPROBE
1.–3. Runde = 5,5 cm Breite

FARBEN
(A) 3775 Cool Mint
(B) 3735 Jade
(C) 3734 Teal
(D) 3761 Juniper
(E) 3738 Spearmint
(F) 3807 Jasmine Green
(G) 3728 White

Anmerkungen

- Mit einem Ombré-Farbverlauf wirkt dieses Motiv sehr trendy. Eine uni Mittelpartie hebt die Rippstruktur der Reliefmaschen stärker hervor.
- 1 Anf-Lm zählt nicht als Masche.

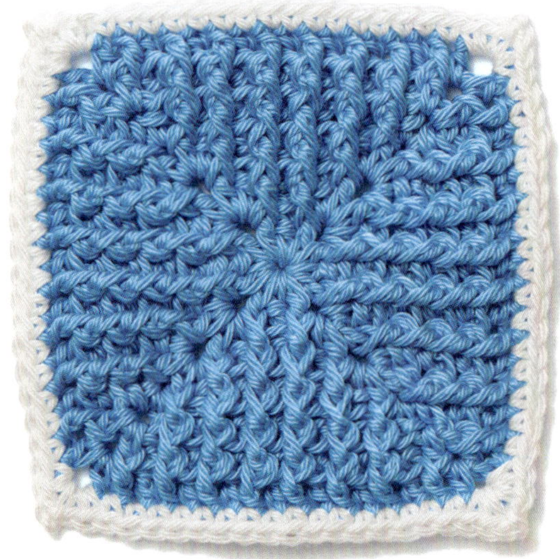

Alternative Farbfolge
(A) 3732 Aqua (1.–6. Rd)
(B) 3728 White (7. Rd)

In Fb A einen Fadenring legen.

1. Rd: 3 Anf-Lm (zählen stets als 1 Stb), 2 Stb in den Ring, 2 Lm, 3x (3 Stb, 2 Lm) in den Ring, Rd mit 1 Km in oberste Anf-Lm schließen – 12 Stb, 4 2-Lm-Bg. Fb A abm.

2. Rd: Mit 1 Km in beliebigem 2-Lm-Bg Fb B anm, 3 Anf-Lm, (1 Stb, 2 Lm, 2 Stb) in dens Lm-Bg, *1 RStbv um folg M, 1 RStbh um folg M, 1 RStbv um folg M**, (2 Stb, 2 Lm, 2 Stb) in folg 2-Lm-Bg; ab * fortl wh, letzte Wh bei ** beenden, Rd mit 1 Km in oberste Anf-Lm schließen – 16 Stb, 8 RStbv, 4 RStbh, 4 2-Lm-Bg. Fb B abm.

3. Rd: Mit 1 Km in beliebigem 2-Lm-Bg Fb C anm, 2 Anf-Lm (zählen als 1 hStb), (1 hStb, 2 Lm, 2 hStb) in dens Lm-Bg, *3x (1 RStbv um folg M, 1 RStbh um folg M), 1 RStbv um folg M**, (2 hStb, 2 Lm, 2 hStb) in folg 2-Lm-Bg; ab * fortl wh, letzte Wh bei ** beenden, Rd mit 1 Km in oberste Anf-Lm schließen – 16 hStb, 16 RStbv, 12 RStbh, 4 2-Lm-Bg. Fb C abm.

4. Rd: Mit 1 Km in beliebigem 2-Lm-Bg Fb D anm, 4 Anf-Lm (zählen stets als 1 hStb, 2 Lm), 1 hStb in dens Lm-Bg, *5x (1 RStbv um folg M, 1 RStbh um folg M), 1 RStbv um folg M**, (1 hStb, 2 Lm, 1 hStb) in folg 2-Lm-Bg; ab * fortl wh, letzte Wh bei ** beenden, Rd mit 1 Km in 2. Anf-Lm schließen – 8 hStb, 24 RStbv, 20 RStbh, 4 2-Lm-Bg. Fb D abm.

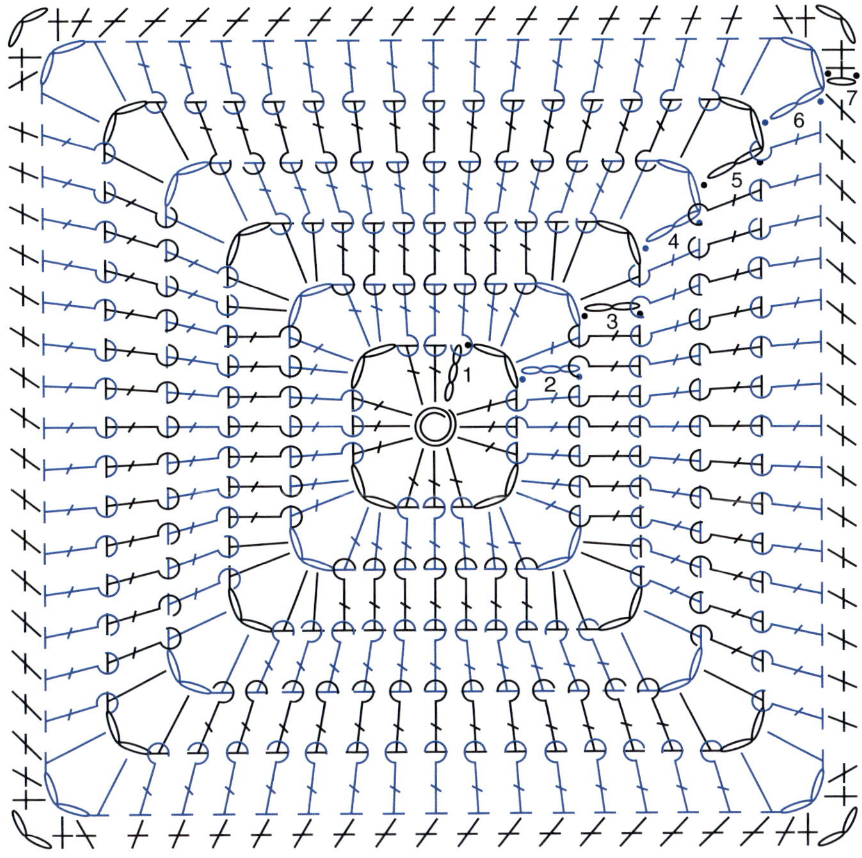

5. Rd: Mit 1 Km in beliebigem 2-Lm-Bg Fb E anm, 4 Anf-Lm, 1 hStb in dens Lm-Bg, *6x (1 RStbh um folg M, 1 RStbv um folg M), 1 RStbh um folg M**, (1 hStb, 2 Lm, 1 hStb) in folg 2-Lm-Bg; ab * fortl wh, letzte Wh bei ** beenden, Rd mit 1 Km in 2. Anf-Lm schließen – 8 hStb, 28 RStbh, 24 RStbv, 4 2-Lm-Bg. Fb E abm.

6. Rd: Mit 1 Km in beliebigem 2-Lm-Bg Fb F anm, 4 Anf-Lm, 1 hStb in dens Lm-Bg, 7x (1 RStbv um folg M, 1 RStbh um folg M), 1 RStbv um folg M**, (1 hStb, 2 Lm, 1 hStb) in folg 2-Lm-Bg; ab * fortl wh, letzte Wh bei ** beenden, Rd mit 1 Km in 2. Anf-Lm schließen – 8 hStb, 32 RStbv, 28 RStbh, 4 2-Lm-Bg. Fb F abm.

7. Rd: Mit 1 Km in beliebigem 2-Lm-Bg Fb G anm, 1 Lm, *(2 fM, 2 Lm, 2 fM) in 2-Lm-Bg, 1 M ausl, je 1 fM in folg 16 M; ab * fortl wh, Rd mit 1 Km in 1. fM schließen – 80 fM, 4 2-Lm-Bg. Fb G abm.

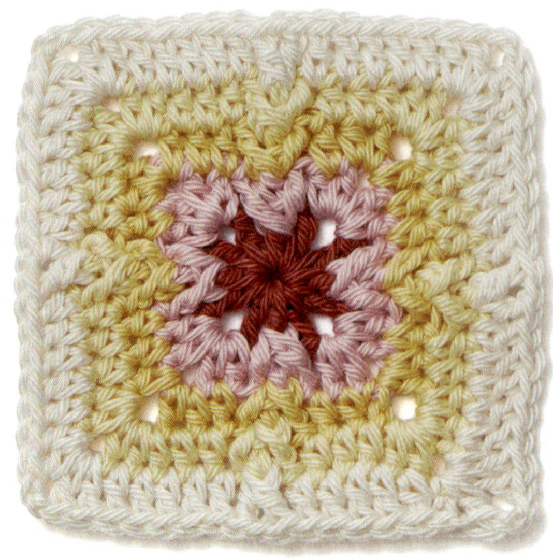

FERTIGE GRÖSSE
9,5 cm Breite vor dem Spannen

HÄKELNADEL
4,0 mm

MASCHENPROBE
1.–3. Runde = 5,5 cm Breite

FARBEN
(A) 3701 Cranberry
(B) 3711 China Pink
(C) 3764 Sunshine
(D) 3743 Yellow Rose
(E) 3718 Natural

Anmerkung

- Um die Struktur der Reliefmaschen hervorzuheben, alle oder immer 2 der äußeren Rd in einer Farbe arbeiten.

In Fb A einen Fadenring legen.

1. Rd: 3 Anf-Lm (zählen stets als 1 Stb), 2 Stb in den Ring, 2 Lm, 3x (3 Stb, 2 Lm) in den Ring, Rd mit 1 Km in oberste Anf-Lm schließen – 12 Stb, 4 2-Lm-Bg. Fb A abm.

2. Rd: Mit 1 Km in beliebigem 2-Lm-Bg Fb B anm, 2 Anf-Lm (zählen stets als 1 hStb), (1 hStb, 2 Lm, 2 hStb) in dens Lm-Bg, *1 M ausl, (1 RStbv, 1 hStb, 1 RStbv) in folg M, 1 M ausl**, (2 hStb, 2 Lm, 2 hStb) in folg 2-Lm-Bg; ab * fortl wh, letzte Wh bei ** beenden, Rd mit 1 Km in oberste Anf-Lm schließen – 20 hStb, 8 RStbv, 4 2-Lm-Bg. Fb B abm.

3. Rd: Mit 1 Km in beliebigem 2-Lm-Bg F C anm, 4 Anf-Lm (zählen als 1 hStb, 2 Lm), 1 hStb in dens Lm-Bg, *je 1 hStb in folg 2 M, 1 M ausl, (1 RStbv, 1 hStb, 1 RStbv) in folg hStb, 1 M ausl, je 1 hStb in folg 2 M**, (1 hStb, 2 Lm, 1 hStb) in folg 2-Lm-Bg; ab * fortl wh, letzte Wh bei ** beenden, Rd mit 1 Km in 2. Anf-Lm schließen – 28 hStb, 8 RStbv, 4 2-Lm-Bg. Fb C abm.

4. Rd: Mit 1 Km in beliebigem 2-Lm-Bg Fb D anm, 2 Anf-Lm, (1 hSt, 2 Lm, 2 hStb) in dens Lm-Bg, *je 1 hStb in folg 3 M, 1 M ausl, (1 RStbv, 1 hStb, 1 RStbv) in folg hStb, 1 M ausl, je 1 hStb in folg 3 M**, (2 hStb, 2 Lm, 2 hStb) in folg 2-Lm-Bg; ab * fortl wh, letzte Wh bei ** beenden, Rd mit 1 Km in oberste Anf-Lm schließen – 44 hStb, 8 RStbv, 4 2-Lm-Bg. Fb D abm.

5. Rd: Mit 1 Km in beliebigem 2-Lm-Bg Fb E anm, 3 Anf-Lm, (1 Stb, 2 Lm, 2 Stb) in dens Lm-Bg, *je 1 Stb in folg 5 M, 1 M ausl, (1 RStbv, 1 Lm, 1 RStbv) in folg hStb, 1 M ausl, je 1 Stb in folg 5 M**, (2 Stb, 2 Lm, 2 Stb) in folg 2-Lm-Bg; ab * fortl wh, letzte Wh bei ** beenden, Rd mit 1 Km in oberste Anf-Lm schließen – 56 Stb, 8 RStbv, 4 2-Lm-Bg, 4 1-Lm-Bg. Fb E abm.

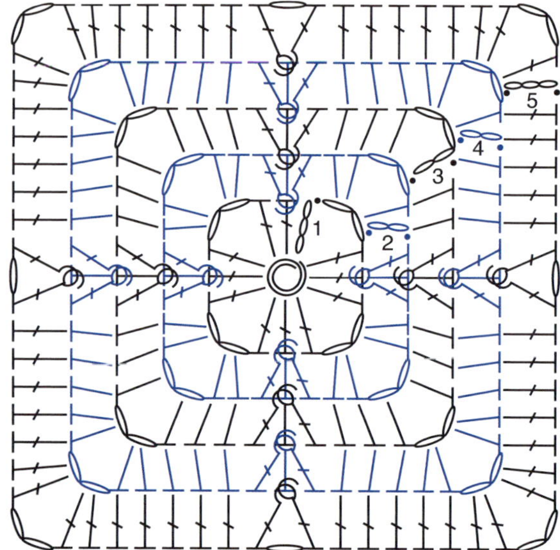

FERTIGE GRÖSSE
12,5 cm Breite vor dem Spannen

HÄKELNADEL
4,0 mm

MASCHENPROBE
1.–3. Runde = 8,5 cm Breite

FARBEN
(A) 3747 Gold
(B) 3718 Natural
(C) 3805 Colony Blue
(D) 3763 Water Lily

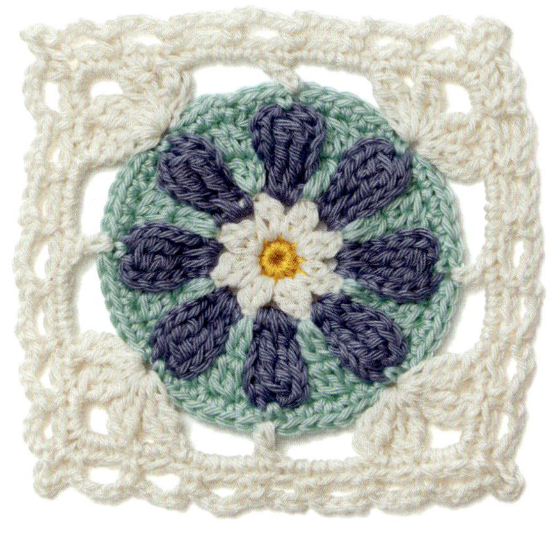

Anmerkungen

- 1 Anf-Lm zählt nie als Masche.

In Fb A einen Fadenring legen.

1. Rd: 1 Anf-Lm, 8 fM in den Ring, Rd mit 1 Km in 1. fM schließen – 8 fM. Fb A abm.

2. Rd: Mit 1 Km in beliebiger M Fb B anm, 3 Anf-Lm (zählen stets als 1 Stb), 1 Stb in dies M, 1 Lm, (2 Stb, 1 Lm) fortl in jede M, Rd mit 1 Km in oberste Anf-Lm schließen – 16 Stb, 8 1-Lm-Bg. Fb B abm.

3. Rd: Mit 1 Km in beliebigem 1-Lm-Bg Fb C anm, *(6 Lm, 1 2er-BüDreifStb, 6 Lm, 1 Km) in 1-Lm-Bg, folg 2 Stb ausl, 1 Km in folg 1-Lm-Bg; ab * fortl wh, Rd mit 1 Km in 1. Km schließen – 16 6-Lm-Bg, 8 2er-BüDreifStb, 16 Km. Fb C abm.

4. Rd: Mit 1 Km in dies M wie die Verbindungs-Km der Vor-Rd Fb D anm, 3 Anf-Lm, 1 Stb in dies M, *hinter den M der 3. Rd 3 Lm, (6 Lm, 1 2er-BüDreifStb, 6 Lm, 1 Km) ausl**, 2 Stb in folg Km; ab * fortl wh, letzte Wh bei ** beenden, Rd mit 1 Km in oberste Anf-Lm schließen – 16 Stb, 8 3-Lm-Bg.

5. Rd: 2 Anf-Lm, 1 Stb in folg M (zählt als 2 Stb zus), *5 Stb in folg 3-Lm-Bg**, 2 Stb zus über folg 2 Stb; ab * fortl wh, letzte Wh bei ** beenden, Rd mit 1 Km in 1. Stb schließen – 40 Stb, 8 2-Stb-zus.

6. Rd: 1 Anf-Lm, 2 fM in dies M, *je 1 fM in folg 2 M, 1 fM in 2er-BüDreifStb der 3. Rd und folg Stb der 5. Rd, je 1 fM in folg 2 M**, 2 fM in folg M; ab * fortl wh, letzte Wh bei ** beenden, Rd mit 1 Km in 1. fM schließen – 56 fM. Fb D abm.

7. Rd: Mit 1 Km in beliebiger fM, die in die 3. und 5. Rd gearbeitet wurde, Fb B anm, 3 Anf-Lm, 1 DStb in dies M (zählt als 1 2er-BüDStb), (2 Lm, 1 2er-BüDStb, 4 Lm, 1 2er-BüDStb, 2 Lm, 1 2er-BüDStb) in dies M, *5 Lm, 6 M ausl, 1 Stb in folg M, 5 Lm, 6 M ausl**, (1 2er-BüDStb, 2 Lm, 1 2er-BüDStb, 4 Lm, 1 2er-BüDStb, 2 Lm, 1 2er-BüDStb) in folg M; ab * fortl wh, letzte Wh bei ** beenden, Rd mit 1 Km in 1. DStb schließen – 16 2er-BüDStb, 4 Stb, 8 2-Lm-Bg, 4 4-Lm-Bg, 8 5-Lm-Bg.

8. Rd: 1 Km in folg 2-Lm-Bg, 1 Anf-Lm, *2 fM in 2-Lm-Bg, (3 fM, 2 Lm, 3 fM) in folg 4-Lm-Bg, 2 fM in folg 2-Lm-Bg, 5 fM in folg 5-Lm-Bg, 1 fM in folg M, 5 fM in folg 5-Lm-Bg; ab * fortl wh, Rd mit 1 Km in 1. fM schließen – 84 fM, 4 2-Lm-Bg. Fb B abm.

9. Rd: Mit 1 Km in beliebigem 2-Lm-Bg Fb B neu anm, 1 Anf-Lm, *1 fM in 2-Lm-Bg, 4 Lm, 7x (1 fM in folg M, 4 Lm, 2 M ausl); ab * fortl wh, Rd mit 1 Km in 1. fM schließen – 32 fM, 32 4-Lm-Bg. Fb B abm.

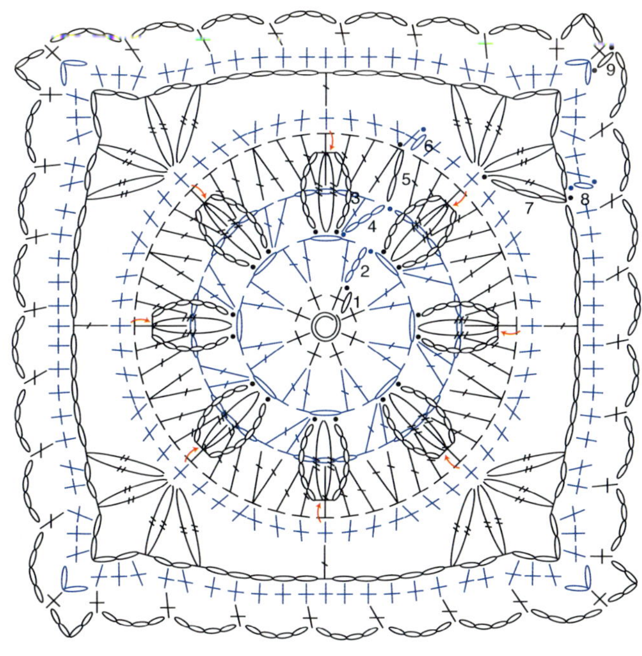

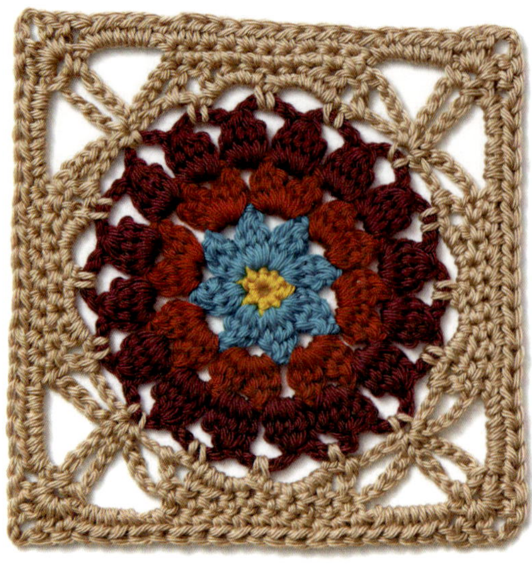

FERTIGE GRÖSSE
13,5 cm Breite vor dem Spannen

HÄKELNADEL
4,0 mm

MASCHENPROBE
1.–3. Runde = 7,5 cm Breite

FARBEN
(A) 3747 Gold
(B) 3735 Jade
(C) 3823 Tomato
(D) 3704 Syrah
(E) 3717 Sand

Anmerkungen

- 1 Anf-Lm zählt nie als Masche.
- Mit einem Farbwechsel in jeder Rd der »Blume« wird das Motiv bunter; mit nur einer Farbe werden die Blütenblätter betont.

In Fb A einen Fadenring legen.

1. Rd: 1 Anf-Lm, 8 fM in den Ring, Rd mit 1 Km in 1. fM schließen – 8 fM. Fb A abm.

2. Rd: Mit 1 Km in beliebiger M Fb B anm, 3 Anf-Lm, 1 2erBüStb in dies M (zählt stets als 1 3er-BüStb), 3 Lm, (1 3er-BüStb, 3 Lm) fortl in jede M, Rd mit 1 Km in 1. 2er-BüStb schließen – 8 3er-BüStb, 8 3-Lm-Bg. Fb B abm.

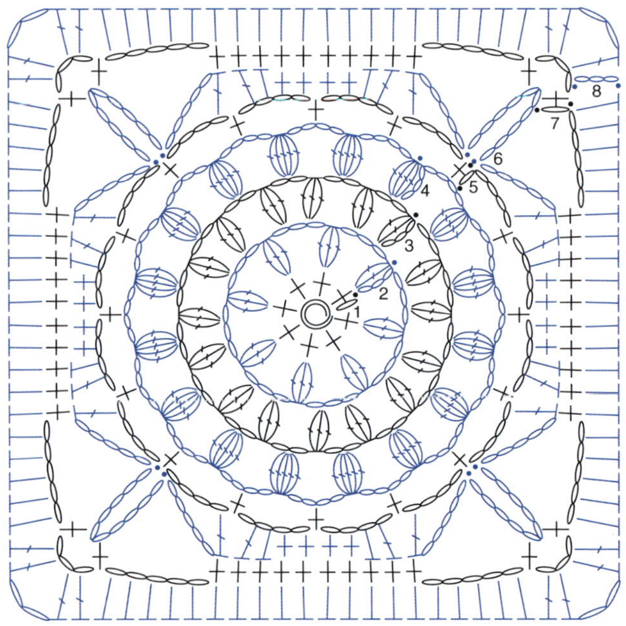

3. Rd: Mit 1 Km in beliebigem 3-Lm-Bg Fb C anm, 3 Anf-Lm, (1 2er-BüStb, 2 Lm, 1 3er-BüStb) in dens Lm-Bg, 2 Lm, (1 3er-BüStb, 2 Lm, 1 3er-BüStb, 2 Lm) fortl in jeden 3-Lm-Bg, Rd mit 1 Km in 1. 2er-BüStb schließen – 16 3er-BüStb, 16 2-Lm-Bg. Fb C abm.

4. Rd: Mit 1 Km in beliebigem 2-Lm-Bg Fb D anm, 3 Anf-Lm, 1 4er-BüStb in dens Lm-Bg (zählt als 1 5er-BüStb), 4 Lm, (1 5er-BüStb, 4 Lm) fortl in jeden 2-Lm-Bg, Rd mit 1 Km in 1. 4er-BüStb schließen – 16 5er-BüStb, 16 4-Lm-Bg. Fb D abm.

5. Rd: Mit 1 Km in beliebigem 4-Lm-Bg Fb E anm, 1 Anf-Lm, (1 fM, 4 Lm) fortl in jeden 4-Lm-Bg, Rd mit 1 Km in 1. fM schließen – 16 fM, 16 4-Lm-Bg.

6. Rd: *10 Lm, 1 Km in dies M, 5 Lm, 1 Stb in folg 4-Lm-Bg, (1 Stb, 1 hStb, 2 fM) in folg 4-Lm-Bg, (2 fM, 1 hStb, 1 Stb) in folg 4-Lm-Bg, 1 Stb in folg 4-Lm-Bg, 5 Lm, 1 Km in folg fM; ab * fortl wh, mit letzter Km in 1. M der 5. Rd die Rd schließen – 4 10-Lm-Bg, 8 5-Lm-Bg, 16 Stb, 8 hStb, 16 fM, 8 Km. Fb E abm.

7. Rd: Mit 1 Km in beliebigem 10-Lm-Bg Fb E neu anm, 1 Anf-Lm, *(1 fM, 3 Lm, 1 fM) in 10-Lm-Bg, 5 Lm, folg 5-Lm-Bg ausl, je 1 fM in folg 10 M, 5 Lm, folg 5-Lm-Bg ausl; ab * fortl wh, Rd mit 1 Km in 1. fM schließen – 48 fM, 4 3-Lm-Bg, 8 5-Lm-Bg.

8. Rd: 1 Km in folg 3-Lm-Bg, 3 Anf-Lm (zählen als 1 Stb), (1 Stb, 2 Lm, 2 Stb) in dens Lm-Bg, *5 hStb in folg 5-Lm-Bg, je 1 hStb in folg 10 M, 5 hStb in folg 5-Lm-Bg**, (2 Stb, 2 Lm, 2 Stb) in folg 3-Lm-Bg; ab * fortl wh, letzte Wh bei ** beenden, Rd mit 1 Km in oberste Anf-Lm schließen – 16 Stb, 4 2-Lm-Bg, 80 hStb. Fb E abm.

Alternative Farbfolge für Motiv 60 ▶
(A) 3755 Lipstick Red (1. Rd)
(B) 3767 Deep Coral (2.–4. Rd)
(C) 3719 Buff (5.–8. Rd)

FERTIGE GRÖSSE
10 cm Breite vor dem Spannen

HÄKELNADEL
4,0 mm

MASCHENPROBE
1.–3. Runde = 6,5 cm Breite

FARBEN
(A) 3776 Pink Rose
(B) 3718 Natural

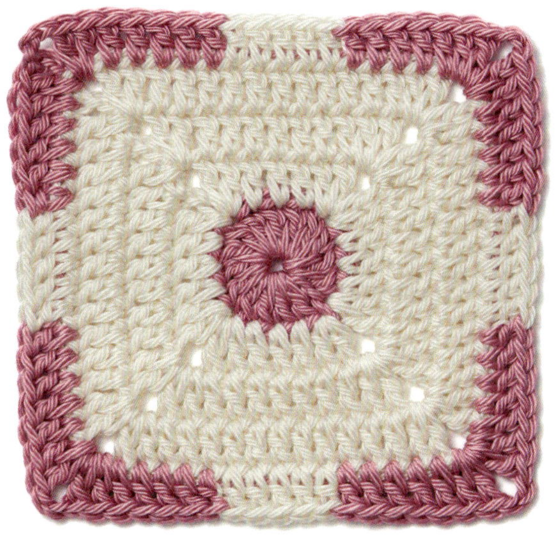

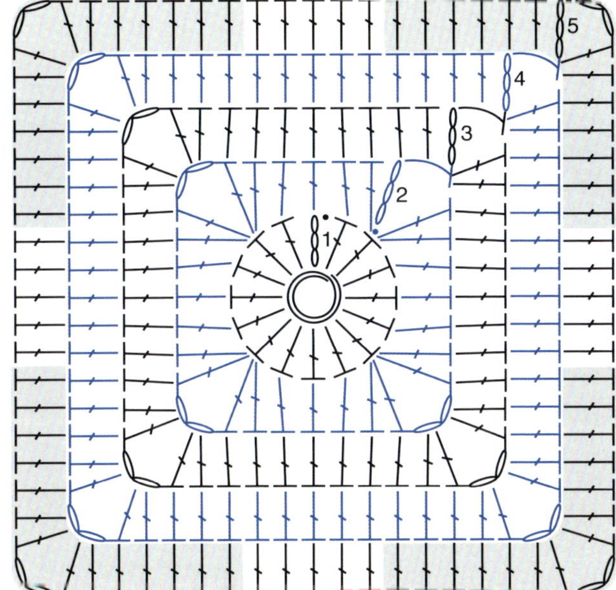

Anmerkung

- Die 2.–4. Rd schließen mit 1 hStb (zählt stets als 2-Lm-Bg). So liegt die Nadel besser für den Anf der folg Rd.

In Fb A einen Fadenring legen.

1. Rd: 3 Anf-Lm (zählen stets als 1 Stb), 15 Stb in den Ring, Rd mit 1 Km in oberste Anf-Lm schließen – 16 Stb. Fb A abm.

2. Rd: Mit 1 Km in beliebiger M Fb B anm, 3 Anf-Lm, 1 Stb in dies M, je 1 Stb in folg 3 M**, (2 Stb, 2 Lm, 2 Stb) in folg M; ab * fortl wh, letzte Wh bei ** beenden, 2 Stb in 1. Eck-Lm-Bg, Rd mit 1 hStb in oberste Anf-Lm schließen – 28 Stb, 4 2-Lm-Bg.

3. Rd: 3 Anf-Lm, 1 Stb in 1. Eck-Lm-Bg, *je 1 Stb in folg 7 M**, (2 Stb, 2 Lm, 2 Stb) in folg M; ab * fortl wh, letzte Wh bei ** beenden, 2 Stb in 1. Eck-Lm-Bg, Rd mit 1 hStb in oberste Anf-Lm schließen – 44 Stb, 4 2-Lm-Bg.

4. Rd: 3 Anf-Lm, 1 Stb in 1. Eck-Lm-Bg, *je 1 Stb in folg 11 M**, (2 Stb, 2 Lm, 2 Stb) in folg M; ab * fortl wh, letzte Wh bei ** beenden, 2 Stb in 1. Eck-Lm-Bg, Rd mit 1 hStb in oberste Anf-Lm schließen. Fb B ruhen lassen, Fb A anm – 60 Stb, 4 2-Lm-Bg.

5. Rd: In Fb A 3 Anf-Lm, über mitlfd Faden der Fb B 1 Stb in 1. Eck-Lm-Bg, *je 1 Stb in folg 5 M, Fb A ruhen lassen, Fb B aufn, über mitlfd Faden der Fb A je 1 Stb in folg 5 M, Fb B ruhen lassen, Fb A aufn, über mitlfd Faden der Fb B je 1 Stb in folg 5 M**, (2 Stb, 2 Lm, 2 Stb) in folg 2-Lm-Bg; ab * fortl wh, letzte Wh bei ** beenden, Rd mit 1 Km in oberste Anf-Lm schließen – 76 Stb, 4 2-Lm-Bg. Fb A und B beenden.

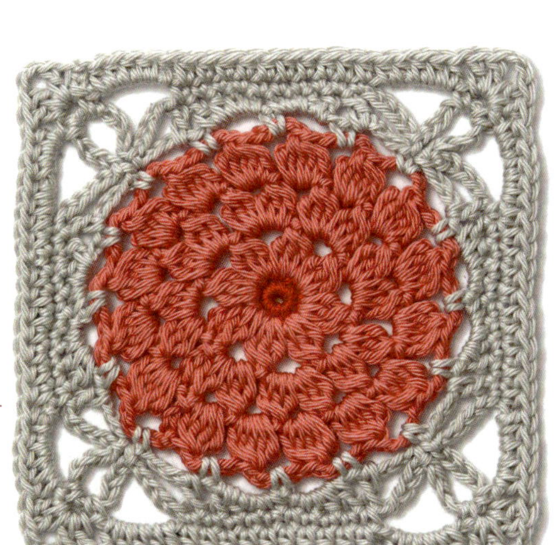

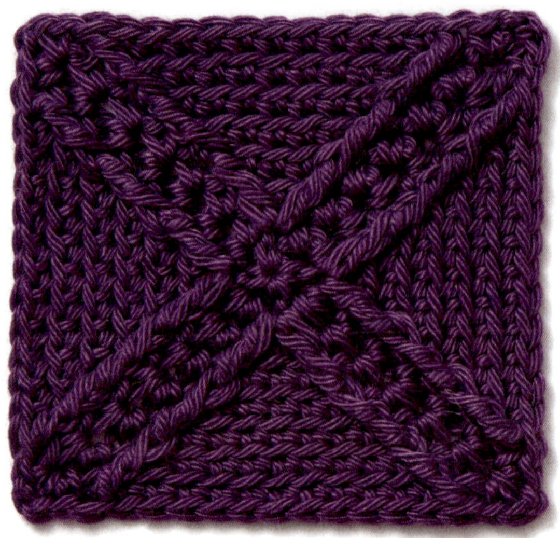

FERTIGE GRÖSSE
8,5 cm Breite vor dem Spannen

HÄKELNADEL
3,75 mm

MASCHENPROBE
1.–3. Rd = 3,8 cm Breite

FARBEN
(A) 3779 Pansy

Anmerkungen

- 1 Lm am Anf einer Rd zählt nie als M.
- Jede Rd schließt mit 1 hStb, das stets als 2-Lm-Bg zählt. So liegt die Nadel besser für den Anf der folg Rd.
- Alle Rd in das hMg arbeiten – außer an den Eck-Lm-Bg.
- In Uni entsteht ein Motiv mit dezenter Struktur. Farbwechsel in jeder 2. Rd hebt die Reliefmaschen hervor.

In Fb A einen Fadenring legen.

1. Rd: 1 Lm, 3x (1 fM, 2 Lm) in den Ring, 1 fM in den Ring, Rd mit 1 hStb (zählt als 2-Lm-Bg) in 1. fM schließen – 4 fM, 4 2-Lm-Bg.

2. Rd: 1 Lm, 1 fM in durch hStb gebild. Eck-Lm-Bg, *1 fM in folg M**, (1 fM, 2 Lm, 1 fM) in folg 2-Lm-Bg; ab * fortl wh, letzte Wh bei ** beenden, 1 fM in 1. Eck-Lm-Bg, Rd mit 1 hStb in 1. fM schließen – 12 fM, 4 2-Lm-Bg.

3. Rd: 1 Lm, 1 fM in durch hStb gebild. Eck-Lm-Bg, *je 1 fM in folg 3 M**, (1 fM, 2 Lm, 1 fM) in folg 2-Lm-Bg; ab * fortl wh, letzte Wh bei ** beenden, 1 fM in 1. Eck-Lm-Bg, Rd mit 1 hStb in 1. fM schließen – 20 fM, 4 2-Lm-Bg.

4. Rd: 1 Lm, 1 fM in durch hStb gebild. Eck-Lm-Bg, *1 DStb in vMg von folg fM der 1. Rd, folg M in lfd Rd ausl, je 1 fM in folg 3 M, 1 DStb in vMg ders. fM der 1. Rd, folg M in lfd Rd ausl**, (1 fM, 2 Lm, 1 fM) in folg 2-Lm-Bg; 1 fM in 1. Eck-Lm-Bg, Rd mit 1 hStb in 1. fM schließen – 20 fM, 8 DStb, 4 2-Lm-Bg.

5. Rd: 1 Lm, 1 fM in durch hStb gebild. Eck-Lm-Bg, *je 1 fM in folg 7 M**, (1 fM, 2 Lm, 1 fM) in folg 2-Lm-Bg; ab * fortl wh, letzte Wh bei ** beenden, 1 fM in 1. Eck-Lm-Bg, Rd mit 1 hStb in 1. fM schließen – 36 fM, 4 2-Lm-Bg.

6. Rd: 1 Lm, 1 fM in durch hStb gebild. Eck-Lm-Bg, *1 RDStbv um folg DStb der 4. Rd, folg M in lfd Rd ausl, je 1 fM in folg 7 M, 1 RDStbv um folg DStb der 4. Rd, folg M in lfd Rd ausl**, (1 fM, 2 Lm, 1 fM) in folg 2-Lm-Bg; ab * fortl wh, letzte Wh bei ** beenden, 1 fM in 1. Eck-Lm-Bg, Rd mit 1 hStb in 1. fM schließen – 36 fM, 8 RDStbv, 4 2-Lm-Bg.

7. Rd: 1 Lm, 1 fM in durch hStb gebild. Eck-Lm-Bg, *je 1 fM in folg 11 M**, (1 fM, 2 Lm, 1 fM) in folg 2-Lm-Bg; ab * fortl wh, letzte Wh bei ** beenden, 1 fM in 1. Eck-Lm-Bg, Rd mit 1 hStb in 1. fM schließen – 52 fM, 4 2-Lm-Bg.

8. Rd: 1 Lm, 1 fM in durch hStb gebild. Eck-Lm-Bg, *1 RDStbv um folg DStb der 6. Rd, folg M in lfd Rd ausl, je 1 fM in folg 11 M, 1 RDStbv um folg DStb der 6. Rd, folg M in lfd Rd ausl**, (1 fM, 2 Lm, 1 fM) in folg 2-Lm-Bg; ab * fortl wh, letzte Wh bei ** beenden, 1 fM in 1. Eck-Lm-Bg, Rd mit 1 hStb in 1. fM schließen – 52 fM, 8 RDStbv, 4 2-Lm-Bg. Fb A abm.

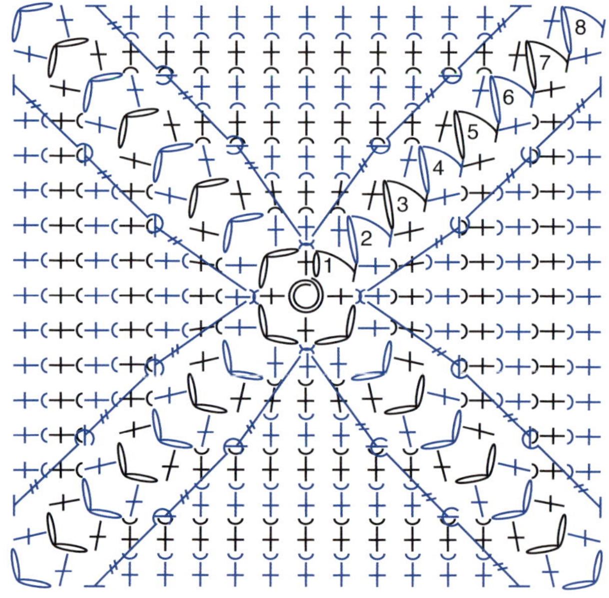

FERTIGE GRÖSSE
5 cm Breite vor dem Spannen

HÄKELNADEL
4,0 mm

MASCHENPROBE
1. Runde = 3,8 cm Breite

FARBEN
(A) 3800 Blueberry
(B) 3719 Buff

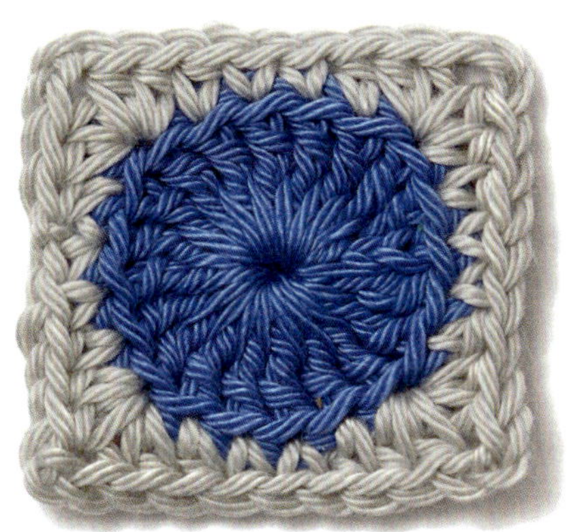

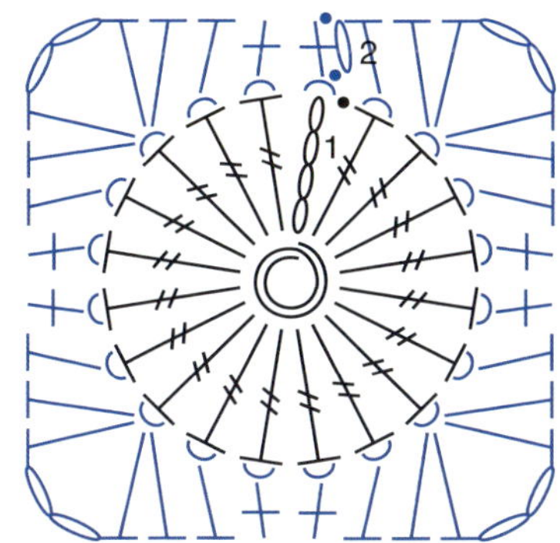

Anmerkungen

- Dieses hübsche kleine Motiv eignet sich perfekt zur Resteverwertung! Es kann auch als Füllmotiv zu den Motiven 96 und 97 verwendet werden.
- 1 Anf-Lm zählt nie als Masche.

In Fb A einen Fadenring legen.

1. Rd: 4 Anf-Lm (zählen als 1 DStb), 19 DStb in den Ring, Rd mit 1 Km in oberste Anf-Lm schließen – 20 DStb. Fb A abm.

2. Rd: Nur in hMg arb. Mit 1 Km in beliebiger M Fb B anm, 1 Anf-Lm, je 1 fM in erste 2 M, *1 hStb in folg M, (2 hStb, 2 Lm, 2 hStb) in folg M, 1 hStb in folg M**, je 1 fM in folg 2 M; ab * fortl wh, letzte Wh bei ** beenden, Rd mit 1 Km in 1. fM schließen – 8 fM, 24 hStb, 4 2-Lm-Bg. Fb B abm.

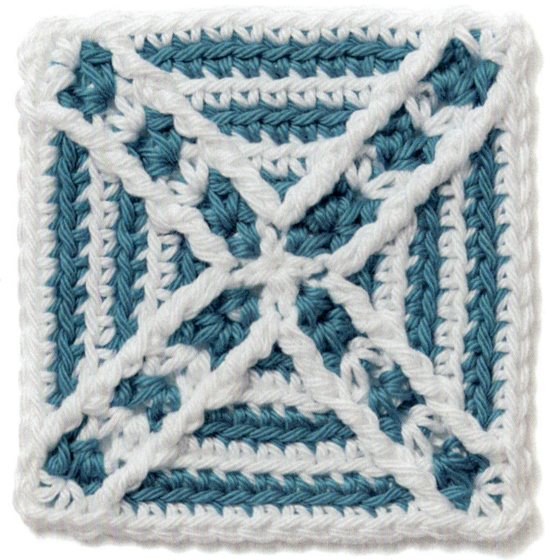

Alternative Farbfolge für Motiv 62
(A) 3728 White (1., 4., 6. und 8. Rd)
(B) 3735 Jade (2., 3., 5. und 7. Rd)

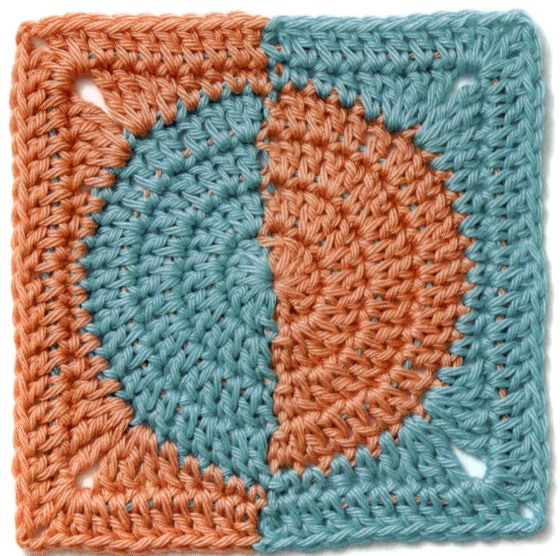

FERTIGE GRÖSSE
Fertige Größe 11,5 cm Breite vor dem Spannen

HÄKELNADEL
4,0 mm

MASCHENPROBE
1.–3. Runde = 5,5 cm Breite

FARBEN
(A) 3775 Cool Mint
(B) 3752 Coral

Anmerkungen

- Bei diesem Motiv wird in Tapestry-Technik gearbeitet. Bei einem Farbwechsel wird der letzte Schritt der vorigen M in der neuen Fb gehäkelt. Die nicht benutzte Fb wird entlang der laufenden Rd mitgeführt und umhäkelt. Die Zunahmen im Mittelkreis werden versetzt gearbeitet, damit das Motiv glatt liegt.
- 1 und 2 Anf-Lm zählen nicht als Masche(n).

In Fb A einen Fadenring legen.

1. Rd: 3 Anf-Lm (zählen als 1 Stb), 5 Stb in den Ring, Fb A ruhen lassen, Fb B anm, über mitlfd Faden der Fb A 6 Stb in den Ring, Fb B ruhen lassen, Fb A aufn, Rd mit 1 Km in oberste Anf-Lm schließen – 12 Stb.

2. Rd: In Fb A 2 Lm, über mitlfd Faden der Fb B 2 Stb in dies M wie die Verbindungs-Km der Vor-Rd, je 2 Stb in folg 5 M, Fb A ruhen lassen, Fb B aufn, über mitlfd Faden der Fb A je 2 Stb in folg 6 M, Fb B ruhen lassen, Fb A aufn, Rd mit 1 Km in 1. Stb schließen – 24 Stb.

3. Rd: In Fb A 2 Lm, über mitlfd Faden der Fb B 1 Stb in dies M wie die Verbindungs-Km der Vor-Rd, 5x (2 Stb in folg M, 1 Stb in folg M), 2 Stb in folg M, Fb A ruhen lassen, Fb B aufn, über mitlfd Faden der Fb A 6x (1 Stb in folg M, 2 Stb in folg M), Fb B ruhen lassen, Fb A aufn, Rd mit 1 Km in 1. Stb schließen – 36 Stb.

4. Rd: In Fb A 2 Lm, über mitlfd Faden der Fb B 2 Stb in dies M wie die Verbindungs-Km der Vor-Rd, 5x (je 1 Stb in folg 2 M, 2 Stb in folg M), je 1 Stb in folg 2 M, Fb A ruhen lassen, Fb B aufn, über mitlfd Faden der Fb A 6x (2 Stb in folg M, je 1 Stb in folg 2 M), Rd mit 1 Km in 1. Stb schließen – 48 Stb.

5. Rd: In Fb B 1 Anf-Lm, über mitlfd Faden der Fb A *1 fM in folg Stb, 1 fM in folg M, je 1 hStb in folg 2 M, 1 Stb in folg M, (1 Stb, 2 DStb) in folg M, 2 Lm, (2 DStb, 1 Stb) in folg M, 1 Stb in folg M, je 1 hStb in folg 2 M, je 1 fM in folg 4 M, je 1 hStb in folg 2 M, 1 Stb in folg M, (1 Stb, 2 DStb) in folg M, 2 Lm, (2 DStb, 1 Stb) in folg M, 1 Stb in folg M, je 1 hStb in folg 2 M, je 1 fM in folg 2 M*, Fb B ruhen lassen, Fb A aufn, über mitlfd Faden der Fb B 1x von * bis * wh; Fb A ruhen lassen, Fb B aufn, Rd mit 1 Km in 1. fM schließen – 16 fM, 16 hStb, 16 Stb, 16 DStb, 4 2-Lm-Bg.

6. Rd: In Fb B 2 Lm, über mitlfd Faden der Fb A *je 1 Stb in erste 8 M, (2 Stb, 2 Lm, 2 Stb) in folg 2-Lm-Bg, je 1 Stb in folg 16 M, (2 Stb, 2 Lm, 2 Stb) in folg 2-Lm-Bg, je 1 Stb in folg 8 M*, Fb B ruhen lassen, Fb A aufn, über mitlfd Faden der Fb B 1x von * bis * wh, Fb A ruhen lassen, Fb B aufn, Rd mit 1 Km in 1. Stb schließen – 80 Stb, 4 2-Lm-Bg. Fb A und B beenden.

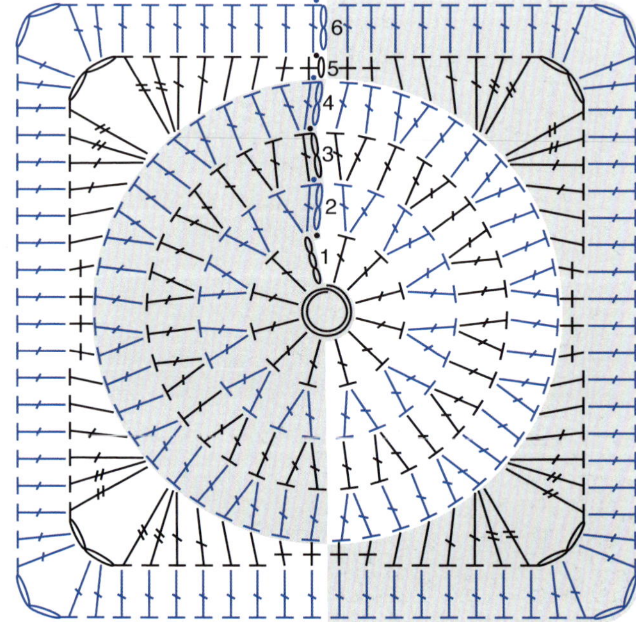

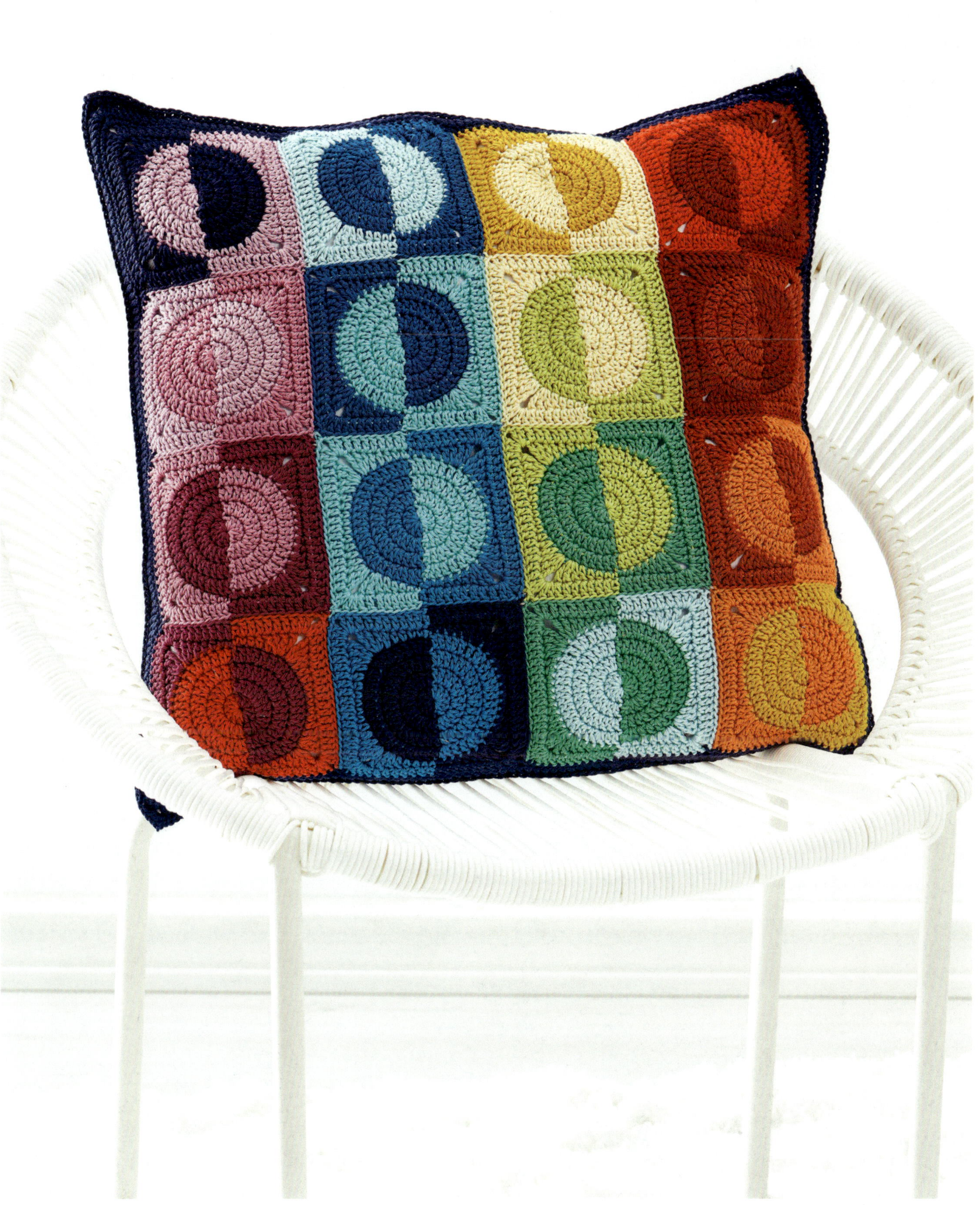

DIE MOTIVE: Sechsecke

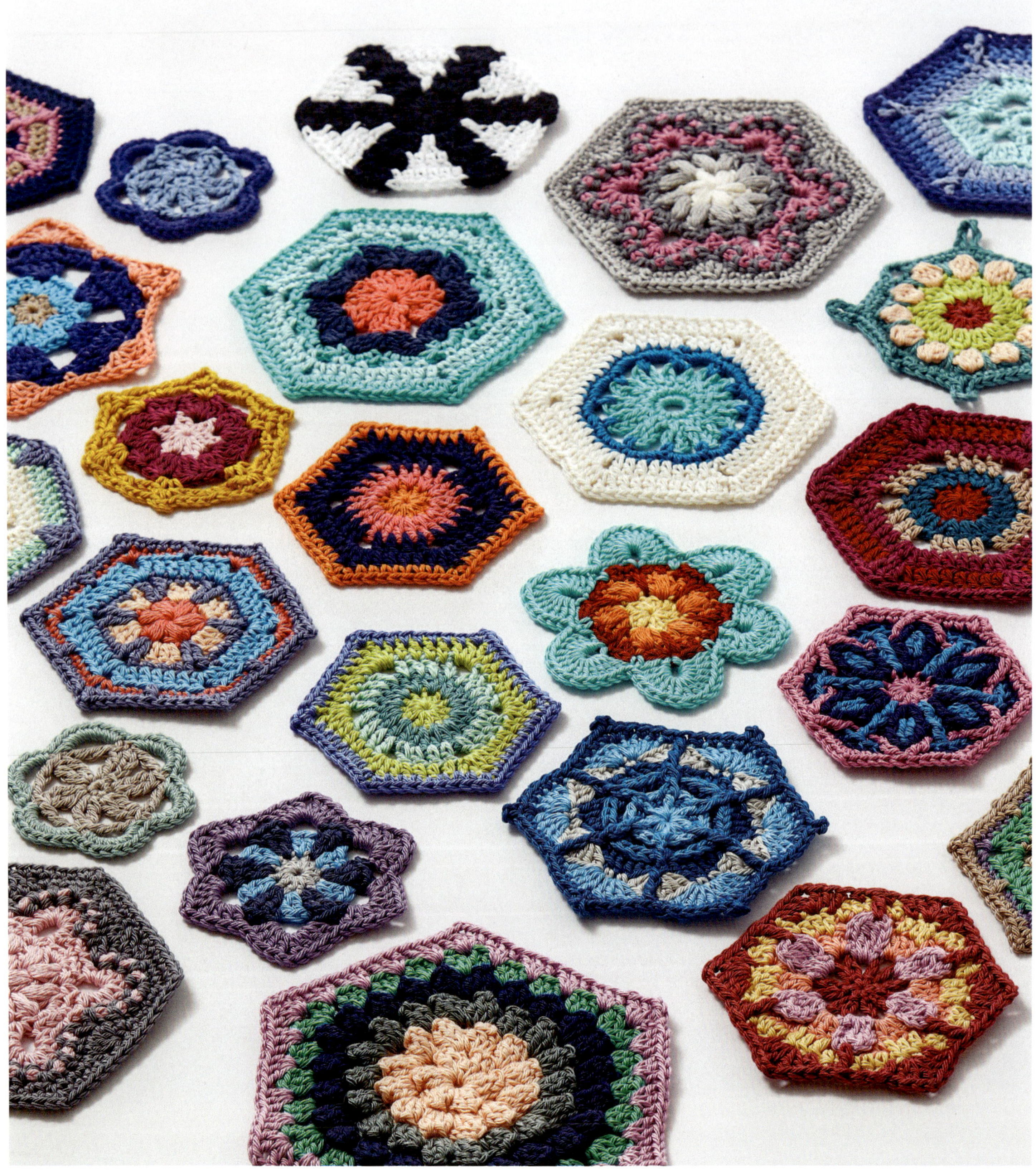

FERTIGE GRÖSSE
9,5 cm von Kante zu Kante vor dem Spannen

HÄKELNADEL
4,0 mm

MASCHENPROBE
1.–3. Runde = 7,5 cm von Kante zu Kante

FARBEN
(A) 3721 Ginseng
(B) 3793 Indigo Blue
(C) 3710 Orchid

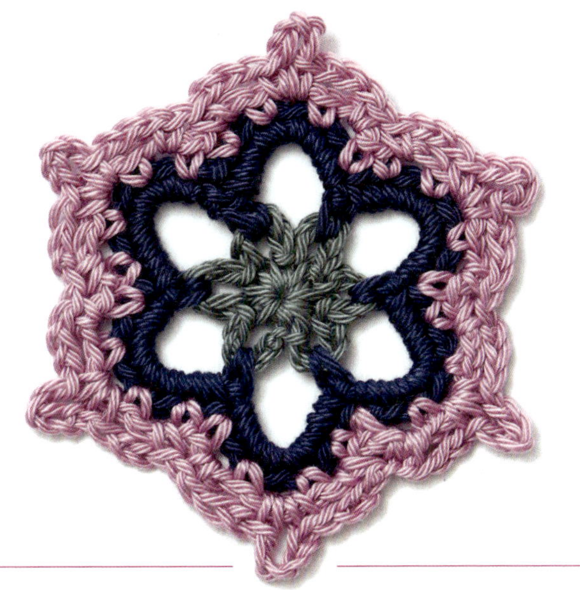

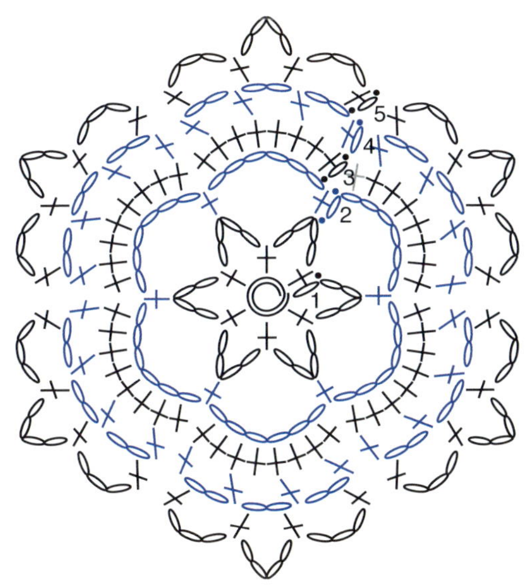

Anmerkungen

- Dieses filigrane Motiv wird nur aus den einfachsten M gehäkelt: Lm und fM.
- 1 Anf-Lm zählt nie als Masche.
- Sie können das Motiv auch aus nur 2 Fb arbeiten: eine Fb für die 1.–3. Rd, eine zweite Fb für die 4. und 5. Rd.

In Fb A einen Fadenring legen.

1. Rd: 1 Anf-Lm, 6x (1 fM, 4 Lm) in den Ring, Rd mit 1 Km in 1. fM schließen – 6 fM, 6 4-Lm-Bg. Fb A abm.

2. Rd: Mit 1 Km in beliebigem 4-Lm-Bg Fb B anm, 1 Anf-Lm, (1 fM, 6 Lm) fortl in jeden 4-Lm-Bg, Rd mit 1 Km in 1. fM schließen – 6 fM, 6 6-Lm-Bg.

3. Rd: 1 Km in folg 6-Lm-Bg, 1 Anf-Lm, 8 fM fortl in jeden 6-Lm-Bg, Rd mit 1 Km in 1. fM schließen – 48 fM. Fb B abm.

4. Rd: Mit 1 Km in dies M wie die Verbindungs-Km der Vor-Rd Fb C anm, 1 Anf-Lm, 1 fM in 1. M, *3x (2 Lm, 1 M ausl, 1 fM in folg M), 1 M ausl; ab * fortl wh, Rd mit 1 Km in 1. fM schließen – 24 fM, 18 2-Lm-Bg.

5. Rd: 1 Km in folg 2-Lm-Bg, 1 Anf-Lm, *1 fM in 2-Lm-Bg, 3 Lm, (1 fM, 4 Lm, 1 fM) in folg 2-Lm-Bg, 3 Lm, 1 fM in folg 2-Lm-Bg; ab * fortl wh, Rd mit 1 Km in 1. fM schließen – 24 fM, 6 4-Lm-Bg, 12 3-Lm-Bg. Fb C abm.

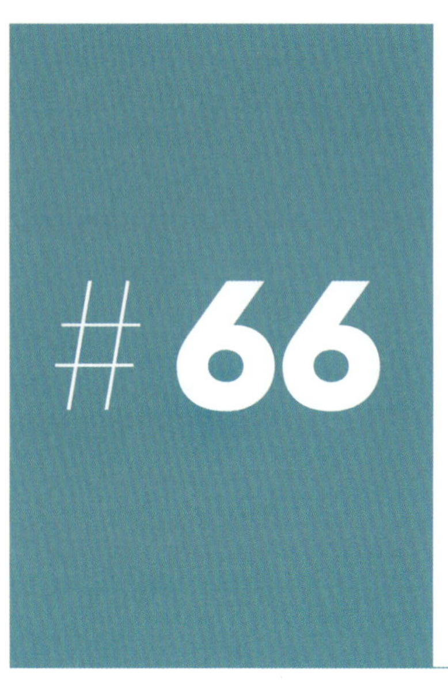

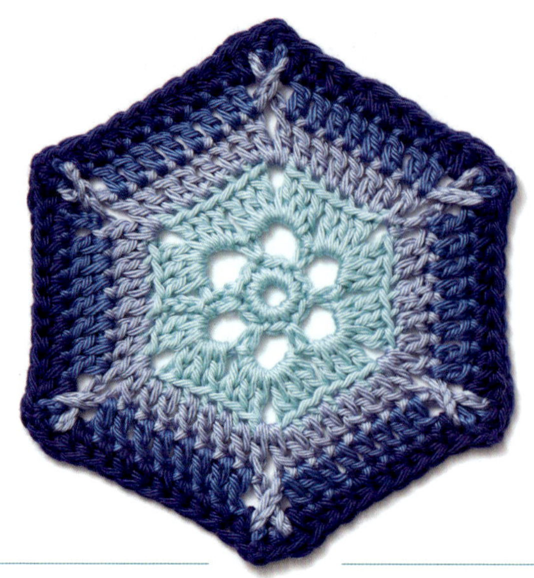

FERTIGE GRÖSSE
11,5 cm von Kante zu Kante
vor dem Spannen

HÄKELNADEL
4,0 mm

MASCHENPROBE
1.–3. Runde = 5,5 cm von
Kante zu Kante

FARBEN
(A) 3736 Ice
(B) 3727 Sky Blue
(C) 3800 Blueberry
(D) 3725 Cobalt

Anmerkungen

- Die Lm-Ketten der 4. und 5. Rd hängen lose, bis in der letzten Rd in sie gehäkelt wird. Wenn die Kette der 4. Runde durch die der 5. Rd gezogen wird, den 8-Lm-Bg einmal gegen den Uhrzeigersinn verdrehen, um einen Ring zu bilden. Dann mit der Häkelnadel die 6Lm-Kette durch den Ring ziehen.
- 1 Anf-Lm zählt nie als Masche.

In Fb A einen Fadenring legen.

1. Rd: 1 Anf-Lm, 12 fM in den Ring, Rd mit 1 Km in 1. fM schließen – 12 fM.

2. Rd: 1 Anf-Lm, 1 fM in 1. fM, *4 Lm, 1 M ausl**, 1 fM in folg M; ab * fortl wh, letzte Wh bei ** beenden, Rd mit 1 Km in 1. fM schließen – 6 fM, 6 4-Lm-Bg.

3. Rd: 1 Km in folg 4-Lm-Bg, 3 Anf-Lm (zählen stets als 1 Stb), (2 Stb, 2 Lm, 3 Stb) in dens 4-Lm-Bg, (3 Stb, 2 Lm, 3 Stb) fortl in jeden 4-Lm-Bg, Rd mit 1 Km in oberste Anf-Lm schließen – 36 Stb, 6 2-Lm-Bg Fb A abm.

4. Rd: Außer in den Lm-Bg diese Rd nur in hMg arb. Mit 1 Km in beliebigem 2-Lm-Bg Fb B anm, 11 Anf-Lm (zählen als 1 Stb, 8 Lm), 1 Stb in dens Lm-Bg, *je 1 Stb in folg 6 M**, (1 Stb, 8 Lm, 1 Stb) in folg 2-Lm-Bg; ab * fortl wh, letzte Wh bei ** beenden, Rd mit 1 Km in 3. Anf-Lm schließen – 48 Stb, 6 8-Lm-Bg. Fb B abm.

5. Rd: Mit 1 Km in 1. M links eines beliebigen 8-Lm-Bg Fb C anm, 3 Anf-Lm, je 1 Stb in folg 7 M, *6 Lm, folg 8-Lm-Bg ausl**, je 1 Stb in folg 8 M; ab * fortl wh, letzte Wh bei ** beenden, Rd mit 1 Km in oberste Anf-Lm schließen. Fb C abm. Die 8-Lm-Bg der 4. Rd verkreuzen und die 6-Lm-Bg der 5. Rd durch den so entstehenden Ring ziehen – 48 Stb, 6 6-Lm-Bg.

6. Rd: Mit 1 Km in dies M wie die Verbindungs-Km der Vor-Rd Fb D anm, 2 Anf-Lm (zählen als 1 hStb), je 1 hStb in folg 7 M, *1 Stb in folg 6-Lm-Bg der 5. Rd rechts des 8-Lm-Bg der 4. Rd, (1 fM, 1 Lm, 1 fM) in den durch den 8-Lm-Bg gezogenen Teil des 6-Lm-Bg, 1 Stb in dens 6-Lm-Bg links des 8-Lm-Bg, je 1 hStb in folg 8 M; ab * fortl wh, Rd mit 1 Km in oberste Anf-Lm schließen – 48 hStb, 12 fM, 6 1-Lm-Bg, 12 Stb. Fb D abm.

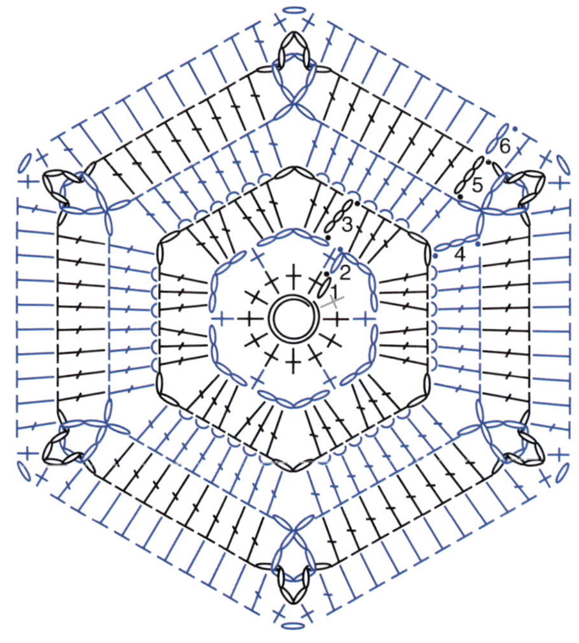

FERTIGE GRÖSSE
9,5 cm von Kante zu Kante vor dem Spannen

HÄKELNADEL
4,0 mm

MASCHENPROBE
1.–3. Runde = 5 cm von Kante zu Kante

FARBEN
(A) 3776 Pink Rose
(B) 3724 Armada
(C) 3717 Sand

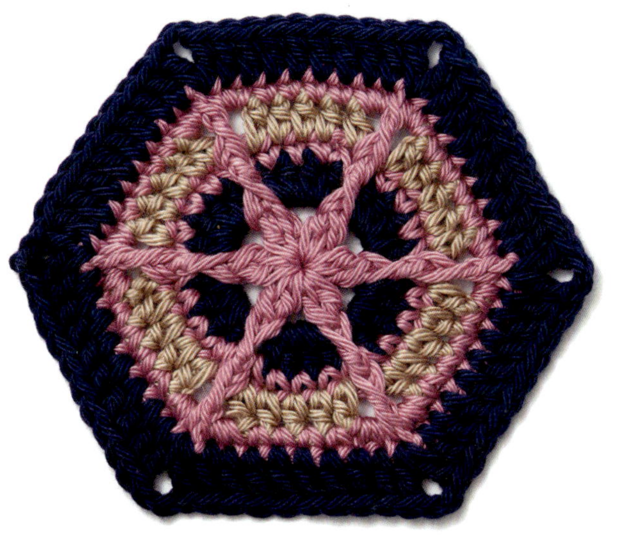

Anmerkungen

- 1 Anf-Lm zählt nie als Masche.
- Wenn statt 3 nur 2 Farben verwendet werden, kommen die Reliefmaschen noch deutlicher zur Geltung.

In Fb A einen Fadenring legen.

1. Rd: 2 Anf-Lm, 1 Stb in den Ring (zählt als 1 2er-BüStb), 2 Lm, 5x (1 2er-BüStb, 2 Lm) in den Ring, Rd mit 1 Km in 1. Stb schließen – 6 2er-BüStb, 6 2-Lm-Bg. Fb A abm.

2. Rd: Mit 1 Km in beliebigem 2-Lm-Bg Fb B anm, 2 Anf-Lm (zählen stets als 1 hStb), 3 hStb in dens Lm-Bg, 4 hStb fortl in jeden 2-Lm-Bg, Rd mit 1 Km in oberste Anf-Lm schließen – 24 hStb. Fb B abm.

3. Rd: Mit 1 Km in 2. hStb einer beliebigen 4-hStb-Gruppe Fb A anm, 1 Anf-Lm, 1 fM in 1. M, je 1 fM in folg 2 M, *(1 fM, über die M der 2. Rd hinweg 1 RStbv um folg 2er-BüStb der 1. Rd, 1 fM) zw. folg 2 hStb, 1 M ausl; ab * fortl wh, Rd mit 1 Km in 1. fM schließen – 30 fM, 6 RStbv. Fb A abm.

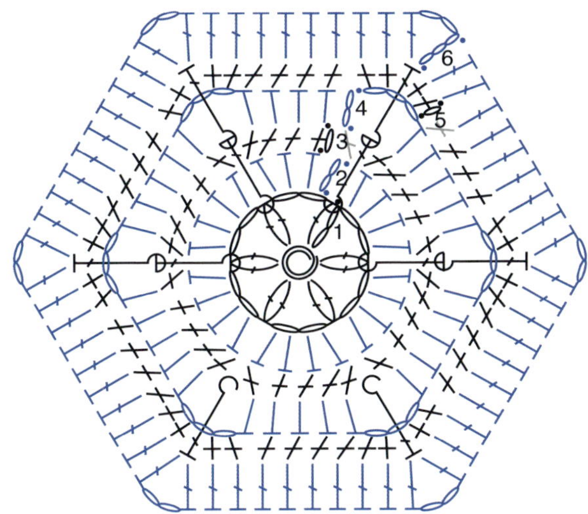

4. Rd: Mit 1 Km in 1. M rechts der Verbindungs-Km Fb C anm, 2 Anf-Lm, je 1 hStb in folg 4 M, *3 Lm, folg RStbv ausl**, je 1 hStb in folg 5 M; ab * fortl wh, letzte Wh bei ** beenden, Rd mit 1 Km in oberste Anf-Lm schließen – 30 hStb, 6 3-Lm-Bg. Fb C abm.

5. Rd: Mit 1 Km in beliebigem 3-Lm-Bg Fb A anm, 1 Anf-Lm, *(2 fM, über 3-Lm-Bg der 4. Rd hinweg 1 RStbv um folg RStbv der 3. Rd, 2 fM) in 3-Lm-Bg, 1 M ausl, je 1 fM in folg 4 M; ab * fortl wh, Rd mit 1 Km in 1. fM schließen – 48 fM, 6 RStbv. Fb A abm.

6. Rd: Mit 1 Km in beliebigem RStbv Fb B anm, 5 Anf-Lm (zählen als 1 Stb, 2 Lm), 1 Stb in dies M, *je 1 Stb in folg 8 M**, (1 Stb, 2 Lm, 1 Stb) in folg M; ab * fortl wh, letzte Wh bei ** beenden, Rd mit 1 Km in 3. Anf-Lm schließen – 60 Stb, 6 2-Lm-Bg. Fb B abm.

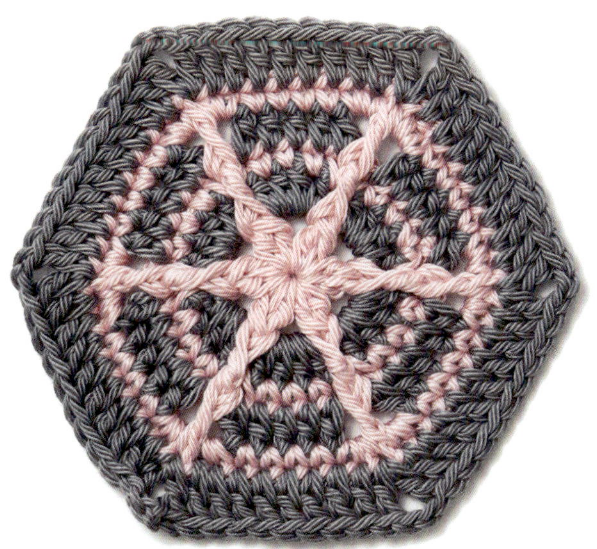

Alternative Farbfolge
(A) 3711 China Pink (1., 3. und 5. Rd)
(B) 3729 Grey (2., 4. und 6. Rd)

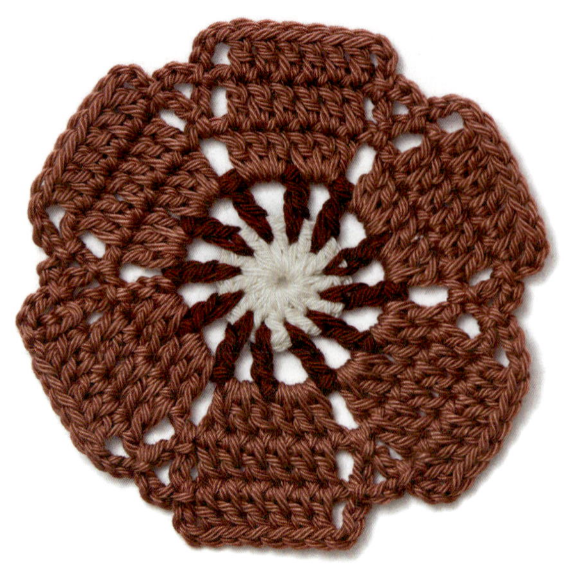

FERTIGE GRÖSSE
11,5 cm von Kante zu Kante vor dem Spannen

HÄKELNADEL
4,0 mm

MASCHENPROBE
1.–3. Runde = 7,5 cm von Kante zu Kante

FARBEN
(A) 3718 Natural
(B) 3714 Burgundy
(C) 3792 Brick

Anmerkungen

- In der Anleitung für das Dreiecktuch »Flower Power« (S. 134) lesen Sie, wie Sie dieses Motiv fortlaufend zusammenhäkeln können.

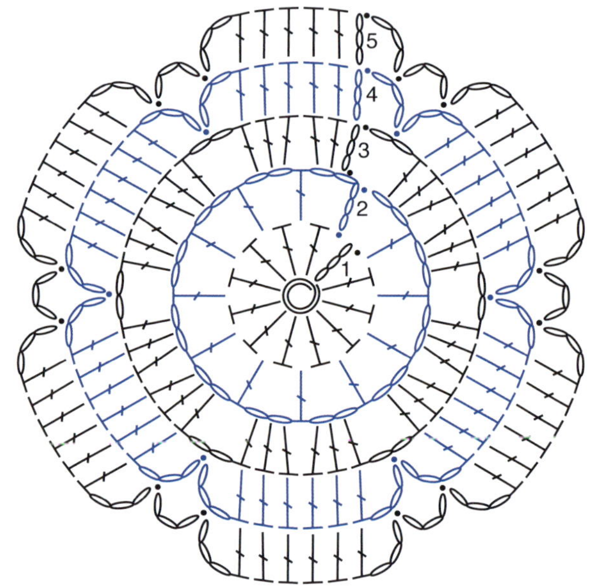

In Fb A einen Fadenring legen.

1. Rd: 3 Anf-Lm (zählen stets als 1 Stb), 11 Stb in den Ring, Rd mit 1 Km in oberste Anf-Lm schließen – 12 Stb. Fb A abm.

2. Rd: Mit 1 Km zw. beliebigen 2 M Fb B anm, 5 Anf-Lm (zählen als 1 Stb, 2 Lm), *1 Stb zw. folg 2 M, 2 Lm; ab * fortl wh, Rd mit 1 Km in 3. Anf-Lm schließen – 12 Stb, 12 2-Lm-Bg. Fb B abm.

3. Rd: Mit 1 Km in beliebigem 2-Lm-Bg Fb C anm, 3 Anf-Lm, 2 Stb in dens Lm-Bg, 3 Stb in folg 2-Lm-Bg, 2 Lm, *je 3 Stb in folg 2 2-Lm-Bg, 2 Lm; ab * fortl wh, Rd mit 1 Km in oberste Anf-Lm schließen – 36 Stb, 6 2-Lm-Bg.

4. Rd: 3 Anf-Lm, je 1 Stb in folg 5 M, *3 Lm, 1 Km in folg 2-Lm-Bg, 3 Lm**, je 1 Stb in folg 6 M; ab * fortl wh, letzte Wh bei ** beenden, Rd mit 1 Km in oberste Anf-Lm schließen – 36 Stb, 12 3-Lm-Bg, 6 Km.

5. Rd: 3 Anf-Lm, je 1 Stb in folg 5 M, *je (3 Lm, 1 Km) in folg 2 3-Lm-Bg, 3 Lm**, je 1 Stb in folg 6 M; ab * fortl wh, letzte Wh bei ** beenden, Rd mit 1 Km in oberste Anf-Lm schließen – 36 Stb, 18 3-Lm-Bg, 12 Km. Fb C abm.

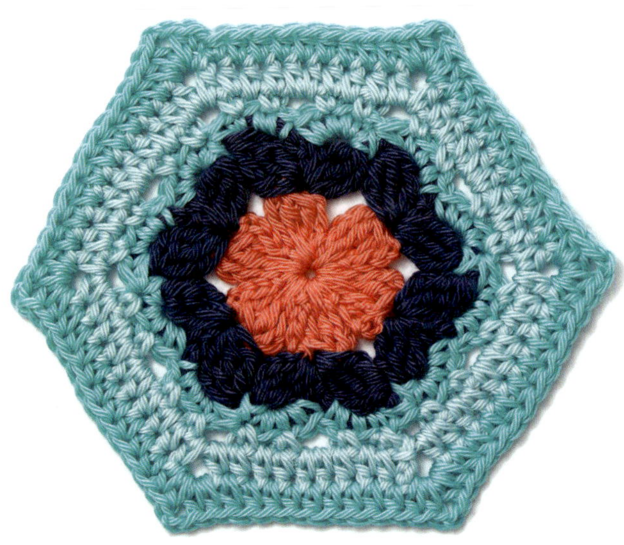

FERTIGE GRÖSSE
10 cm von Kante zu Kante vor dem Spannen

HÄKELNADEL
4,0 mm

MASCHENPROBE
1.–3. Runde = 7,5 cm von Kante zu Kante.

FARBEN
(A) 3753 White Peach
(B) 3752 Coral
(C) 3717 Sand
(D) 3711 China Pink

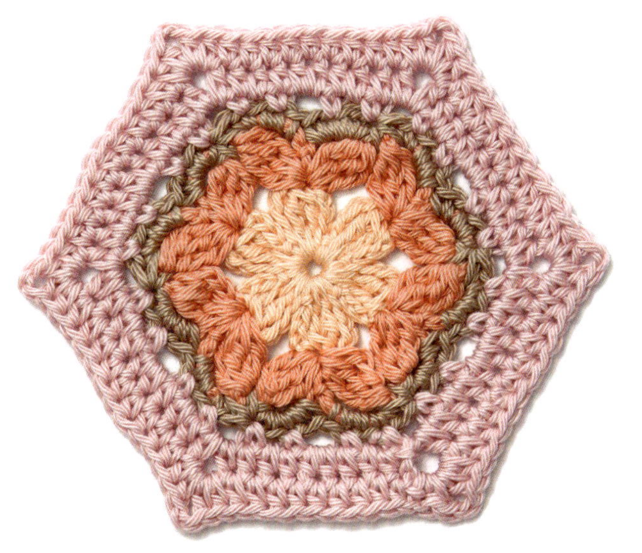

Anmerkungen

- 1 Anf-Lm zählt nie als Masche.
- Sie können die mittlere Blume durch eine Kontrastfarbe in der 3. Rd einrahmen. Auch mit einer Komplementärfarbe für die äußeren Rd entsteht eine harmonische Farbfolge.

In Fb A einen Fadenring legen.

1. Rd: 6x (4 Lm, 1 2er-BüDStb, 4 Lm, 1 Km) in den Ring, Rd mit 1 Km in die 1. der ersten 4 Lm schließen – 12 4-Lm-Bg, 6 2er-BüDStb, 6 Km. Fb A abm.

2. Rd: Mit 1 Km in beliebigem 2er-BüDStb Fb B anm, 4 Anf-Lm, 1 2er-BüDStb (zählt als 1 3er-BüDStb) in das 2er-BüDStb, (4 Lm, 1 Km, 4 Lm, 1 3er-BüDStb) in dasselbe 2er-BüDStb, (1 3er-BüDStb, 4 Lm, 1 Km, 4 Lm, 1 3er-BüDStb) fortl in jedes 2er-BüDStb, Rd mit 1 Km in 1. 2er-BüDStb schließen – 12 4-Lm-Bg, 12 3er-BüDStb, 6 Km. Fb B abm.

3. Rd: Mit 1 Km in 1. 4-Lm-Bg Fb C anm, 1 Anf-Lm, *4 fM in 4-Lm-Bg, 4 fM in folg 4-Lm-Bg, 2 RfMv zus über folg 2 3er-BüDStb; ab * fortl wh, Rd mit 1 Km in 1. fM schließen – 48 fM, 6 2RfMv-zus. Fb C abm.

4. Rd: Mit 1 Km in 1. fM rechts von beliebigen 2-RfMv-zus Fb D anm, 1 Lm, *1 fM in fM, 2 Lm, 1 M ausl, 1 fM in folg M, 1 Lm, 1 M ausl, 1 fM in folg M, 2 Lm, 2 M ausl, 1 fM in folg M, 1 Lm, 1 M ausl; ab * fortl wh, Rd mit 1 Km in 1. fM schließen – 24 fM, 12 2-Lm-Bg, 12 1-Lm-Bg.

5. Rd: 1 Km in folg 2-Lm-Bg, 4 Anf-Lm (zählen als 1 hStb, 2 Lm), 1 hStb in dens Lm-Bg, *1 hStb in folg M, 1 hStb in folg 1-Lm-Bg, 1 hStb in folg M, 2 hStb in folg 2-Lm-Bg, 1 hStb in folg M, 1 hStb in folg 1-Lm-Bg, 1 hStb in folg M**, (1 hStb, 2 Lm, 1 hStb) in folg 2-Lm-Bg; ab * fortl wh, letzte Wh bei ** beenden, Rd mit 1 Km in 2. Anf-Lm schließen – 60 hStb, 6 2-Lm-Bg.

6. Rd: 1 Km in folg 2-Lm-Bg, 2 Anf-Lm (zählen als 1 hStb), (1 hStb, 2 Lm, 2 hStb) in dens Lm-Bg, *1 M ausl, je 1 hStb in folg 9 M**, (2 hStb, 2 Lm, 2 hStb) in folg 2-Lm-Bg; ab * fortl wh, letzte Wh bei ** beenden, Rd mit 1 Km in oberste Anf-Lm schließen – 78 hStb, 6 2-Lm-Bg. Fb D abm.

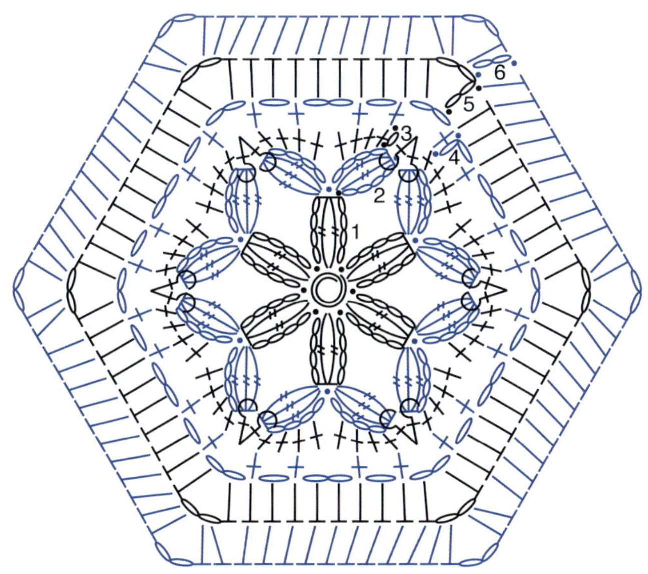

◀ ***Alternative Farbfolge für Motiv 69***
(A) 3767 Deep Coral (1. Rd)
(B) 3793 Indigo Blue (2. Rd)
(C) 3775 Cool Mint (3. und 6. Rd)
(D) 3736 Ice (4. und 5. Rd)

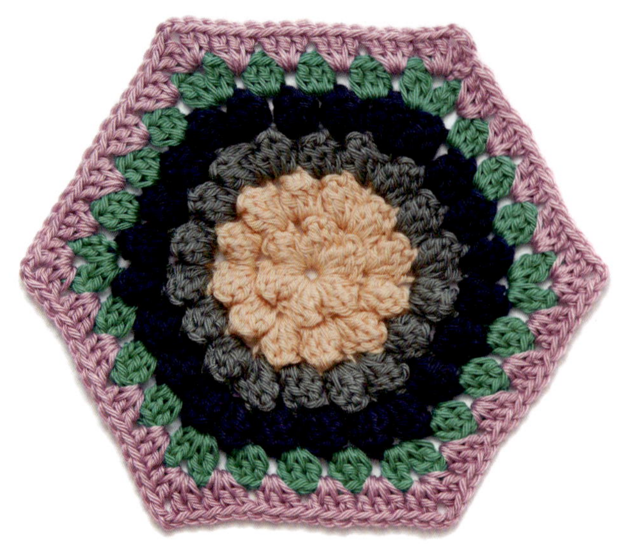

FERTIGE GRÖSSE
15 cm von Kante zu Kante vor dem Spannen

HÄKELNADEL
4,0 mm

MASCHENPROBE
1.–3. Runde = 8,5 cm von Kante zu Kante

FARBEN
(A) 3753 White Peach
(B) 3721 Ginseng
(C) 3724 Armada
(D) 3738 Spearmint
(E) 3710 Orchid

Anmerkung

- Spielen Sie mit der Farbfolge, um ganz unterschiedliche Effekte auszuprobieren. In einer Unifarbe kommt die Struktur des Motivs besser zur Geltung.

In Fb A einen Fadenring legen.

1. Rd: 1 Anf-PopcM in den Ring, 3 Lm, 5x (1 PopcM, 3 Lm) in den Ring, Rd mit 1 Km oben in Anf-PopcM schließen – 6 PopcM, 6 3-Lm-Bg.

2. Rd: 1 Km in folg 3-Lm-Bg, 1 Anf-PopcM in 3-Lm-Bg, 3 Lm, *1 PopcM in folg PopcM, 3 Lm**, 1 PopcM in folg 3-Lm-Bg, 3 Lm; ab * fortl wh, letzte Wh bei ** beenden, Rd mit 1 Km oben in Anf-PopcM schließen – 12 PopcM, 12 3-Lm-Bg. Fb A abm.

3. Rd: Mit 1 Km in 3-Lm-Bg nach der Verbindungs-Km Fb B anm, 1 Anf-PopcM in dens Lm-Bg, 3 Lm, *1 PopcM in folg PopcM, 3 Lm**, je (1 PopcM, 3 Lm) in folg 2 3-Lm-Bg; ab * fortl wh, letzte Wh bei ** beenden, 1 PopcM in folg 3-Lm-Bg, 3 Lm, Rd mit 1 Km oben in Anf-PopcM schließen – 18 PopcM, 18 3-Lm-Bg. Fb B abm.

4. Rd: Mit 1 Km in 3-Lm-Bg nach der Verbindungs-Km Fb C anm, 1 Anf-PopcM in dens Lm-Bg, 3 Lm, *1 PopcM in folg PopcM, 3 Lm**, je (1 PopcM, 3 Lm) in folg 3 3-Lm-Bg; ab * fortl wh, letzte Wh bei ** beenden, je (1 PopcM, 3 Lm) in folg 2 3-Lm-Bg, Rd mit 1 Km oben in Anf-PopcM schließen – 24 PopcM, 24 3-Lm-Bg. Fb C abm.

5. Rd: Mit 1 Km in 3-Lm-Bg nach der Verbindungs-Km Fb D anm, 3 Anf-Lm (zählen stets als 1 Stb), (1 Stb, 2 Lm, 2 Stb) in dens Lm-Bg, *je 3 Stb in folg 3 3-Lm-Bg**, (2 Stb, 2 Lm, 2 Stb) in folg 3-Lm-Bg; ab * fortl wh, letzte Wh bei ** beenden, Rd mit 1 Km in oberste Anf-Lm schließen – 78 Stb, 6 2-Lm-Bg. Fb D beenden.

6. Rd: Mit 1 Km in beliebigem 2-Lm-Bg Fb E anm, 3 Anf-Lm, (1 Stb, 2 Lm, 2 Stb) in dens Lm-Bg, 2 M ausl, *3x (3 Stb zw. folg 2 M, 3 M ausl), 3 Stb zw. folg 2 M, 2 M ausl**, (2 Stb, 2 Lm, 2 Stb) in 2-Lm-Bg; ab * fortl wh, letzte Wh bei ** beenden, Rd mit 1 Km in oberste Anf-Lm schließen – 96 Stb, 6 2-Lm-Bg. Fb E abm.

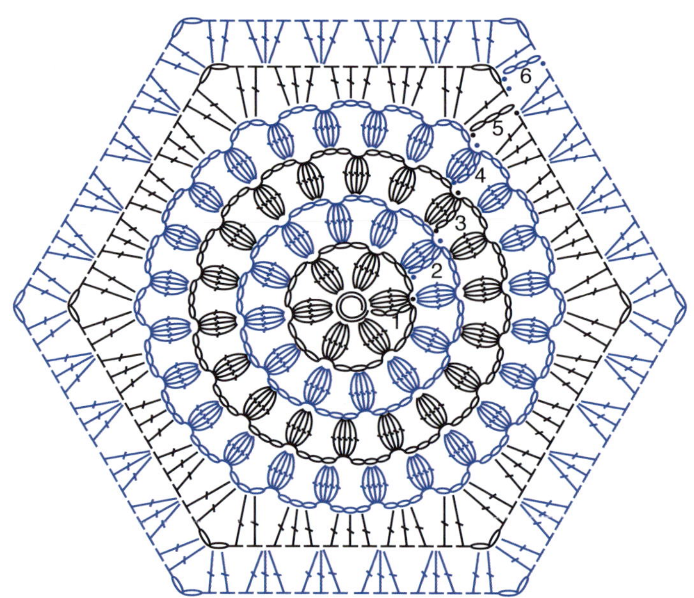

FERTIGE GRÖSSE
9,5 cm von Kante zu Kante vor dem Spannen

HÄKELNADEL
4,0 mm

MASCHENPROBE
1.–3. Runde = 7,5 cm von Kante zu Kante

FARBEN
(A) 3711 China Pink
(B) 3793 Indigo Blue

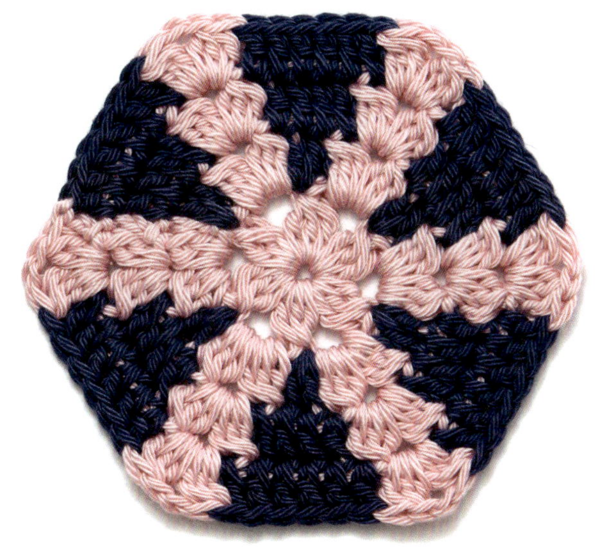

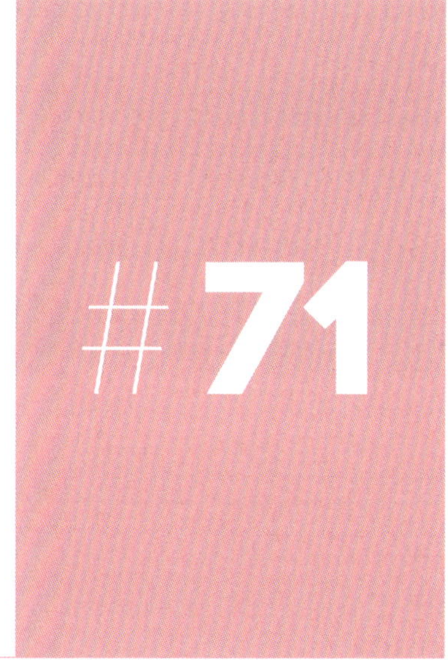

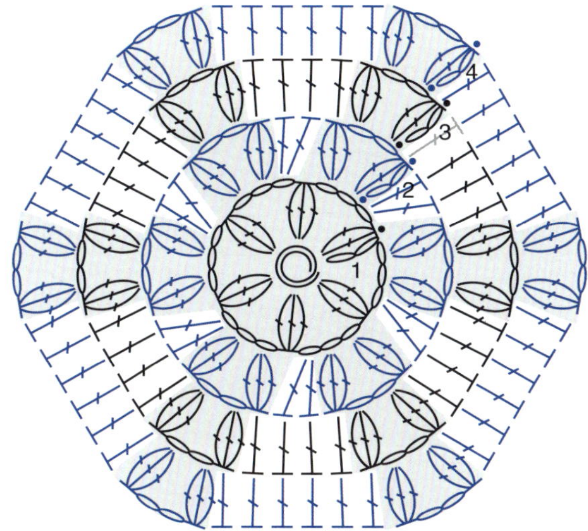

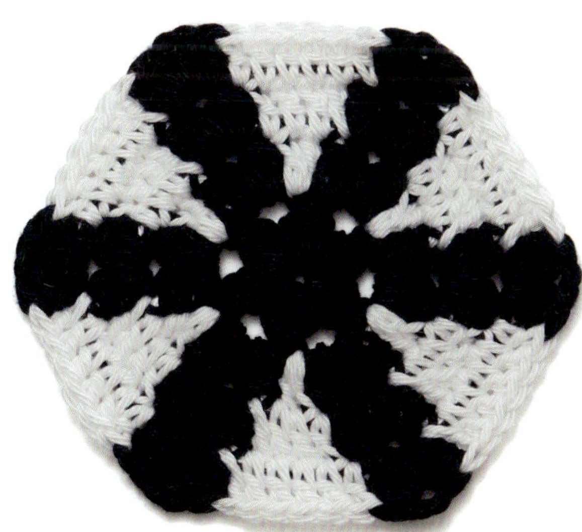

Alternative Farbfolge
(A) 3754 True Black
(B) 3728 White

Anmerkung

- Bei diesem Motiv wird in Tapestry-Technik gearbeitet. Nicht benutzte Farben werden mit dem Arbeitsfaden mitgeführt. Bei Farbwechseln den letzten Schritt der vorigen Masche in der 2. Fb arbeiten.

In Fb A einen Fadenring legen.

1. Rd: 2 Anf-Lm, 1 2er-BüStb in den Ring (zählt stets als 1 3er-BüStb), 3 Lm, 5x (1 3er-BüStb, 3 Lm) in den Ring, Rd mit 1 Km in 1. 2er-BüStb schließen – 6 3er-BüStb, 6 3-Lm-Bg.

2. Rd: 1 Km in folg 3-Lm-Bg, 2 Anf-Lm, (1 2er-BüStb, 2 Lm, 1 3er-BüStb) in dens Lm-Bg, *Fb A ruhen lassen, Fb B anm, über mitlfd Faden der Fb A 2 Stb in 1. Lm des folg 3-Lm-Bg, Fb B ruhen lassen, Fb A aufn**, über mitlfd Faden der Fb B (1 3er-BüStb, 2 Lm, 1 3er-BüStb) in folg 3-Lm-Bg; ab * fortl wh, letzte Wh bei ** beenden, Rd in Fb A mit 1 Km in 1. 2er-BüStb schließen – 12 3er-BüStb, 6 2-Lm-Bg, 12 Stb.

3. Rd: 1 Km in folg 2-Lm-Bg, 2 Anf-Lm, (1 2er-BüStb, 2 Lm, 1 3er-BüStb) in dens Lm-Bg, *Fb A ruhen lassen, Fb B anm, über mitlfd Faden der Fb A 1 Stb in folg 3er-BüStb, je 1 Stb in folg 2 Stb, 1 Stb in folg 3er-BüStb, Fb B ruhen lassen, Fb A aufn**, über mitlfd Faden der Fb B (1 3er-BüStb, 2 Lm, 1 3er-BüStb) in folg 2-Lm-Bg; ab * fortl wh, letzte Wh bei ** beenden, Rd in Fb A mit 1 Km in 1. 2er-BüStb schließen – 12 3er-BüStb, 6 2-Lm-Bg, 24 Stb.

4. Rd: 1 Km in folg 2-Lm-Bg, 2 Anf-Lm, (1 2er-BüStb, 2 Lm, 1 3er-BüStb) in dens Lm-Bg, *Fb A ruhen lassen, Fb B anm, über mitlfd Faden der Fb A 1 Stb in folg 3er-BüStb, je 1 Stb in folg 4 Stb, 1 Stb in folg 3er-BüStb, Fb B ruhen lassen, Fb A aufn**, über mitlfd Faden der Fb B (1 3er-BüStb, 2 Lm, 1 3er-BüStb) in folg 2-Lm-Bg; ab * fortl wh, letzte Wh bei ** beenden, Rd in Fb A mit 1 Km in 1. 2er-BüStb schließen – 12 3er-BüStb, 6 2-Lm-Bg, 36 Stb. Fb A und B beenden.

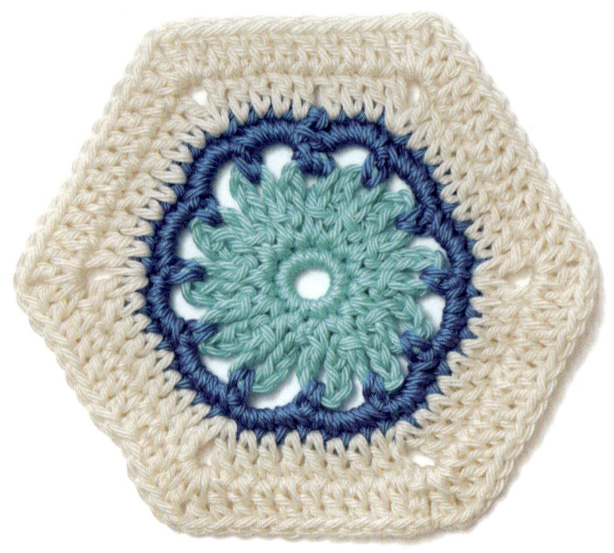

FERTIGE GRÖSSE
11,5 cm von Kante zu Kante vor dem Spannen

HÄKELNADEL
4,0 mm

MASCHENPROBE
1.–3. Runde = 6,5 cm von Kante zu Kante

FARBEN
(A) 3775 Cool Mint
(B) 3733 Turquoise
(C) 3718 Natural

Anmerkungen

- 1 Anf-Lm zählt nie als Masche.
- Wenn die ersten beiden Rd in verschiedenen Farben gearbeitet werden, erhält die »Blume« des Motivs einen kontrastfarbigen Mittelpunkt.

In Fb A einen Fadenring legen.

1. Rd: 1 Anf-Lm, 12 fM in den Ring, Rd mit 1 Km in 1. fM schließen – 12 fM.

2. Rd: 1 Anf-Lm, (1 fM, 6 Lm, 1 fM) fortl in jede M, Rd mit 1 Km in 1. fM schließen – 24 fM, 12 6-Lm-Bg. Fb A abm.

3. Rd: Mit 1 Km in beliebigem 6-Lm-Bg Fb B anm, 1 Anf-Lm, (1 fM, 3 Lm) fortl in jeden 6-Lm-Bg, Rd mit 1 Km in 1. fM schließen – 12 fM, 12 3-Lm-Bg.

4. Rd: 1 Km in folg 3-Lm-Bg, 1 Anf-Lm, 4 fM fortl in jeden 3-Lm-Bg, Rd mit 1 Km in 1. fM schließen – 48 fM. Fb B abm.

5. Rd: Mit 1 Km in 1. fM einer beliebigen 4fM-Gruppe Fb C anm, 5 Anf-Lm (zählen als 1 Stb, 2 Lm), 1 Stb in dies M, *je 1 Stb in folg 7 M**, (1 Stb, 2 Lm, 1 Stb) in folg M; ab * fortl wh, letzte Wh bei ** beenden, Rd mit 1 Km in 3. Anf-Lm schließen – 54 Stb, 6 2-Lm-Bg.

6. Rd: 1 Km in folg 2-Lm-Bg, 3 Anf-Lm (zählen als 1 Stb), (1 Stb, 1 Lm, 2 Stb) in dens Lm-Bg. *1 M ausl, je 1 Stb in folg 8 M**, (2 Stb, 1 Lm, 2 Stb) in folg 2-Lm-Bg; ab * fortl wh, letzte Wh bei ** beenden, Rd mit 1 Km in oberste Anf-Lm schließen – 72 Stb, 6 1-Lm-Bg. Fb C abm.

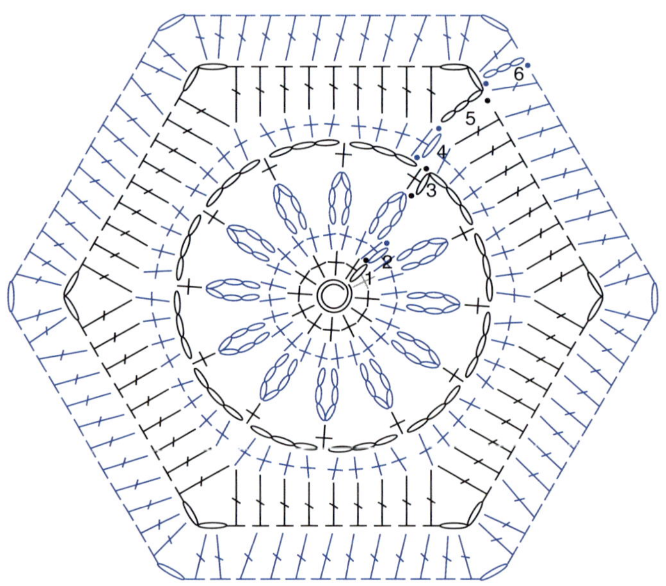

Alternative Farbfolge für Motiv 73 ▸
(A) 3746 Chartreuse (1. und 4. Rd)
(B) 3797 Dark Sea Foam (2. Rd)
(C) 3763 Water Lily (3. Rd)
(D) 3726 Periwinkle (5. Rd)

FERTIGE GRÖSSE
9 cm von Kante zu Kante vor dem Spannen

HÄKELNADEL
4,0 mm

MASCHENPROBE
1.–3. Runde = 6,5 cm von Kante zu Kante

FARBEN
(A) 3750 Tangerine
(B) 3802 Honeysuckle
(C) 3724 Armada

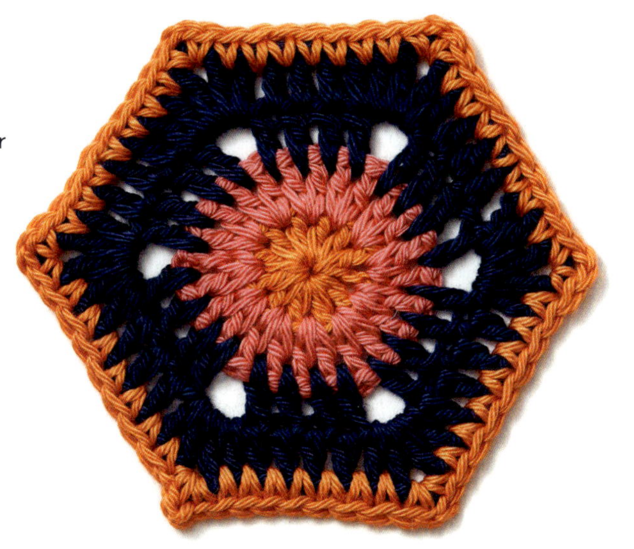

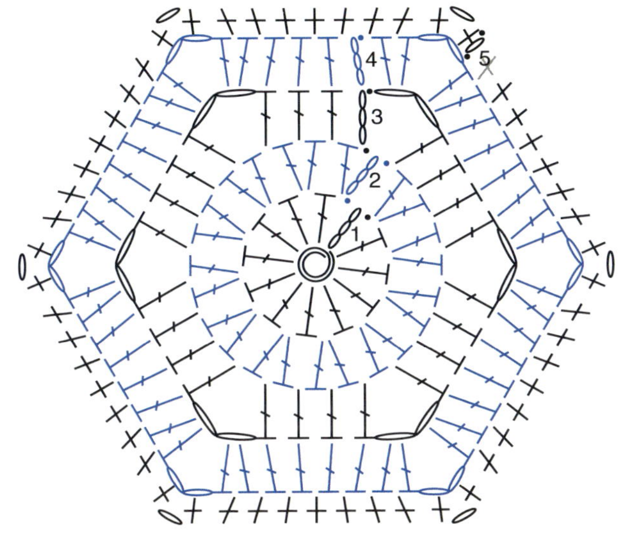

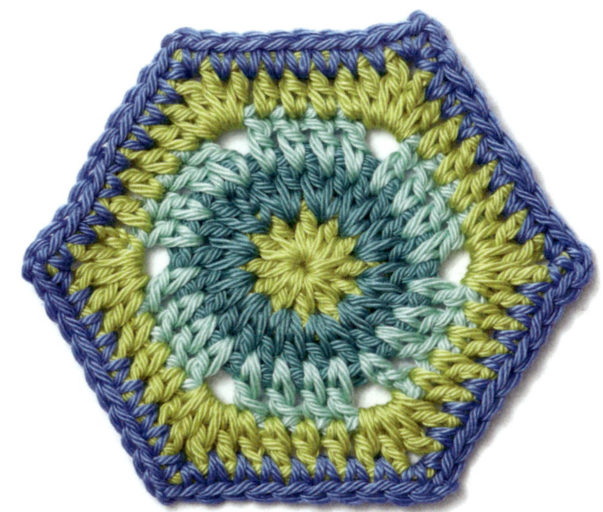

Anmerkungen

- Durch Variieren der Runden, in denen die Farbe gewechselt wird, kann der Kreis in der Mitte betont werden oder ein breiterer Rand entstehen.
- 1 Anf-Lm zählt nie als M.

In Fb A einen Fadenring legen.

1. Rd: 3 Anf-Lm (zählen stets als 1 Stb), 11 Stb in den Ring, Rd mit 1 Km in oberste Anf-Lm schließen – 12 Stb. Fb A abm.

2. Rd: Mit 1 Km zw. 2 beliebigen M Fb B anm, 3 Anf-Lm, 1 Stb in dens Lm-Bg, *2 Stb zw. folg 2 M; ab * fortl wh, Rd mit 1 Km in oberste Anf-Lm schließen – 24 Stb. Fb B abm.

3. Rd: Mit 1 Km zw. 2 beliebigen M Fb C anm, 3 Anf-Lm, 3x (1 Stb zw. folg 2 M), 2 Lm, *4x (1 Stb zw. folg 2 M), 2 Lm; ab * fortl wh, Rd mit 1 Km in oberste Anf-Lm schließen – 24 Stb, 6 2-Lm-Bg.

4. Rd: 3 Anf-Lm, je 1 Stb in folg 3 M, *(2 Stb, 2 Lm, 2 Stb) in folg 2-Lm-Bg**, je 1 Stb in folg 4 M; ab * fortl wh, letzte Wh bei ** beenden, Rd mit 1 Km in oberste Anf-Lm schließen – 48 Stb, 6 2-Lm-Bg. Fb C abm.

5. Rd: Mit 1 Km in beliebigem 2-Lm-Bg Fb A anm, 1 Anf-Lm, *(1 fM, 1 Lm, 1 fM) in 2-Lm-Bg, 7x (1 fM zw. folg 2 M); ab * fortl wh, Rd mit 1 Km in 1. fM schließen – 54 fM, 6 2-Lm-Bg. Fb A abm.

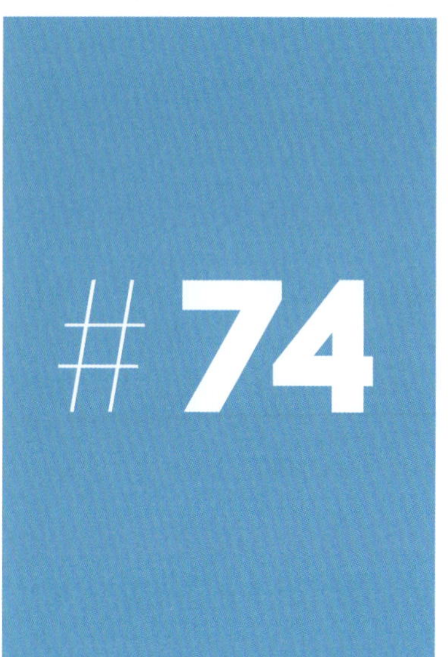

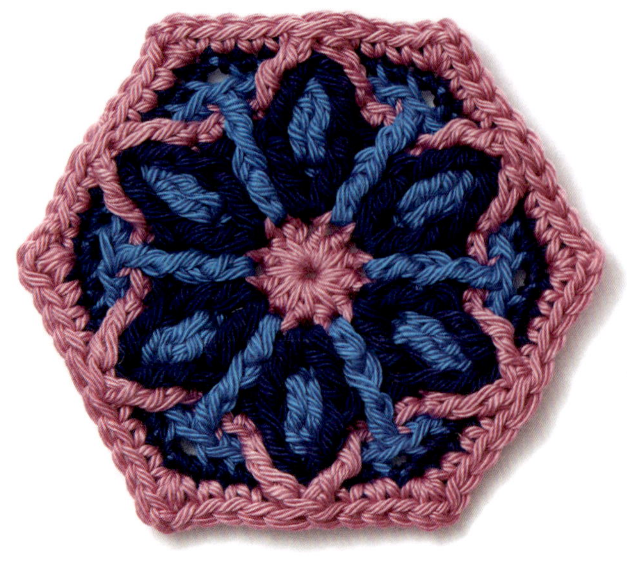

FERTIGE GRÖSSE
9 cm von Kante zu Kante vor dem Spannen

HÄKELNADEL
4,0 mm

MASCHENPROBE
1.–3. Runde = 4,5 cm von Kante zu Kante

FARBEN
(A) 3776 Pink Rose
(B) 3724 Armada
(C) 3733 Turquoise

Anmerkungen

- 1 Lm am Anf einer Rd zählt als M.
- Wenn nicht anders angegeben, werden alle Rd nur in hMg gearbeitet.
- Bei diesem Motiv werden einige M in Mehrlagen-Technik (Overlay-Technik) gehäkelt. Für die überlagerten M arbeitet man einige Rd in das hMg, dann werden zusätzliche M durch Häkeln in das vMg »darübergelegt«. Bei dieser Technik lässt man die Masche(n) der darunterliegenden Rd manchmal aus, manchmal nicht. Dies wird in der Anleitung angegeben. Wenn nicht anders vermerkt, wird jede Rd mit einer »unsichtbaren Verbindung« beendet (siehe Glossar).

In Fb A einen Fadenring legen.

1. Rd: 2 Anf-Lm (zählen als 1 hStb), 11 hStb in den Ring, unsichtbare Verbindung in 2. hStb – 12 hStb. Fb A abm.

2. Rd: Mit 1 Km in beliebiger M Fb B anm, 1 Anf-Lm (zählt stets als 1 fM), 1 fM in dies M, 2 fM fortl in jede M, unsichtbare Verbindung in 2. fM – 24 fM. Fb B abm.

3. Rd: Mit 1 Km in 1. fM einer beliebigen 2-fM-Gruppe Fb C anm, 1 Anf-Lm, *1 Stb in vMg des folg entsprechenden hStb der 1. Rd**, je 1 fM in folg 4 M; ab * fortl wh, letzte Wh bei ** beenden, je 1 fM in folg 3 M, unsichtbare Verbindung in 1. Stb – 24 fM, 6 Stb. Fb C abm.

4. Rd: Mit 1 Km in beliebigem Stb Fb B anm, 1 Anf-Lm, *1 fM in folg M, 1 DStb in vMg des folg entsprechenden hStb der 1. Rd, je 1 fM in folg 2 M, 1 DStb in vMg desselben hStb der 1. Rd, 1 M ausl**, 1 fM in folg M; ab * fortl wh, letzte Wh bei ** beenden, unsichtbare Verbindung in 2. fM – 24 fM, 12 DStb.

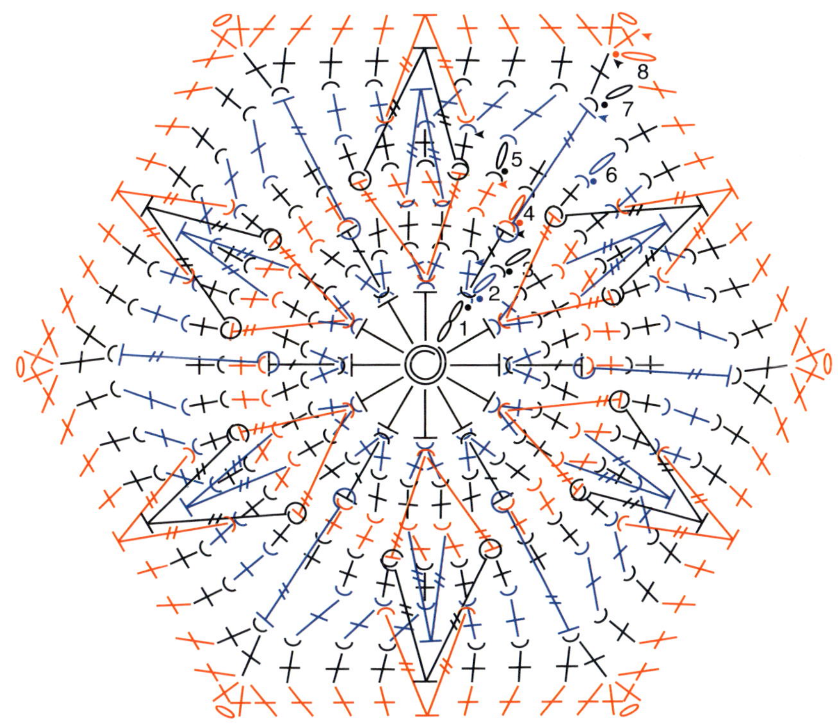

5. Rd: Mit 1 Km in beliebiger M Fb A anm, 1 Anf-Lm, 1 fM fortl in jede M, unsichtbare Verbindung in 2. fM – 36 fM. Fb A abm.

6. Rd: Mit 1 Km in beliebiger M der 5. Rd, die in den linken Schenkel eines 2DStb-»V« der 4. Rd gearb wurde, Fb C anm, 1 Anf-Lm, *1 RDStbv um folg entsprechendes Stb der 3. Rd, 1 M ausl, je 1 fM in folg 3 M, 2 DStb zus nur in vMg der folg 2 entsprechenden fM der 3. Rd, die zw. den Schenkeln des »V« der 4. Rd zu sehen sind**, je 1 fM in folg 2 M; ab * fortl wh, letzte Wh bei ** beenden, 1 fM in letzte M, unsichtbare Verbindung in 1. RDStbv – 6 RDStbv, 30 fM, 6 2-DStb-zus. Fb C abm.

7. Rd: Mit 1 Km in beliebigem RDStbv Fb B anm, 1 Anf-Lm, 1 fM in dies M, *je 1 fM in folg 3 M, 2 RDStbv zus um 2 DStb des folg »V« der 4. Rd, 1 M ausl, je 1 fM in folg 2M**, 2 fM in folg M; ab * fortl wh, letzte Wh bei ** beenden, unsichtbare Verbindung in 2. fM – 42 fM, 6 2-RDStbv-zus. Fb B abm.

8. Rd: In beide Maschenglieder arb. Mit 1 Km in 2. fM einer beliebigen 2-fM-Gruppe Fb A anm, 1 Anf-Lm, (1 fM, 1 Lm, 2 fM) in dies M, *je 1 fM in folg 3 M, 2 DStb zus nur in vMg der 2 tieferliegenden M der 5. Rd, die rechts und links der 2-RDStb-zus der 7. Rd zu sehen sind, 1 M ausl, je 1 fM in folg 3 M**, (2 fM, 1 Lm, 2 fM) in folg M; ab * fortl wh, letzte Wh bei ** beenden, unsichtbare Verbindung in 2. fM – 60 fM, 6 1-Lm-Bg, 6 2DStb-zus. Fb A abm.

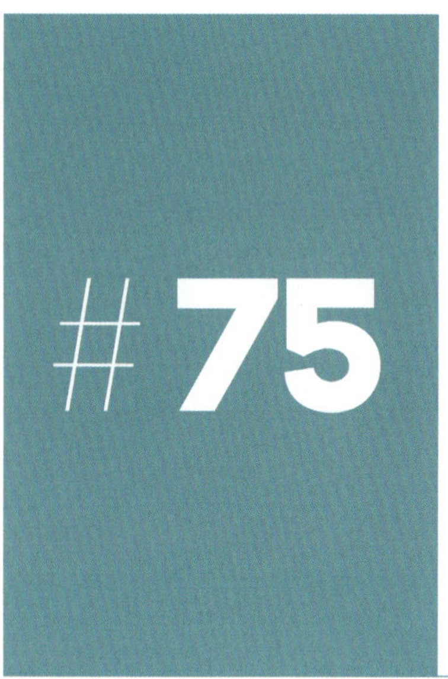

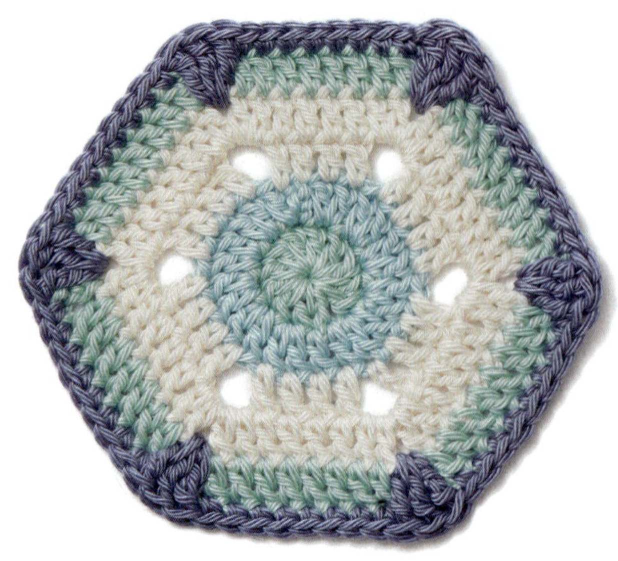

FERTIGE GRÖSSE
11 cm von Kante zu Kante vor dem Spannen

HÄKELNADEL
4,0 mm

MASCHENPROBE
1.–3. Runde = 5,5 cm von Kante zu Kante

FARBEN
(A) 3763 Water Lily
(B) 3736 Ice
(C) 3718 Natural
(D) 3805 Colony Blue

In Fb A einen Fadenring legen.

1. Rd: 3 Anf-Lm (zählen stets als 1 Stb), 11 Stb in den Ring, Rd mit 1 Km in oberste Anf-Lm schließen – 12 Stb. Fb A abm.

2. Rd: Mit 1 Km in beliebiger M Fb B anm, 3 Anf-Lm, 1 Stb in dies M, 2 Stb fortl in jede M, Rd mit 1 Km in oberste Anf-Lm schließen – 24 Stb. Fb B abm.

3. Rd: Mit 1 Km in beliebiger M Fb C anm, 3 Anf-Lm, je 1 Stb in folg 3 M, 3 Lm, *je 1 Stb in folg 4 M, 3 Lm; ab * fortl wh, Rd mit 1 Km in oberste Anf-Lm schließen – 24 Stb, 6 3-Lm-Bg.

4. Rd: 3 Anf-Lm, je 1 Stb in folg 3 M, *(2 Stb, 1 Lm, 2 Stb) in folg 3-Lm-Bg**, je 1 Stb in folg 4 M; ab * fortl wh, letzte Wh bei ** beenden, Rd mit 1 Km in oberste Anf-Lm schließen – 48 Stb, 6 1-Lm-Bg. Fb C abm.

5. Rd: Mit 1 Km in 1. Stb einer beliebigen 8-Stb-Gruppe Fb A anm, 3 Anf-Lm, je 1 Stb in folg 7 M, *2 Lm, folg 1-Lm-Bg ausl**, je 1 Stb in folg 8 M; ab * fortl wh, letzte Wh bei ** beenden, Rd mit 1 Km in oberste Anf-Lm schließen – 48 Stb, 6 2-Lm-Bg. Fb A abm.

6. Rd: Mit 1 Km in dies M wie die Verbindungs-Km der Vor-Rd Fb D anm, 1 Anf-Lm zählt nicht als M, *je 1 fM in folg 8 M, vor 2-Lm-Bg der 5. Rd 3 DStb in folg 1-Lm-Bg der 4. Rd; ab * fortl wh, Rd mit 1 Km in 1. fM schließen – 48 fM, 18 DStb. Fb D abm.

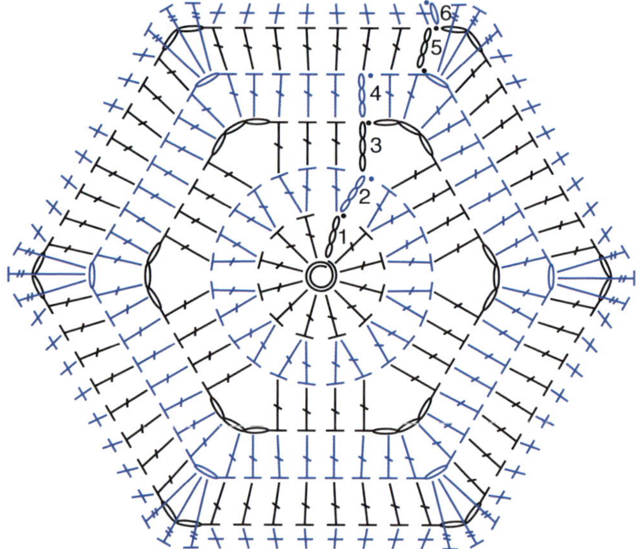

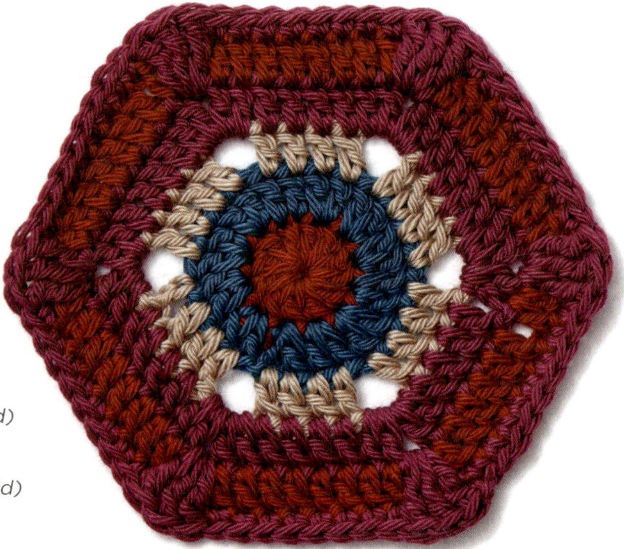

Alternative Farbfolge
(A) 3823 Tomato (1. und 5. Rd)
(B) 3734 Teal (2. Rd)
(C) 3717 Sand (3. Rd)
(D) 3703 Magenta (4. und 6. Rd)

FERTIGE GRÖSSE
12,5 cm von Spitze zu Spitze vor dem Spannen

HÄKELNADEL
4,0 mm

MASCHENPROBE
1.–3. Runde = 6,5 cm von Spitze zu Spitze

FARBEN
(A) 3717 Sand
(B) 3732 Aqua
(C) 3725 Cobalt
(D) 3752 Coral

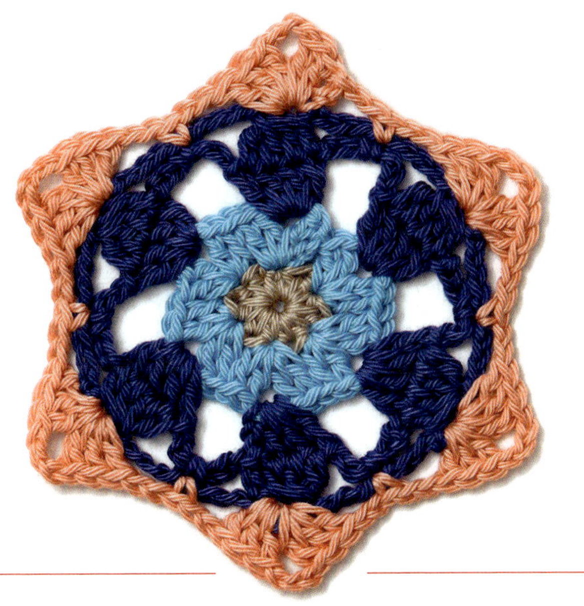

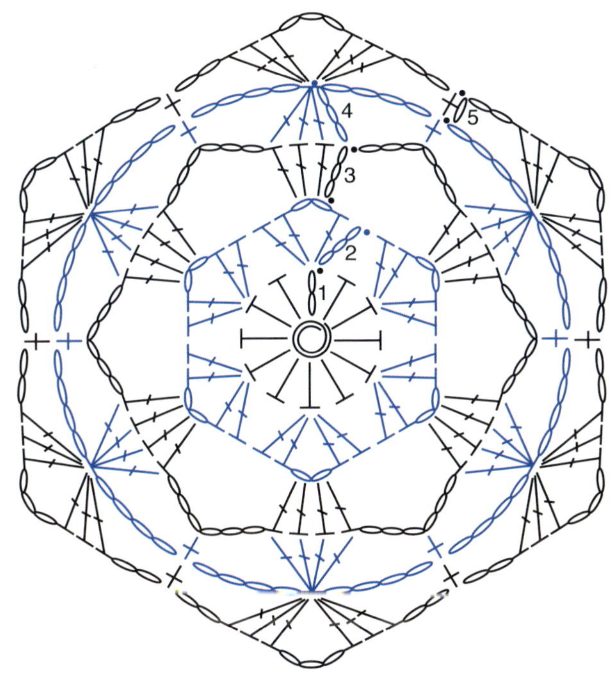

Anmerkungen

- Die 3-Lm-Bg in der letzten Rd können Sie zum fortlaufenden Zusammenhäkeln (Join-as-you-go-Methode, JAYG) verwenden.
- 1 Anf-Lm zählt nie als Masche.

In Fb A einen Fadenring legen.

1. Rd: 2 Anf-Lm (zählen als 1 hStb), 11 hStb in den Ring, Rd mit 1 Km in oberste Anf-Lm schließen – 12 hStb. Fb A abm.

2. Rd: Mit 1 Km in beliebiger M Fb B anm, 3 Anf-Lm (zählen stets als 1 Stb), (1 Stb, 2 Lm, 2 Stb) in dies M, 1 M ausl, *(2 Stb, 2 Lm, 2 Stb) in folg M, 1 M ausl; ab * fortl wh, Rd mit 1 Km in oberste Anf-Lm schließen – 24 Stb, 6 2-Lm-Bg. Fb B abm.

3. Rd: Mit 1 Km in beliebigem 2-Lm-Bg Fb C anm, 3 Anf-Lm, 3 Stb in dens Lm-Bg, 6 Lm, (4 Stb. 6 Lm) fortl in jeden 2-Lm-Bg, Rd mit 1 Km in oberste Anf-Lm schließen – 24 Stb, 6 6-Lm-Bg.

4. Rd: 3 Anf-Lm, 3 Stb zus über folg 3 Stb (zählt als 4 Stb zus), *4 Lm, 1 fM in folg 6-Lm-Bg, 4 Lm**, 4 Stb zus über folg 4 Stb; ab * fortl wh, letzte Wh bei ** beenden, Rd mit 1 Km in 1. 3-Stb-zus schließen – 6 4-Stb-zus, 12 4-Lm-Bg, 6 fM. Fb C abm.

5. Rd: Mit 1 Km in beliebiger fM Fb D anm, 1 Anf-Lm, 1 fM in 1. fM, *2 Lm, (3 Stb, 3 Lm, 3 Stb) in folg 4-Stb-zus, 2 Lm**, 1 fM in folg fM; ab * fortl wh, letzte Wh bei ** beenden, Rd mit 1 Km in 1. fM schließen – 6 fM, 12 2-Lm-Bg, 36 Stb, 6 3-Lm-Bg. Fb D abm.

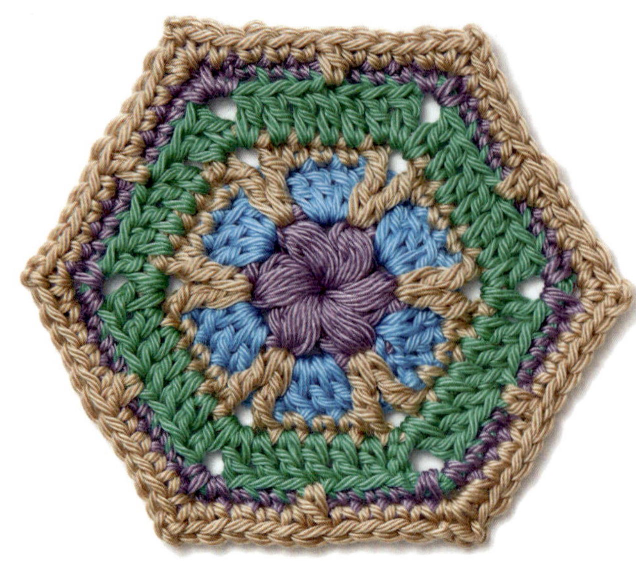

FERTIGE GRÖSSE
9,5 cm von Kante zu Kante vor dem Spannen

HÄKELNADEL
4,0 mm

MASCHENPROBE
1.–3. Runde = 5,5 cm von Kante zu Kante

FARBEN
(A) 3778 Lavender
(B) 3732 Aqua
(C) 3717 Sand
(D) 3738 Spearmint

Anmerkung

- 1 Anf-Lm zählt nie als Masche.

In Fb A einen Fadenring legen.

1. Rd: 1 Anf-PuffM in den Ring, 2 Lm, 5x (1 PuffM, 2 Lm) in den Ring, Rd mit 1 Km in Anf-PuffM schließen – 6 PuffM, 6 2-Lm-Bg. Fb A abm.

2. Rd: Mit 1 Km in beliebigem 2-Lm-Bg Fb B anm, 3 Anf-Lm (zählen als 1 Stb), 2 Stb in dens Lm-Bg, 2 Lm, (3 Stb, 2 Lm) fortl in jeden 2-Lm-Bg, Rd mit 1 Km in oberste Anf-Lm schließen – 18 Stb, 6 2-Lm-Bg. Fb B abm.

3. Rd: Mit 1 Km in dies M wie die Verbindungs-Km der Vor-Rd Fb C anm, 1 Anf-Lm, je 1 fM in erste 3 Stb, *vor 2-Lm-Bg der 2. Rd (1 DStb, 2 Lm, 1 DStb) in folg entsprechende PuffM der 1. Rd**, je 1 fM in folg 3 M; ab * fortl wh, letzte Wh bei ** beenden, Rd mit 1 Km in 1. fM schließen – 18 Stb, 12 DStb, 6 2-Lm-Bg. Fb A abm.

4. Rd: Mit 1 Km in beliebigem 2-Lm-Bg Fb D anm, 5 Anf-Lm (zählen als 1 Stb, 2 Lm), 1 Stb in dens Lm-Bg, *je 1 Stb in folg 5 M**, (1 Stb, 2 Lm, 1 Stb) in folg 2-Lm-Bg; ab * fortl wh, letzte Wh bei ** beenden, Rd mit 1 Km in 3. Anf-Lm schließen – 42 Stb, 6 2-Lm-Bg. Fb D abm.

5. Rd: Nur in hMg arb. Mit 1 Km in beliebigem 2-Lm-Bg Fb A anm, 1 Anf-Lm, *(1 fM, 2 Lm, 1 fM) in 2-Lm-Bg, je 1 fM in folg 7 M; ab * fortl wh, Rd mit 1 Km in 1. fM schließen – 54 fM, 6 2-Lm-Bg. Fb A abm.

6. Rd: Mit 1 Km in beliebigem 2-Lm-Bg Fb C anm, 1 Anf-Lm, *(1 fM, 2 Lm, 1 fM) in 2-Lm-Bg, je 1 fM in folg 4 M, vor 2-Lm-Bg der 5. Rd 1 Stb in vMg der folg M der 4. Rd, 1 M ausl, je 1 fM in folg 4 M; ab * fortl wh, Rd mit 1 Km in 1. fM schließen – 60 fM, 6 Stb, 6 2-Lm-Bg. Fb C abm.

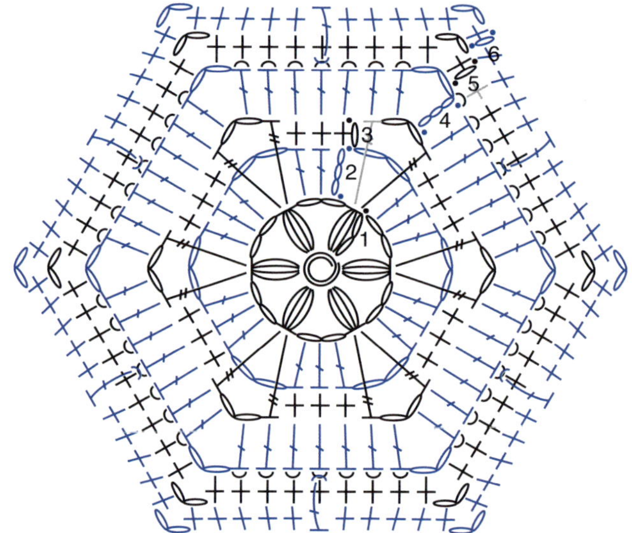

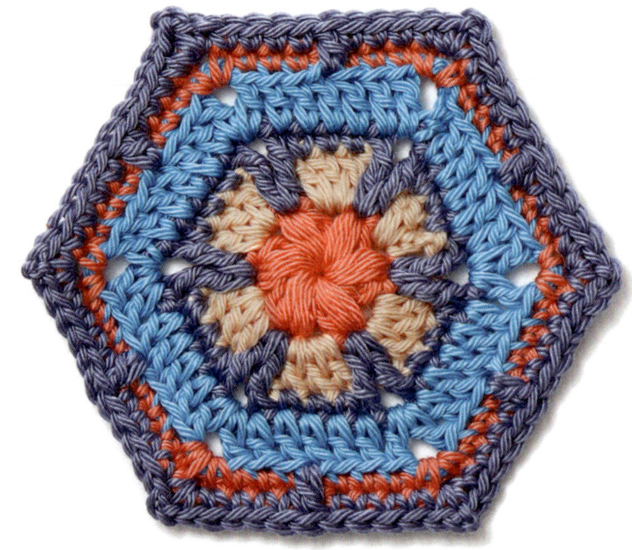

FERTIGE GRÖSSE
7,5 cm von Kante zu Kante vor dem Spannen

HÄKELNADEL
4,0 mm

MASCHENPROBE
1.–3. Runde = 5 cm von Kante zu Kante

FARBEN
(A) 3711 China Pink
(B) 3701 Cranberry
(C) 3747 Gold

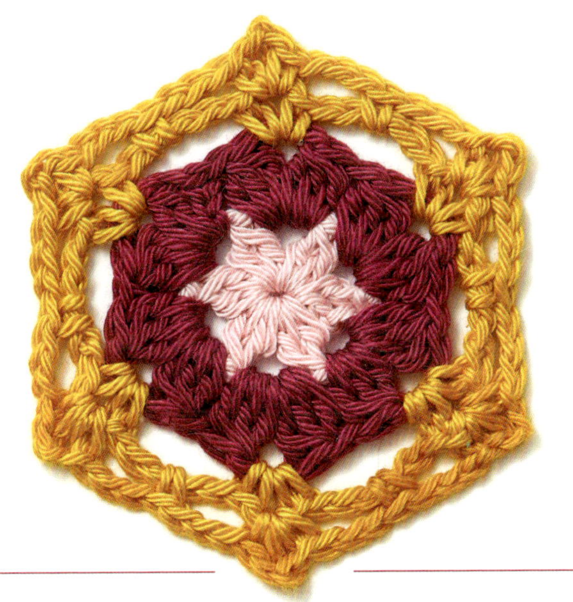

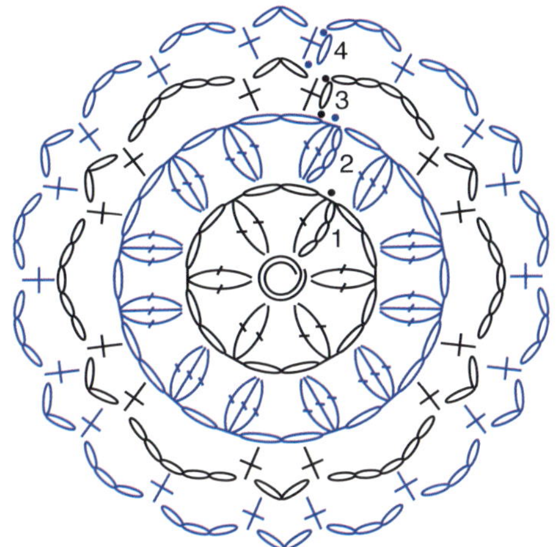

Anmerkung

- 1 Anf-Lm zählt nie als Masche.

In Fb A einen Fadenring legen.

1. Rd: 3 Anf-Lm, 1 Stb in den Ring (zählt als 1 2er-BüStb), 2 Lm, 5x (1 2er-BüStb, 2 Lm) in den Ring, Rd mit 1 Km in 1. Stb schließen – 6 2er-BüStb, 6 2-Lm-Bg. Fb A abm.

2. Rd: Mit 1 Km in beliebigem 2-Lm-Bg Fb B anm, 3 Anf-Lm, 1 2er-BüStb in dens Lm-Bg (zählt als 1 3er-BüStb), 2 Lm, 1 3er-BüStb in dens Lm-Bg, 1 Lm, (1 3er-BüStb, 2 Lm, 1 3er-BüStb, 1 Lm fortl in jeden 2-Lm-Bg, Rd mit 1 Km in 1. 2er-BüStb schließen – 12 3er-BüStb, 6 2-Lm-Bg, 6 1-Lm-Bg. Fb B abm.

3. Rd: Mit 1 Km in beliebigem 2-Lm-Bg Fb C anm, 1 Anf-Lm, *(1 fM, 2 Lm, 1 fM) in 2-Lm-Bg, 5 Lm, folg 1-Lm-Bg ausl; ab * fortl wh, Rd mit 1 Km in 1. fM schließen – 12 fM, 6 5-Lm-Bg, 6 2-Lm-Bg.

4. Rd: 1 Km in folg 2-Lm-Bg, 1 Anf-Lm, *(1 fM, 2 Lm, 1 fM) in 2-Lm-Bg, 3 Lm, 1 fM in folg 5-Lm-Bg, 3 Lm; ab * fortl wh, Rd mit 1 Km in 1. fM schließen – 18 fM, 6 2-Lm-Bg, 12 3-Lm-Bg. Fb C abm.

◀ ***Alternative Farbfolge für Motiv 77***
(A) 3767 Deep Coral (1. und 5. Rd)
(B) 3753 White Peach (2. Rd)
(C) 3805 Colony Blue (3. und 6. Rd)
(D) 3732 Aqua (4. Rd)

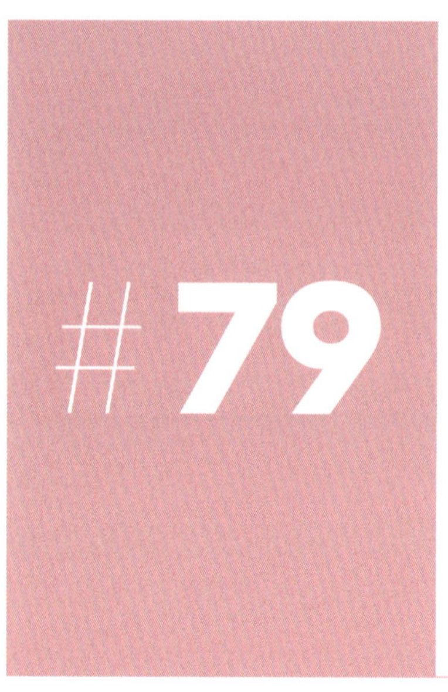

#79

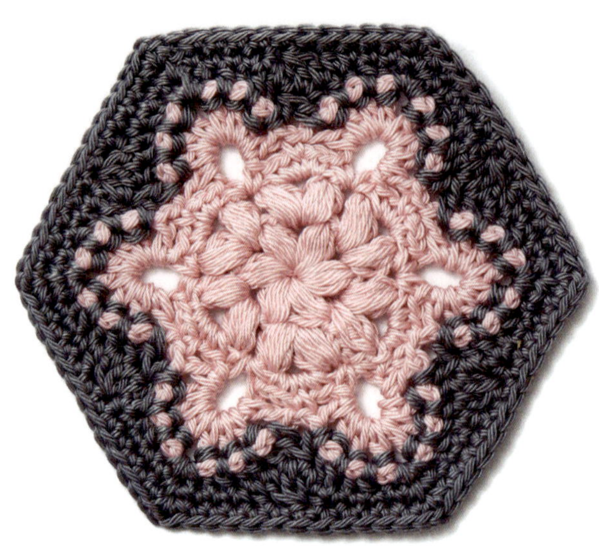

FERTIGE GRÖSSE
12,5 cm von Kante zu Kante vor dem Spannen

HÄKELNADEL
4,0 mm

MASCHENPROBE
1.–3. Runde = 6,5 cm von Kante zu Kante

FARBEN
(A) 3711 China Pink
(B) 3729 Grey

Anmerkung

- 1 Anf-Lm zählt nie als Masche.

In Fb A einen Fadenring legen.

1. Rd: 1 Anf-PuffM in den Ring, 2 Lm, 5x (1 PuffM, 2 Lm) in den Ring, Rd mit 1 Km in Anf-PuffM schließen – 6 PuffM, 6 2-Lm-Bg.

2. Rd: 1 Km in folg 2-Lm-Bg, (1 Anf-PuffM, 2 Lm, 1 PuffM) in dens Lm-Bg, 1 Lm, (1 PuffM, 2 Lm, 1 PuffM, 1 Lm) fortl in jeden 2-Lm-Bg, Rd mit 1 Km in Anf-PuffM schließen – 12 PuffM, 6 2-Lm-Bg , 6 1-Lm-Bg.

3. Rd: 1 Km in folg 2-Lm-Bg, 1 Anf-Lm, *(2 fM, 1 Lm, 2 fM) in 2-Lm-Bg, (1 fM, 6 Lm, 1 fM) in folg 1-Lm-Bg; ab * fortl wh, Rd mit 1 Km in 1. fM schließen – 36 fM, 6 6-Lm-Bg, 6 1-Lm-Bg.

4. Rd: 1 Km in folg 1-Lm-Bg, 1 Anf-Lm, *1 fM in 1-Lm-Bg, (3x [1 Stb, 1 Lm], 1 Stb, 2 Lm, 3x [1 Stb, 1 Lm], 1 Stb) in folg 6--Lm-Bg; ab * fortl wh, Rd mit 1 Km in 1. fM schließen – 48 Stb, 36 1-Lm-Bg, 6 2-Lm-Bg, 6 fM. Fb A abm.

5. Rd: Mit 1 Km in beliebigem 2-Lm-Bg Fb B anm, 1 Anf-Lm, *(1 fM, 1 Lm, 1 fM) in 2-Lm-Bg, 2x (1 RhStbh um folg Stb, 1 hStb in folg 1-Lm-Bg), 1 RStbh um folg Stb, 2 Stb zus über folg 2 1-Lm-Bg, 1 RStbh um folg Stb, 2x (1 hStb in folg 1-Lm-Bg, 1 RhStbh um folg Stb); ab * fortl wh, Rd mit 1 Km in 1. fM schließen – 12 fM, 6 1-Lm-Bg, 24 RhStbh, 24 hStb, 12 RStbh, 6 2-Stb-zus.

6. Rd: 1 Km in folg 1-Lm-Bg, 1 Anf-Lm, *(1 fM, 1 Lm, 1 fM) in 1-Lm-Bg 1 M ausl, je 1fM in folg 3 M, 1 hStb in folg M, 3 Stb zus über folg 3 M, 1 hStb in folg M, je 1 fM in folg 4 M; ab * fortl wh, Rd mit 1 Km in 1. fM schließen – 54 fM, 12 hStb, 6 3Stb-zus, 6 1-Lm-Bg.

7. Rd: 1 Km in folg 1-Lm-Bg, 1 Anf-Lm, *(1 fM, 1 Lm, 1 fM) in 1-Lm-Bg, 1 M ausl, je 1 fM in folg 11 M; ab * fortl wh, Rd mit 1 Km in 1. fM schließen – 78 fM, 6 1-Lm-Bg. Fb B abm.

Alternative Farbfolge für Motiv 79
(A) 3718 Natural (1. Rd)
(B) 3808 Light Grey (2., 6. und 7. Rd)
(C) 3729 Grey (3. und 5. Rd)
(D) 3776 Pink Rose (4. Rd)

FERTIGE GRÖSSE
10 cm von Spitze zu Spitze vor dem Spannen

HÄKELNADEL
4,0 mm

MASCHENPROBE
1.–3. Runde = 5 cm von Spitze zu Spitze

FARBEN
(A) 3764 Sunshine
(B) 3750 Tangerine
(C) 3823 Tomato
(D) 3775 Cool Mint

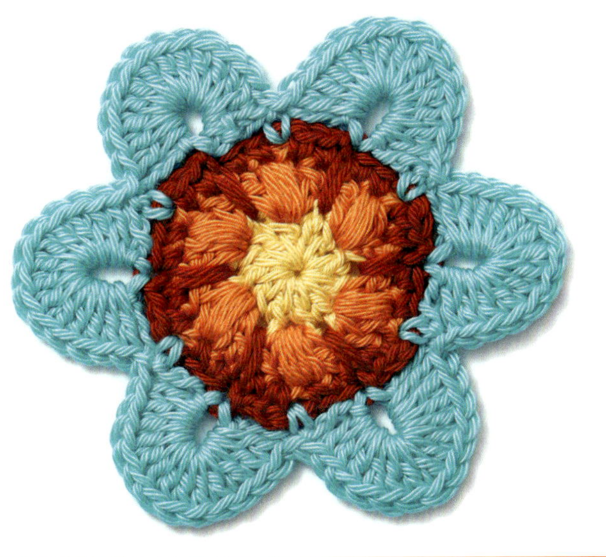

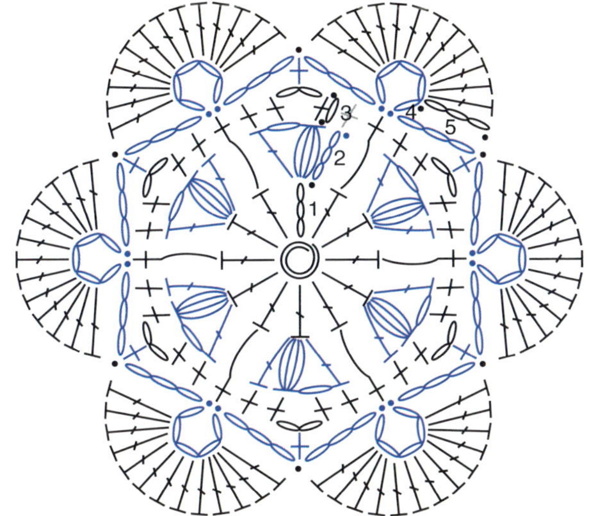

Anmerkungen

- Leuchtende Kontrastfarben heben die Mitte des Motivs von den äußeren Runden ab.
- 1 Anf-Lm zählt nie als Masche.

In Fb A einen Fadenring legen.

1. Rd: 3 Anf-Lm (zählen stets als 1 Stb), 11 Stb in den Ring, Rd mit 1 Km in oberste Anf-Lm schließen – 12 Stb. Fb A abm.

2. Rd: Mit 1 Km in beliebiger M Fb B anm, 3 Anf-Lm, (1 PuffM, 1 Lm, 1 Stb) in dies M, *1 M ausl, (1 Stb, 1 PuffM, 1 Lm, 1 Stb in folg M;. ab * fortl wh, Rd mit 1 Km in oberste Anf-Lm schließen – 12 Stb, 6 PuffM, 6 1-Lm-Bg. Fb B abm.

3. Rd: Mit 1 Km in beliebiger PuffM Fb C anm, 1 Anf-Lm, *1 fM in PuffM, 2 Lm, 1 fM in folg 1-Lm-Bg, 1 fM in folg Stb, über die M der Vor-Rd hinweg 1 tfM in entsprechende ausgel M der 1. Rd, 1 fM in folg Stb; ab * fortl wh, Rd mit 1 Km in 1. fM schließen – 24 fM, 6 tfM, 6 2-Lm-Bg. Fb C abm.

4. Rd: Mit 1 Km in beliebiger tfM Fb D anm, (5 Lm, 1 Km) in dies tfM, *3 Lm, 2 M ausl, 1 fM in folg 2-Lm-Bg, 3 Lm, 2 M ausl**, (1 Km, 5 Lm, 1 Km) in folg tfM; ab * fortl wh, letzte Wh bei ** beenden, Rd mit 1 Km in 1. Km schließen – 12 Km, 6 5-Lm-Bg, 12 3-Lm-Bg, 6 fM.

5. Rd: 1 Km in folg 5-Lm-Bg, 3 Anf-Lm, 12 Stb in 5-Lm-Bg, *1 Km in folg fM **, 13 Stb in folg 5-Lm-Bg; ab * fortl wh, letzte Wh bei ** beenden, Rd mit 1 Km in oberste Anf-Lm schließen – 78 Stb, 6 Km. Fb D abm.

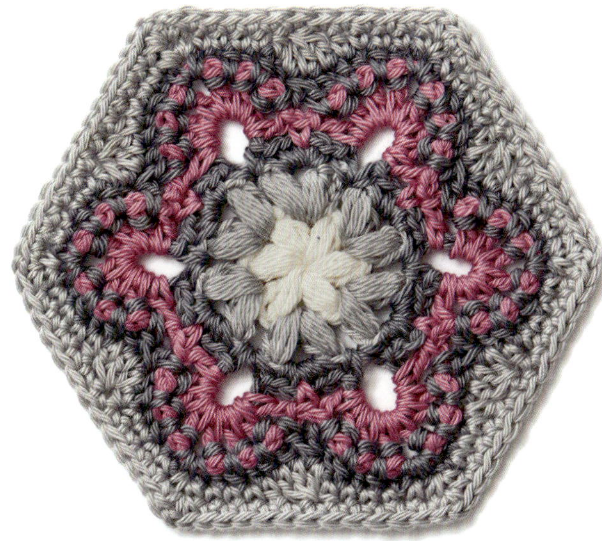

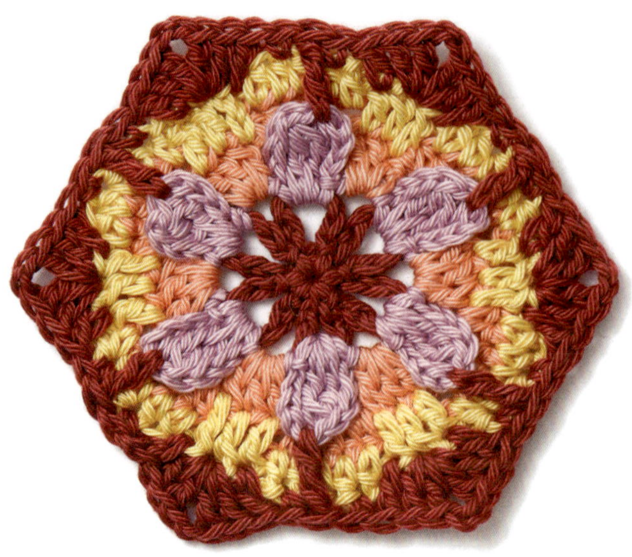

FERTIGE GRÖSSE
9,5 cm von Kante zu Kante vor dem Spannen

HÄKELNADEL
4,0 mm

MASCHENPROBE
1.–3. Runde = 6,5 cm von Kante zu Kante

FARBEN
(A) 3701 Cranberry
(B) 3710 Orchid
(C) 3752 Coral
(D) 3764 Sunshine

Anmerkungen

- In den Rd dieses mehrlagigen Motivs wechseln M und Lm-Bogen ab und liegen in aufeinanderfolgenden Runden versetzt zueinander. Die M liegen jeweils vor den Lm-Bogen.
- 1 Anf-Lm zählt nie als Masche.

In Fb A einen Fadenring legen.

1. Rd: 6x (6 Lm, 1 Km) in den Ring, Rd mit 1 Km in die 1. der ersten 6 Lm schließen. Fb A abm.

2. Rd: Mit 1 Km in beliebigem 6-Lm-Bg Fb B anm, (4 Lm, 1 2er-BüDStb, 4 Lm, 1 Km) in dens 6-Lm-Bg, 3 Lm, *(1 Km, 4 Lm, 1 2er-BüDStb, 4 Lm, 1 Km, 3 Lm) fortl in jeden 6-Lm-Bg, Rd mit 1 Km in 1. Km schließen – 12 4-Lm-Bg, 6 2er-BüDStb, 12 Km, 6 3-Lm-Bg. Fb B abm.

3. Rd: Mit 1 Km in beliebigem 3-Lm-Bg Fb C anm, 3 Anf-Lm (zählen stets als 1 Stb), 2 Stb in dens Lm-Bg, hinter den »Blütenblättern« der 2. Rd 3 Lm, *3 Stb in folg 3-Lm-Bg, 3 Lm; ab * fortl wh, Rd mit 1 Km in oberste Anf-Lm schließen – 18 Stb, 6 3-Lm-Bg.

4. Rd: 1 Km in folg 3-Lm-Bg, 2 Anf-Lm (zählen stets als 1 hStb), 4 hStb in dens Lm-Bg, hinter den M der 3. Rd 4 Lm, folg 3 Stb ausl, (5 hStb, 3 Lm) fortl in jeden 3-Lm-Bg, Rd mit 1 Km in oberste Anf-Lm schließen – 30 hStb, 6 4-Lm-Bg. Fb C abm.

5. Rd: Mit 1 Km in 1. Stb einer beliebigen 3-Stb-Gruppe der 3. Rd Fb D anm, vor 4-Lm-Bg der 4. Rd 3 Anf-Lm, je 1 Stb in folg 2 M, *5 Lm, folg 5 hStb der 4. Rd ausl**, vor 4-Lm-Bg der 4. Rd je 1 Stb in folg 3 M der 3. Rd; ab * fortl wh, letzte Wh bei ** beenden, Rd mit 1 Km oberste Anf-Lm schließen – 18 Stb, 6 5-Lm-Bg.

6. Rd: Je 1 Km in folg 2 Stb, 1 Km in folg ausgel hStb der 4. Rd, vor 5-Lm-Bg der 5. Rd 2 Anf-Lm, je 1 hStb in folg 4 M der 4. Rd, *6 Lm, folg 3 Stb der 5. Rd ausl **, vor 5-Lm-Bg der 5. Rd je 1 hStb in folg 5 M der 4. Rd; ab * fortl wh, letzte Wh bei ** beenden, Rd mit 1 Km in oberste Anf-Lm schließen – 30 hStb, 6 6-Lm-Bg, 3 Km. Fb D abm.

7. Rd: Mit 1 Km in 2. hStb einer beliebigen 5-hStb-Gruppe Fb A anm, 1 Anf-Lm, 1 fM in 1. hStb, *über die M der Vorrunden hinweg 1 DStb in folg entsprechendes 2er-BüStb der 2. Rd, folg M der 6. Rd ausl, 1 fM in folg M, 1 M ausl, vor 6-Lm-Bg der 6. Rd 1 Stb in folg Stb der 5. Rd, (2 Stb, 2 Lm, 2 Stb) in folg Stb der 5. Rd, 1 Stb in folg Stb der 5. Rd, folg M der 6. Rd ausl**, 1 fM in folg M; ab * fortl wh, letzte Wh bei ** beenden, Rd mit 1 Km in 1. fM schließen – 12 fM, 6 DStb, 36 Stb, 6 2-Lm-Bg. Fb A abm.

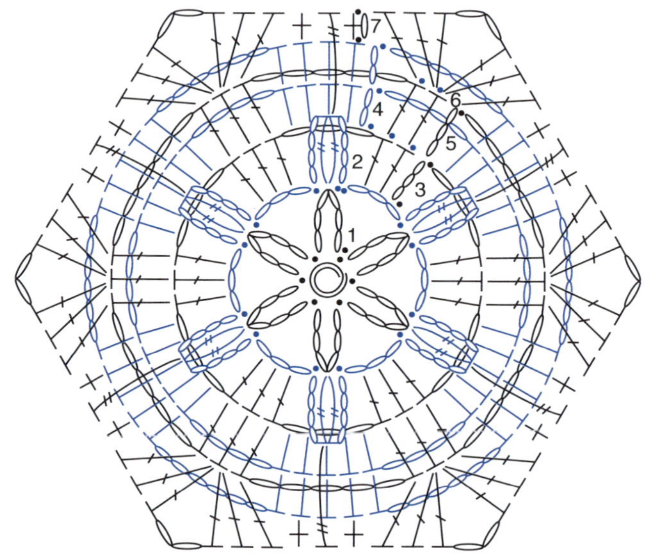

FERTIGE GRÖSSE
7,5 cm von Spitze zu Spitze vor dem Spannen

HÄKELNADEL
4,0 mm

MASCHENPROBE
1.–3. Runde = 7,5 cm Durchmesser

FARBEN
(A) 3772 Cornflower
(B) 3725 Cobalt

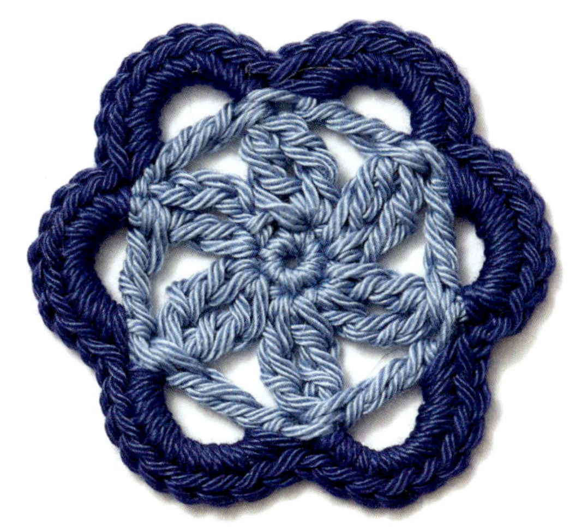

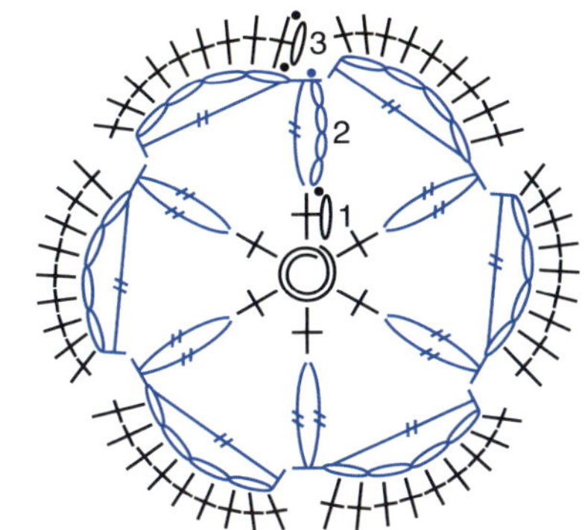

Anmerkungen

- An diesem Motiv können Sie die 3. Rd auslassen und die Motive in der 2. Rd fortlaufend zusammenhäkeln (Join-as-you-go-Methode).
- 1 Anf-Lm zählt nie als Masche.

In Fb A einen Fadenring legen.

1. Rd: 1 Anf-Lm, 6 fM in den Ring, Rd mit 1 Km in 1. fM schließen – 6 fM.

2. Rd: 4 Anf-Lm, 1 DStb in dies M (zählt als 1 2er-BüD-Stb), *4 Lm, 1 DStb in das zuletzt gearb 2er-BüDStb**, 1 2er-BüDStb in folg M; ab * fortl wh, letzte Wh bei ** beenden, Rd mit 1 Km in 1. DStb schließen – 6 2er-BüD-Stb, 6 4-Lm-Bg, 6 DStb. Fb A abm.

3. Rd: Mit 1 Km in beliebigem 4-Lm-Bg Fb B anm, 1 Anf-Lm, 9 fM fortl in jeden 4-Lm-Bg, Rd mit 1 Km in 1. fM schließen – 54 fM. Fb B abm.

Alternative Farbfolge
(A) 3759 Taupe
(B) 3757 Zen Green

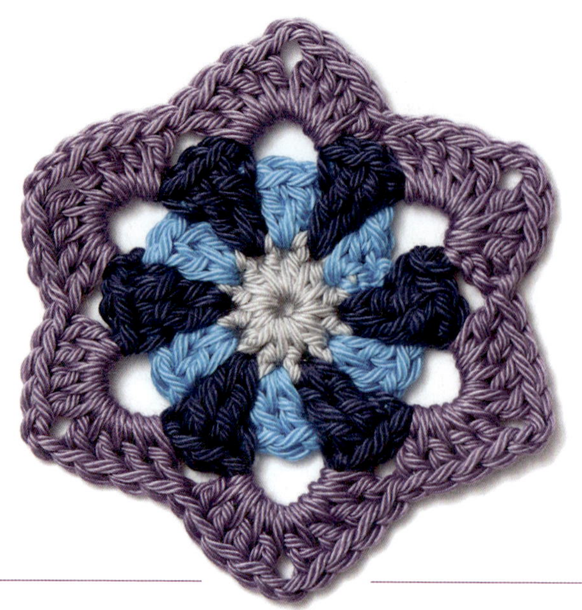

FERTIGE GRÖSSE
10 cm von Spitze zu Spitze vor dem Spannen

HÄKELNADEL
4,0 mm

MASCHENPROBE
1.–3. Runde = 5,5 cm von Spitze zu Spitze

FARBEN
(A) 3808 Light Gray
(B) 3732 Aqua
(C) 3793 Indigo Blue
(D) 3778 Lavender

Anmerkungen

- Die 2-Lm-Bg in der letzten Rd können Sie zum fortlaufenden Zusammenhäkeln (Join-as-you-go-Methode, JAYG) verwenden.
- 1 Anf-Lm zählt nie als Masche.

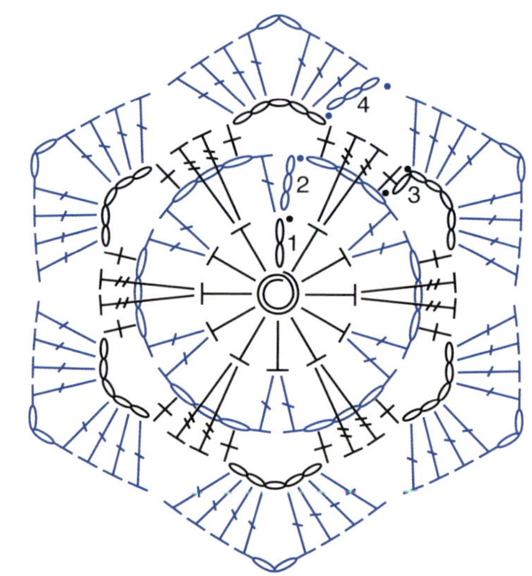

In Fb A einen Fadenring legen.

1. Rd: 2 Anf-Lm (zählen als 1 hStb), 11 hStb in den Ring, Rd mit 1 Km in oberste Anf-Lm schließen – 12 hStb. Fb A abm.

2. Rd: Mit 1 Km in beliebiger M Fb B anm, 3 Anf-Lm (zählen stets als 1 Stb), 1 Stb in dies M, 3 Lm, 1 M ausl, *2 Stb in folg M, 3 Lm, 1 M ausl; ab * fortl wh, Rd mit 1 Km in oberste Anf-Lm schließen – 12 Stb, 6 3-Lm-Bg. Fb B abm.

3. Rd: Mit 1 Km in beliebigem 3-Lm-Bg Fb C anm, 1 Anf-Lm, *1 fM in 3-Lm-Bg, vor 3-Lm-Bg der 2. Rd 2 DStb in folg ausgel M der 1. Rd, 1 fM in dens 3-Lm-Bg, 5 Lm, folg 2 Stb ausl; ab * fortl wh, Rd mit 1 Km in 1. fM schließen – 12 fM, 12 DStb, 6 5-Lm-Bg. Fb C abm.

4. Rd: Mit 1 Km in beliebigem 5-Lm-Bg Fb D anm, 3 Anf-Lm, (3 Stb, 2 Lm, 4 Stb) in dens Lm-Bg, (4 Stb, 2 Lm, 4 Stb) fortl in jeden 5-Lm-Bg, Rd mit 1 Km in oberste Anf-Lm schließen – 48 Stb, 6 2-Lm-Bg. Fb D abm.

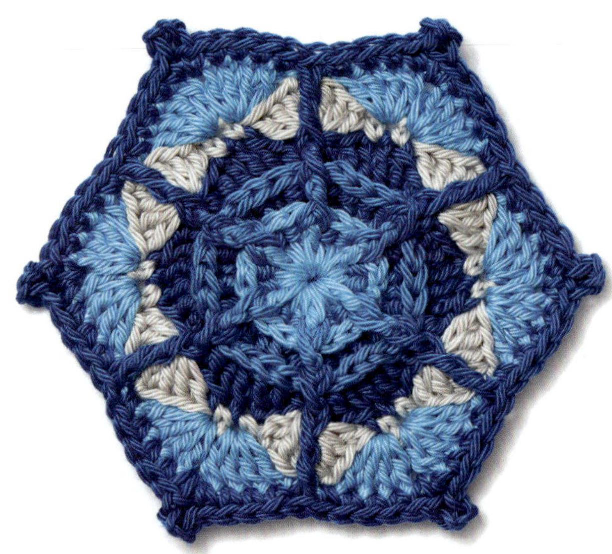

FERTIGE GRÖSSE
10 cm von Kante zu Kante vor dem Spannen

HÄKELNADEL
4,0 mm

MASCHENPROBE
1.–3. Runde = 6,5 cm von Kante zu Kante

FARBEN
(A) 3718 Natural
(B) 3753 White Peach
(C) 3792 Brick

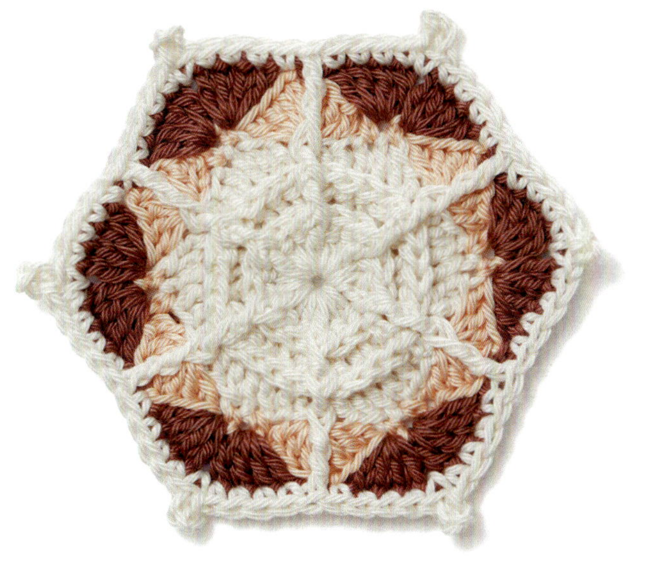

#84

Anmerkungen

- In den ersten Runden muss das Motiv eventuell etwas nach außen hin in Form gezogen werden.
- Wird in den ersten 3 Rd dieselbe Farbe verwendet, kommt die Maschenstruktur besonders zur Geltung. Durch Farbwechsel in jeder Runde wirkt das Motiv ganz anders.

In Fb A einen Fadenring legen.

1. Rd: 3 Anf-Lm (zählen stets als 1 Stb), 17 Stb in den Ring, Rd mit 1 Km in oberste Anf-Lm schließen – 18 Stb.

2. Rd: 2 Lm (zählen nie als M), 1 RStbv um dies M, *je 2 RStbh um folg 2 M**, 1 RStbv um folg M; ab * fortl wh, letzte Wh bei ** beenden, Rd mit 1 Km in 1. RStbv schließen – 6 RStbv, 24 RStbh.

3. Rd: 2 Lm, 1 RStbv um 1. RStbv, *2 RStbh um folg M, je 1 RStbh um folg 2 M, 2 RStbh um folg M**, 1 RStbv um folg M; ab * fortl wh, letzte Wh bei ** beenden, Rd mit 1 Km in 1. RStbv schließen – 6 RStbv, 36 RStbh. Fb A abm.

4. Rd: Mit 1 Km in beliebigem RStbv Fb B anm, 3 Anf-Lm, 6 Stb in dies M, 2 M ausl, *je 1 fM in folg 2 M, 2 M ausl**, 7 Stb in folg RStbv, 2 M ausl; ab * fortl wh, letzte Wh bei ** beenden, Rd mit 1 Km in oberste Anf-Lm schließen – 42 Stb, 12 fM. Fb B abm.

5. Rd: Mit 1 Km in 4. Stb einer beliebigen 7-Stb-Gruppe Fb C anm, *3 M ausl, 4 Stb in folg fM, 1 Lm, 4 Stb in folg fM, 3 M ausl, 1 Km in folg M; ab * fortl wh, letzte Km zum Rd-Schluss in 1. Km der Rd arb – 6 Km, 48 Stb, 6 1-Lm-Bg. Fb C abm.

6. Rd: Mit 1 Km in 1. Stb nach der Verbindungs-Km Fb A anm, 1 Anf-Lm (zählt nicht als M), je 1 fM in erste 4 M, *1 fM in folg 1-Lm-Bg, 1 P, je 1 fM in folg 4 M, vor den M der 4. und 5. Rd 1 RDStbv um folg RStbv der 3. Rd, folg Km ausl**, je 1 fM in folg 4 M; ab * fortl wh, letzte Wh bei ** beenden, Rd mit 1 Km in 1. fM schließen – 54 fM, 6 P, 6 RDStbv. Fb A abm.

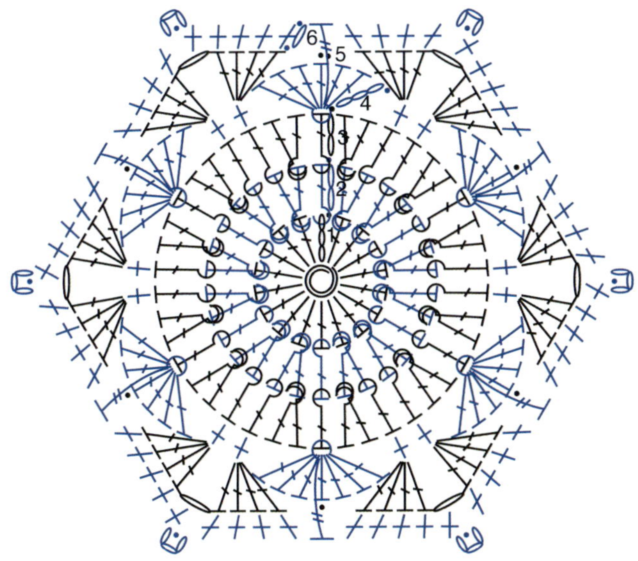

◀ ***Alternative Farbfolge für Motiv 84***
(A) 3732 Aqua (1. und 5. Rd)
(B) 3733 Turquoise (2. Rd)
(C) 3725 Cobalt (3. und 6. Rd)

DIE MOTIVE:

Dreiecke und andere Formen

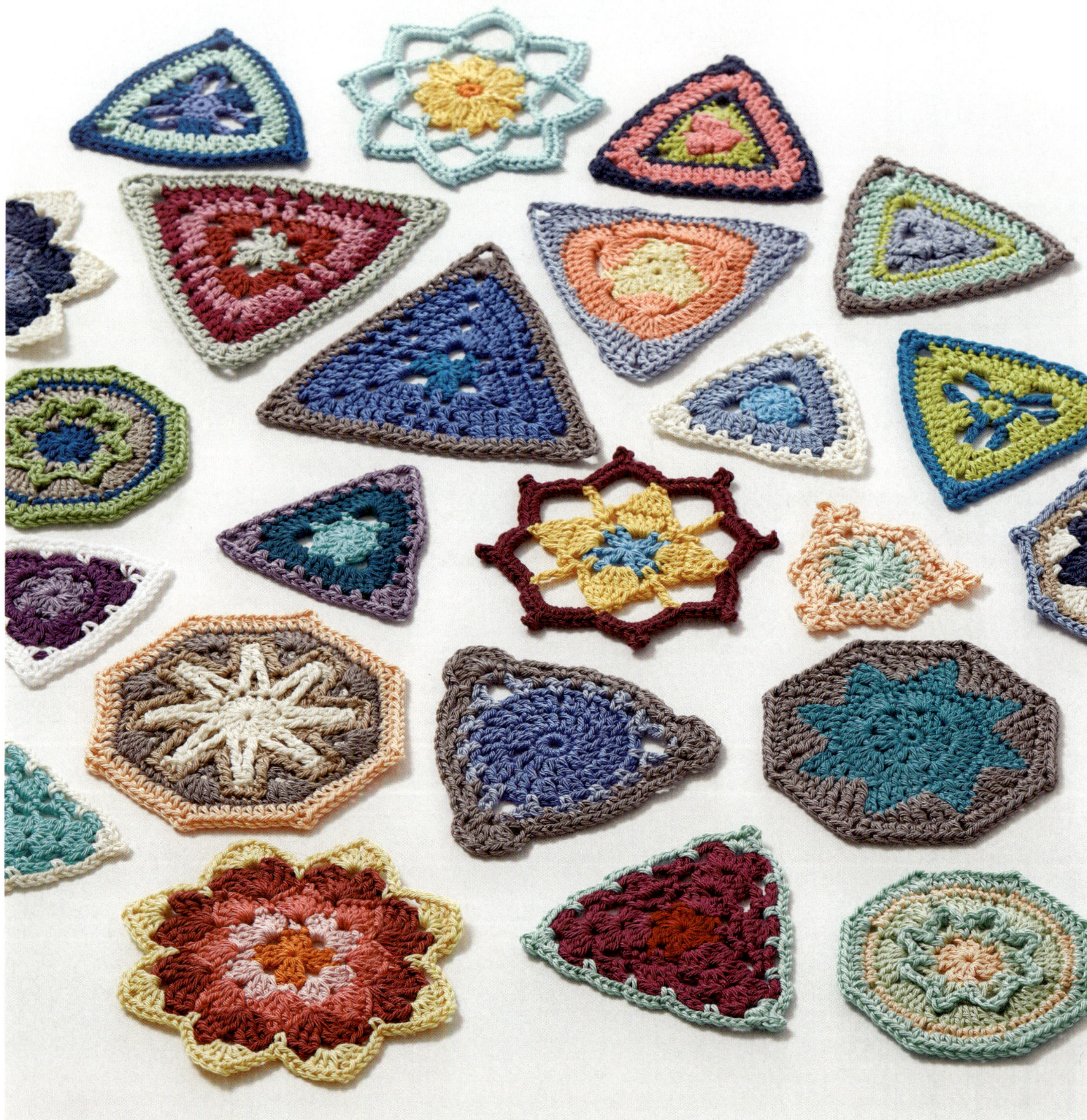

FERTIGE GRÖSSE
11,5 cm von Spitze zu Kante vor dem Spannen

HÄKELNADEL
4,0 mm

MASCHENPROBE
1.–3. Runde = 6,5 cm Durchmesser

FARBEN
(A) 3726 Periwinkle
(B) 3727 Sky Blue
(C) 3798 Suede

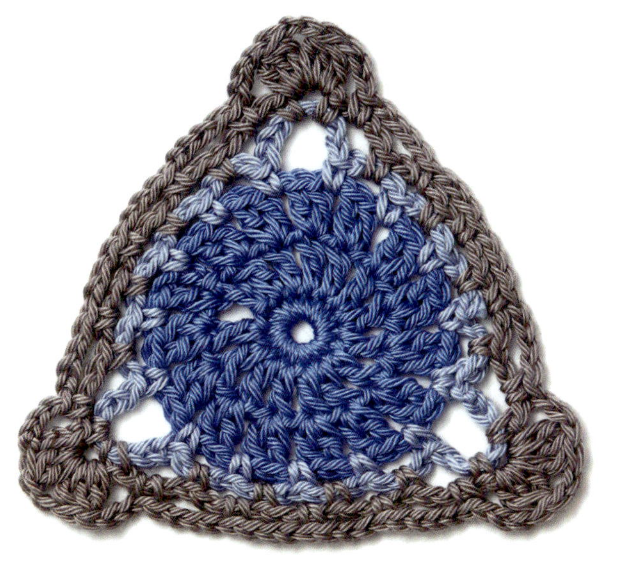

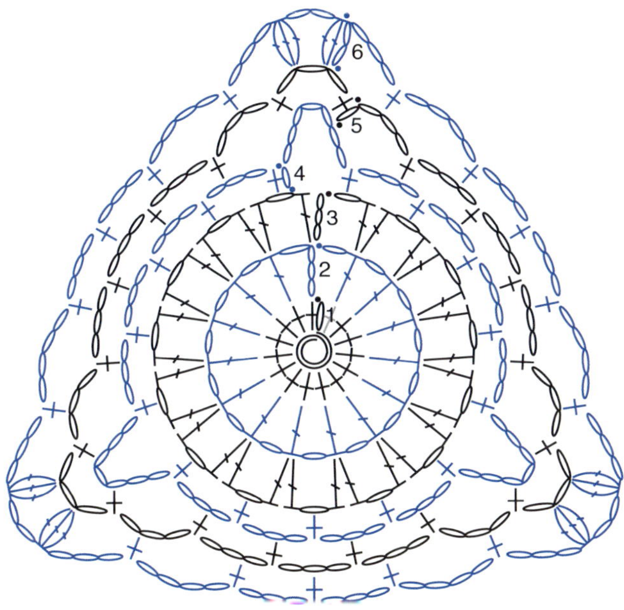

Anmerkung

- 1 Anf-Lm zählt nie als Masche.

In Fb A einen Fadenring legen.

1. Rd: 1 Anf-Lm, 15 fM in den Ring, Rd mit 1 Km in 1. fM schließen – 15 fM.

2. Rd: 4 Anf-Lm (zählen als 1 Stb, 1 Lm), (1 Stb, 1 Lm) fortl in jede M, Rd mit 1 Km in 3. Anf-Lm schließen – 15 Stb, 15 1-Lm-Bg.

3. Rd: 3 Anf-Lm (zählen stets als 1 Stb), 1 Stb in dies M, 1 Lm, (2 Stb, 1 Lm) fortl in jede M, Rd mit 1 Km in oberste Anf-Lm schließen – 30 Stb, 15 1-Lm-Bg. Fb A abm.

4. Rd: Mit 1 Km in beliebigem 1-Lm-Bg Fb B anm, 1 Anf-Lm, *4x (1 fM in 1-Lm-Bg, 3 Lm), 1 fM in folg 1-Lm-Bg, 7 Lm; ab * fortl wh, Rd mit 1 Km in 1. fM schließen – 15 fM, 12 3-Lm-Bg, 3 7-Lm-Bg. Fb B abm.

5. Rd: Mit 1 Km in beliebigem 7-Lm-Bg Fb C anm, 1 Anf-Lm, *(1 fM, 3 Lm, 1 fM) in 7-Lm-Bg, je (3 Lm, 1 fM) in folg 4 3-Lm-Bg, 3 Lm; ab * fortl wh, Rd mit 1 Km in 1. fM schließen – 18 fM, 18 3-Lm-Bg.

6. Rd: 1 Km in folg 3-Lm-Bg, 2 Anf-Lm, 1 2er-BüStb in dens Lm-Bg (zählt als 1 3er-BüStb), 2 Lm, 1 3er-BüStb in dens Lm-Bg, *3 Lm, 1 fM in folg 3-Lm-Bg, 4 Lm, je (1 fM, 3 Lm) in folg 2 3-Lm-Bg, 1 fM in folg 3-Lm-Bg, 4 Lm, 1 fM in folg 3-Lm-Bg, 3 Lm**, (1 3er-BüStb, 2 Lm, 1 3er-BüStb) in folg 3-Lm-Bg; ab * fortl wh, letzte Wh bei** beenden, Rd mit 1 Km in 1. 2er-BüStb schließen – 6 3er-BüStb, 3 2-Lm-Bg, 15 fM, 12 3-Lm-Bg, 6 4-Lm-Bg. Fb C abm.

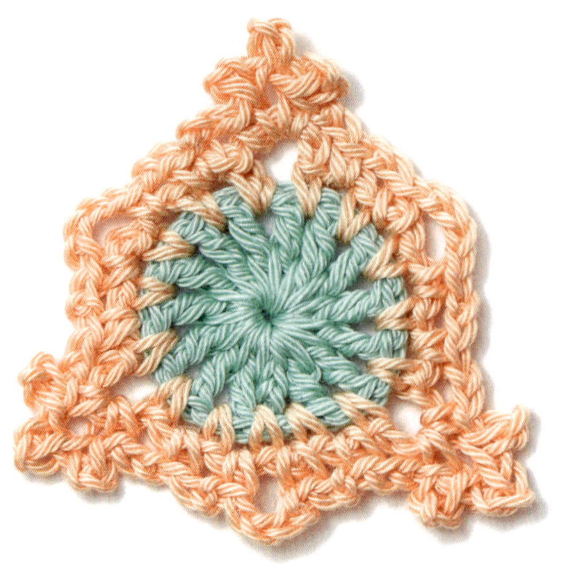

FERTIGE GRÖSSE
8,5 cm von Spitze zu Kante vor dem Spannen

HÄKELNADEL
4,0 mm

MASCHENPROBE
1.–3. Runde = 8,5 cm von Spitze zu Kante

FARBEN
(A) 3763 Water Lily
(B) 3753 White Peach

Anmerkung

- 1 Anf-Lm zählt nie als Masche.

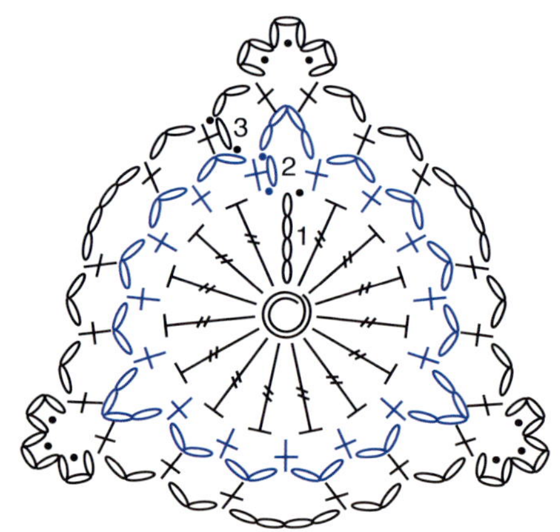

In Fb A einen Fadenring legen.

1. Rd: 4 Anf-Lm (zählen als 1 DStb), 14 DStb in den Ring, Rd mit 1 Km in oberste Anf-Lm schließen – 15 DStb. Fb A abm.

2. Rd: Mit 1 Km zw. 2 beliebigen M Fb B anm, 1 Anf-Lm, *4x (1 fM zw. 2 DStb, 2 Lm), 1 fM zw. folg 2 DStb, 4 Lm; ab * fortl wh, Rd mit 1 Km in 1. fM schließen – 15 fM, 12 2-Lm-Bg, 3 4-Lm-Bg.

3. Rd: 1 Km in folg 2-Lm-Bg, 1 Anf-Lm, *1 fM in 2-Lm-Bg, 2 Lm, 1 fM in folg 2-Lm-Bg, 4 Lm, je (1 fM, 2 Lm) in folg 2 2-Lm-Bg, (1 fM, 3 P, 1 fM) in folg 4-Lm-Bg, 2 Lm; ab * fortl wh, Rd mit 1 Km in 1. fM schließen – 18 fM, 12 2-Lm-Bg, 3 4-Lm-Bg, 9 P. Fb B abm.

Alternative Farbfolge für Motiv 87 ▶
(A) 3823 Tomato (1. Rd)
(B) 3703 Magenta (2.–4. Rd)
(C) 3763 Water Lily (5. Rd)

FERTIGE GRÖSSE
11,5 cm von Spitze zu Kante vor dem Spannen

HÄKELNADEL
4,0 mm

MASCHENPROBE
1.–3. Runde = 7 cm von Spitze zu Kante

FARBEN
(A) 3775 Cool Mint
(B) 3718 Natural

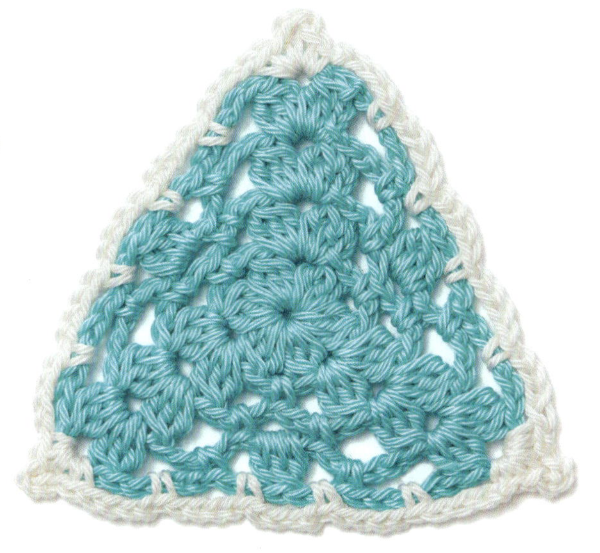

Anmerkungen

- Innen uni und die letzte Rd in Kontrastfarbe – so bleibt das Motiv schön schlicht. Peppiger wird es mit leuchtenden Farben. Bei mehreren Motiven kann der Mittelkreis immer gleich sein oder die Farbe wechseln.
- 1 Anf-Lm zählt nie als Masche.

In Fb A einen Fadenring legen.

1. Rd: 2 Anf-Lm, 1 2er-BüStb (zählen stets als 1 3er-BüStb), 2 Lm, 5x (1 3er-BüStb, 2 Lm) in den Ring; ab * fortl wh, Rd mit 1 Km in 1. 2er-BüStb schließen – 6 3er-BüStb, 6 2-Lm-Bg.

2. Rd: 1 Km in folg 2-Lm-Bg, 2 Anf-Lm, (1 2er-BüStb, 2 Lm, 1 3er-BüStb) in dens Lm-Bg, *3 Lm, 1 fM in folg 2-Lm-Bg, 3 Lm**, (1 3er-BüStb, 2 Lm, 1 3er-BüStb) in folg 2-Lm-Bg; ab * fortl wh, letzte Wh bei ** beenden, Rd mit 1 Km in 1. 2er-BüStb schließen – 6 3er-BüStb, 3 2-Lm-Bg, 6 3-Lm-Bg, 3 fM.

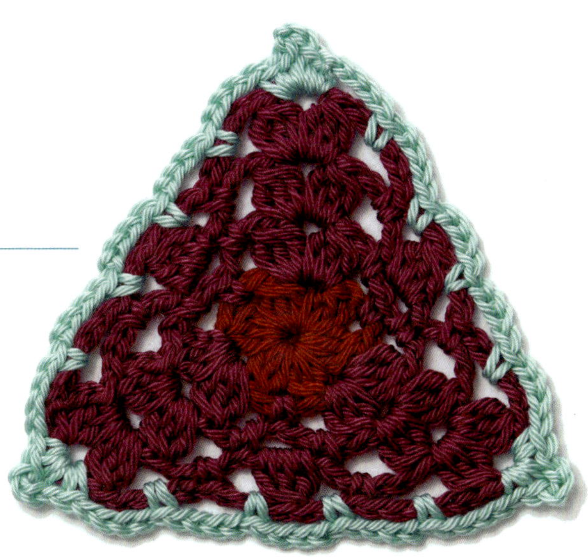

3. Rd: 1 Km in folg 2-Lm-Bg, 2 Anf-Lm, (1 2er-BüStb, 2 Lm, 1 3er-BüStb) in dens Lm-Bg, *4 Lm, 1 fM in folg 3-Lm-Bg, 3 Lm, 1 fM in folg 3-Lm-Bg, 4 Lm**, (1 3er-BüStb, 2 Lm, 1 3er-BüStb) in folg 2-Lm-Bg; ab * fortl wh, letzte Wh bei ** beenden, Rd mit 1 Km in 1. 2er-BüStb schließen – 6 3er-BüStb, 3 2-Lm-Bg, 3 3-Lm-Bg, 6 4-Lm-Bg, 6 fM.

4. Rd: 1 Km in folg 2-Lm-Bg, 2 Anf-Lm, (1 2er-BüStb, 2 Lm, 1 3er-BüStb) in dens Lm-Bg, *5 Lm, 1 fM in folg 4-Lm-Bg, 2 Lm, 1 3er-BüStb in folg 3-Lm-Bg, 2 Lm, 1 fM in folg 4-Lm-Bg, 5 Lm**, (1 3er-BüStb, 2 Lm, 1 3er-BüStb) in folg 2-Lm-Bg; ab * fortl wh, letzte Wh bei ** beenden, Rd mit 1 Km in 1. 2er-BüStb schließen – 9 3er-BüStb, 6 5-Lm-Bg, 9 2-Lm-Bg, 6 fM. Fb A abm.

5. Rd: Mit 1 Km in beliebigem Eck-2-Lm-Bg Fb B anm, 1 Anf-Lm, *(2 fM, 3 Lm, 2 fM) in 2-Lm-Bg, 4 Lm, je (1 fM, 4 Lm) in folg 4-Lm-Bg; ab * fortl wh, Rd mit 1 Km in 1. fM schließen – 24 fM, 3 3-Lm-Bg, 15 4-Lm-Bg. Fb B abm

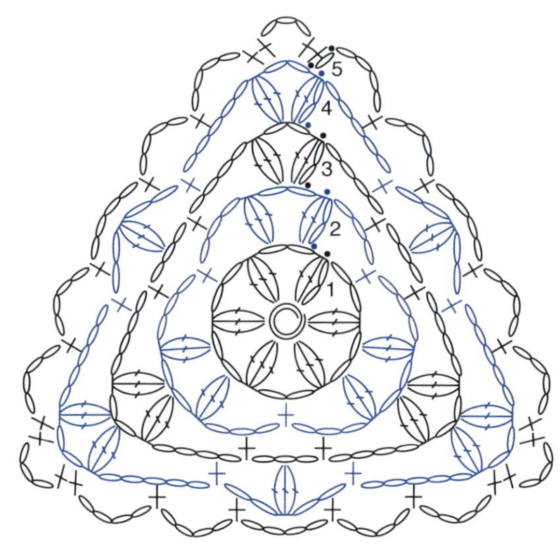

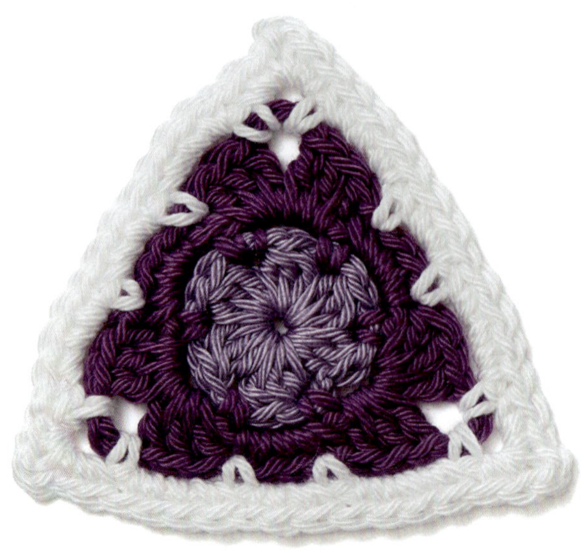

FERTIGE GRÖSSE
8,5 cm von Spitze zu Kante
vor dem Spannen

HÄKELNADEL
4,0 mm

MASCHENPROBE
1.–3. Runde = 6,5 cm
von Spitze zu Kante

FARBEN
(A) 3778 Lavender
(B) 3779 Pansy
(C) 3728 White

Anmerkung

- 1 Anf-Lm zählt nie als Masche.

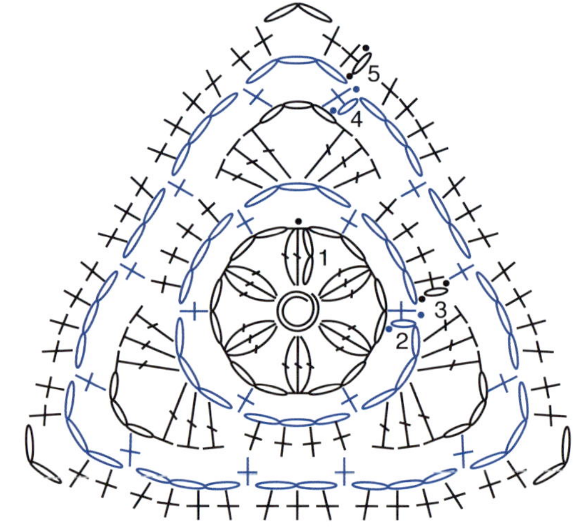

In Fb A einen Fadenring legen.

1. Rd: 2 Anf-Lm, 1 2er-BüStb in den Ring (zählt als 1 3er-BüStb), 2 Lm, 5x (1 3er-BüStb, 2 Lm) in den Ring, Rd mit 1 Km in 1. 2er-BüStb schließen – 6 3er-BüStb, 6 2-Lm-Bg. Fb A abm.

2. Rd: Mit 1 Km in beliebigem 2 Lm-Bg Fb B anm, 1 Anf-Lm, (1 fM, 3 Lm) fortl in jeden 2-Lm-Bg, Rd mit 1 Km in 1. fM schließen – 6 fM, 6 3-Lm-Bg.

3. Rd: 1 Km in folg 3-Lm-Bg, 1 Anf-Lm, *4 fM in 3-Lm-Bg, (3 Stb, 3 Lm, 3 Stb) in folg 3-Lm-Bg; ab * fortl wh, Rd mit 1 Km in 1. fM schließen – 12 fM, 12 Stb, 3 3-Lm-Bg. Fb B abm.

4. Rd: Mit 1 Km in beliebigem 3-Lm-Bg Fb C anm, 1 Anf-Lm, *(1 fM, 3 Lm, 1 fM) in 3-Lm-Bg, 3 Lm, 3 M ausl, 1 fM in folg M, 2 Lm, 2 M ausl, 1 fM in folg M, 3 Lm, 3 M ausl; ab * fortl wh, Rd mit 1 Km in 1. fM schließen – 12 fM, 9 3-Lm-Bg, 3 2-Lm-Bg.

5. Rd: 1 Km in folg 3-Lm-Bg, 1 Anf-Lm, *(2 fM, 2 Lm, 2 fM) in 3-Lm-Bg, 4 fM in folg 3-Lm-Bg, 3 fM in folg 2-Lm-Bg, 4 fM in folg 3-Lm-Bg; ab * fortl wh, Rd mit 1 Lm in 1. fM schließen – 45 fM, 3 2-Lm-Bg. Fb C abm.

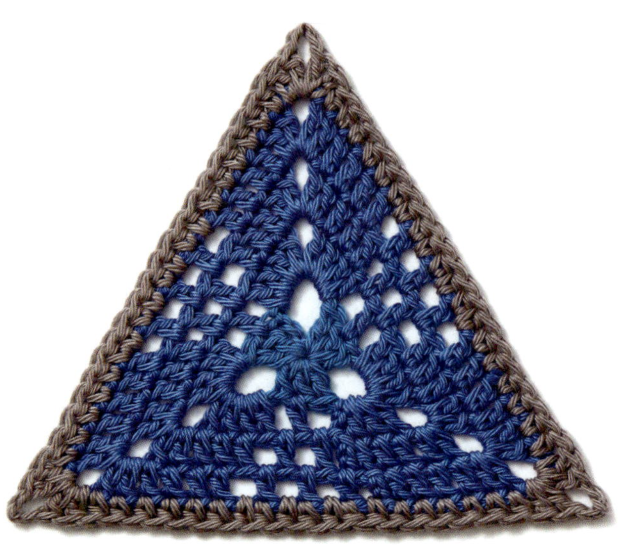

FERTIGE GRÖSSE
12,5 cm von Spitze zu Kante vor dem Spannen

HÄKELNADEL
4,0 mm

MASCHENPROBE
1.–3. Runde = 9 cm von Spitze zu Kante

FARBEN
(A) 3720 Sage
(B) 3701 Cranberry
(C) 3776 Pink Rose
(D) 3703 Magenta

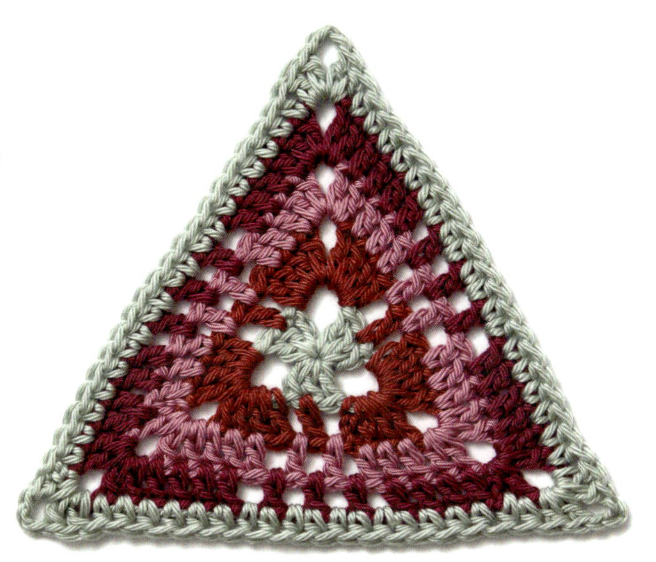

Anmerkung

- Wird für die 2.–4. Rd dieselbe Farbe verwendet, entsteht ein schlichtes, klares Motiv. Durch Farbwechsel in jeder Runde erhält man ein buntes Streifenmuster.

In Fb A einen Fadenring legen.

1. Rd: 3 Anf-Lm (zählen stets als 1 Stb), 2 Stb in den Ring, 5 Lm, 2x (3 Stb, 5 Lm) in den Ring, Rd mit 1 Km in oberste Anf-Lm schließen – 9 Stb, 3 5-Lm-Bg. Fb A abm.

2. Rd: Mit 1 Km in beliebigem 5-Lm-Bg Fb B anm, 3 Anf-Lm, (3 Stb, 3 Lm, 4 Stb) in dens Lm-Bg, *1 Lm, 1 M ausl, 1 Stb in folg M, 1 Lm, 1 M ausl**, (4 Stb, 3 Lm, 4 Stb) in folg 5-Lm-Bg; ab * fortl wh, letzte Wh bei ** beenden, Rd mit 1 Km in oberste Anf-Lm schließen – 27 Stb, 3 3-Lm-Bg, 6 1-Lm-Bg. Fb B abm.

3. Rd: Mit 1 Km in beliebigem 3-Lm-Bg Fb C anm, 3 Anf-Lm, (1 Stb, 3 Lm, 2 Stb) in dens Lm-Bg, *je 1 Stb in folg 3 M, 1 Lm, 1 M ausl, je (1 Stb, 1 Lm) in folg 2 1-Lm-Bg, 1 M ausl, je 1 Stb in folg 3 M**, (2 Stb, 3 Lm, 2 Stb) in folg 3-Lm-Bg; ab * fortl wh, letzte Wh bei ** beenden, Rd mit 1 Km in oberste Anf-Lm schließen – 36 Stb, 3 3-Lm-Bg, 9 1-Lm-Bg. Fb C abm.

4. Rd: Mit 1 Km in beliebigem 3-Lm-Bg Fb D anm, 3 Anf-Lm, (1 Stb, 3 Lm, 2 Stb) in dens Lm-Bg, *je 1 Stb in folg 4 M, 1 Lm, 1 M ausl, je (1 Stb, 1 Lm) in folg 3 1-Lm-Bg, 1 M ausl, je 1 Stb in folg 4 M**, (2 Stb, 3 Lm, 2 Stb) in folg 3-Lm-Bg; ab * fortl wh, letzte Wh bei ** beenden, Rd mit 1 Km in oberste Anf-Lm schließen – 45 Stb, 3 3-Lm-Bg, 12 1-Lm-Bg. Fb D abm.

5. Rd: Mit 1 Km in beliebigem 3-Lm-Bg Fb A anm, 3 Anf-Lm, (1 Stb, 3 Lm, 2 Stb) in dens Lm-Bg, *je 1 hStb in folg 6 M, 4x (1 hStb in folg 1-Lm-Bg, 1 hStb in folg M), je 1 hStb in folg 5 M**, (2 Stb, 3 Lm, 2 Stb) in folg 3-Lm-Bg; ab * fortl wh, letzte Wh bei ** beenden, Rd mit 1 Km in oberste Anf-Lm schließen – 12 Stb, 3 3-Lm-Bg, 57 hStb. Fb A abm.

◄ ***Alternative Farbfolge für Motiv 89***
(A) 3733 Turquoise (1. Rd)
(B) 3800 Blueberry (2.–4. Rd)
(C) 3798 Suede (5. Rd)

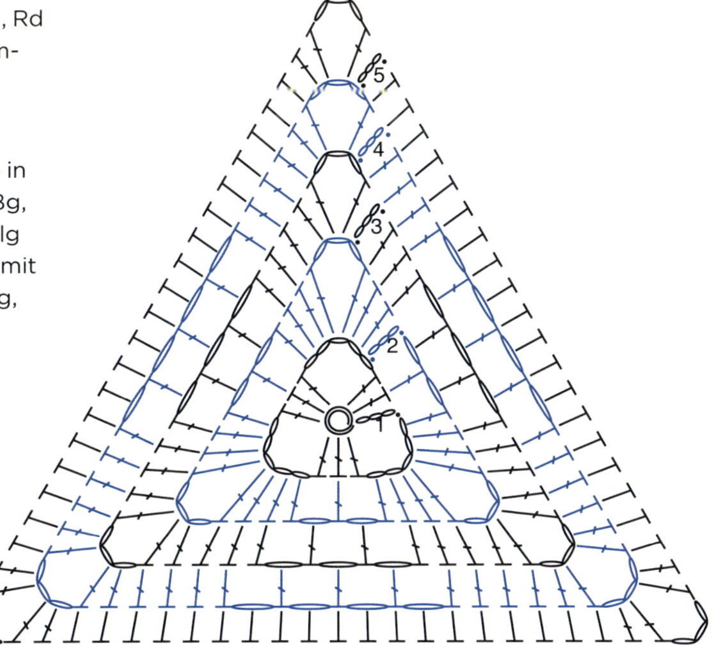

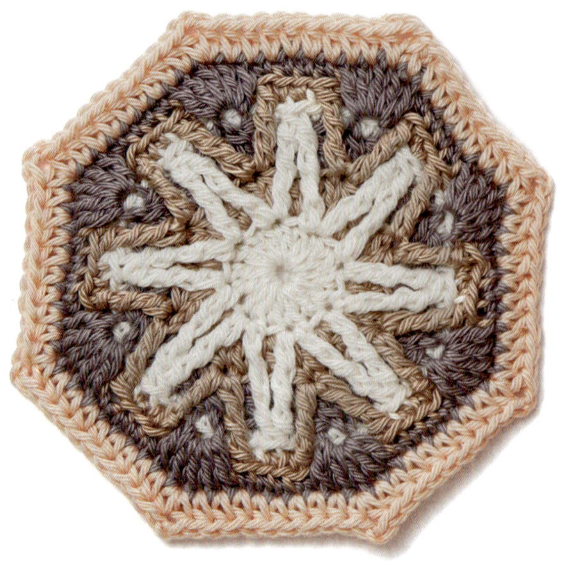

FERTIGE GRÖSSE
12,5 cm von Kante zu Kante vor dem Spannen

HÄKELNADEL
4,0 mm

MASCHENPROBE
1.–3. Runde = 7,5 cm Durchmesser

FARBEN
(A) 3718 Natural
(B) 3717 Sand
(C) 3798 Suede
(D) 3753 White Peach

Anmerkungen

- Bei diesem Motiv werden einige M in Mehrlagen-Technik (Overlay-Technik) gehäkelt. Für die überlagerten M arbeitet man einige Rd in das hMg, dann werden zusätzliche M durch Häkeln in das vMg »darübergelegt«. Bei dieser Technik lässt man die Masche(n) der darunterliegenden Rd manchmal aus, manchmal nicht. Dies wird in der Anleitung angegeben. Wenn nicht anders vermerkt, wird jede Rd mit einer »unsichtbaren Verbindung« beendet (siehe Glossar).
- 2 DreifStb zus können von oben nach unten in die vMg der 1. Rd gearbeitet werden (statt von unten nach oben).

In Fb A einen Fadenring legen.

1. Rd: 2 Anf-Lm (zählen stets als 1 Stb), 15 Stb in den Ring, unsichtbare Verbindung in 2. Stb – 16 Stb. Fb A abm.

2. Rd: Diese Rd nur in hMg arb. Mit 1 Km in beliebiger M Fb B anm, 2 Anf-Lm, 1 Stb in dies M, 2 Stb fortl in jede M, unsichtbare Verbindung in 2. Stb – 32 Stb. Fb B abm.

3. Rd: Diese Rd nur in hMg arb. Mit 1 Km in 1. Stb einer beliebigen 2-Stb-Gruppe Fb C anm, 2 Anf-Lm, 1 Stb in dies M, 1 Stb in folg M, *2 Stb in folg M, 1 Stb in folg M; ab * fortl wh, unsichtbare Verbindung in 2. Stb – 48 Stb. Fb C abm.

4. Rd: Wenn nicht anders angegeben, diese Rd nur in hMg arb. Mit 1 Km in 1. Stb einer beliebigen 2-Stb-Gruppe Fb A anm, 1 Anf-Lm (zählt stets als 1 fM), je 1 fM in folg 5 M, *in frei gebliebene vMg arb, 2 DreifStb zus (siehe Anmerkungen): 1. Schenkel in rechts unterhalb gelegenes Stb der 1. Rd, 1 M der 1. Rd ausl, 2. Schenkel in folg M der 1. Rd, keine M der 4. Rd ausl**, je 1 fM in folg 6 M; ab * fortl wh, letzte Wh bei ** beenden, unsichtbare Verbindung in 2. fM – 48 fM, 8 2-DreifStb-zus. Fb A abm.

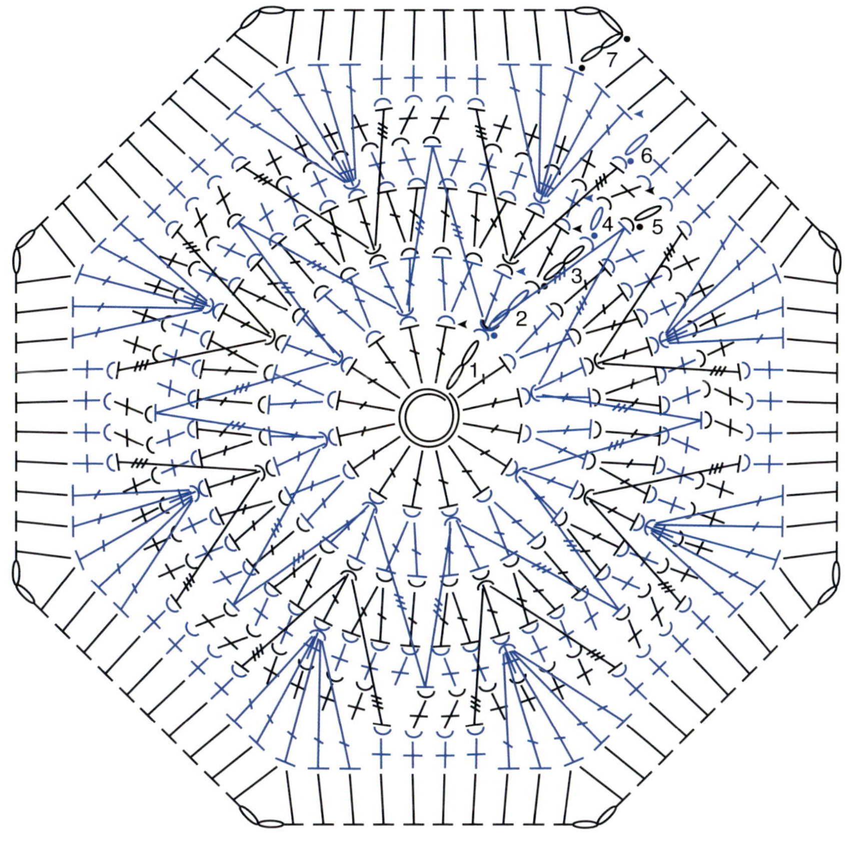

5. Rd: Wenn nicht anders angegeben, diese Rd nur in hMg arb. Mit 1 Km in beliebigen 2-DreifStb-zus Fb B anm, 1 Anf-Lm, 1 fM in folg M, *in vMg der M der 2. Rd arb, 1 DreifStb in das mittlere der Stb der 2. Rd, die zw. den 2DreifStb-zus zu sehen sind, keine M der 5. Rd ausl, je 1 fM in folg 4 M, 1 DreifStb in vMg ders. M der 2. Rd wie das vorige DreifStb, folg M der 5. Rd ausl**, je 1 fM in folg 2 M; ab * fortl wh, letzte Wh bei ** beenden, unsichtbare Verbindung in 2. fM – 48 fM, 16 DreifStb. Fb B abm.

6. Rd: Wenn nicht anders angegeben, diese Rd nur in hMg arb. Mit 1 Km in DreifStb nach der unsichtbaren Verbindung Fb C anm, 1 Anf-Lm, *5 Stb in vMg des mittleren der unterhalb liegenden Stb der 3. Rd, 4 M der 6. Rd ausl**, je 1 fM in folg 4 M; ab * fortl wh, letzte Wh bei ** beenden, je 1 fM in letzte 3 M, unsichtbare Verbindung in 1. Stb – 32 fM, 40 Stb. Fb C abm.

7. Rd: Mit 1 Km in 3. Stb einer beliebigen 5-Stb-Gruppe Fb D anm, 4 Anf-Lm (zählen als 1 hStb, 2 Lm), 1 hStb in dies M, *je 1 hStb in folg 8 M**, (1 hStb, 2 Lm, 1 hStb) in folg M; ab * fortl wh, letzte Wh bei ** beenden, Rd mit 1 Km in 2. Anf-Lm schließen – 80 hStb, 8 2-Lm-Bg. Fb D abm.

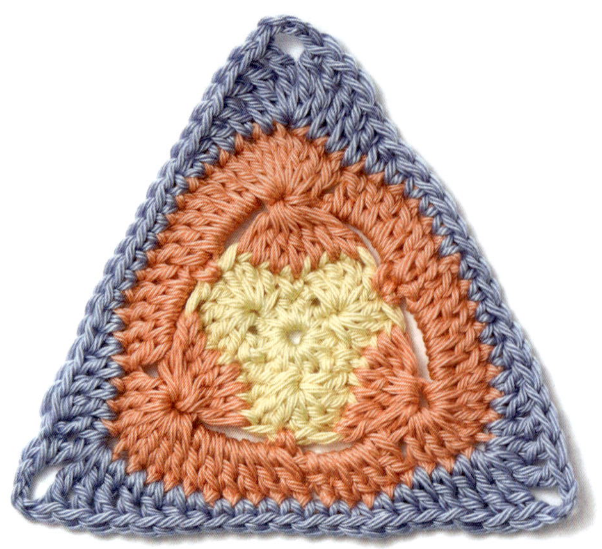

FERTIGE GRÖSSE
11 cm von Spitze zu Kante vor dem Spannen

HÄKELNADEL
4,0 mm

MASCHENPROBE
1.–3. Runde = 5 cm von Spitze zu Kante

FARBEN
(A) 3743 Yellow Rose
(B) 3752 Coral
(C) 3727 Sky Blue

Anmerkungen

- 1 Anf-Lm zählt nie als Masche.
- Das Motiv wirkt ganz anders, wenn die 1.–3. Rd in derselben Farbe gearbeitet werden.

In Fb A einen Fadenring legen.

1. Rd: 2 Anf-Lm (zählen als 1 hStb), 11 hStb in den Ring, Rd mit 1 Km in oberste Anf-Lm schließen - 12 hStb.

2. Rd: 1 Anf-Lm, 1 fM in dies M wie die Verbindungs-Km der Vor-Rd, *1 M ausl, 7 Stb in folg M, 1 M ausl**, 1 fM in folg M; ab * fortl wh, letzte Wh bei ** beenden, Rd mit 1 Km in 1. fM schließen - 3 fM, 21 Stb. Fb A abm.

3. Rd: Mit 1 Km in 4. Stb einer beliebigen 7-Stb-Gruppe Fb B anm, 1 Anf-Lm, 1 fM in dies M, *5 Lm, 7 Stb zus über folg 7 M, 5 Lm**, 1 fM in folg M; ab * fortl wh, letzte Wh bei ** beenden, Rd mit 1 Km in 1. fM schließen 3 fM, 6 5-Lm-Bg, 3 7Stb-zus.

4. Rd: 2 Lm (zählen nicht als M), 1 Stb in dies M, *5 Stb in folg 5-Lm-Bg, folg 7Stb-zus ausl, 7 DStb in 1. Lm des folg 5-Lm-Bg, 5 Stb in dens 5-Lm-Bg**, 1 Stb in folg fM; ab * fortl wh, letzte Wh bei ** beenden, Rd mit 1 Km in 1. Stb schließen - 33 Stb, 21 DStb. Fb B abm.

5. Rd: Mit 1 Km in 4. DStb einer beliebigen 7-DStb-Gruppe Fb C anm, 4 Anf-Lm (zählen als 1 DStb), (1 DStb, 3 Lm, 2 DStb) in dies M, *1 DStb in folg M, je 1 Stb in folg 2 M, je 1 hStb in folg 2 M, je 1 fM in folg 7 M, je 1 hStb in folg 2 M, je 1 Stb in folg 2 M, 1 DStb in folg M**, (2 DStb, 3 Lm, 2 DStb) in folg M; ab * fortl wh, letzte Wh bei ** beenden, Rd mit 1 Km in oberste Anf-Lm schließen - 18 DStb, 12 Stb, 12 hStb, 21 fM, 3 3-Lm-Bg. Fb C abm.

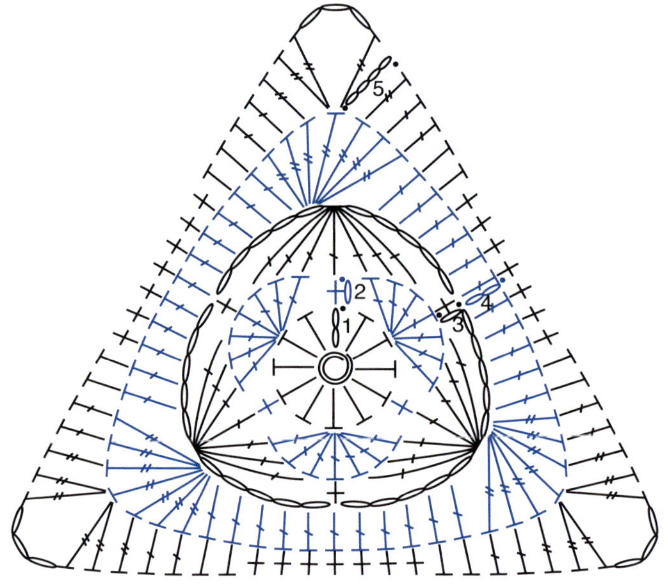

Alternative Farbfolge für Motiv 92 ▶
(A) 3726 Periwinkle (1. und 2. Rd)
(B) 3774 Major Teal (3. und 5. Rd)
(C) 3763 Water Lily (4. Rd)

FERTIGE GRÖSSE
10 cm von Spitze zu Kante vor dem Spannen

HÄKELNADEL
4,0 mm

MASCHENPROBE
1.–3. Runde = 5,5 cm von Spitze zu Kante

FARBEN
(A) 3746 Chartreuse
(B) 3733 Turquoise

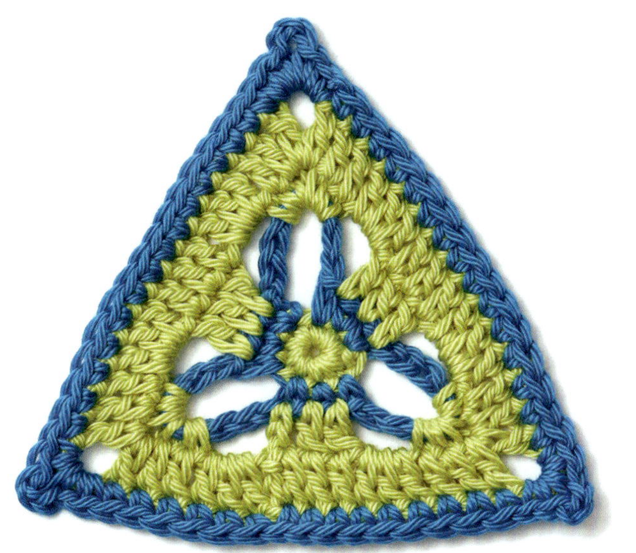

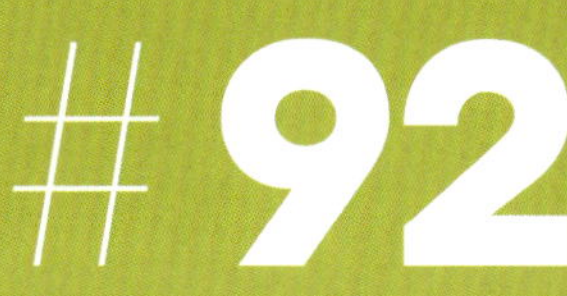

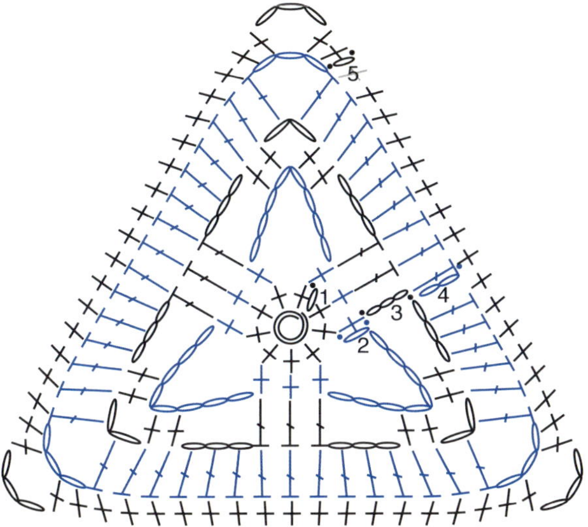

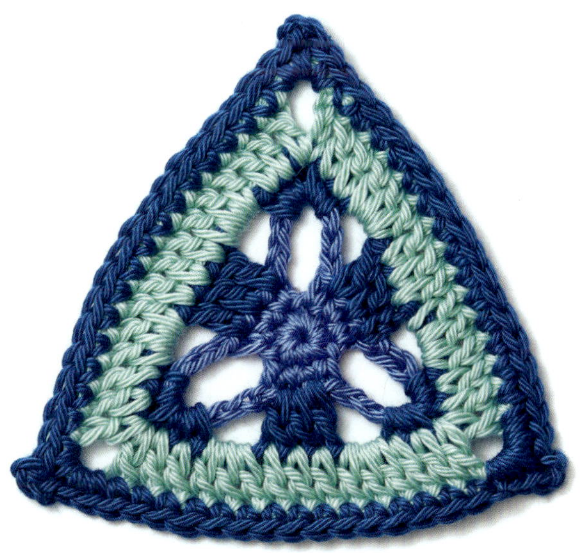

Anmerkungen

- 1 Anf-Lm zählt nie als Masche.
- Werden die ersten beiden Rd uni gearbeitet, erhält das Motiv eine filigrane zusammenhängende Mitte.

In Fb A einen Fadenring legen.

1. Rd: 1 Anf-Lm, 9 fM in den Ring, Rd mit 1 Km in 1. fM schließen – 9 fM. Fb A abm.

2. Rd: Mit 1 Km in beliebiger M Fb B anm, 1 Lm, je 1 fM in erste 3 M, 8 Lm, *je 1 fM in folg 3 M, 8 Lm; ab * fortl wh, Rd mit 1 Km in 1. fM schließen – 9 fM, 3 8-Lm-Bg. Fb B abm.

3. Rd: Mit 1 Km in 1. fM einer beliebigen 3-fM-Gruppe Fb A anm, 3 Anf-Lm (zählen als 1 Stb), je 1 Stb in folg 2 M, *3 Lm, (2 fM, 2 Lm, 2 fM) in folg 8-Lm-Bg, 3 Lm**, je 1 Stb in folg 3 M; ab * fortl wh, letzte Wh bei ** beenden, Rd mit 1 Km in oberste Anf-Lm schließen – 9 Stb, 12 fM, 6 3-Lm-Bg; 3 2-Lm-Bg.

4. Rd: 2 Lm (zählen nicht als M), 1 Stb in dies M, je 1 Stb in folg 2 M, *3 Stb in folg 3-Lm-Bg, je 1 Stb in folg 2 M, (1 Stb, 3 Lm, 1 Stb) in folg 2-Lm-Bg, je 1 Stb in folg 2 M, 3 Stb in folg 3-Lm-Bg**, je 1 Stb in folg 3 M; ab * fortl wh, letzte Wh bei ** beenden, Rd mit 1 Km in 1. Stb schließen – 45 Stb, 3 3-Lm-Bg. Fb A abm.

5. Rd: Mit 1 Km in beliebigem 3-Lm-Bg Fb B anm, 1 Anf-Lm, *(2 fM, 3 Lm, 2 fM) in 3-Lm-Bg, je 1 fM in folg 15 M; ab * fortl wh, Rd mit 1 Km in 1. fM schließen – 57 fM, 3 3-Lm-Bg. Fb B abm.

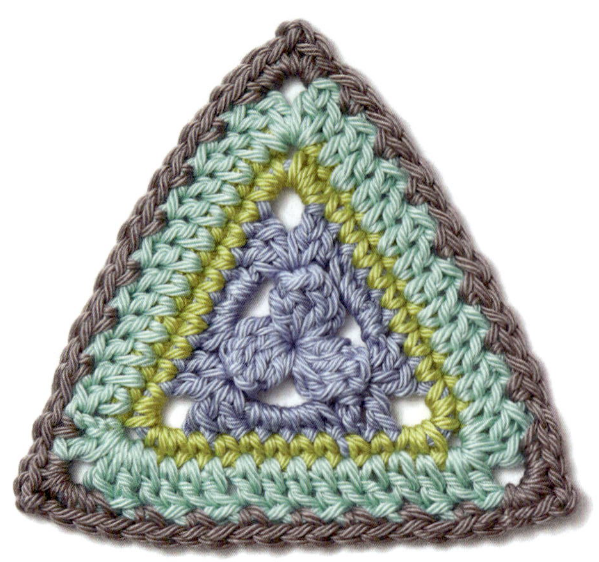

FERTIGE GRÖSSE
9,5 cm von Spitze zu Kante vor dem Spannen

HÄKELNADEL
4,0 mm

MASCHENPROBE
1.–3. Runde = 6,5 cm von Spitze zu Kante

FARBEN
(A) 3727 Sky Blue
(B) 3746 Chartreuse
(C) 3763 Water Lily;
(D) 3729 Grey

Anmerkungen

- Durch einen Farbwechsel von der 1. zur 2. Rd werden die Popcornmaschen in der Mitte betont.
- 1 Anf-Lm zählt nie als Masche.

In Fb A einen Fadenring legen.

1. Rd: 1 Anf-PopcM in den Ring, 5 Lm, 2x (1 PopcM, 5 Lm) in den Ring, Rd mit 1 Km in Anf-PopcM schließen – 3 PopcM, 3 5-Lm-Bg.

2. Rd: 3 Anf-Lm (zählen stets als 1 Stb), (1 Stb, 4 Lm, 2 Stb) in dies M, *4 fM in folg 5-Lm-Bg**, (2 Stb, 4 Lm, 2 Stb) in folg PopcM; ab * fortl wh, letzte Wh bei ** beenden, Rd mit 1 Km in oberste Anf-Lm schließen – 12 Stb, 12 fM, 3 4-Lm-Bg. Fb A abm.

3. Rd: Mit 1 Km in beliebigem 4-Lm-Bg Fb B anm, 1 Anf-Lm, *(2 fM, 3 Lm, 2 fM) in 4-Lm-Bg, je 1 fM in folg 8 M; ab * fortl wh, Rd mit 1 Km in 1. fM schließen – 36 fM, 3 3-Lm-Bg. Fb B abm.

4. Rd: Mit 1 Km in beliebigem 3-Lm-Bg Fb C anm, 3 Anf-Lm, (1 Stb, 2 Lm, 2 Stb) in dens Lm-Bg, *je 1 Stb in folg 12 M**, (2 Stb, 2 Lm, 2 Stb) in folg 3-Lm-Bg; ab * fortl wh, letzte Wh bei ** beenden, Rd mit 1 Km in oberste Anf-Lm schließen – 48 Stb, 3 2-Lm-Bg. Fb C abm.

5. Rd: Mit 1 Km in beliebigem 2-Lm-Bg Fb D anm, 1 Anf-Lm, *2 fM, 2 Lm, 2 fM) in 2-Lm-Bg, 1 fM in folg M, 7x (1 Lm, 1 M ausl, 1 fM in folg M), 1 Lm, 1 M ausl; ab * fortl wh, Rd mit 1 Km in 1. fM schließen – 36 fM, 3 2-Lm-Bg, 24 1-Lm-Bg. Fb D abm.

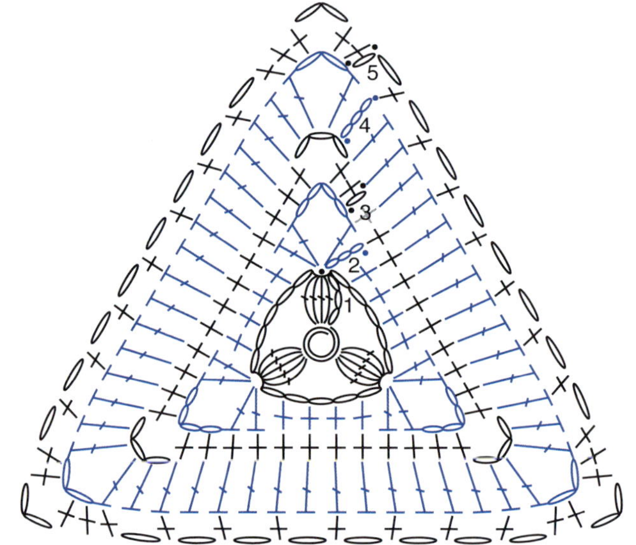

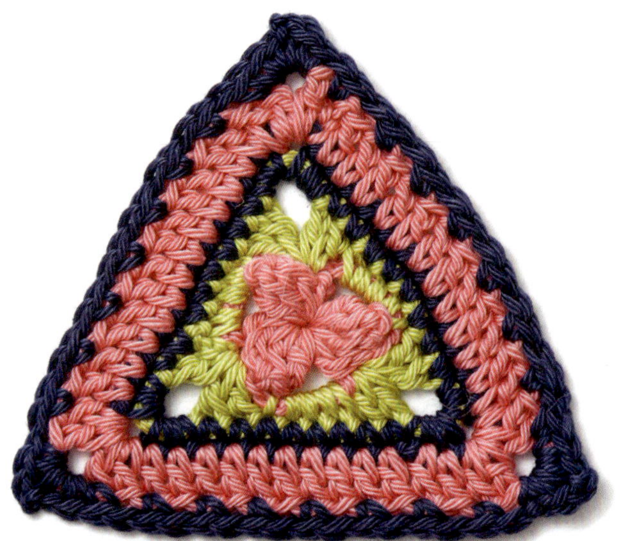

Alternative Farbfolge
(A) 3712 Primrose (1. und 4. Rd)
(B) 3746 Chartreuse (2. Rd)
(C) 3793 Indigo Blue (3. und 5. Rd)

FERTIGE GRÖSSE
9 cm von Spitze zu Kante vor dem Spannen

HÄKELNADEL
4,0 mm

MASCHENPROBE
1.–3. Runde = 7 cm von Spitze zu Kante

FARBEN
(A) 3775 Cool Mint
(B) 3734 Teal
(C) 3778 Lavender

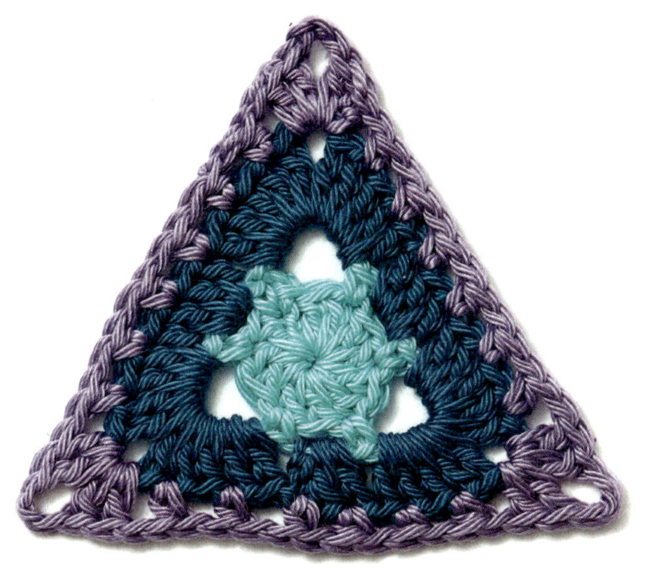

Anmerkungen

- Durch einen Farbwechsel von der 1. zur 2. Rd wird der Mittelkreis betont. Mit derselben Farbe in den ersten beiden Runden erhält das Motiv ein anderes Profil.
- 1 Anf-Lm zählt nie als Masche.

In Fb A einen Fadenring legen.

1. Rd: 3 Anf-Lm (zählen stets als 1 Stb), 11 Stb in den Ring, Rd mit 1 Km in oberste Anf-Lm schließen – 12 Stb.

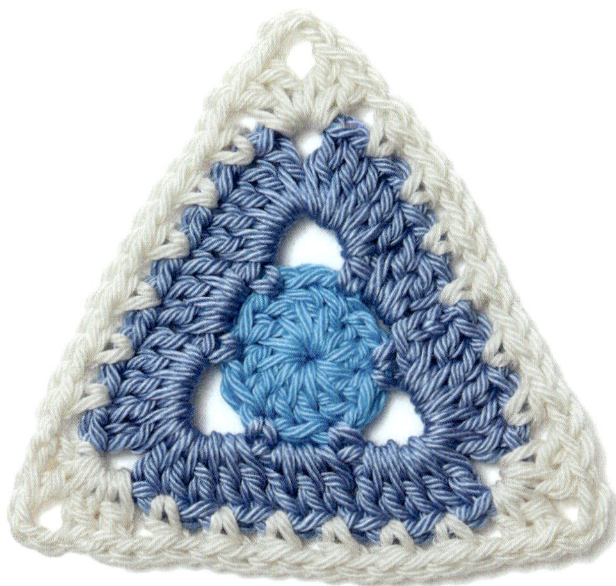

Alternative Farbfolge
(A) 3732 Aqua (1. Rd)
(B) 3772 Cornflower (2. und 3. Rd)
(C) 3718 Natural (4. Rd)

2. Rd: 1 Anf-Lm, 1 fM in 1. M, *2 Lm, 1 M ausl, 1 fM in folg M, 5 Lm, 1 M ausl**, 1 fM in folg M; ab * fortl wh, letzte Wh bei ** beenden, Rd mit 1 Km in 1. fM schließen – 6 fM, 3 2-Lm-Bg, 3 5-Lm-Bg. Fb A abm.

3. Rd: Mit 1 Km in beliebigem 2-Lm-Bg Fb B anm, 3 Anf-Lm, 2 Stb in dens Lm-Bg, *(5 Stb, 2 Lm, 5 Stb) in folg 5-Lm-Bg**, 3 Stb in folg 2-Lm-Bg; ab * fortl wh, letzte Wh bei ** beenden, Rd mit 1 Km in oberste Anf-Lm schließen – 39 Stb, 3 2-Lm-Bg. Fb B abm.

4. Rd: Mit 1 Km in beliebigem 2-Lm-Bg Fb C anm, 3 Anf-Lm, (1 Stb, 3 Lm, 2 Stb) in dens Lm-Bg, *6x (1 Lm, 1 M ausl, 1 hStb in folg M), 1 Lm, 1 M ausl**, (2 Stb, 3 Lm, 2 Stb) in folg 2-Lm-Bg; ab * fortl wh, letzte Wh bei ** beenden, Rd mit 1 Km in oberste Anf-Lm schließen – 12 Stb, 18 hStb, 21 1-Lm-Bg, 3 3-Lm-Bg. Fb C abm.

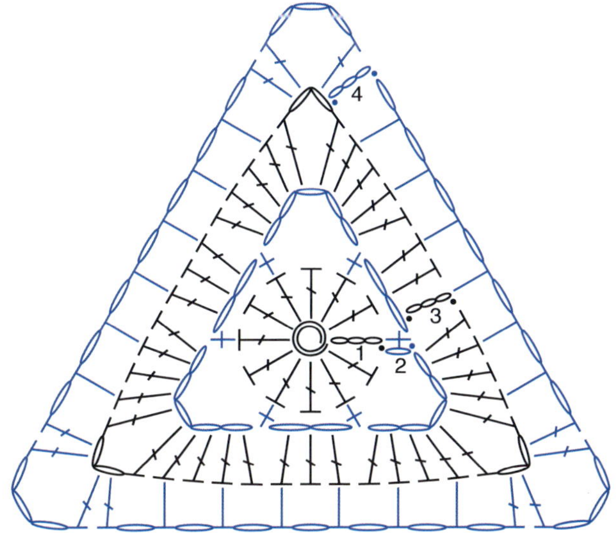

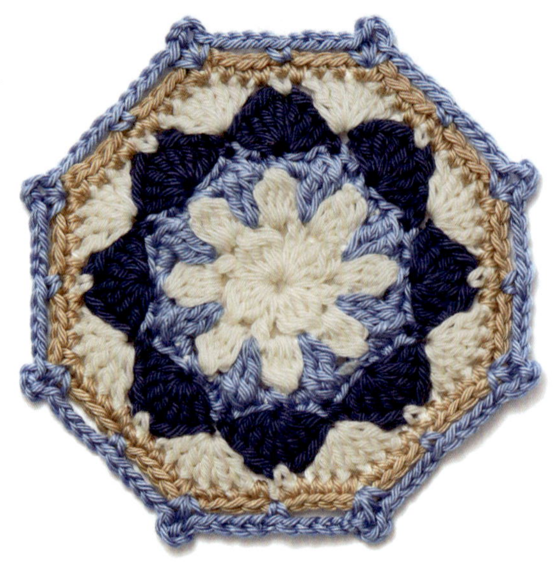

FERTIGE GRÖSSE
12 cm von Kante zu Kante vor dem Spannen

HÄKELNADEL
4,0 mm

MASCHENPROBE
1.–3. Runde = 6,5 cm von Kante zu Kante

FARBEN
(A) 3718 Natural
(B) 3772 Cornflower
(C) 3793 Indigo Blue
(D) 3717 Sand

Anmerkungen

- 1 Anf-Lm zählt nie als Masche.
- Alle Rd werden in das hMg gearbeitet – außer an den Eck-Lm-Bg.
- In einer Unifarbe entsteht ein Motiv mit dezenter Struktur. Durch Farbwechsel in jeder 2. Rd werden die Reliefmaschen stärker hervorgehoben.

In Fb A einen Fadenring legen.

1. Rd: 2 Anf-Lm, 1 3er-BüStb (zählt stets als 1 4er-BüStb), 3x (2 Lm, 1 Stb, 2 Lm, 1 4er-BüStb) in den Ring, 2 Lm, 1 Stb in den Ring, 2 Lm, Rd mit 1 Km in 1. 3er-BüStb schließen – 4 4er-BüStb, 4 Stb, 8 2-Lm-Bg.

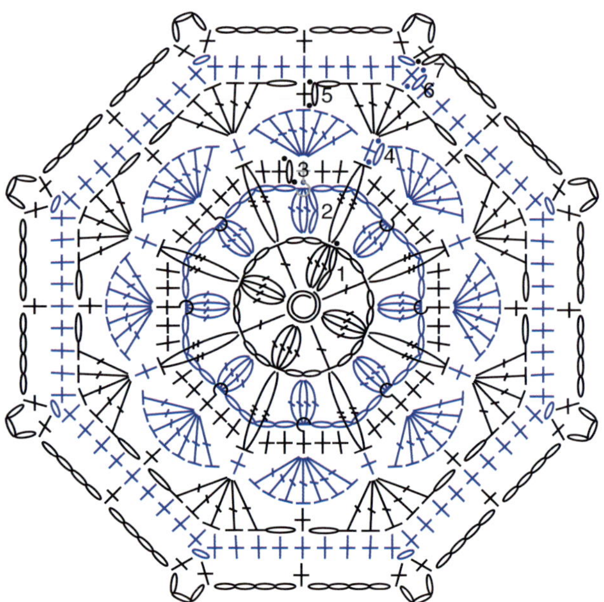

2. Rd: 1 Km in folg 2-Lm-Bg, 2 Anf-Lm, 1 3er-BüStb, 4 Lm, (1 4er-BüStb, 4 Lm) fortl in jeden 2-Lm-Bg, Rd mit 1 Km in 1. 3er-BüStb schließen – 8 4er-BüStb, 8 4-Lm-Bg. Fb A abm.

3. Rd: Mit 1 Km in beliebigem 4-Lm-Bg Fb B anm, 1 Anf-Lm, *2 fM in 4-Lm-Bg, vor 4-Lm-Bg der 2. Rd 1 2er-BüDStb in entsprechendes ausgel 4er-BüStb der 1. Rd, 2 fM in dens 4-Lm-Bg, 1 RfMv um folg 4er-BüStb; ab * fortl wh, Rd mit 1 Km in 1. fM schließen – 32 fM, 8 2er-BüDStb, 8 RfMv. Fb B abm.

4. Rd: Mit 1 Km in beliebigem 2er-BüDStb Fb C anm, 1 Anf-Lm, 1 fM in dies M, *2 M ausl, 7 Stb in folg RfMv, 2 M ausl**, 1 fM in folg 2er-BüDStb; ab * fortl wh, letzte Wh bei ** beenden, Rd mit 1 Km in 1. fM schließen – 8 fM, 56 Stb. Fb C abm.

5. Rd: Mit 1 Km in 4. Stb einer beliebigen 7-Stb-Gruppe Fb A anm, 1 Anf-Lm, 1 fM in dies M, *1 Lm, 3 M ausl, 5 Stb in folg fM, 1 Lm, 3 M ausl**, 1 fM in folg M; ab * fortl wh, letzte Wh bei ** beenden, Rd mit 1 Km in 1. fM schließen – 8 fM, 16 1-Lm-Bg, 40 Stb. Fb A abm.

6. Rd: Mit 1 Km in 3. Stb einer beliebigen 5-Stb-Gruppe Fb D anm, 1 Anf-Lm, (1 fM, 1 Lm, 1 fM) in dies M, *je 1 fM in folg 2 M, 1 fM in folg 1-Lm-Bg, 1 fM in folg M, 1 fM in folg 1 -Lm-Bg, je 1 fM in folg 2 M**, (1 fM, 1 Lm, 1 fM) in folg M; ab * fortl wh, letzte Wh bei ** beenden, Rd mit 1 Km in 1. fM schließen – 72 fM, 8 1-Lm-Bg. Fb D abm.

7. Rd: Mit 1 Km in beliebigem 1-Lm-Bg Fb B anm, 1 Anf-Lm, *(1 fM, 3 Lm, 1 fM) in 1-Lm-Bg, 4 Lm, 4 M ausl, 1 fM in folg M, 4 Lm, 4 M ausl; ab * fortl wh, Rd mit 1 Km in 1. fM schließen – 24 fM, 16 4-Lm-Bg, 8 3-Lm-Bg. Fb B abm.

***Alternative Farbfolge für Motiv 96** ▶*
(A) 3753 White Peach
(B) 3760 Celery
(C) 3763 Water Lily

FERTIGE GRÖSSE
10 cm von Kante zu Kante vor dem Spannen

HÄKELNADEL
4,0 mm

MASCHENPROBE
1.–3. Runde = 5,5 cm von Kante zu Kante

FARBEN
(A) 3774 Major Teal
(B) 3759 Taupe
(C) 3807 Jasmine Green

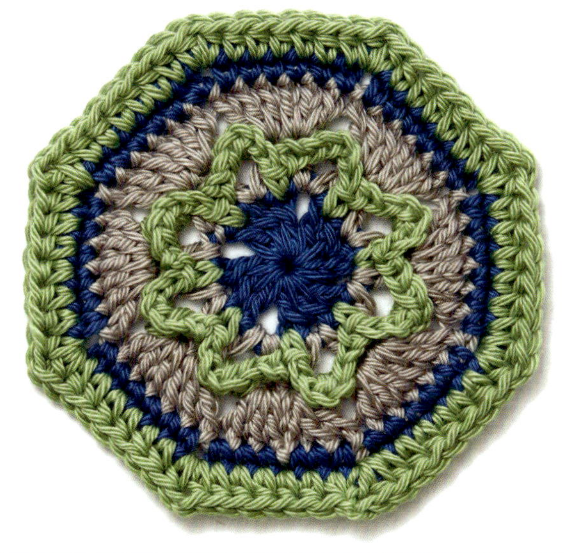

#96

Anmerkungen

- Für die 2. und 4. Rd möglichst eine neutrale Farbe wählen, damit die »Wellen« in der Mitte hervorstechen.
- 1 Anf-Lm zählt nie als Masche.

In Fb A einen Fadenring legen.

1. Rd: 3 Anf-Lm (zählen als 1 Stb), 2 Stb in den Ring, 2 Lm, 3x (3 Stb, 2 Lm) in den Ring, Rd mit 1 Km in oberste Anf-Lm schließen – 12 Stb, 4 2-Lm-Bg. Fb A abm.

2. Rd: Mit 1 Km in beliebigem 2-Lm-Bg Fb B anm, 5 Anf-Lm (zählen als 1 Stb, 2 Lm), 1 Stb in dens Lm-Bg, *1 M ausl, (1 Stb, 2 Lm, 1 Stb) in folg M**, (1 Stb, 2 Lm, 1 Stb) in folg 2-Lm-Bg; ab * fortl wh, letzte Wh bei ** beenden, Rd mit 1 Km in 3. Anf-Lm schließen – 16 Stb, 8 2-Lm-Bg. Fb B abm.

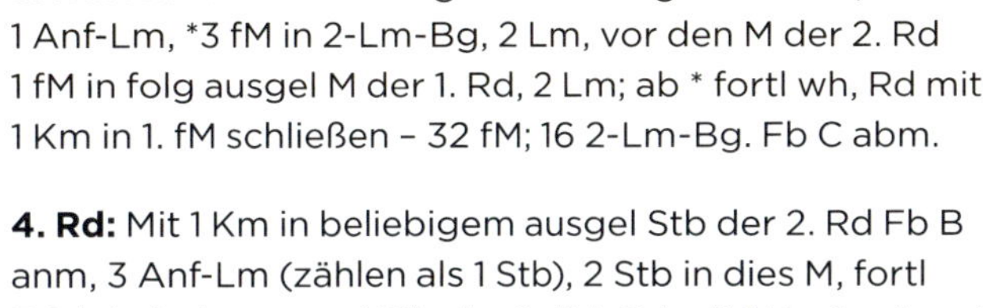

3. Rd: Mit 1 Km in beliebigem 2-Lm-Bg Fb C anm, 1 Anf-Lm, *3 fM in 2-Lm-Bg, 2 Lm, vor den M der 2. Rd 1 fM in folg ausgel M der 1. Rd, 2 Lm; ab * fortl wh, Rd mit 1 Km in 1. fM schließen – 32 fM; 16 2-Lm-Bg. Fb C abm.

4. Rd: Mit 1 Km in beliebigem ausgel Stb der 2. Rd Fb B anm, 3 Anf-Lm (zählen als 1 Stb), 2 Stb in dies M, fortl 3 Stb in jedes ausgel Stb der 2. Rd, Rd mit 1 Km in oberste Anf-Lm schließen – 48 Stb. Fb B abm.

5. Rd: Mit 1 Km in 1. Stb einer beliebigen, in 2 aufeinanderfolg M gearbeiteten 6Stb-Gruppe Fb A anm, 1 Anf-Lm, je 1 fM in erste 6 M, 2 Lm, *je 1 fM in folg 6 M, 2 Lm; ab * fortl wh, Rd mit 1 Km in 1.fM schließen – 48 fM, 8 2-Lm-Bg. Fb A abm.

6. Rd: Mit 1 Km in beliebigem 2-Lm-Bg Fb C anm, 3 Anf-Lm (zählen als 1 hStb, 1 Lm), 1 hStb in dens Lm-Bg, *je 1 hStb in folg 6 M**, (1 hStb, 1 Lm, 1 hStb) in folg 2-Lm-Bg; ab * fortl wh, letzte Wh bei ** beenden, Rd mit 1 Km in 2. Anf-Lm schließen – 64 hStb, 8 1-Lm-Bg. Fb C abm.

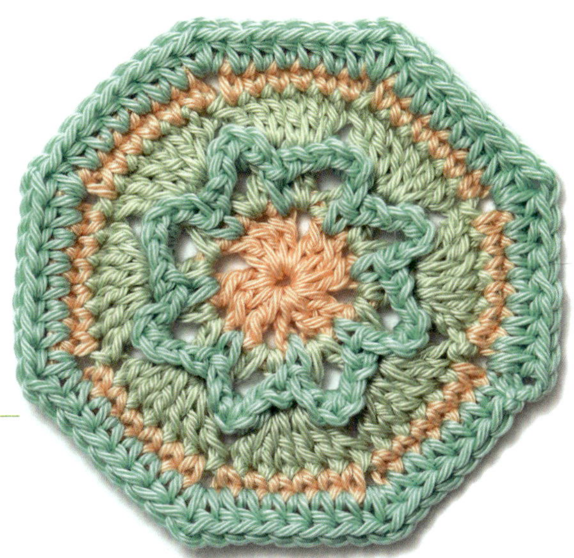

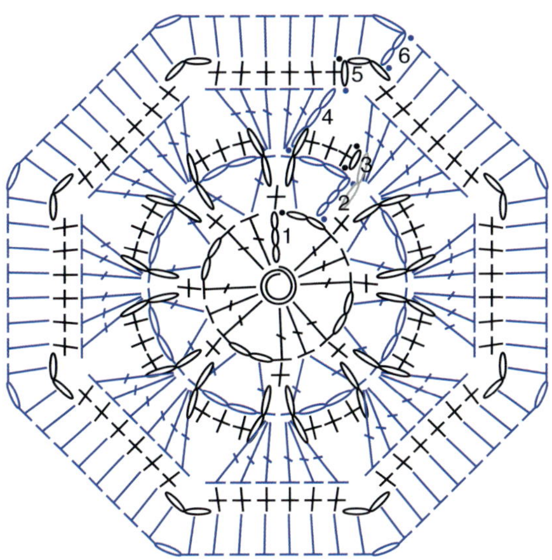

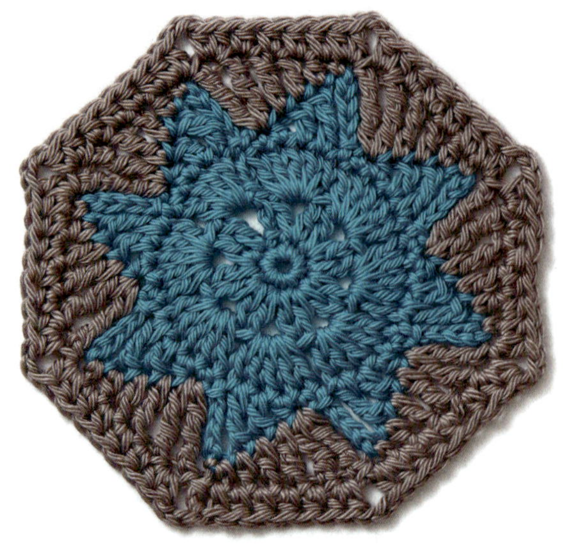

FERTIGE GRÖSSE
11,5 cm von Kante zu Kante vor dem Spannen

HÄKELNADEL
4,0 mm

MASCHENPROBE
1.–3. Runde = 5 cm Durchmesser

FARBEN
(A) 3735 Jade
(B) 3798 Suede

Anmerkungen

- 1 Anf-Lm zählt nie als Masche.
- Mit einer einzelnen Farbe wird der Stern in der Mitte betont. Durch verschiedene Rotbrauntöne mit Farbwechsel in jeder Runde entsteht dagegen ein »Retro-Look«.

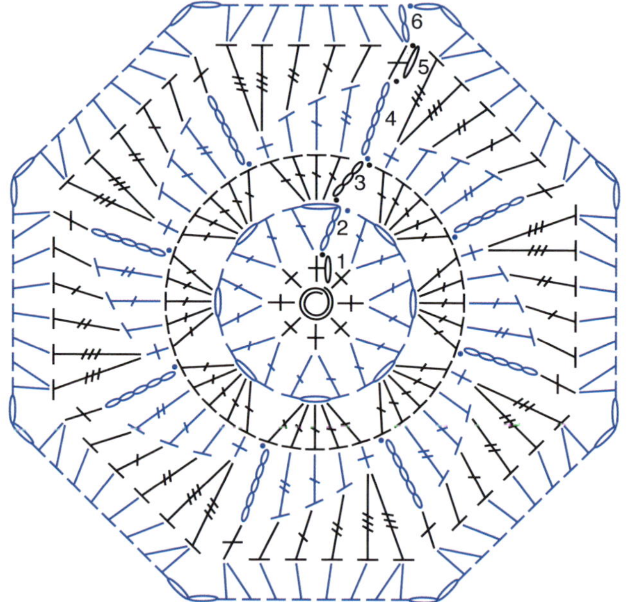

In Fb A einen Fadenring legen.

1. Rd: 1 Anf-Lm, 8 fM in den Ring, Rd mit 1 Km in 1. fM schließen – 8 fM.

2. Rd: 4 Anf-Lm (zählen als 1 Stb, 1 Lm), 1 Stb in dies M, (1 Stb, 1 Lm, 1 Stb) fortl in jede M, Rd mit 1 Km in 3. Anf-Lm schließen – 16 Stb, 8 1-Lm-Bg.

3. Rd: 1 Km in folg 1-Lm-Bg, 3 Anf-Lm (zählen als 1 Stb), 4 Stb in dens Lm-Bg, 5 Stb fortl in jeden 1-Lm-Bg, Rd mit 1 Km in oberste Anf-Lm schließen – 40 Stb.

4. Rd: *5 Anf-Lm (zählen stets als 1 DreifStb), 1 DStb in folg M, 1 Stb in folg M, 1 hStb in folg M, 1 fM in folg M, 1 Km in folg M; ab * fortl wh, letzte Km zum Rd-Schluss in oberste Anf-Lm der 3. Rd arb – 8 DreifStb, 8 DStb, 8 Stb, 8 hStb, 8 fM, 8 Km. Fb A abm.

5. Rd: Mit 1 Km in die oberste Lm eines beliebigen 5-Lm-»DreifStb« Fb B anm, 1 Anf-Lm, *1 fM in oberste von 5 Lm, 1 hStb in folg DStb, 1 Stb in folg Stb, 1 DStb in folg hStb, 2 DreifStb in folg fM; ab * fortl wh, Rd mit 1 Km in 1. fM schließen – 8 fM, 8 hStb, 8 Stb, 8 DStb, 16 DreifStb.

6. Rd: 2 Anf-Lm (zählen als 1 hStb), 1 hStb in dies M, *je 1 hStb in folg 4 M, 2 hStb in folg M, 2 Lm**, 2 hStb in folg M; ab * fortl wh, letzte Wh bei ** beenden, Rd mit 1 Km in oberste Anf-Lm schließen – 64 hStb, 8 2-Lm-Bg. Fb B abm.

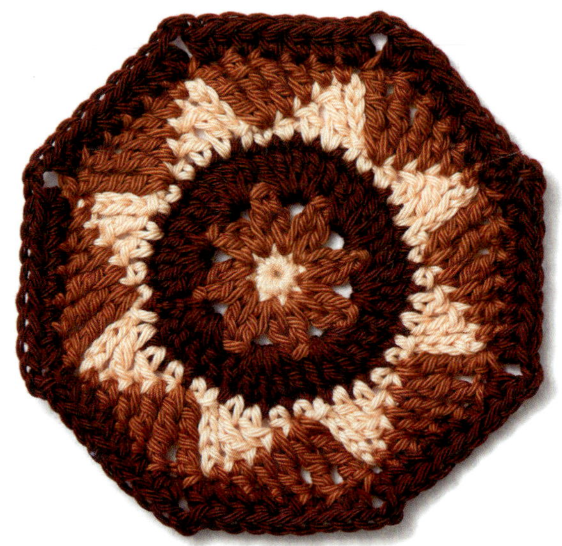

FERTIGE GRÖSSE
12 cm von Spitze zu Spitze vor dem Spannen

HÄKELNADEL
4,0 mm

MASCHENPROBE
1.–3. Runde = 7,5 cm Durchmesser

FARBEN
(A) 3750 Tangerine
(B) 3748 Buttercup
(C) 3736 Ice

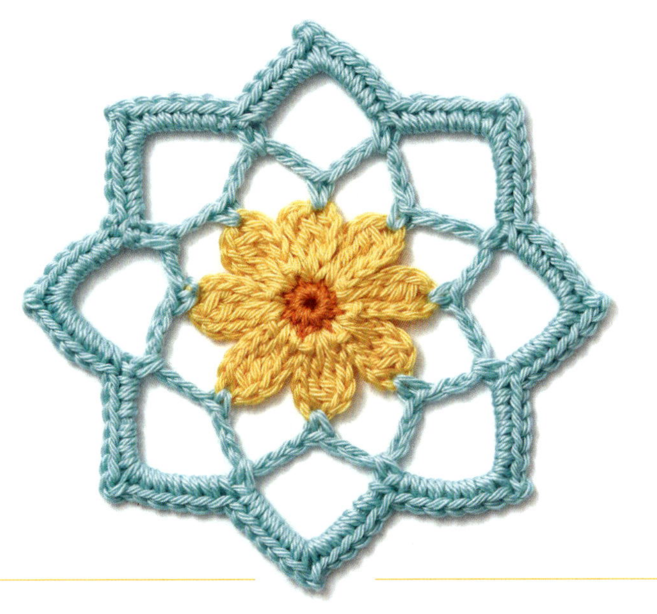

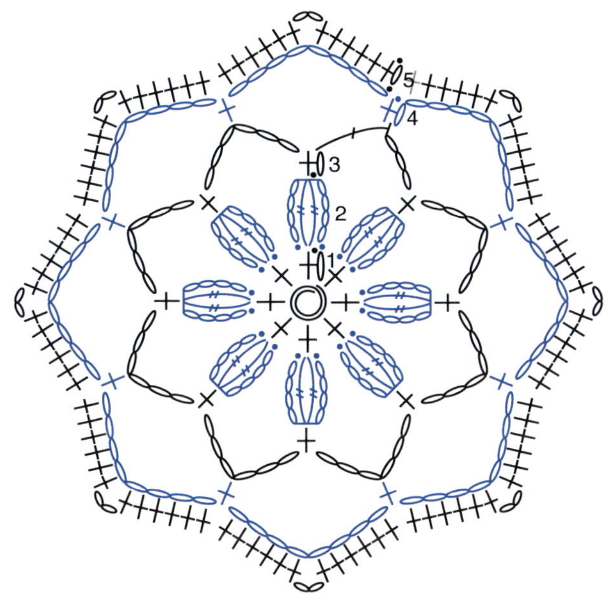

Anmerkungen

- 1 Anf-Lm zählt nie als Masche.
- Die 3. Rd schließt mit (3 Lm, 1 Stb) [zählt als 6-Lm-Bg]. So liegt die Nadel besser für den Anf der folg Rd.

In Fb A einen Fadenring legen.

1. Rd: 1 Anf-Lm, 8 fM in den Ring, Rd mit 1 Km in 1. fM schließen – 8 fM. Fb A abm.

2. Rd: Mit 1 Km in beliebiger M Fb B anm, (4 Lm, 1 2er-BüDStb, 4 Lm, 1 Km) in dies M, (1 Km, 4 Lm, 1 2er-BüDStb, 4 Lm, 1 Km) fortl in jede M, Rd mit 1 Km in 1. fM am Anf der 1. Rd schließen – 16 Km, 16 4-Lm-Bg, 8 2er-BüDStb. Fb B abm.

3. Rd: Mit 1 Km in beliebigem 2er-BüDStb Fb C anm, 1 Anf-Lm, 1 fM in dies M, (6 Lm, 1 fM) fortl in jedes 2er-BüDStb, Rd mit 3 Lm, 1 Stb in 1. fM schließen (zählt als 6-Lm-Bg) – 8 fM, 8 6-Lm-Bg.

4. Rd: 1 Anf-Lm, (1 fM, 8 Lm) fortl in jeden 6-Lm-Bg, Rd mit 1 Km in 1. fM schließen – 8 fM, 8 8-Lm-Bg.

5. Rd: 1 Km in folg 8-Lm-Bg, 1 Anf-Lm, (6 fM, 2 Lm, 6 fM) fortl in jeden 8-Lm-Bg, Rd mit 1 Km in 1. fM schließen – 96 fM, 8 2-Lm-Bg. Fb C abm.

◀ ***Alternative Farbfolge für Motiv 97***
(A) 3753 White Peach (1. und 4. Rd)
(B) 3769 Ginger (2. und 5. Rd)
(C) 3714 Burgundy (3. und 6. Rd)

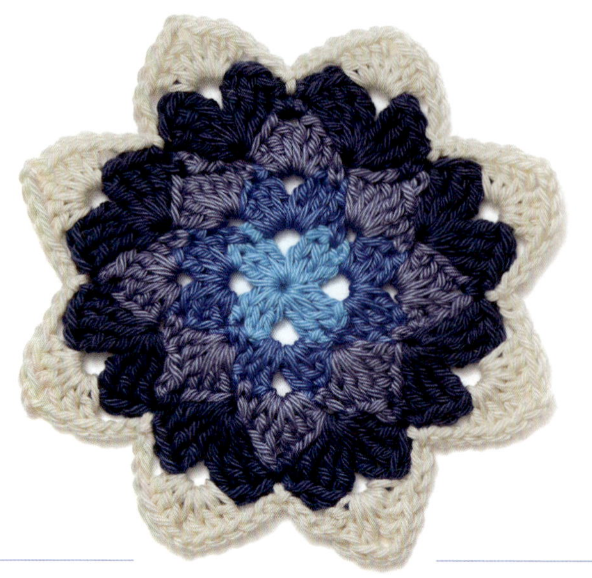

FERTIGE GRÖSSE
14 cm von Spitze zu Spitze vor dem Spannen

HÄKELNADEL
4,0 mm

MASCHENPROBE
1.–3. Runde = 9 cm von Spitze zu Spitze

FARBEN
(A) 3732 Aqua
(B) 3800 Blueberry
(C) 3805 Colony Blue
(D) 3793 Indigo Blue
(E) 3718 Natural

Anmerkungen

- 1 Anf-Lm zählt nie als Masche.
- Probieren Sie aus, wie dieses Motiv nur in kühlen oder nur in warmen Farben wirkt. Durch Farbwechsel in jeder Rd stechen die »Blütenblätter« des Blumenmotivs hervor.

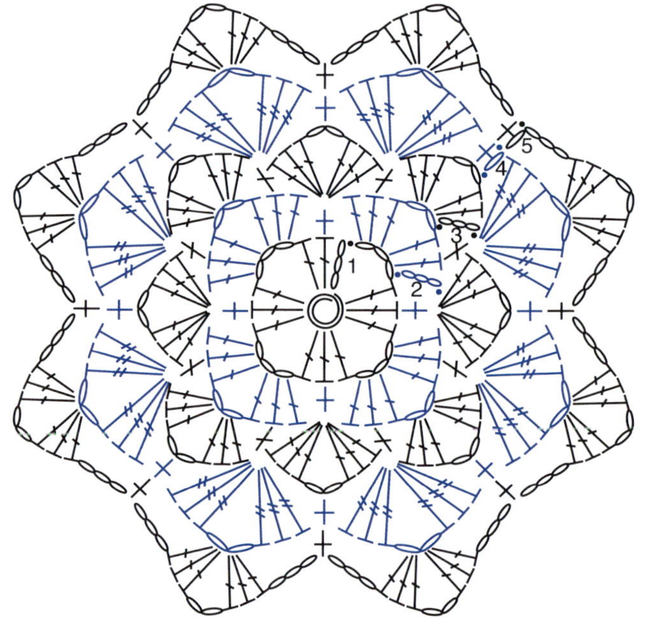

In Fb A einen Fadenring legen.

1. Rd: 3 Anf-Lm (zählen stets als 1 Stb), 2 Stb in den Ring, 3 Lm, 3x (3 Stb, 3 Lm) in den Ring, Rd mit 1 Km in oberste Anf-Lm schließen – 12 Stb, 4 3-Lm-Bg. Fb A abm.

2. Rd: Mit 1 Km in beliebigem 2-Lm-Bg Fb B anm, 3 Anf-Lm, (2 Stb, 2 Lm, 3 Stb) in dens Lm-Bg, *1 M ausl, 1 fM in folg M, 1 M ausl**, (3 Stb, 2 Lm, 3 Stb) in folg 3-Lm-Bg; ab * fortl wh, letzte Wh bei ** beenden, Rd mit 1 Km in oberste Anf-Lm schließen – 24 Stb, 4 2-Lm-Bg, 4 fM. Fb B abm.

3. Rd: Mit 1 Km in beliebigem 2-Lm-Bg Fb C anm, 3 Anf-Lm, (2 Stb, 2 Lm, 3 Stb) in dens Lm-Bg, *1 M ausl, 1 fM in folg M, 1 M ausl, (3 Stb, 2 Lm, 3 Stb) in folg M, 1 M ausl, 1 fM in folg M**, (3 Stb, 2 Lm, 3 Stb) in folg 2-Lm-Bg; ab * fortl wh, letzte Wh bei ** beenden, Rd mit 1 Km in oberste Anf-Lm schließen – 48 Stb, 8 2-Lm-Bg, 8 fM. Fb C abm.

4. Rd: Mit 1 Km in beliebigem 2-Lm-Bg Fb D anm, 1 Anf-Lm, *1 fM in 2-Lm-Bg, 3 M ausl, (3 DStb, 2 Lm, 3 DStb) in folg M, 3 M ausl; ab * fortl wh, Rd mit 1 Km in 1. fM schließen – 48 DStb, 8 2-Lm-Bg, 8 fM. Fb D abm.

5. Rd: Mit 1 Km in beliebiger fM Fb E anm, 1 Anf-Lm, 1 fM in 1. M, 3 Lm, (3 Stb, 2 Lm, 3 Stb) in folg 2-Lm-Bg, 3 Lm, 3 M ausl**, 1 fM in folg M; ab * fortl wh, letzte Wh bei ** beenden, Rd mit 1 Km in 1. fM schließen – 48 Stb, 8 2-Lm-Bg, 8 fM, 16 3-Lm-Bg. Fb E abm.

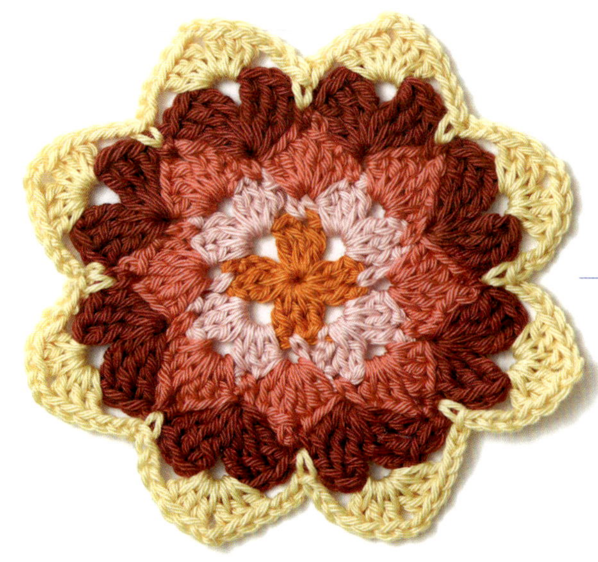

FERTIGE GRÖSSE
12 cm von Spitze zu Spitze vor dem Spannen

HÄKELNADEL
4,0 mm

MASCHENPROBE
1.–3. Runde = 7,5 cm Durchmesser

FARBEN
(A)3732 Aqua
(B) 3748 Buttercup
(C) 3704 Syrah

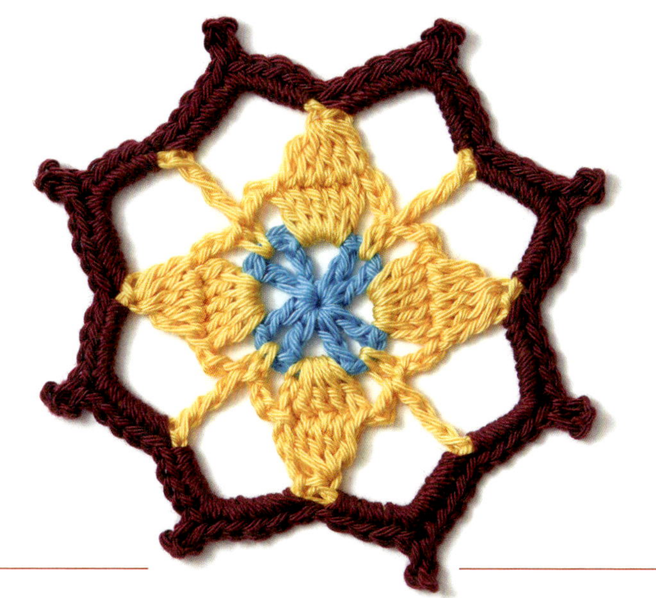

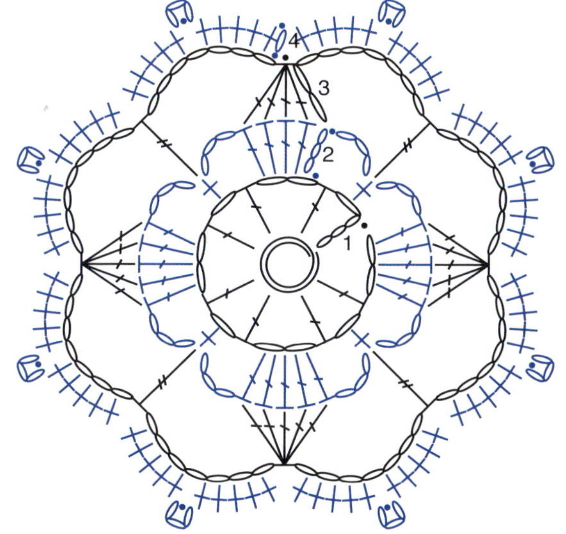

Anmerkung

- 1 Anf-Lm zählt nie als Masche.

In Fb A einen Fadenring legen.

1. Rd: 4 Anf-Lm (zählen als 1 Stb, 1 Lm), *1 Stb in den Ring, 2 Lm, 1 Stb in den Ring, 1 Lm; ab * 2x wh, 1 Stb in den Ring, 2 Lm, Rd mit 1 Km in 3. Anf-Lm schließen – 8 Stb, 4 1-Lm-Bg, 4 2-Lm-Bg. Fb A abm.

2. Rd: Mit 1 Km in beliebigem 2-Lm-Bg Fb B anm, 3 Anf-Lm (zählen als 1 Stb), 4 Stb in dens Lm-Bg, *3 Lm, 1 fM in folg 1-Lm-Bg, 3 Lm**, 5 Stb in folg 2-Lm-Bg; ab * fortl wh, letzte Wh bei ** beenden, Rd mit 1 Km in oberste Anf-Lm schließen – 20 Stb, 8 3-Lm-Bg, 4 fM.

3. Rd: 2 Anf-Lm, 4 Stb zus über folg 4 Stb (zählt als 5 Stb zus), *7 Lm, folg 3-Lm-Bg ausl, 1 DStb in folg fM, 7 Lm, folg 3-Lm-Bg ausl **, 5 Stb zus über folg 5 Stb; ab * fortl wh, letzte Wh bei ** beenden, Rd mit 1 Km in 1. 4Stb-zus schließen – 4 5Stb-zus, 8 7-Lm-Bg, 4 DStb. Fb B abm.

4. Rd: Mit 1 Km in beliebigem 7-Lm-Bg Fb C anm, 1 Anf-Lm, (5 fM, 1 P, 5 fM) fortl in jeden 7-Lm-Bg, Rd mit 1 Km in 1. fM schließen – 80 fM, 8 P. Fb C abm.

◂ ***Alternative Farbfolge für Motiv 99***
(A) 3750 Tangerine
(B) 3711 China Pink
(C) 3802 Honeysuckle
(D) 3701 Cranberry
(E) 3764 Sunshine

DIE Modellanleitungen

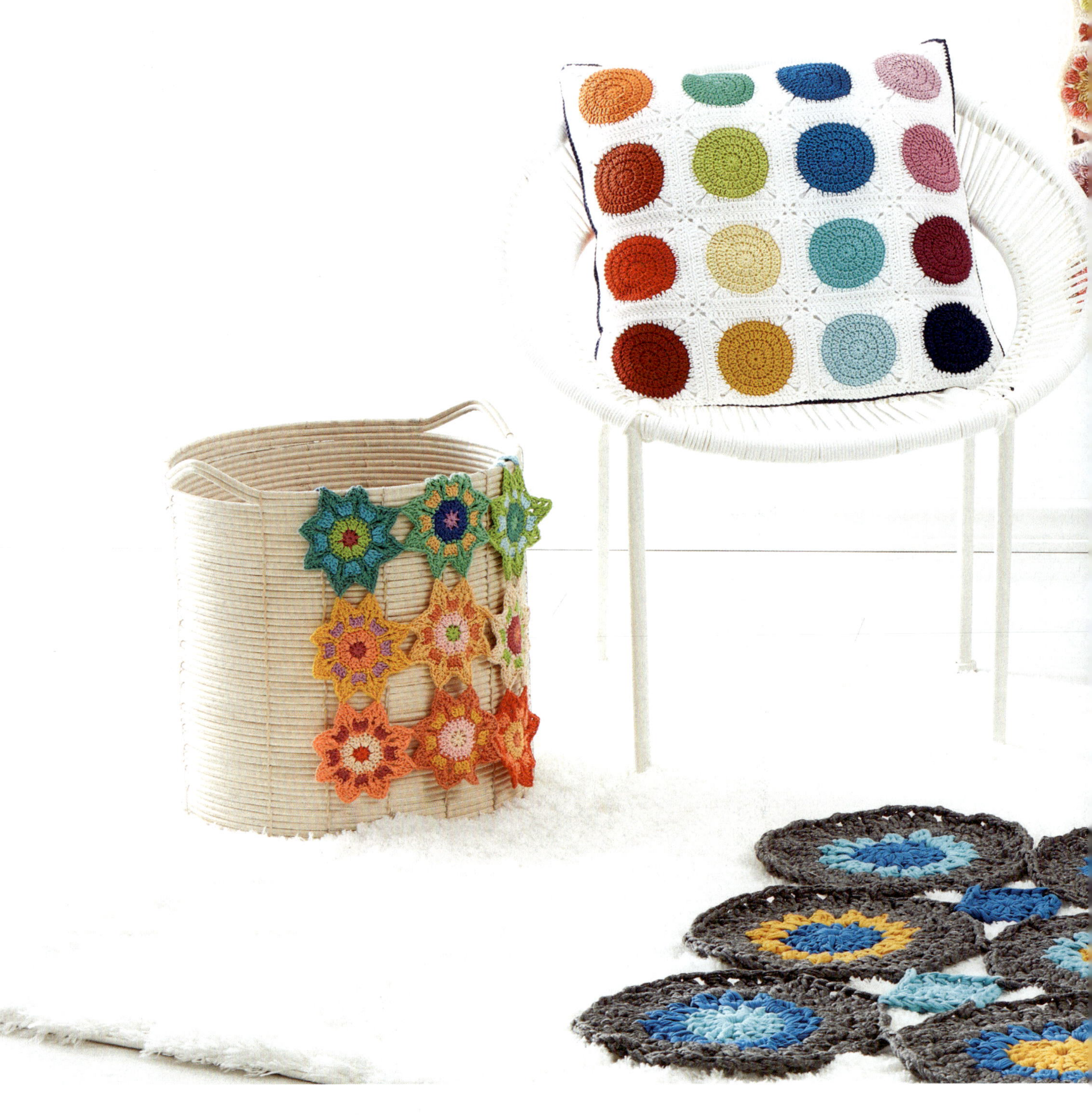

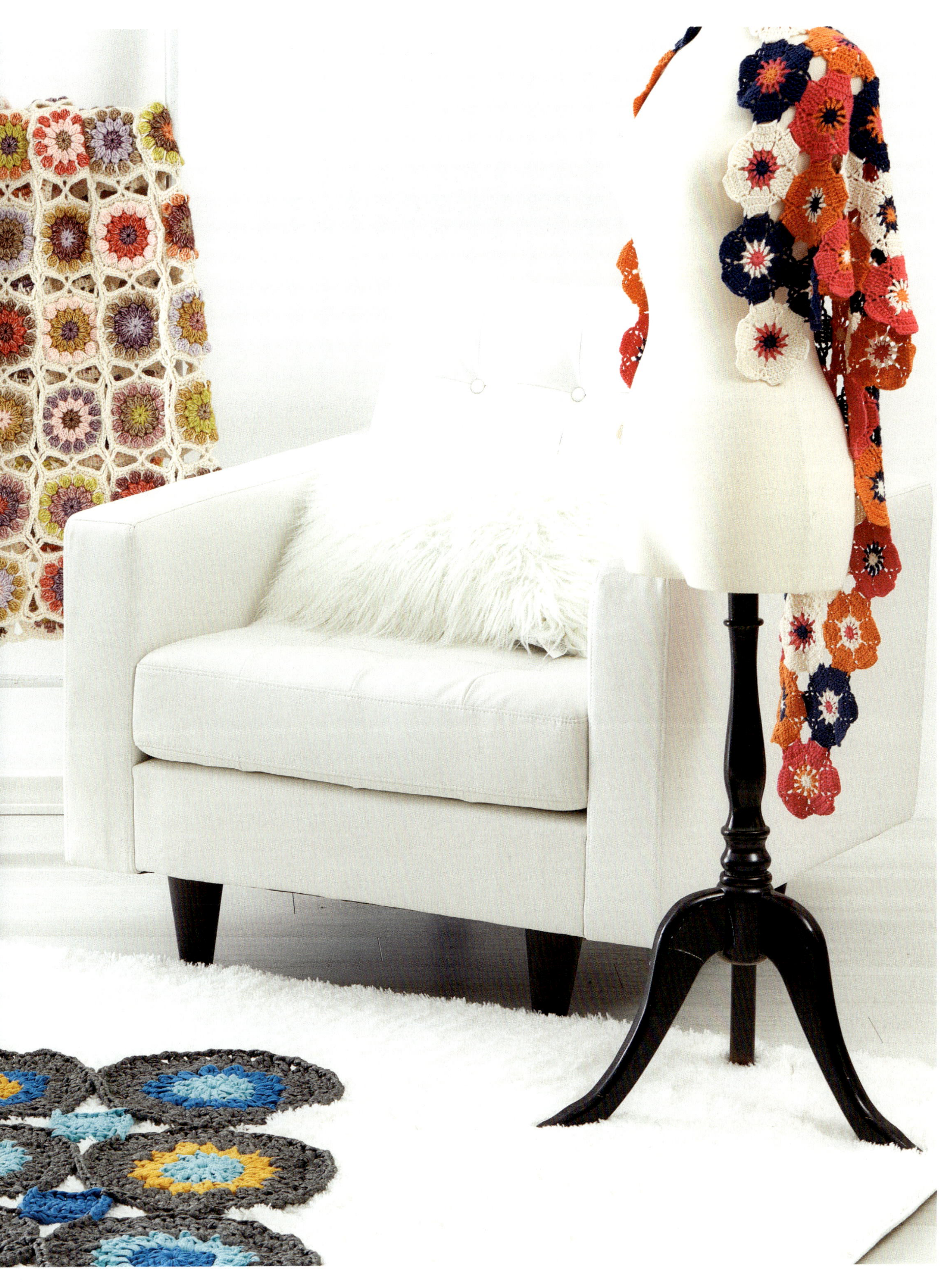

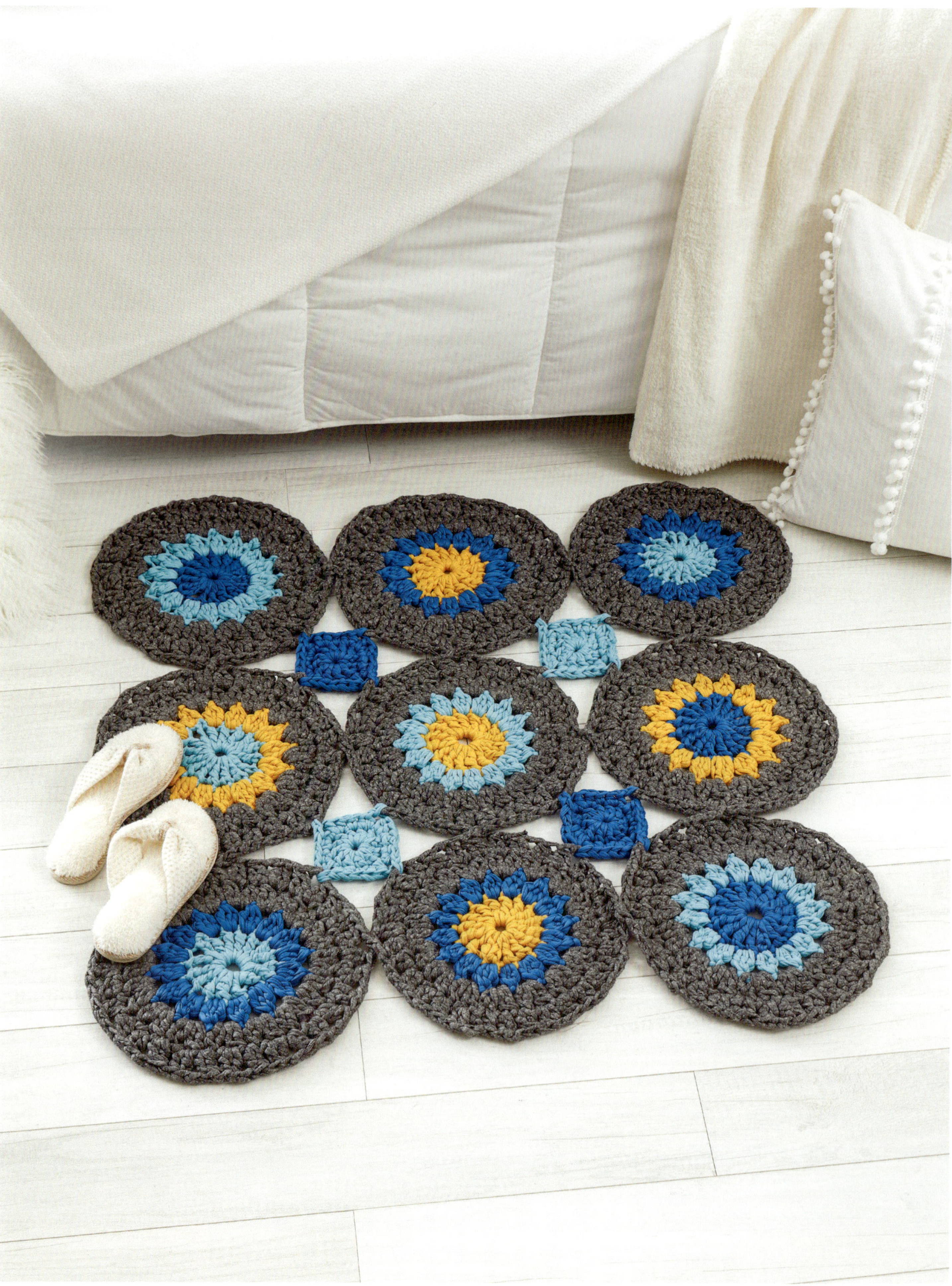

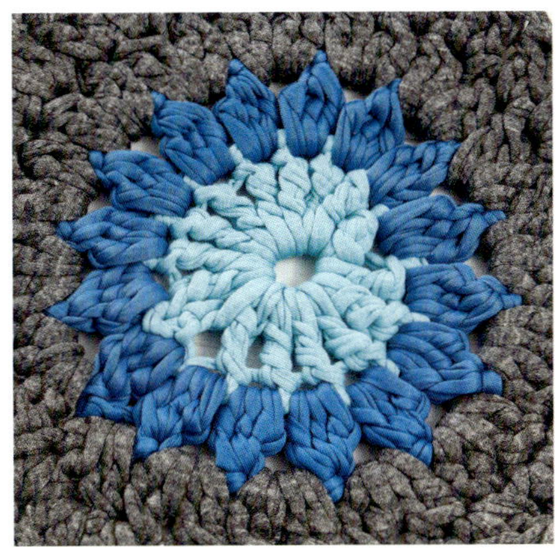

Teppich »Kreise im Quadrat«

FERTIGE GRÖSSE

89 x 89 cm vor dem Spannen

GARN

Extradickes Garn (Stärke 6, Super Bulky)

ABGEBILDETES MODELL: Hoooked Zpagetti (90 % Baumwolle, 10 % Synthetik; LL 120 m/850 g): Optic Anthracite (Hauptfarbe A), 2 Rollen, Passion Aqua (Kontrastfarbe B), Shining Aqua (Kontrastfarbe C), Ocre Spice (Kontrastfarbe D), jeweils 1 Rolle.

HÄKELNADEL

10,0 mm; 6,0 mm zum Vernähen der Fäden

MASCHENPROBE

1. und 2. Runde = 19 cm Durchmesser
Motiv = 30,5 cm Durchmesser

Anmerkungen

- Für dieses Modell wird das Motiv Nr. 4 (S. 18) verwendet.
- Dieses Motiv ist zum fortlaufenden Zusammenhäkeln (Join-as-you-go-Methode) konzipiert. Dazu die 2-Lm-Bogen verwenden. Die quadratischen Füllmotive werden am Schluss eingefügt.

Anleitung

HAUPTMOTIVE

9x Motiv 4 (S. 18) häkeln. Von allen Quadraten die 1. und 2. Rd arbeiten, dann ihre Anordnung im Teppich festlegen. Die 3. Rd wird an allen Motiven gleich gearbeitet. In der 4. Rd werden die Motive fortlaufend zusammengehäkelt (Join-as-you-go-Methode):

1. Motiv (linke obere Ecke des Teppichs)

4. Rd: 2 Anf-Lm, 1 Stb in dies M (zählt als 1 2er-BüStb), *1 2er-BüStb in folg 2er-BüStb, 2 Lm**, 1 2er-BüStb in folg 2er-BüStb; ab * fortl wh, letzte Wh bei ** beenden, Rd mit 1 Km in 1. Stb schließen – 32 2er-BüStb, 16 2-Lm-Bg. Fb C abm.

2. und 3. Motiv (1. Reihe des Teppichs, von links nach rechts)

4. Rd: 2 Anf-Lm, 1 Stb in dies M (zählt als 1 2er-BüStb), *1 2er-BüStb in folg 2er-BüStb, 2 Lm**, 1 2er-BüStb in folg 2er-BüStb; ab * 14x wh, 1 2er-BüStb in folg 2er-BüStb, 1 Lm, Nadel aus der Schl nehmen und in entsprechenden 2-Lm-Bg des vorigen Motivs einstechen, Schl wieder aufn, 1 Lm, Rd mit 1 Km in 1. Stb schließen – 32 2er-BüStb, 16 2-Lm-Bg. Fb C abm.

4. Motiv (2. Reihe des Teppichs)

Wie das 2. Motiv arbeiten, dabei so mit der Seite des ersten Motivs zusammenhäkeln, dass zwischen den Verbindungen 3 2-Lm-Bg frei bleiben.

Anmerkung: *Zwischen dieser und der Verbindung zwischen dem 1. und 2. Motiv sollten 8 2er-BüStb liegen.*

5. und 6. Motiv (2. Reihe des Teppichs, von links nach rechts)

4. Rd: 2 Anf-Lm, 1 Stb in dies M (zählt als 1 2er-BüStb), *1 2er-BüStb in folg 2er-BüStb, 2 Lm, 1 2er-BüStb in folg 2er-BüStb*; von * bis * 10x wh, **1 2er-BüStb in folg 2er-BüStb, 1 Lm, Nadel aus der Schl nehmen und in entsprechenden 2-Lm-Bg des vorigen Motivs einstechen, Schl wieder aufn, 1 Lm**; von * bis * 3x wh; von ** bis ** 1x wh, Rd mit 1 Km in 1. Stb schließen – 32 2er-BüStb, 16 2-Lm-Bg. Fb C abm.

7. bis 9. Motiv

4. bis 6. Motiv wh.

Füllmotiv (4 Stück häkeln)

In Fb A einen Fadenring legen.

1. Rd: 3 Anf-Lm (zählen als 1 Stb), 11 Stb in den Ring, Rd mit 1 Km in oberste Anf-Lm schließen – 12 Stb.

2. Rd: 1 Anf-Lm (zählt nicht als M), 1 fM in dies M, 2 hStb in folg M, 1 Lm, Nadel aus der Schl nehmen und in 2-Lm-Bg des links darüberliegenden Motivs einstechen *(Anmerkung: Zwischen dieser und der Verbindung zu den Kreismotiven auf beiden Seiten sollten 4 2er-BüStb liegen),* Schl wieder aufn, 1 Lm, 2 hStb in folg M, 1 fM in folg M, 2 hStb in folg M, 1 Lm, Nadel aus der Schl nehmen und in 2-Lm-Bg des links darunterliegenden Motivs einstechen, Schl wieder aufn, 1 Lm, 2 hStb in folg M, 1 fM in folg M, 2 hStb in folg M, 1 Lm, Nadel aus der Schl nehmen und in 2-Lm-Bg des rechts darunterliegenden Motivs einstechen, Schl wieder aufn, 1 Lm, 2 hStb in folg M, 1 fM in folg M, 2 hStb in folg M, 1 Lm, Nadel aus der Schl nehmen und in 2-Lm-Bg des rechts darüberliegenden Motivs einstechen, Schl wieder aufn, 1 Lm, 2 hStb in folg M, Rd mit 1 Lm in 1. fM schließen – 4 fM, 16 hStb, 4 2-Lm-Bg. Faden abmaschen.

Fertigstellung

Alle Fäden vernähen und Teppich nach Belieben spannen.

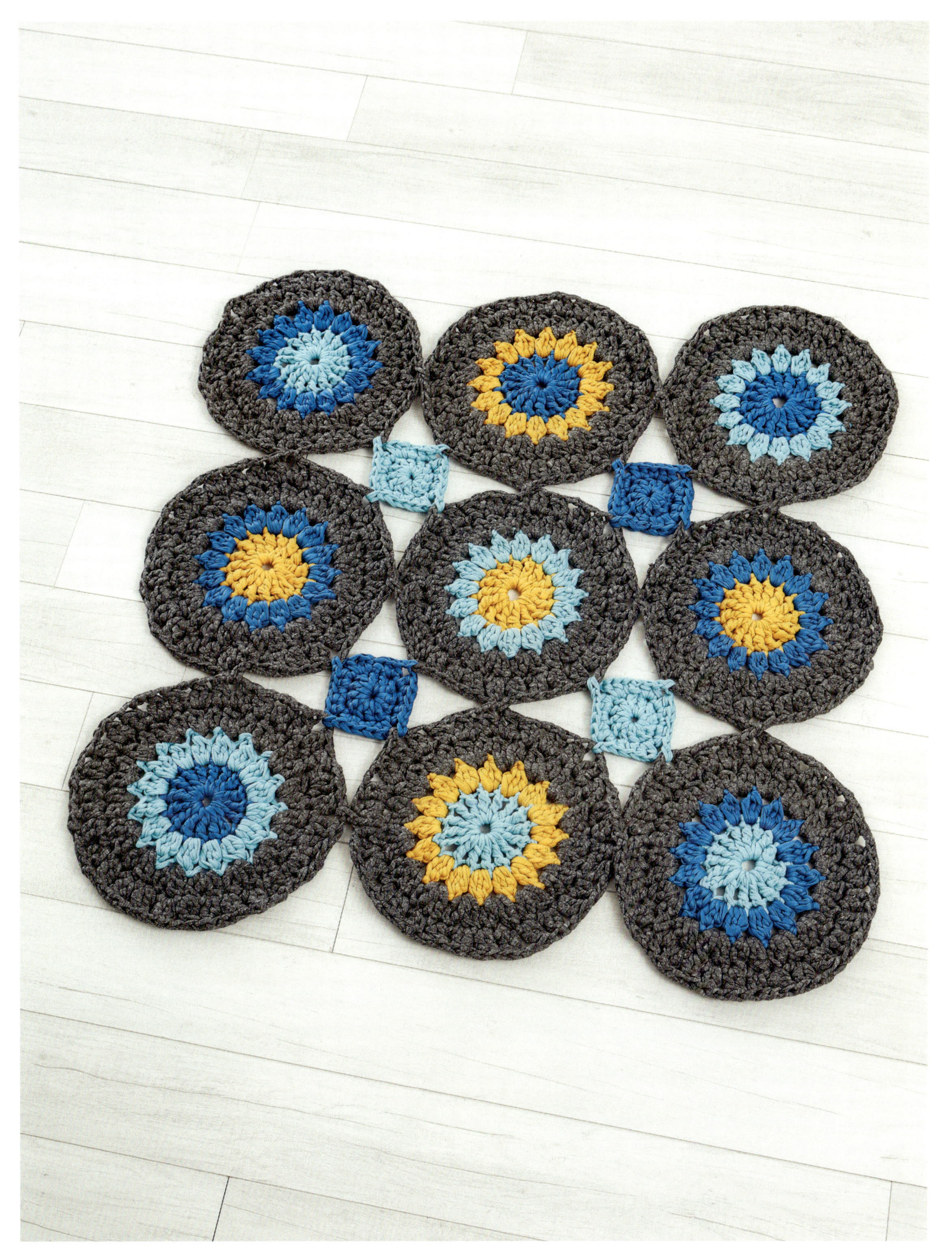

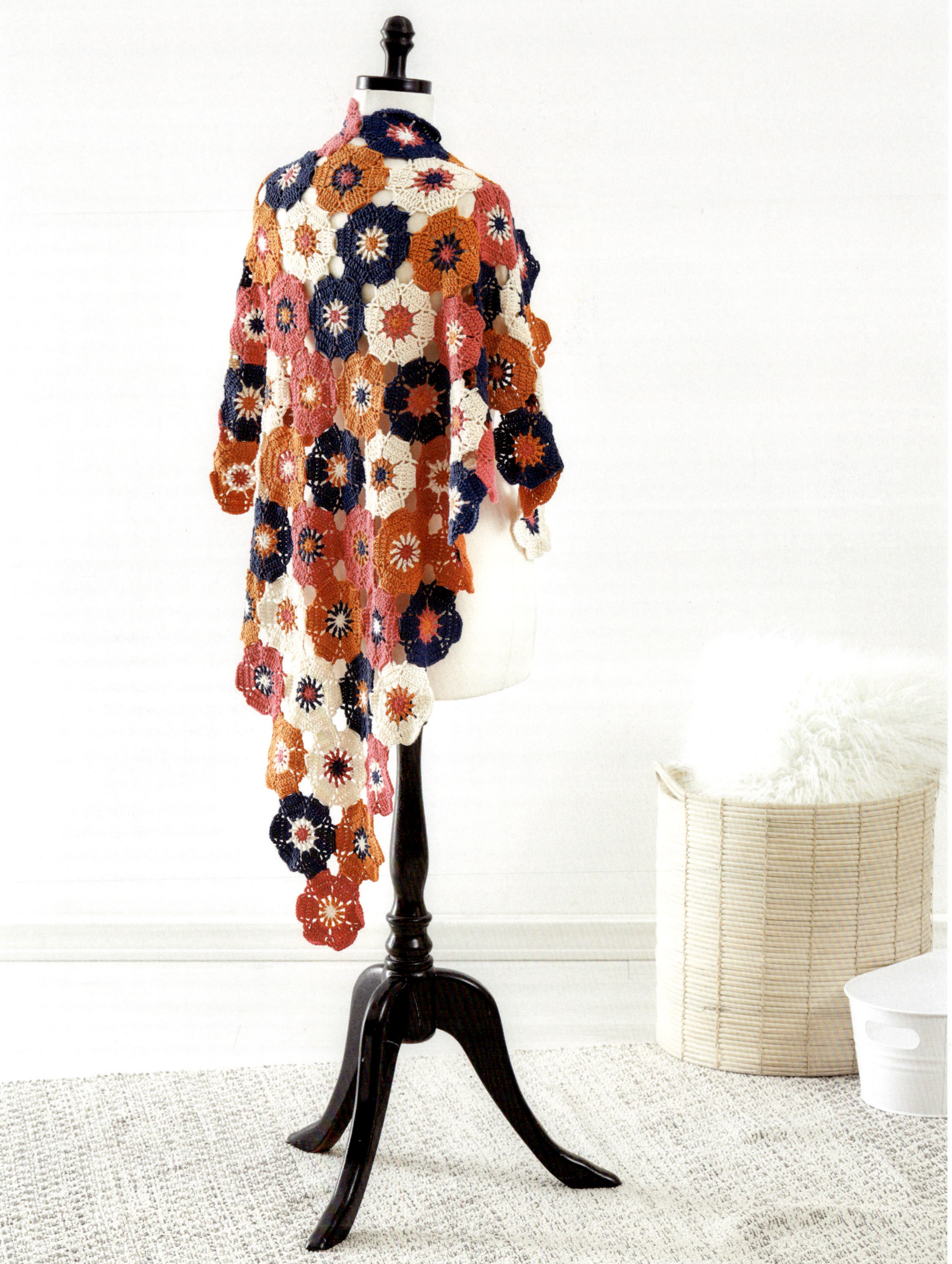

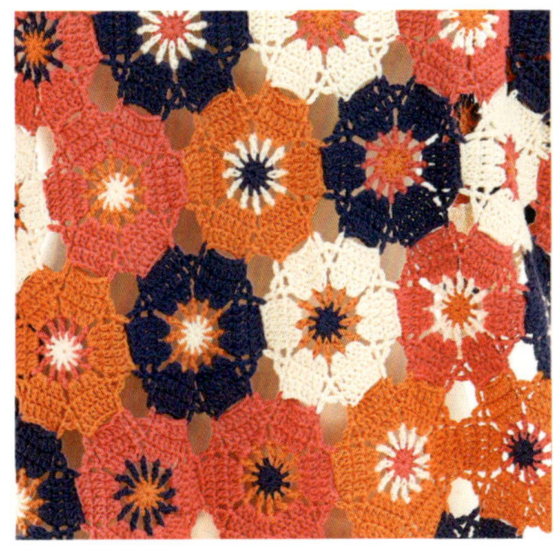

Tuch »Flower Power«

FERTIGE GRÖSSE
Seitenlänge je 122 cm vor dem Spannen

GARN
Sportgarn (Stärke 2, Fine)

ABGEBILDETES MODELL: DROPS Safran (100 % Baumwolle; LL 160 m/50 g): 09 Marine (A), 18 Natur (B), 28 Orange (C), 55 Pink (D), je 2 Knäuel.

HÄKELNADEL
3,75 mm

SONSTIGES
Wollnadel

MASCHENPROBE
Je Motiv 10 cm Durchmesser vor dem Spannen

Anmerkungen

- Für dieses Modell wird Motiv 68 (S. 92) verwendet.
- Für das Dreiecktuch werden die Motive fortlaufend zusammengehäkelt (Join-as-you-go-Methode). Um die Anordnung der Motive vor dem Zusammenhäkeln auszuprobieren, zunächst ermitteln, wie viel Garn für die letzte Runde jedes Motivs benötigt wird. Dazu einmal die letzte Runde häkeln, wieder aufziehen und die Garnlänge messen. Dann alle Motive in der gewünschten Farbkombination bis auf die letzte Runde fertigstellen und vor dem Abschneiden des Fadens die ermittelte Garnlänge für die letzte Runde zugeben (plus einige Zentimeter zum Vernähen).

Anleitung

78x Motiv 68 (S. 92) häkeln. Um die maximale Anzahl verschiedener Farbkombinationen zu ermitteln, die Zahl der verwendeten Farben mit der um 1 niedrigeren Zahl multiplizieren, dann erneut mit der um 1 niedrigeren Zahl, bis Sie bei 1 angekommen sind. Beispiel: Bei 4 verwendeten Farben ist die Anzahl möglicher verschiedener Farbkombinationen 4 x 3 x 2 = 24. Für das Dreiecktuch das Motiv jeweils 3x in folgenden Farbkombinationen häkeln, plus 6 Motive in Farbkombinationen Ihrer Wahl:

ABC	ACB	BAC	BCA	CAB	CBA
ABD	ADB	BAD	BDA	CAD	CDA
ACD	ADC	BCD	BDC	CBD	CDB
DAB	DBA	DBC	DCB	DAC	DCA

Die Motive werden zu einer Dreieckform aneinandergefügt (jeweils 12 Motive an jeder Seite des Dreiecks). Zum fortlaufenden Zusammenhäkeln 2 der Lm des 3-Lm-Bg an der rechten Seite jedes »Blütenblatts« arb, die Nadel aus der Schl nehmen und in den entsprechenden 3-Lm-Bg des angrenzenden Motivs einstechen. Die Schl wieder aufn, 1 Lm arb und die Rd nach Anleitung fortsetzen.
1 der 3 Lm des 3-Lm-Bg an der linken Seite jedes »Blütenblatts« arb, die Nadel aus der Schl nehmen und in den entsprechenden 3-Lm-Bg des angrenzenden Motivs einstechen. Die Schl wieder aufn, 2 Lm arb und die Rd nach Anleitung fortsetzen. Ebenso an jeder Seite des Motivs vorgehen, die mit einem anderen Motiv verbunden werden soll.

Alternative Anleitung

Von jedem Motiv die 1.–4. Rd nach der Anleitung auf Seite 92 arbeiten.

5. Rd: 3 Anf-Lm, je 1 Stb in folg 5 M, je (3 Lm, 1 Km) in folg 2 3-Lm-Bg, *2 Lm, Nadel aus der Schl nehmen, in entsprechenden 3-Lm-Bg des vorigen Motivs einstechen, Schl wieder aufn, 1 Lm, je 1 Stb in folg 6 M, 1 Lm, Nadel aus der Schl nehmen, in entsprechenden 3-Lm-Bg des vorigen Motivs einstechen, Schl wieder aufn, 2 Lm; ab * wh, bis alle aneinandergrenzenden Seiten zusammengehäkelt sind, **je (3 Lm, 1 Km) in folg 2 3-Lm-Bg, 3 Lm***, je 1 Stb in folg 6 M; ab ** fortl wh, letzte Wh bei *** beenden, Rd mit 1 Km in oberste Anf-Lm schließen – 36 Stb, 18 3-Lm-Bg, 12 Km. Fb C abm.

Fertigstellung

Fäden vernähen und Tuch nach Wunsch spannen.

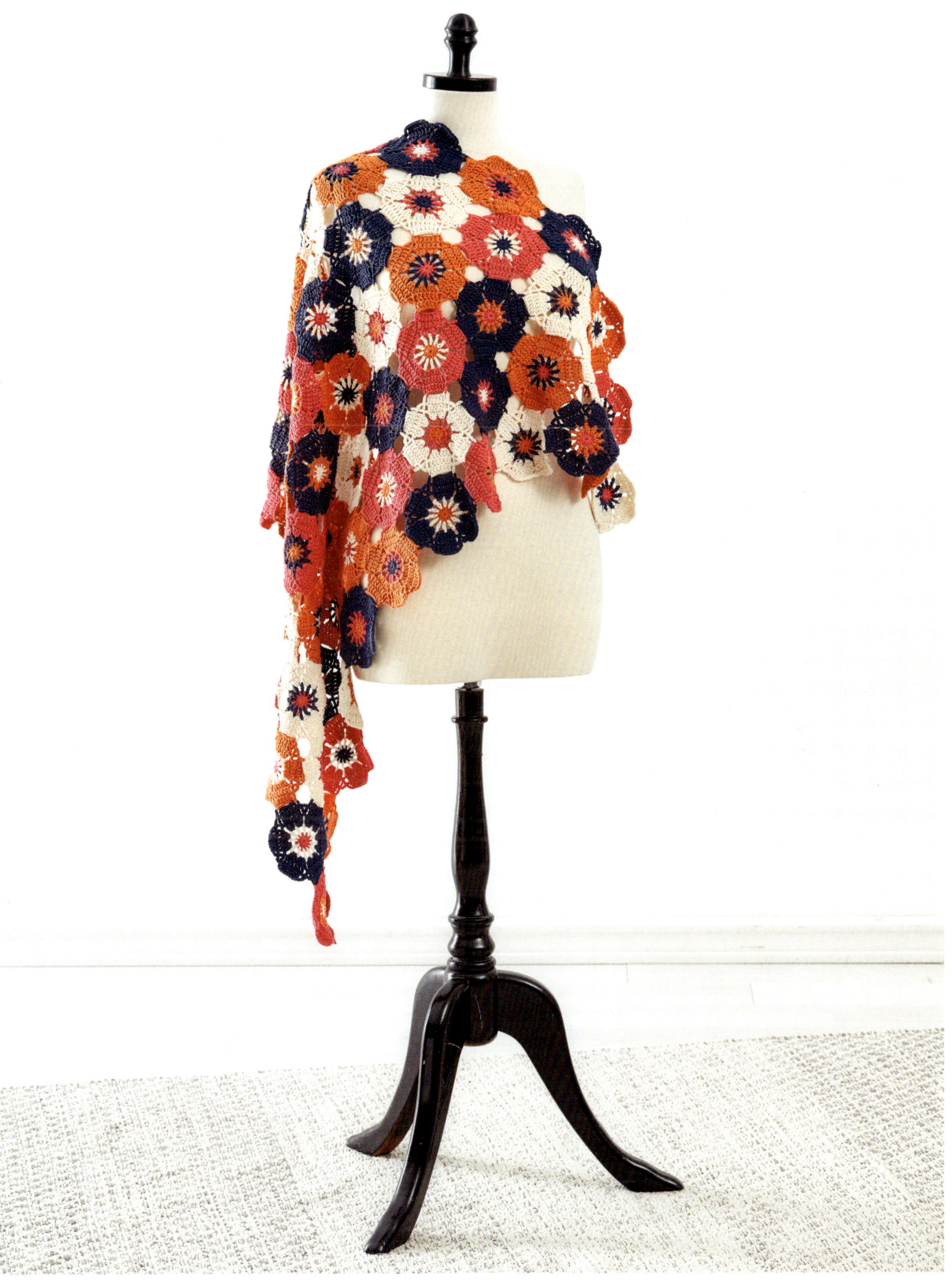

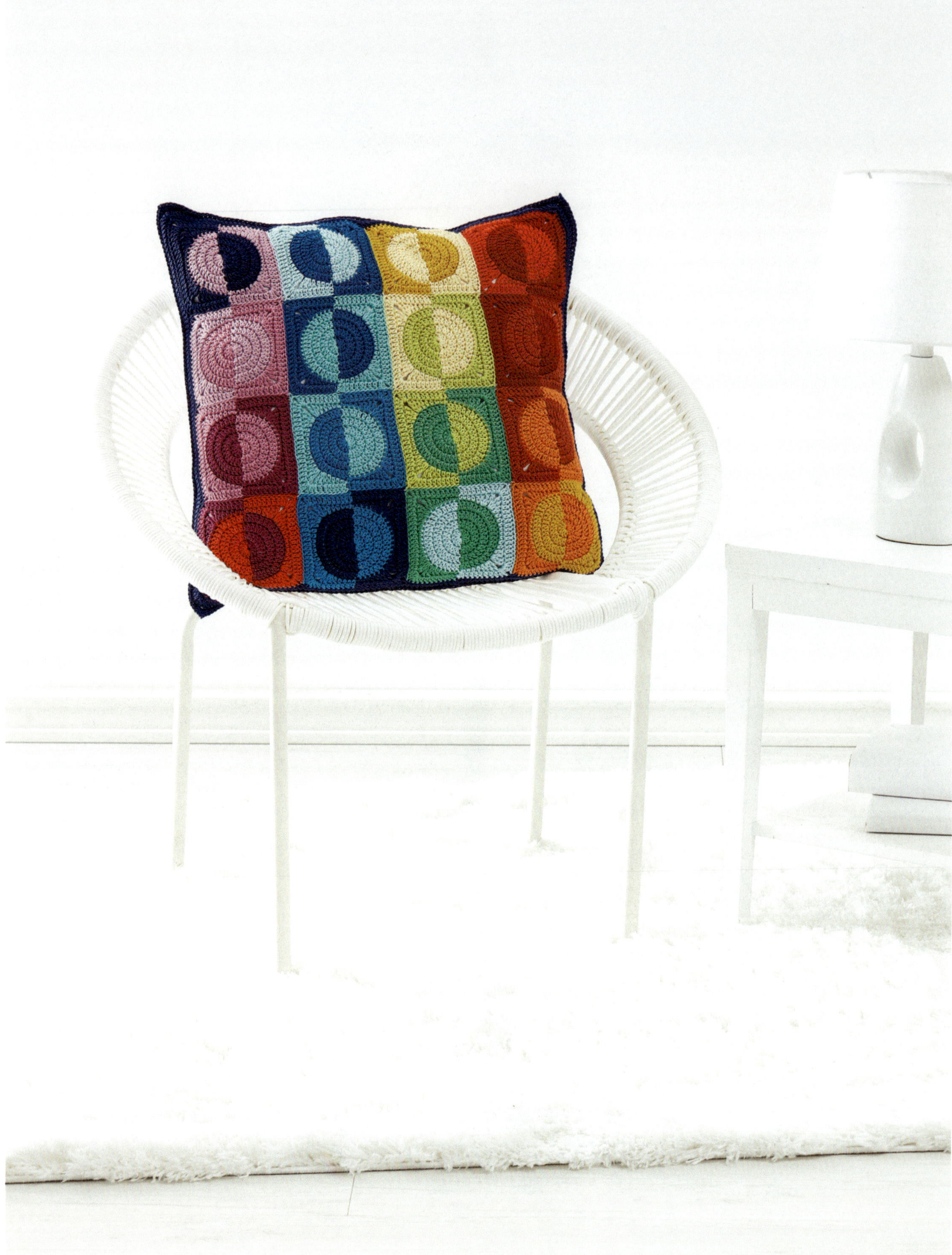

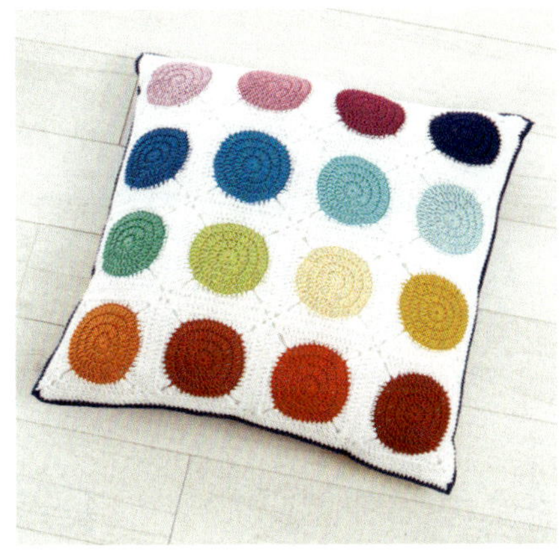

Kissen »Sonnenwende«

FERTIGE GRÖSSE

Breite der Vorder- und Rückseite jeweils 51 cm.

GARN

Dünnes bis mittleres Garn (Stärke 3, DK, Light)

ABGEBILDETES MODELL: Cascade Yarns Ultra Pima (100 % Baumwolle; LL 200 m/100 g): 3823 Tomato (A), 3755 Lipstick Red (B), 3771 Paprika (C), 3750 Tangerine (D), 3747 Gold (E), 3743 Yellow Rose (F), 3746 Chartreuse (G), 3738 Spearmint (H), 3736 Ice (I), 3774 Major Teal (J), 3775 Cool Mint (K), 3733 Turquoise (L), 3724 Armada (M), 3710 Orchid (N), 3776 Pink Rose (O), 3703 Magenta (P), jeweils 1 Knäuel; 3728 White (Q), 2 Knäuel.

HÄKELNADEL

4,0 mm für die Motive

4,5 mm (optional zum Zusammenhäkeln der Motive)

SONSTIGES

Wollnadel, Kissenfüllung (50 x 50 cm)

MASCHENPROBE

Je Motiv 11,5 cm Durchmesser vor dem Spannen

Anmerkungen

- Für das Kissen mit den Halbkreisen wird Motiv 64 (S. 86) verwendet, für das Kissen mit den ganzen Kreisen Motiv 46 (S. 67).
- Je nachdem, wie gleichmäßig fest oder locker Sie häkeln, sollten Sie die Motive vor dem Zusammenhäkeln spannen, damit alle gleich groß sind. Zum Zusammenhäkeln mit Kettmaschen eine um 1–2 Stärken dickere Häkelnadel verwenden, damit die Kettmaschen nicht zu fest werden.
- 1 Anf-Lm zählt nie als Masche.

Anleitung

KISSEN MIT HALBKREISEN

16x Motiv 64 (S. 86) in folgenden Farbkombinationen häkeln:

AB, BC, CD, DE, EF, FG, GH, HI, IJ, JK, KL, LM, MN, NO, OP, PA

Die Motive im Matratzenstich, der eine fast unsichtbare Naht bildet, zu einem Quadrat aus 4 x 4 Motiven zusammenfügen. Von Garn in einer neutralen Farbe einen Faden von etwa doppelter Länge der anzufertigenden Naht abschneiden. Bei allen Stichen nur die äußere Schlaufe der Maschen fassen. Die Motive wie folgt zusammenfügen:

1. Die Motive liegen nebeneinander (rechte Seite oben). Von links nach rechts in die erste M des linken Motivs einstechen, Faden durchziehen.
2. Von links nach rechts in die gegenüberliegende M des rechten Motivs einstechen, Faden durchziehen.
3. Von rechts nach links in die folg M des rechten Motivs einstechen, Faden durchziehen.
4. Von rechts nach links in die zuvor bearbeitete M des linken Motivs einstechen, Faden durchziehen.
5. Auf diese Weise bis zum Ende der Naht fortfahren. An den Lm-Bg in die Lm ebenso einstechen wie sonst in die anderen M.
6. Zunächst alle senkrechten Nähte anfertigen, dann die waagrechten Nähte.

Nach dem Zusammennähen der Motive eine Umrandung häkeln wie folgt:

UMRANDUNG

1. Rd: Mit 1 Km in beliebigem 2-Lm-Bg Fb M anm, 1 Anf-Lm (zählt nicht als M), *(1 fM, 2 Lm, 1 fM) in 2-Lm-Bg, 3x (je 1 fM in folg 20 M, 2 fM zus über folg 2 2-Lm-Bg), je 1 fM in folg 20 M; ab * fortl wh, Rd mit 1 Km in 1. fM schließen. Faden nicht abschneiden – 328 fM, 12 2fM-zus, 4 2-Lm-Bg.

2. Rd: 1 Km in folg 2-Lm-Bg, 3 Anf-Lm (zählen als 1 Stb), (1 Stb, 2 Lm, 2 Stb) in dens Lm-Bg, *je 1 Stb in folg 85 M**, (2 Stb, 2 Lm, 2 Stb) in 2-Lm-Bg; ab * fortl wh, letzte Wh bei ** beenden, Rd mit 1 Km in oberste Anf-Lm schließen – 356 Stb, 4 2-Lm-Bg. Farbe M abm.

Fäden vernähen und Kissen nach Belieben spannen.

KISSEN MIT GANZEN KREISEN

16x Motiv 46 (S. 67) häkeln; dabei für die Kreise die Farben A–P, für die äußere Partie Farbe Q verwenden.

Die Motive zu einem Quadrat aus 4 x 4 Motiven zusammenfügen, entweder mit dem oben beschriebenen Matratzenstich oder durch Zusammenhäkeln mit Kettmaschen. Für Letzteres zwei Motive nebeneinanderlegen (rechte Seite oben) und entlang einer Kante immer jeweils 1 M beider Motive mit 1 Km zusammenhäkeln (dabei nur in die äußere Schlaufe einstechen). In jeden Eck-2-Lm-Bg 1 Km arbeiten. Zunächst alle senkrechten Nähte anfertigen, dann die waagrechten Nähte.

Nach dem Zusammennähen oder -häkeln der Motive eine Umrandung in Farbe Q häkeln wie oben beschrieben.

Fertigstellung

Die Vorder- und Rückseite der Kissenhülle zusammenhäkeln wie folgt (dabei jeweils in beide Schlingen der M einstechen):

Die Teile links auf links legen. Mit 1 Km in beliebigem 2-Lm-Bg FbM anm, 1 Anf-Lm (zählt nicht als M), *(2 fM, 2 Lm, 2 fM) in 2-Lm-Bg, je 1 fM in folg 89 M*; von * bis * 2x wh, Kissenfüllung einschieben und noch 1x von * bis * wh, Rd mit 1 Km in 1. fM schließen – 372 fM, 4 2-Lm-Bg. Fb M abm.

Fäden vernähen.

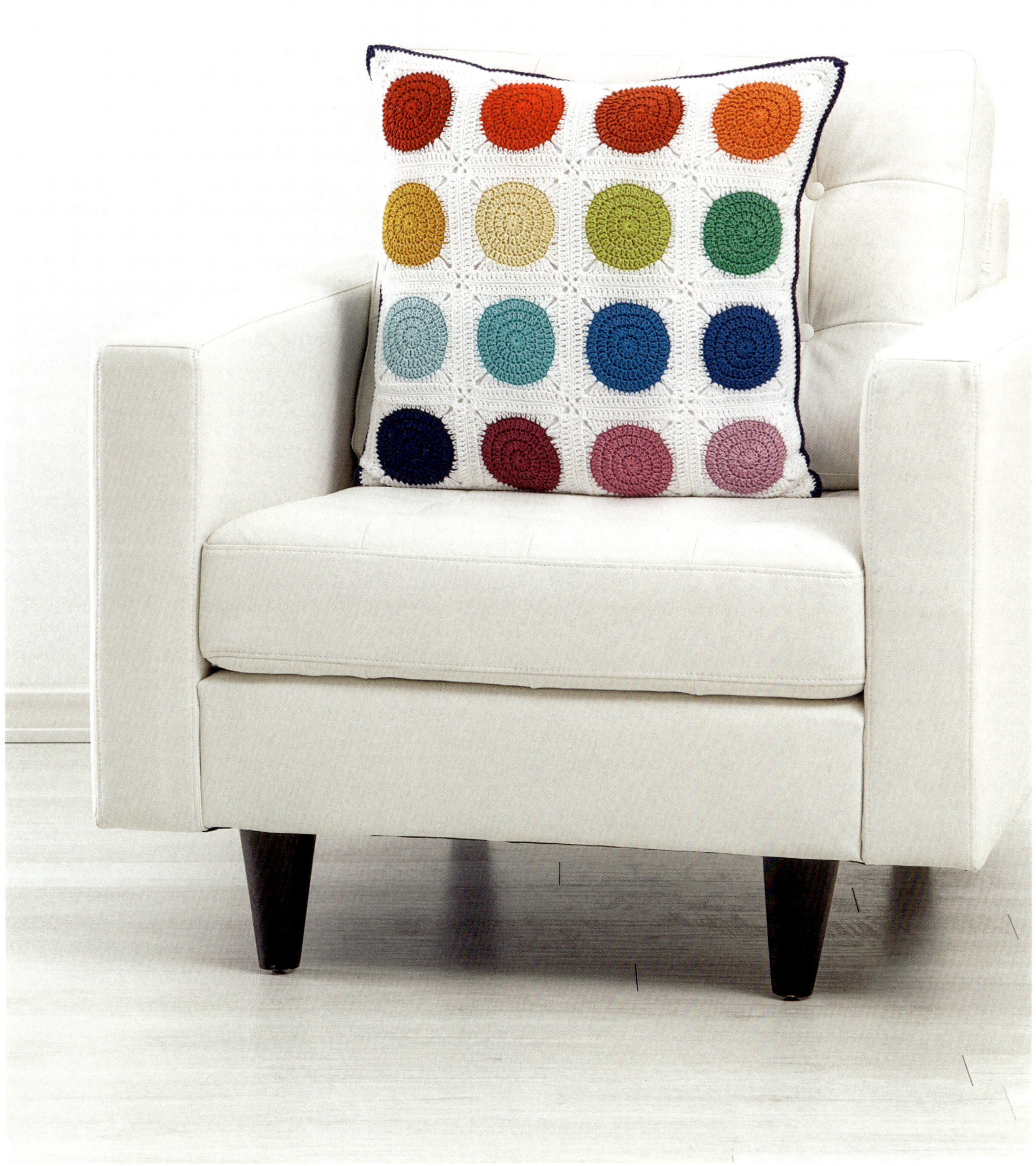

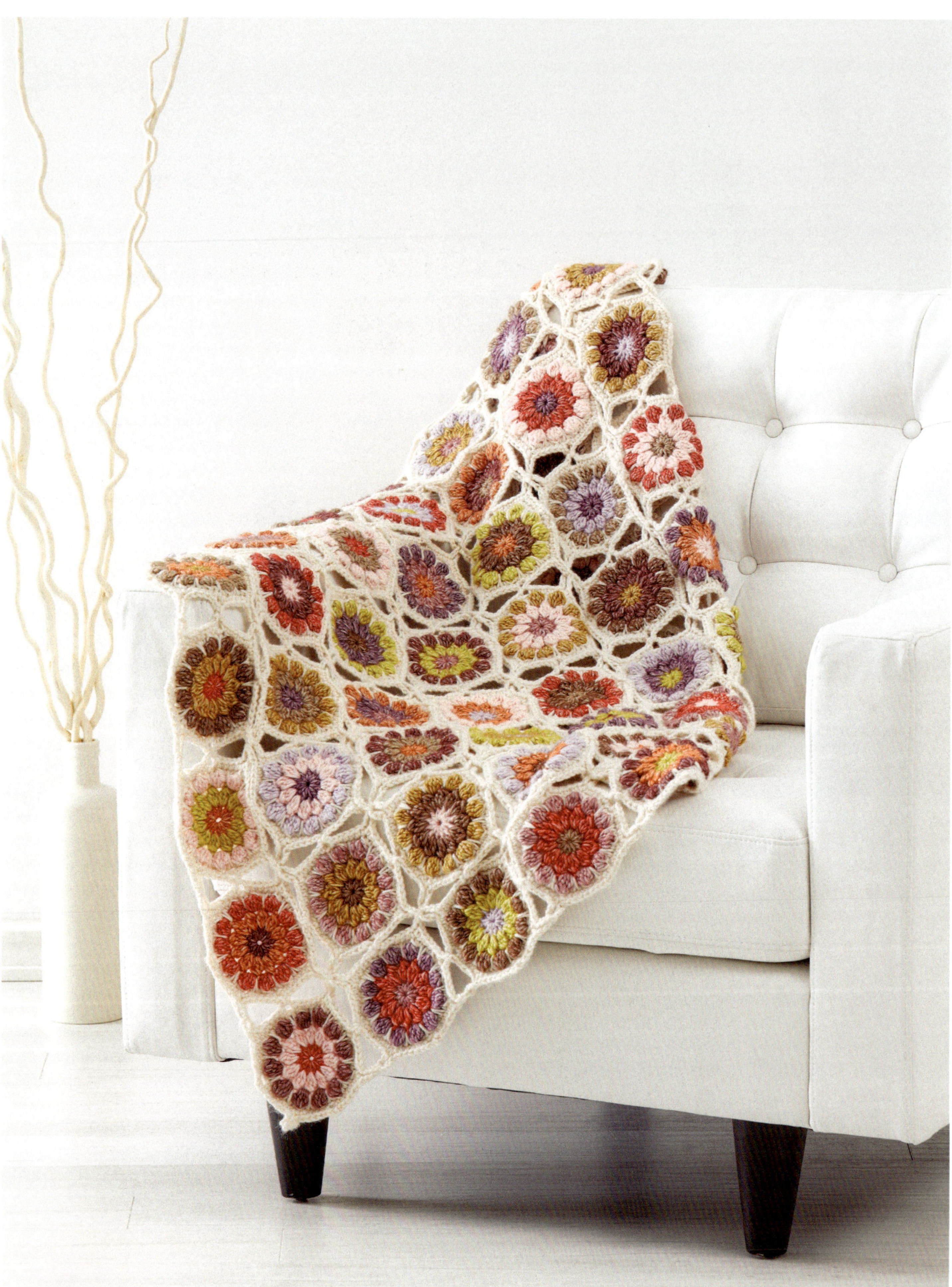

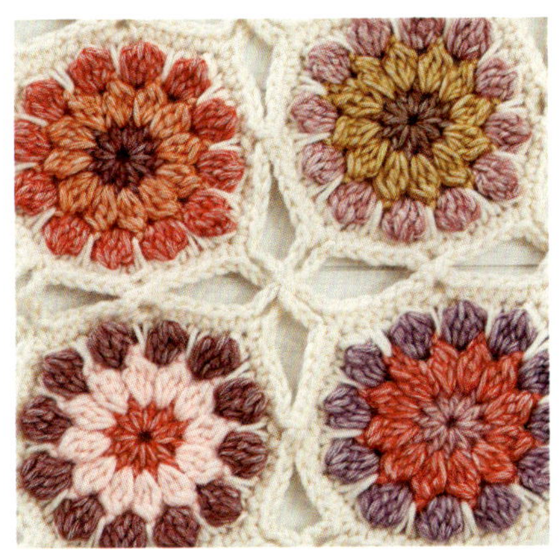

Retro-Häkeldecke »Kugeln«

FERTIGE GRÖSSE

115 x 140 cm vor dem Spannen

GARN

Dickes Garn (Stärke 5, Bulky)

ABGEBILDETES MODELL: Sheepjes Stone Washed XL (70 % Baumwolle, 30 % Acryl; LL 75 m/50g): Hauptfarbe 841 Moon Stone (A), 12 Knäuel; Kontrastfarben 860 Rose Quartz (B), 862 Brown Agate (C), 844 Boulder Opal (D), 852 Lemon Quartz (E), 849 Yellow Jasper (F), 856 Coral (G), 847 Red Jasper (H), 863 Cornelian (I), 848 Corundum (J), 850 Garnet (K), 851 Deep Amethyst (L), 858 Lilac Quartz (M), je 2 Knäuel.

HÄKELNADEL

6,0 mm

SONSTIGES

Sticknadel

MASCHENPROBE

1.–3. Runde = 10 cm Durchmesser

Motiv = 12,5 cm Durchmesser

Anmerkungen

- Für dieses Modell wird Motiv 19 (S. 34) verwendet.
- Das für diese Decke verwendete Motiv ist zum fortlaufenden Zusammenhäkeln konzipiert. An den Verbindungsstellen die 3-Lm-Bg zum Zusammenhäkeln aneinandergrenzender Seiten, die 6-Lm-Bg zum Zusammenhäkeln an den Diagonalen benutzen. Im abgebildeten Modell wurden insgesamt 12 Kontrastfarben für die Mitte der Motive und 1 Hauptfarbe für die Verbindungen verwendet. Die Farben wurden willkürlich verteilt, jedoch mit Blick darauf, dass etwa von jeder Farbe gleich viel verwendet wird. Eine Möglichkeit, dies zu bestimmen, ist, alle Motive rundenweise zu häkeln (d. h. von allen Motiven zunächst die 1. Rd zu arbeiten, dann von allen die 2. Rd etc.). So kann man die Farben an den Motiven gleichmäßig wechseln.
- Aufgrund seiner Farbpalette habe ich dieses Modell »Retro-Häkeldecke ›Kugeln‹« genannt. Wenn Sie möchten, können Sie natürlich auch modernere Farben verwenden oder sogar die Mitte der Motive in ganzen Regenbogen aus Farben arbeiten.

Anleitung

99x Motiv 19 (S. 34) häkeln. Von allen Motiven die 1.–3. Rd arbeiten, dann ihre Anordnung in der Decke festlegen. Die 4. Rd wird bei allen Motiven gleich gearbeitet. In der 5. Rd werden die Motive fortlaufend zusammengehäkelt (Join-as-you-go-Methode):

1. Motiv
(linke obere Ecke der Decke)

5. Rd: 1 Anf-Lm, 1 fM in dies M, je 1 fM in folg 2 M, *(1 fM, 6 Lm, 1 fM) in folg M, je 1 fM in folg 5 M, 3 Lm, 1 M ausl**, je 1 fM in folg 5 M; ab * fortl wh, letzte Wh bei ** beenden, je 1 fM in letzte 2 M, Rd mit 1 Km in 1. fM schließen – 48 fM, 4 6-Lm-Bg, 4 3-Lm-Bg. Fb D abm.

6. bis 9. Motiv
(1. Reihe der Decke, von links nach rechts)

5. Rd: 1 Anf-Lm, 1 fM in dies M, je 1 fM in folg 2 M, *(1 fM, 6 Lm, 1 fM) in folg M, je 1 fM in folg 5 M, 3 Lm, 1 M ausl, je 1 fM in folg 5 M; ab * 2x wh, **1 fM in folg M, 3 Lm, Nadel aus der Schl nehmen und in entsprechenden 6-Lm-Bg am vorigen Motiv einstechen, Schl wieder aufn, 3 Lm, 1 fM in dies M, je 1 fM in folg 5 M**, 2 Lm, Nadel aus der Schl nehmen und in entsprechenden 3-Lm-Bg am vorigen Motiv einstechen, Schl wieder aufn, 1 Lm, 1 M ausl, je 1 fM in folg 5 M; von ** bis ** 1x wh, 3 Lm, 1 M ausl, je 1 fM in letzte 2 M, Rd mit 1 Km in 1. fM schließen – 48 fM, 4 6-Lm-Bg, 4 3-Lm-Bg. Faden abm.

10. Motiv
(2. Reihe der Decke)

Wie das 2. Motiv arbeiten, mit der Seite des 1. Motivs zusammenhäkeln.

11. bis 18. Motiv
(2. Reihe der Decke, von links nach rechts)

5. Rd: 1 Anf-Lm, 1 fM in dies M, je 1 fM in folg 2 M, *(1 fM, 6 Lm, 1 fM) in folg M, je 1 fM in folg 5 M, 3 Lm, 1 M ausl, je 1 fM in folg 5 M; ab * 1x wh, **1 fM in folg M, 3 Lm, Nadel aus der Schl nehmen und in entsprechenden 6-Lm-Bg am vorigen Motiv einstechen, Schl wieder aufn, 3 Lm, 1 fM in dies M, je 1 fM in folg 5 M***, 2 Lm, Nadel aus der Schl nehmen und in entsprechenden 3-Lm-Bg am vorigen Motiv einstechen, Schl wieder aufn, 1 Lm, 1 M ausl, je 1 fM in folg 5 M; von ** bis *** 1x wh, 3 Lm, 1 M ausl, je 1 fM in letzte 2 M, Rd mit 1 Km in 1. fM schließen – 48 fM, 4 6-Lm-Bg, 4 3-Lm-Bg. Faden abm.

19. bis 99. Motiv

10. bis 18. Motiv wh; die Motive werden zu 11 Reihen à 9 Motiven zusammengehäkelt.

Fertigstellung

Fäden vernähen und die Decke nach Wunsch spannen.

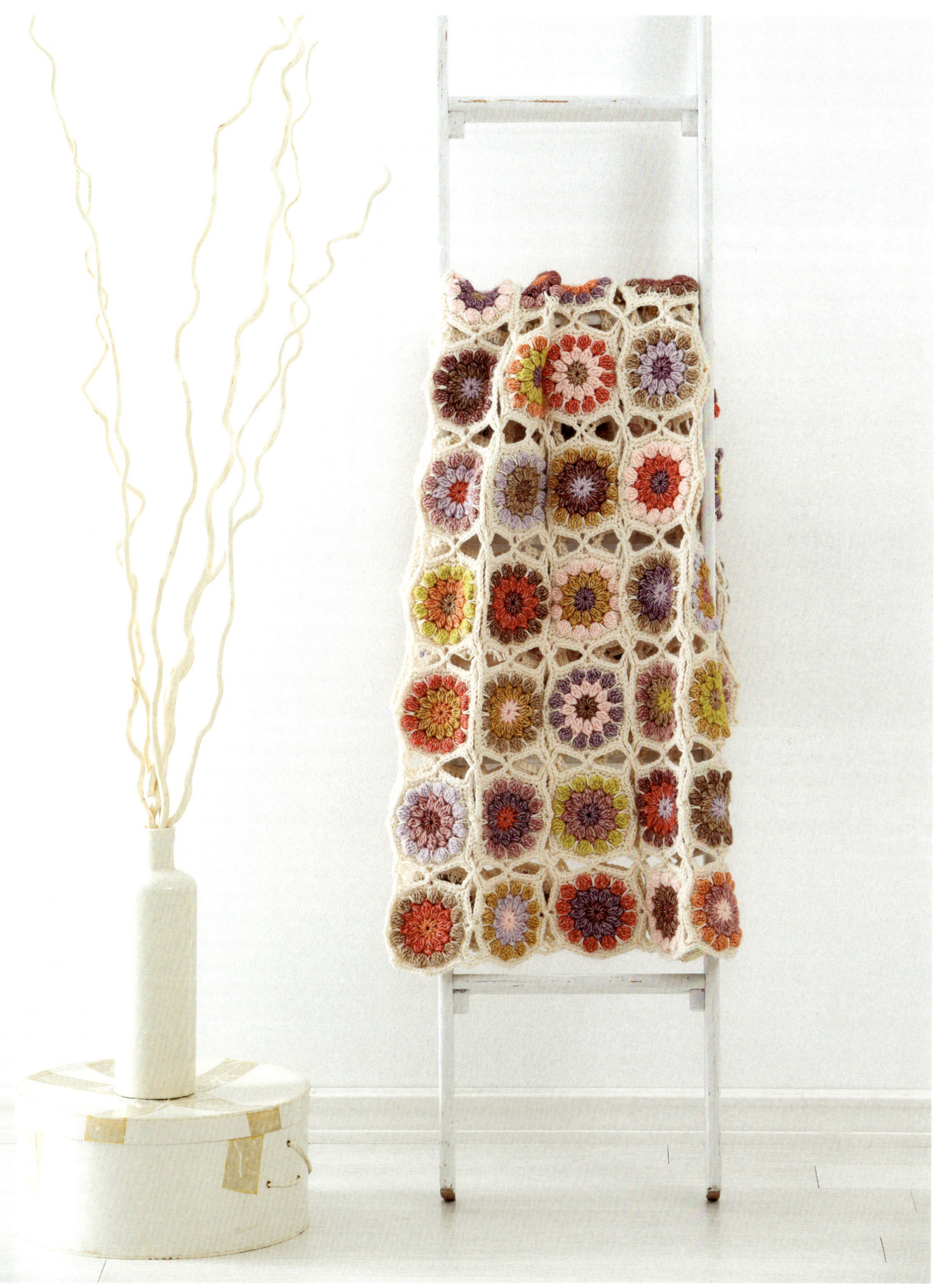

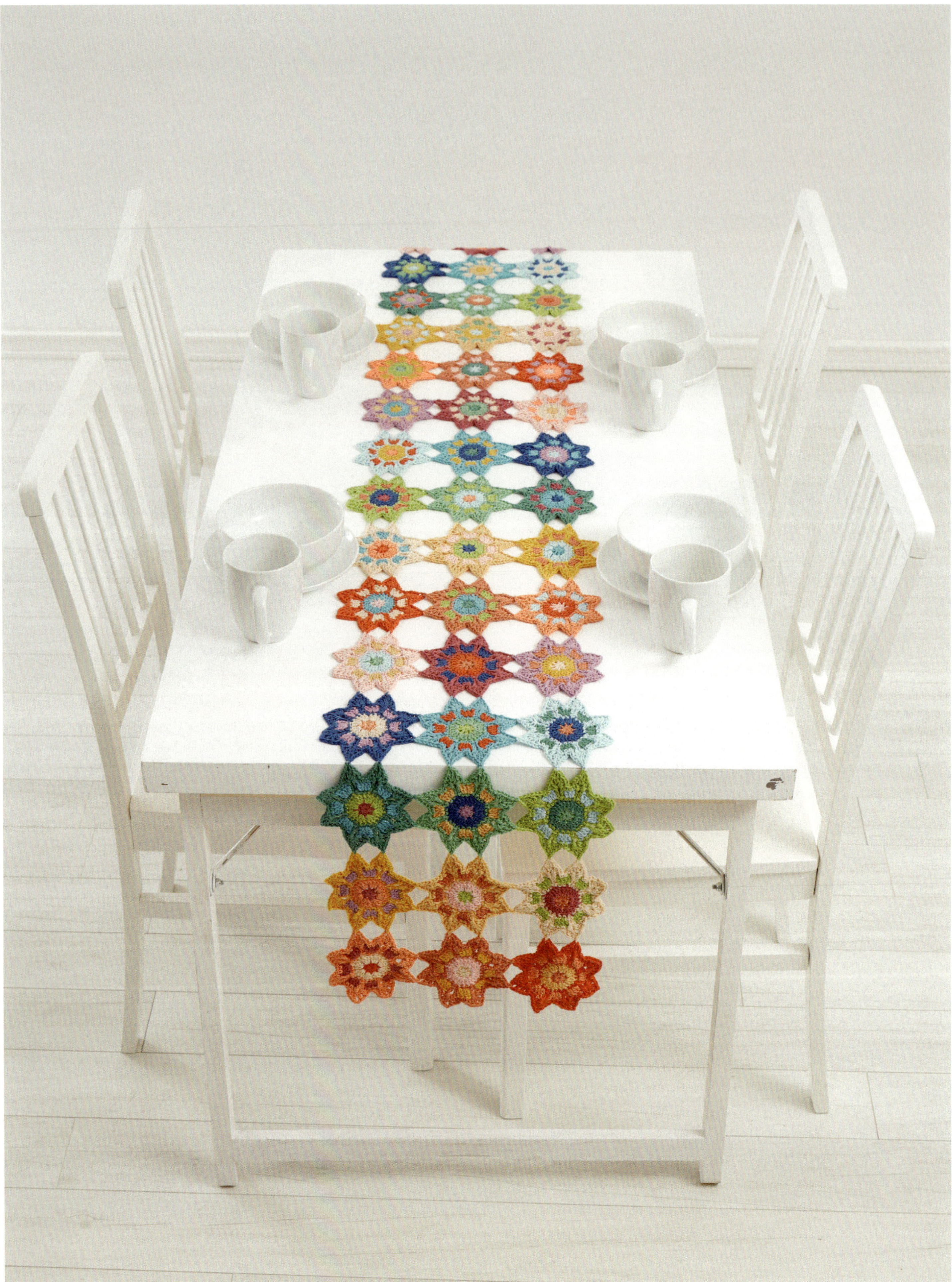

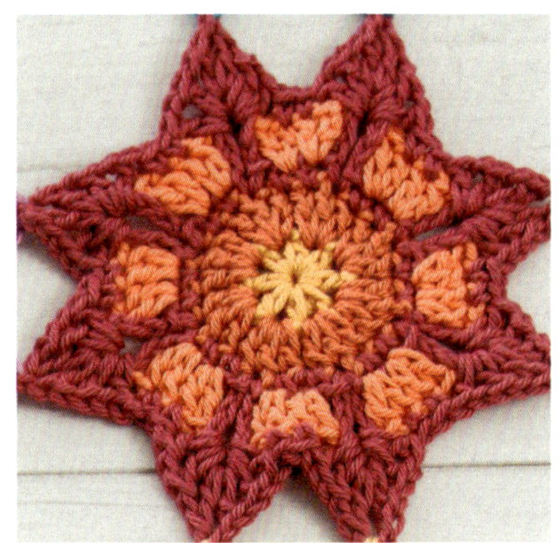

Tischläufer »Zinnien«

FERTIGE GRÖSSE
34 x 216 cm

GARN
Dünnes bis mittleres Garn (DK, Stärke 3, Light)

ABGEBILDETES MODELL: Paintbox Yarns Cotton DK (100 % Baumwolle; LL 125 m/50 g): 434 Marine Blue (A), 440 Sailor Blue (B), 427 Slate Green (C), 412 Bright Peach (D), 417 Melon Sorbet (E), 418 Mandarin Orange (F), 429 Lime Green (G), 426 Spearmint Green (H), 454 Blush Pink (I), 456 Vintage Pink (J), 424 Mustard Yellow (K), 433 Washed Teal (L), 444 Raspberry Pink (M), 413 Tomato Red (N), 443 Tea Rose(O), je 1 Knäuel.

HÄKELNADEL
4,0 mm

SONSTIGES
Wollnadel

MASCHENPROBE
1.–3. Runde = 5 cm Durchmesser
Motiv = 12,5 cm Durchmesser vor dem Spannen

Anmerkungen

- Für dieses Modell wird Motiv 7 (S. 21) verwendet.
- Das für diese Decke verwendete Motiv ist für das fortlaufende Zusammenhäkeln konzipiert. An den Verbindungsstellen die 2-Lm-Bg zum Zusammenhäkeln aneinandergrenzender Motive benutzen. Im abgebildeten Modell wurden insgesamt 15 Farben verwendet. Die Farben wurden willkürlich verteilt, jedoch mit Blick darauf, dass etwa von jeder Farbe gleich viel verwendet wird. Eine Möglichkeit, dies zu bestimmen, ist, alle Motive rundenweise zu häkeln (d. h. von allen Motiven zunächst die 1. Rd zu arbeiten, dann von allen die 2. Rd usw.). So kann man die Farben an den Motiven gleichmäßig wechseln.

Anleitung

54x Motiv 7 (S. 21) häkeln. Von allen Motiven die 1.–4. Rd arbeiten, dann ihre Anordnung im Tischläufer festlegen. In der 5. Rd werden die Motive fortlaufend zusammengehäkelt (Join-as-you-go-Methode) wie folgt:

1. Motiv
(linke obere Ecke des Tischläufers)

5. Rd: Mit 1 Km in dies M wie die Verbindungs-Km der Vor-Rd Fb C anm, 1 Anf-Lm, 1 fM in 1. M, *1 M ausl, (1 Stb, 1 Lm, 1 Stb, 1 Lm) um 9-Lm-Bg der 3. Rd und 3-Lm-Bg der 4. Rd, (1 Stb, 2 Lm, 1 Stb, 1 Lm) nur um 9-Lm-Bg der 3. Rd, (1 Stb, 1 Lm, 1 Stb) um 9-Lm-Bg der 3. Rd und 3-Lm-Bg der 4. Rd, 1 M ausl**, je 1 fM in folg 2 M; ab * fortl wh, letzte Wh bei ** beenden, 1 fM in folg M, Rd mit 1 Km in 1. fM schließen – 16 fM, 48 Stb, 32 1-Lm-Bg, 8 2-Lm-Bg. Fb C abm.

2. und 3. Motiv
(1. Reihe des Tischläufers, von links nach rechts)

5. Rd: Mit 1 Km in dies M wie die Verbindungs-Km der Vor-Rd Fb C anm, 1 Anf-Lm, 1 fM in 1. M, *1 M ausl, (1 Stb, 1 Lm, 1 Stb, 1 Lm) um 9-Lm-Bg der 3. Rd und 3-Lm-Bg der 4. Rd, (1 Stb, 2 Lm, 1 Stb, 1 Lm) nur um 9-Lm-Bg der 3. Rd, (1 Stb, 1 Lm, 1 Stb) um 9-Lm-Bg der 3. Rd und 3-Lm-Bg der 4. Rd, 1 M ausl, je 1 fM in folg 2 M; ab * 5x wh, **1 M ausl, (1 Stb, 1 Lm, 1 Stb, 1 Lm) um 9-Lm-Bg der 3. Rd und 3-Lm-Bg der 4. Rd, (1 Stb, 1 Lm, Nadel aus der Schl nehmen und in entsprechenden 2-Lm-Bg am vorigen Motiv einstechen, Schl wieder aufn, 1 Lm, 1 Stb, 1 Lm) nur um 9-Lm-Bg der 3. Rd, (1 Stb, 1 Lm, 1 Stb) um 9-Lm-Bg der 3. Rd und 3-Lm-Bg der 4. Rd, 1 M ausl**, je 1 fM in folg 2 M; von ** bis ** 1x wh, 1 fM in folg M, Rd mit 1 Km in 1. fM schließen – 16 fM, 48 Stb, 32 1-Lm-Bg, 8 2-Lm-Bg. Fb C abm.

4. Motiv
(2. Reihe des Tischläufers)

Wie das 2. Motiv arbeiten; an der Seite, die an das 1. Motiv grenzt, zusammenhäkeln.

5. und 6. Motiv
(2. Reihe des Tischläufers, von links nach rechts)

5. Rd: Mit 1 Km in dies M wie die Verbindungs-Km der Vor-Rd Fb C anm, 1 Anf-Lm, 1 fM in 1. M, *1 M ausl, (1 Stb, 1 Lm, 1 Stb, 1 Lm) um 9-Lm-Bg der 3. Rd und 3-Lm-Bg der 4. Rd, (1 Stb, 2 Lm, 1 Stb, 1 Lm) nur um 9-Lm-Bg der 3. Rd, (1 Stb, 1 Lm, 1 Stb) um 9-Lm-Bg der 3. Rd und 3-Lm-Bg der 4. Rd, 1 M ausl, je 1 fM in folg 2 M; ab * 3x wh, **1 M ausl, (1 Stb, 1 Lm, 1 Stb, 1 Lm) um 9-Lm-Bg der 3. Rd und 3-Lm-Bg der 4. Rd, (1 Stb, 1 Lm, Nadel aus der Schl nehmen und in entsprechenden 2-Lm-Bg am Motiv links einstechen, Schl wieder aufn, 1 Lm, 1 Stb, 1 Lm) nur um 9-Lm-Bg der 3. Rd, (1 Stb, 1 Lm, 1 Stb) um 9-Lm-Bg der 3. Rd und 3-Lm-Bg der 4. Rd, 1 M ausl**, je 1 fM in folg 2 M; von ** bis ** 3x wh, dabei das Motiv links und oben mit dem benachbarten Motiv zusammenhäkeln *(Achtung: Bei der 1. Wh in das darüberliegende Motiv einstechen, bei der 2. und 3. Wh in das Motiv links einstechen)*, 1 fM in folg M, Rd mit 1 Km in 1. fM schließen – 16 fM, 48 Stb, 32 1-Lm-Bg, 8 2-Lm-Bg. Fb C abm.

7. bis 54. Motiv

4. bis 6. Motiv wiederholen; die Motive zu 18 Reihen à 3 Motiven zusammenhäkeln.

Fertigstellung

Fäden vernähen und Tischläufer nach Wunsch spannen.

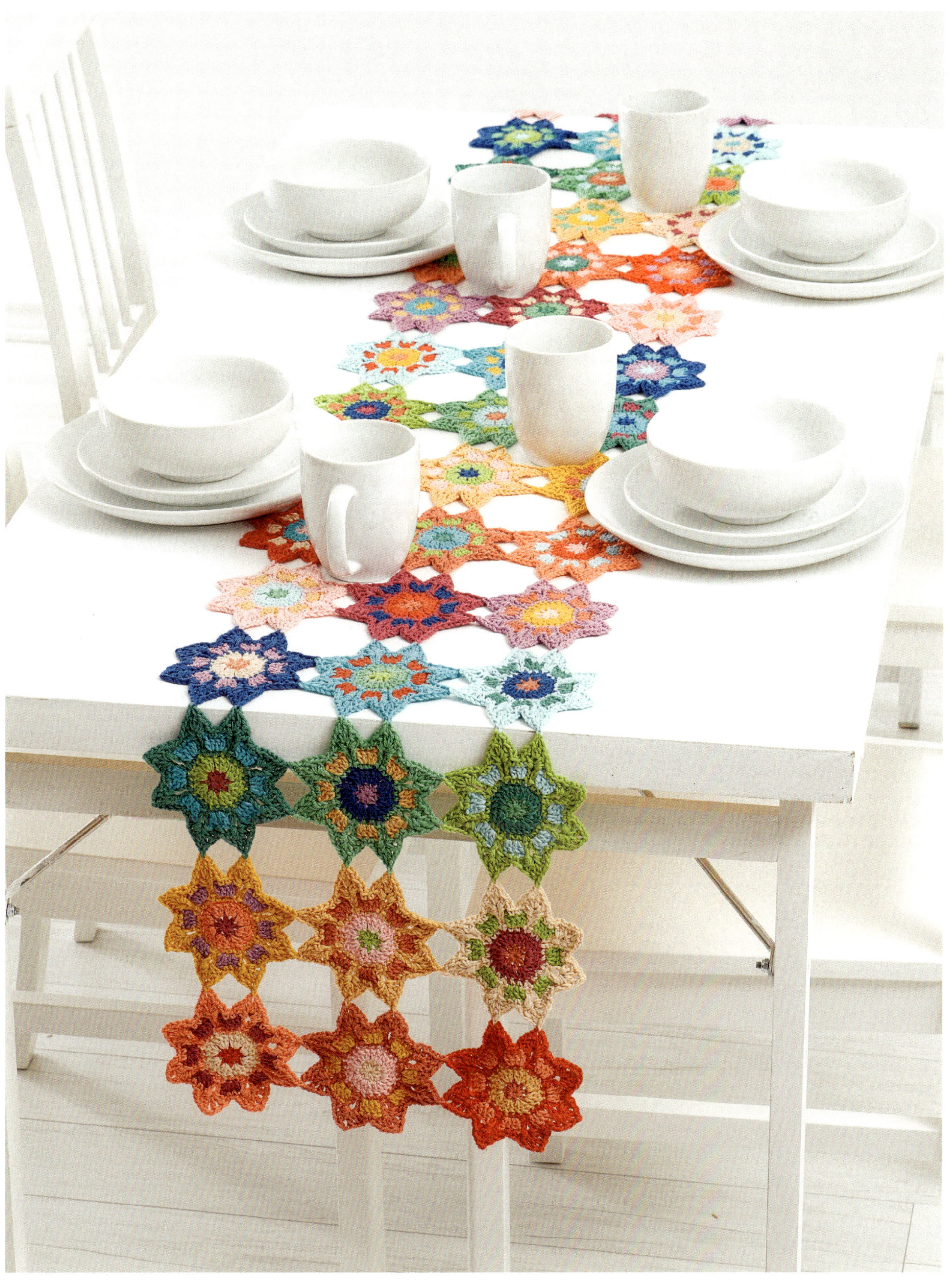

Zeichenerklärung

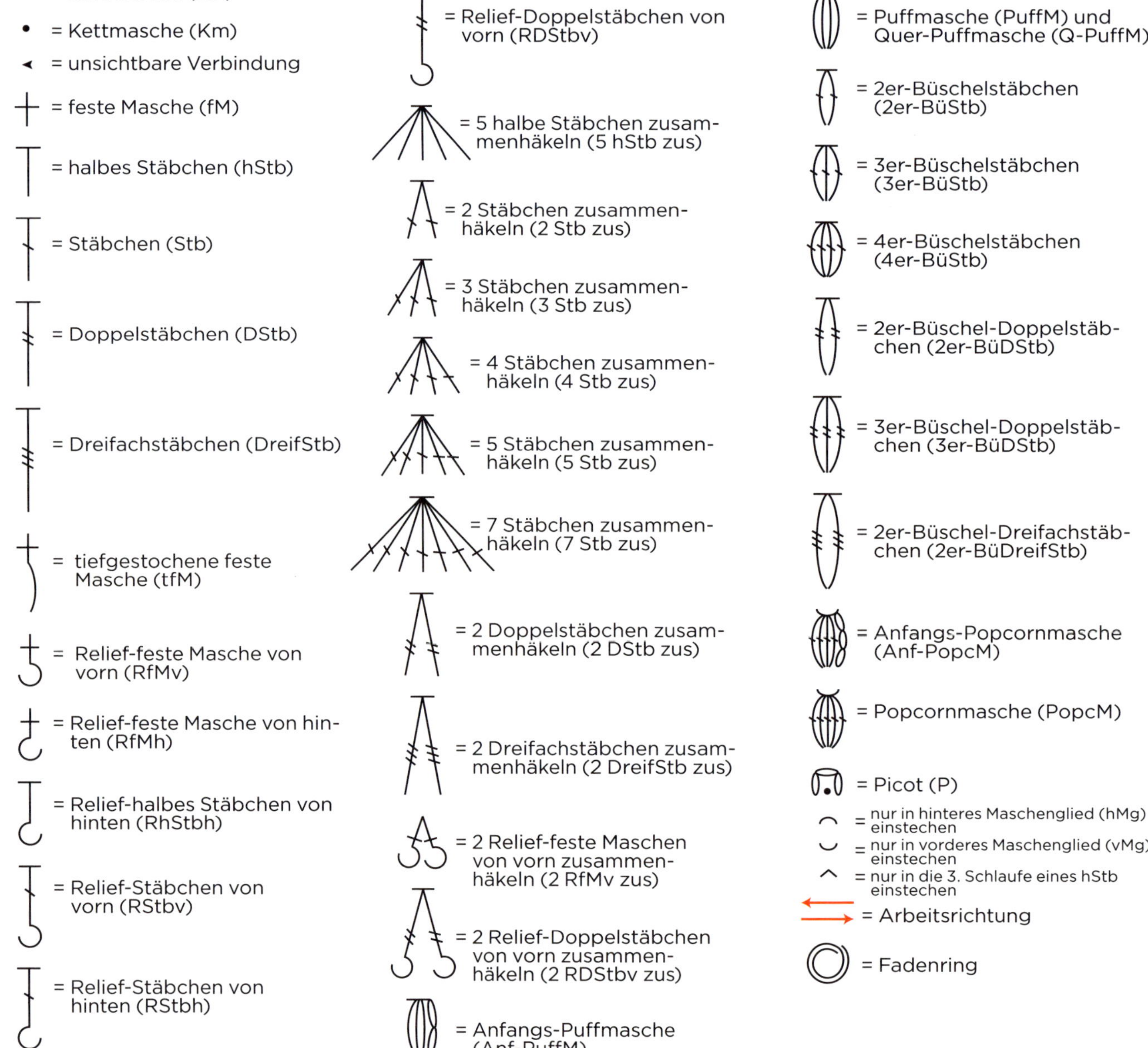

Glossar

GRUNDMASCHENARTEN

Luftmasche (Lm): Faden umschlagen und durch die Schlaufe auf der Nadel ziehen.

Kettmasche (Km): In folgende Masche einstechen, Faden umschlagen und durch die Masche und die Schlaufe auf der Nadel ziehen.

Feste Masche (fM): In Masche einstechen, Faden umschlagen und durchziehen, Faden umschlagen und durch beide Schlaufen auf der Nadel ziehen.

Tiefgestochene feste Masche (tfM): über die vorige(n) Reihe(n) hinweg arbeiten; in entsprechende Masche der angegebenen tiefer liegenden Reihe einstechen, Faden umschlagen und eine Schlaufe auf Höhe der aktuellen Reihe hochziehen, Faden umschlagen und durch beide Schlingen auf der Nadel ziehen.

Halbes Stäbchen (hStb): Faden umschlagen, in Masche einstechen, Faden umschlagen und durchziehen (3 Schlaufen auf der Nadel), Faden umschlagen und durch alle 3 Schlaufen auf der Nadel ziehen.

Stäbchen (Stb): Faden umschlagen, in Masche einstechen, Faden umschlagen und durchziehen, 2x (Faden umschlagen und durch 2 Schlaufen ziehen).

Doppelstäbchen (DStb): Faden 2x umschlagen, in folgende Masche einstechen, Faden umschlagen und durchziehen, 3x (Faden umschlagen und durch 2 Schlaufen auf der Nadel ziehen).

Dreifachstäbchen (DreifStb): Faden 3x umschlagen, in folgende Masche einstechen, Faden umschlagen und durchziehen (5 Schlaufen auf der Nadel), 4x (Faden umschlagen und durch 2 Schlaufen auf der Nadel ziehen).

Picot (P): 3 Luftmaschen, 1 Kettmasche in die 3. Luftmasche ab der Nadel.

UNSICHTBARE VERBINDUNG

Nach der letzten Masche einer Runde Faden in ca. 10 cm Länge abschneiden, Schlaufe langziehen und Faden so oben aus der letzten Masche herausziehen. Mit einer Stick- oder Häkelnadel das Fadenende von vorn nach hinten durch die beiden oberen Schlaufen der 2. Masche der Runde ziehen. Dann das Fadenende von oben nach unten zwischen den beiden oberen Schlaufen der letzten Masche der Runde durchziehen. So entsteht eine »falsche« Masche, in die in den folgenden Runden gearbeitet werden kann. Übriges Fadenende vernähen.

ABNEHMEN

Feste Maschen

2 feste Maschen zusammenhäkeln (2 fM zus): 2x (in folgende Masche einstechen, Faden umschlagen und durchziehen), Faden umschlagen und durch alle 3 Schlaufen auf der Nadel ziehen.

Halbe Stäbchen

5 halbe Stäbchen zusammenhäkeln (5 hStb zus): Faden umschlagen, einstechen, Faden umschlagen und durchziehen (3 Schlaufen auf der Nadel), 4x (Faden umschlagen, in folgende Masche einstechen und Faden durchziehen) [11 Schlaufen auf der Nadel], Faden umschlagen und durch alle Schlaufen auf der Nadel ziehen.

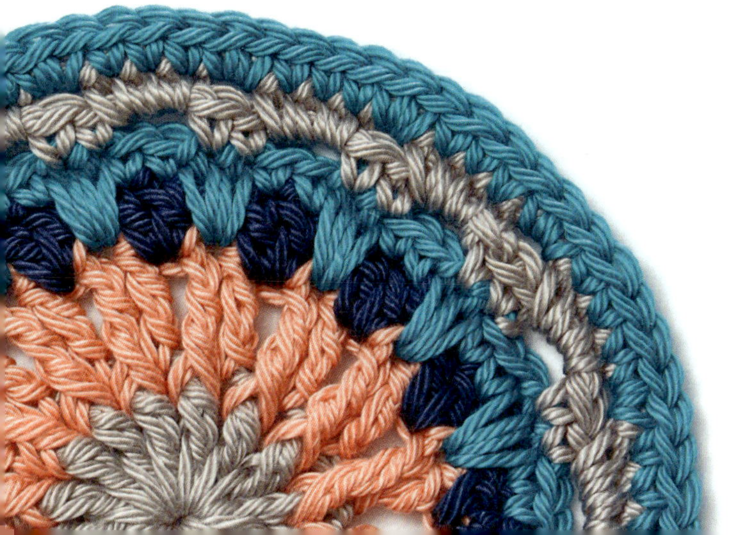

Stäbchen

2 Stäbchen zusammenhäkeln (2 Stb zus): 2x (Faden umschlagen, in folgende Masche einstechen, Faden umschlagen und durchziehen, Faden umschlagen und durch 2 Schlaufen ziehen) [3 Schlaufen auf der Nadel], Faden umschlagen und durch alle 3 Schlaufen auf der Nadel ziehen.

3 Stäbchen zusammenhäkeln (3 Stb zus): 3x (Faden umschlagen, in folgende Masche einstechen, Faden umschlagen und durchziehen, Faden umschlagen und durch 2 Schlaufen ziehen) [4 Schlaufen auf der Nadel], Faden umschlagen und durch alle 4 Schlaufen auf der Nadel ziehen.

4 Stäbchen zusammenhäkeln (4 Stb zus): 4x (Faden umschlagen, in folgende Masche einstechen, Faden umschlagen und durchziehen, Faden umschlagen und durch 2 Schlaufen ziehen) [5 Schlaufen auf der Nadel], Faden umschlagen und durch alle 5 Schlaufen auf der Nadel ziehen.

5 Stäbchen zusammenhäkeln (5 Stb zus): 5x (Faden umschlagen, in folgende Masche einstechen, Faden umschlagen und durchziehen, Faden umschlagen und durch 2 Schlaufen ziehen) [6 Schlaufen auf der Nadel], Faden umschlagen und durch alle 6 Schlaufen auf der Nadel ziehen.

7 Stäbchen zusammenhäkeln (7 Stb zus): 7x (Faden umschlagen, in folgende Masche einstechen, Faden umschlagen und durchziehen, Faden umschlagen und durch 2 Schlaufen ziehen) [8 Schlaufen auf der Nadel], Faden umschlagen und durch alle 8 Schlaufen auf der Nadel ziehen.

Doppelstäbchen

2 Doppelstäbchen zusammenhäkeln (2 DStb zus): 2x (Faden 2x umschlagen, in folgende Masche einstechen, Faden umschlagen und durchziehen, 2x [Faden umschlagen und durch 2 Schlingen auf der Nadel ziehen]), Faden umschlagen und durch alle Schlaufen auf der Nadel ziehen.

Dreifachstäbchen

2 Dreifachstäbchen zusammenhäkeln (2 DreifStb zus): 2x (Faden 3x umschlagen, in folgende Masche einstechen, Faden umschlagen und durchziehen, 3x [Faden umschlagen und durch 2 Schlaufen auf der Nadel ziehen]), Faden umschlagen und durch alle 3 Schlaufen auf der Nadel ziehen.

POPCORNMASCHEN

Anfangs-Popcornmasche (Anf-PopcM): 3 Anf-Lm, 4 Stb in dieselbe Masche, Nadel aus der Schlaufe nehmen und in die 3. der 3 Anf-Lm einstechen, lose Schlaufe wieder aufnehmen und durch die Lm ziehen.

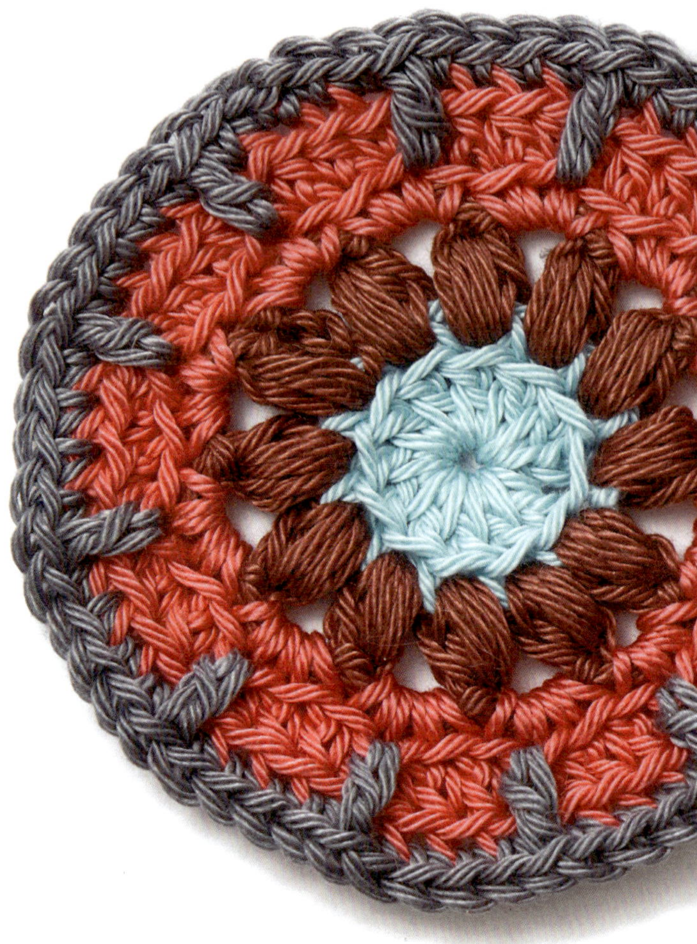

Popcornmasche (PopcM): 5 Stb in dieselbe Masche arbeiten, Nadel aus der Schlaufe nehmen und in das 1. Stb einstechen, lose Schlaufe wieder aufn und durch das erste Stb ziehen.

PUFFMASCHEN

Anfangs-Puffmasche (Anf-PuffM): 2 Lm, Faden umschlagen, in dieselbe M einstechen, Faden umschlagen und durchziehen (3 Schlaufen auf der Nadel), 2x (Faden umschlagen, in dieselbe Masche einstechen und Faden durchziehen) [7 Schlaufen auf der Nadel], Faden umschlagen und durch alle Schlaufen auf der Nadel ziehen.

Puffmasche (PuffM): Faden umschlagen, einstechen, Faden umschlagen und durchziehen (3 Schlaufen auf der Nadel), 3x (Faden umschlagen, in dieselbe M einstechen und Faden durchziehen) [9 Schlaufen auf der Nadel], Faden umschlagen und durch alle Schlaufen auf der Nadel ziehen.

Quer-Puffmasche (Q-PuffM), eine quer liegende Puffmasche): Umschlag, von rechts nach links um den Maschenkörper des vorigen Stb einstechen, Faden umschlagen und durchziehen (3 Schlaufen auf der

Nadel), 3x (Faden umschlagen, von rechts nach links um den Maschenkörper desselben Stb einstechen und Faden durchziehen) [9 Schlaufen auf der Nadel], Faden umschlagen und durch alle Schlaufen auf der Nadel ziehen.

BÜSCHELMASCHEN

Stäbchen

2er-Büschelstäbchen (2er-BüStb): 2x in dieselbe Masche/denselben Luftmaschen-Bogen (Faden umschlagen, in Masche oder Luftmaschen-Bogen einstechen, Faden umschlagen und durchziehen, Faden umschlagen und durch 2 Schlaufen ziehen) [3 Schlaufen auf der Nadel], Faden umschlagen und durch alle 3 Schlaufen ziehen.

3er-Büschelstäbchen (3er-BüStb): 3x in dieselbe Masche/denselben Luftmaschen-Bogen (Faden umschlagen, in Masche oder Luftmaschen-Bogen einstechen, Faden umschlagen und durchziehen, Faden umschlagen und durch 2 Schlaufen ziehen) [4 Schlaufen auf der Nadel], Faden umschlagen und durch alle 4 Schlaufen ziehen.

4er-Büschelstäbchen (4er-BüStb): 4x in dieselbe Masche/denselben Luftmaschen-Bogen (Faden umschlagen, in Masche oder Luftmaschen-Bogen einstechen, Faden umschlagen und durchziehen, Faden umschlagen und durch 2 Schlaufen ziehen) [5 Schlaufen auf der Nadel], Faden umschlagen und durch alle 5 Schlaufen ziehen.

Doppelstäbchen

2er-Büschel-Doppelstäbchen (2er-BüDStb): 2x in dieselbe Masche/denselben Luftmaschen-Bogen (Faden 2x umschlagen, in M einstechen, Faden umschlagen und durchziehen, 2x [Faden umschlagen und durch 2 Schlaufen auf der Nadel ziehen]), Faden umschlagen und durch alle 3 Schlaufen auf der Nadel ziehen.

3er-Büschel-Doppelstäbchen (3er-BüDStb): 3x in dieselbe Masche/denselben Luftmaschen-Bogen (Faden 2x umschlagen, in Masche einstechen, Faden umschlagen und durchziehen, 2x [Faden umschlagen und durch 2 Schlaufen auf der Nadel ziehen]), Faden umschlagen und durch alle 4 Schlaufen auf der Nadel ziehen.

Dreifachstäbchen

2er-Büschel-Dreifachstäbchen (2er-BüDreifStb): 2x in dieselbe Masche/denselben Luftmaschen-Bogen (Faden 3x umschlagen, in Masche einstechen, Faden umschlagen und durchziehen, 3x [Faden umschlagen und durch 2 Schlaufen auf der Nadel ziehen]), Faden umschlagen und durch alle 3 Schlaufen auf der Nadel ziehen.

RELIEFMASCHEN

Relief-feste Masche von hinten (RfMh): Von hinten nach vorn und wieder nach hinten um den Maschenkörper der angegebenen Masche der Vorrunde einstechen, Faden umschlagen und durchziehen, Faden umschlagen und durch 2 Schlaufen auf der Nadel ziehen.

Relief-halbes Stäbchen von hinten (RhStbh): Faden umschlagen, von hinten nach vorn und wieder nach hinten um den Maschenkörper der angegebenen Masche einstechen, Faden umschlagen und durchziehen, Faden umschlagen und durch alle Schlaufen auf der Nadel ziehen.

Reliefstäbchen von hinten (RStbh): Faden umschlagen, von hinten nach vorn und wieder nach hinten um den Maschenkörper der angegebenen Masche einstechen, Faden umschlagen und durchziehen, 2x (Faden umschlagen und durch 2 Schlaufen auf der Nadel ziehen).

Relief-feste Masche von vorn (RfMv): Von vorn nach hinten und wieder nach vorn um den Maschenkörper der angegebenen Masche der Vorrunde einstechen, Faden umschlagen und durchziehen, Faden umschlagen und durch 2 Schlaufen auf der Nadel ziehen.

Relief-Stäbchen von vorn (RStbv): Faden umschlagen, von vorn nach hinten und wieder nach vorn um den Maschenkörper der angegebenen M der Vorrunde einstechen, Faden umschlagen und durchziehen, 2x (Faden umschlagen und durch 2 Schlaufen auf der Nadel ziehen).

2 Relief-Doppelstäbchen zusammenhäkeln (2 RDStb zus): 2x (Faden 2x umschlagen, von vorn nach hinten und wieder nach vorn um den Maschenkörper der angegebenen M einstechen, Faden umschlagen und durchziehen, 2x [Faden umschlagen und durch 2 Schlaufen auf der Nadel ziehen]). Faden umschlagen und durch übrige Schlaufen auf der Nadel ziehen.

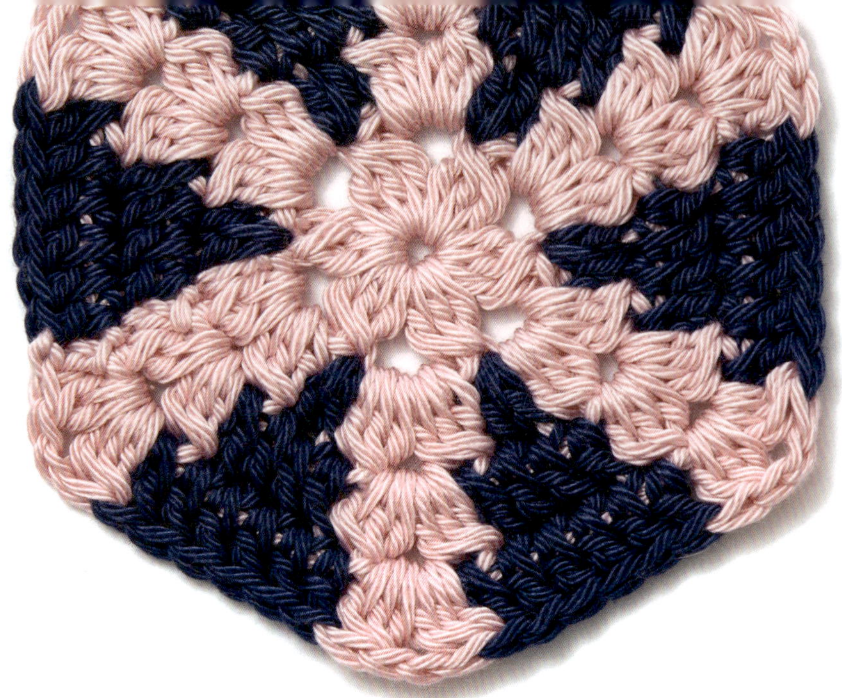

WEITERE ABKÜRZUNGEN

( )	alternative Maße oder Anweisungen
*	Beginn der zu wiederholenden Partie
**	Partie zwischen den Sternchen wiederholen
abm	abmaschen
Anf	Anfang, Anfangs-
Anf-Lm	Anfangs-Luftmasche(n) (Steigeluftmaschen)
anm	anmaschen
arb	arbeiten
aufn	aufnehmen
ausgel	ausgelassen
ausl	auslassen, überspringen
Bg	Bogen
cm	Zentimeter
dens	denselben
dies	dieselbe(n)
folg	folgende(-n, -s)
fortl	fortlaufend
gebild.	gebildeten
hMg	hinteres Maschenglied
lfd	laufend(e)
Lm-Bg	Luftmaschen-Bogen
Mk	Maschenkörper
mm	Millimeter
Rd	Runde(n)
Schl	Schlaufe(n)
U	Umschlag, Faden umschlagen
vMg	vorderes Maschenglied
vMk	vorderer Maschenkörper
zw.	zwischen

Bezugsquellen

ONLINE-TOOLS ZUR FARBAUSWAHL

Pantone (App)

Mit dieser App können Sie Farben aus Fotos extrahieren, Farbpaletten kreieren, harmonierende Farben zusammenstellen u. a.
www.pantone.com/studio

Adobe Capture CC (App)

Mit dieser App können Sie aus beliebigen Fotos, die Sie inspirieren, die Farben extrahieren, um Farbpaletten zusammenzustellen oder sie in anderen Apps zu verwenden.
https://www.adobe.com/de/products/capture.html

Design seeds (Webseite)

Diese Webseite bietet eine Fülle vorgefertigter Farbpaletten, die Sie nach Themen oder Farbvorlieben durchsuchen können.
www.design-seeds.com

Mosaik-Apps

Viele Foto-Apps bieten die Funktion, Collagen oder Mosaike zu erstellen. Ich persönlich arbeite gern mit Moldiv, einer Foto-App mit sehr guter Mosaikfunktion.
www.jellybus.com/moldiv

BEZUGSQUELLEN FÜR GARNE

Cascade Yarns

cascadeyarns.com, loveknitting.de

DROPS Yarns

garnstudio.com/yarns/

Hoooked Yarns

hoooked.co.uk, loveknitting.de

Paintbox Yarns

paintboxyarns.com, loveknitting.de

Scheepjes

scheepjes.com/en/, loveknitting.de

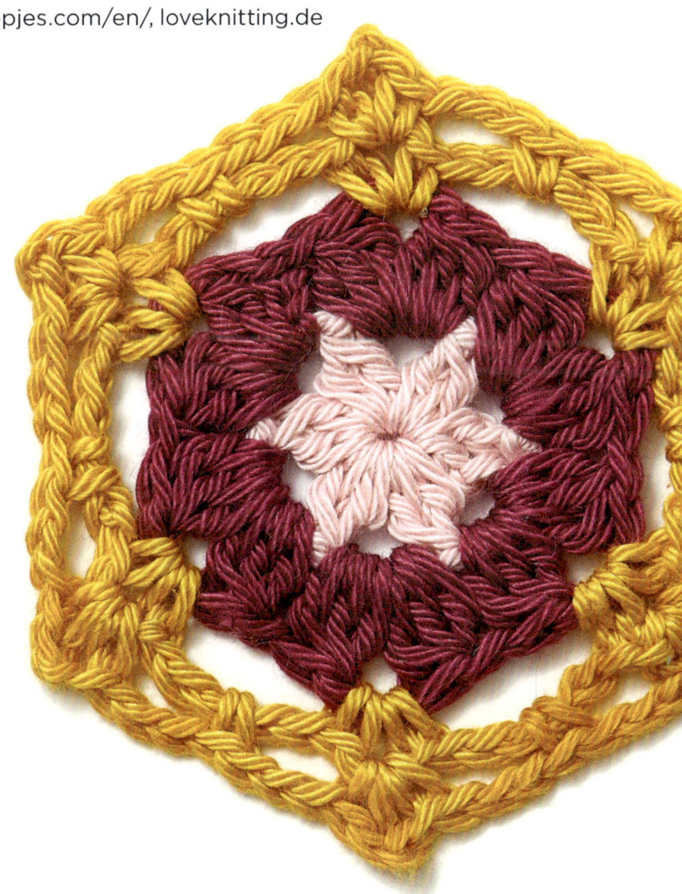

Farbmuster

DETAILS

Die 100 Motive in diesem Buch habe ich aus dem Garn Ultra Pima von Cascade Yarns (100 % Baumwolle, LL 200 m/100 g) aus diesen Farben gehäkelt.

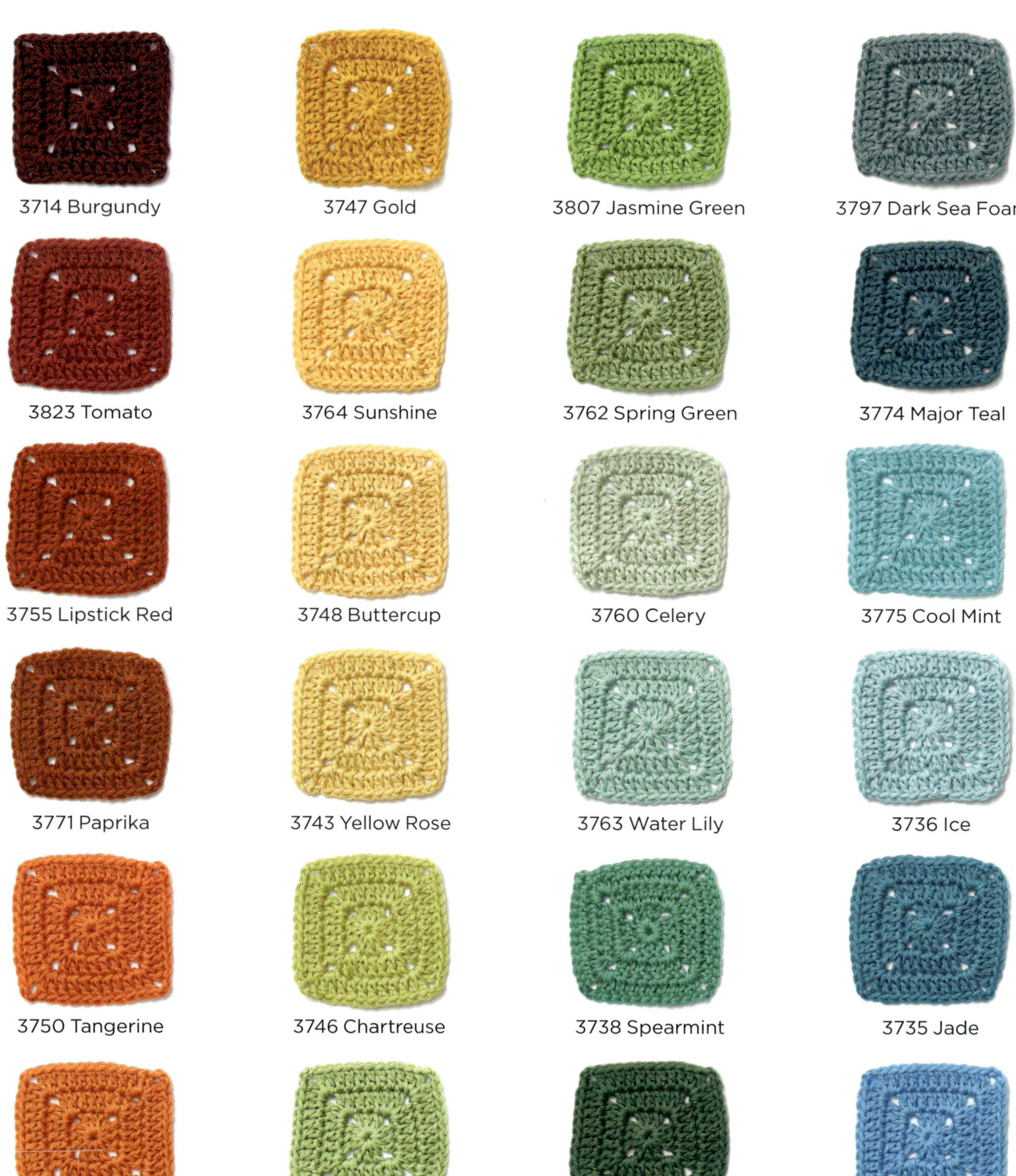

3714 Burgundy
3747 Gold
3807 Jasmine Green
3797 Dark Sea Foam

3823 Tomato
3764 Sunshine
3762 Spring Green
3774 Major Teal

3755 Lipstick Red
3748 Buttercup
3760 Celery
3775 Cool Mint

3771 Paprika
3743 Yellow Rose
3763 Water Lily
3736 Ice

3750 Tangerine
3746 Chartreuse
3738 Spearmint
3735 Jade

3822 Vibrant Orange
3739 Lime
3761 Juniper
3732 Aqua

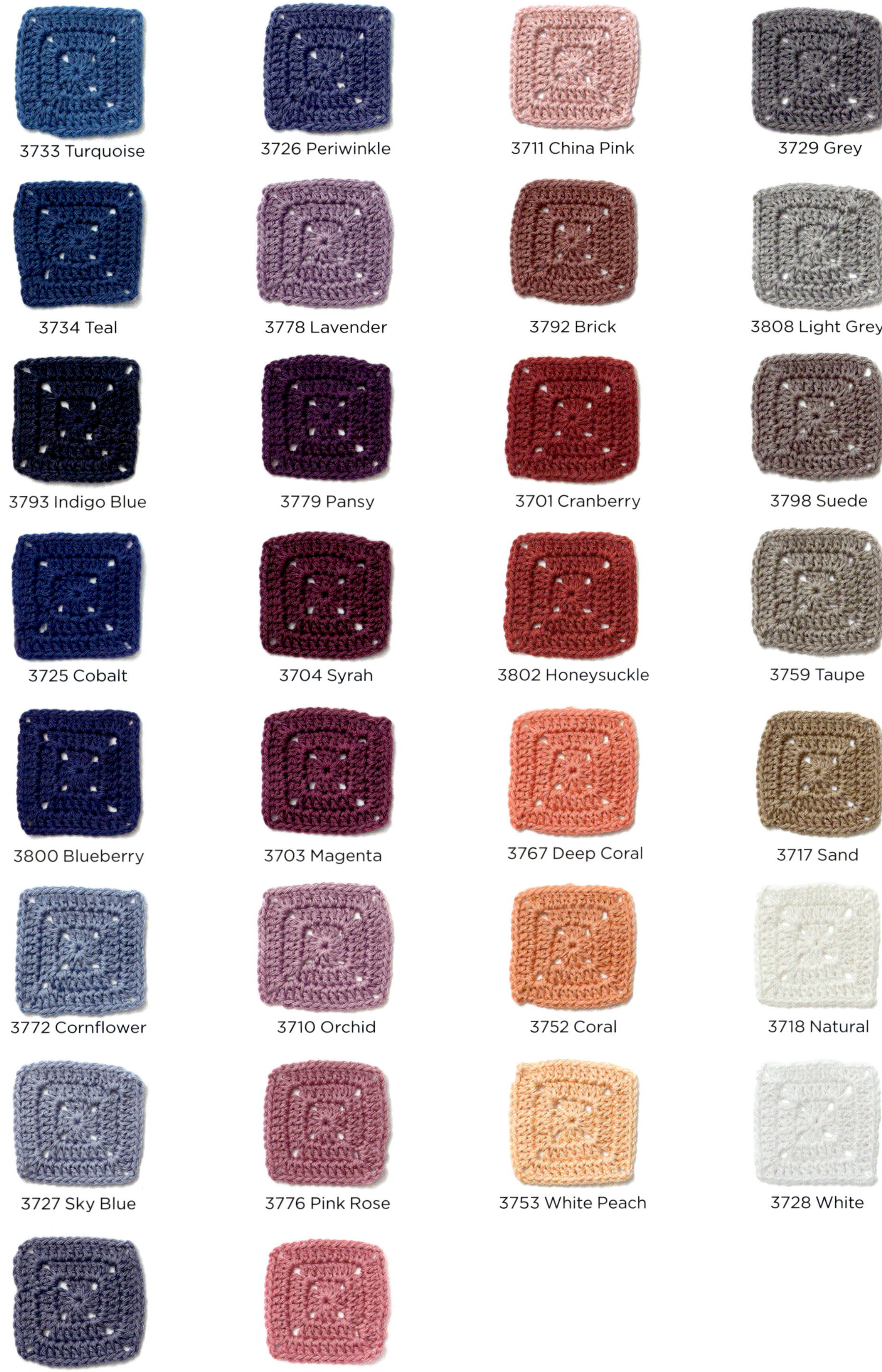
3733 Turquoise
3726 Periwinkle
3711 China Pink
3729 Grey
3734 Teal
3778 Lavender
3792 Brick
3808 Light Grey
3793 Indigo Blue
3779 Pansy
3701 Cranberry
3798 Suede
3725 Cobalt
3704 Syrah
3802 Honeysuckle
3759 Taupe
3800 Blueberry
3703 Magenta
3767 Deep Coral
3717 Sand
3772 Cornflower
3710 Orchid
3752 Coral
3718 Natural
3727 Sky Blue
3776 Pink Rose
3753 White Peach
3728 White
3805 Colony Blue
3712 Primrose

Über die Autorin

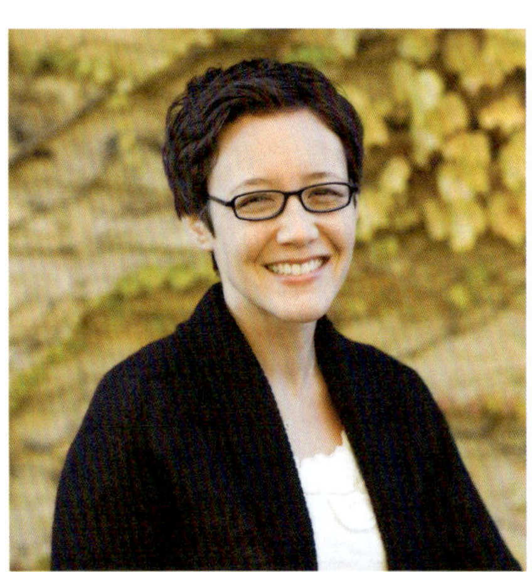

Sandra Eng lebt als freiberufliche Häkeldesignerin in Minneapolis (Minnesota) und ist einfach vernarrt in Farben. Das Häkeln hat sie nach der Geburt ihres ersten Kindes gelernt und die Häkelnadel seither nicht mehr aus der Hand gelegt. Ihre Arbeiten wurden bisher in *Modern Crochet Mandalas* (englischsprachig, erschienen bei Interweave) und Magazinen wie *Simply Crochet* veröffentlicht. Sandra arbeitet außerdem als zugelassene Psychologin und ist überzeugt von den therapeutischen Wirkungen des Häkelns und anderer Handarbeiten mit Garnen. Ihre Anleitungen sind auf ihrer Webseite mobiusgirldesign.com sowie auf Ravelry und Etsy zu finden. Ihre täglichen Häkelaktivitäten können Sie auf Instagram @mobiusgirl verfolgen.

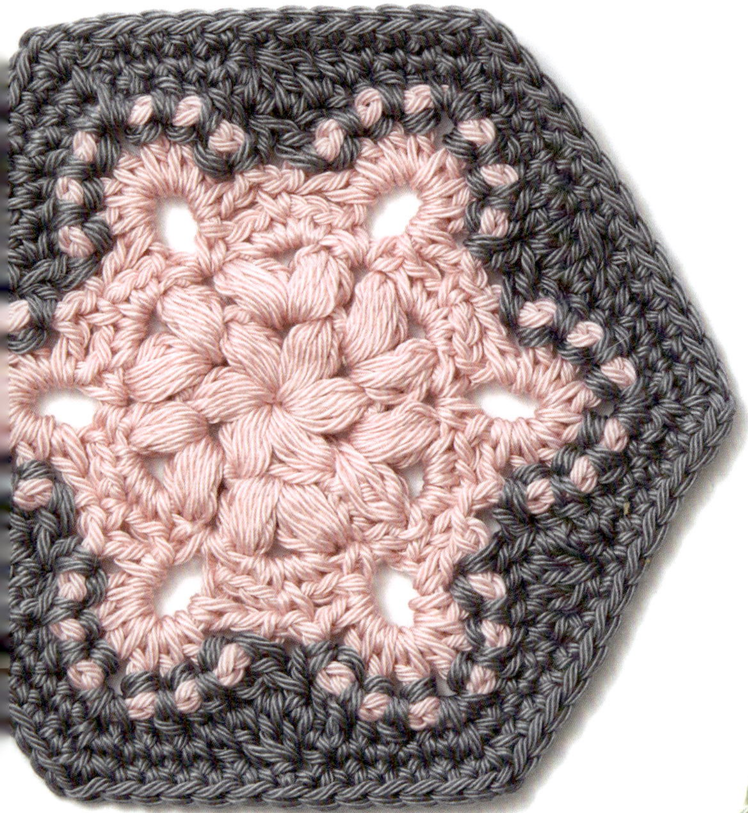

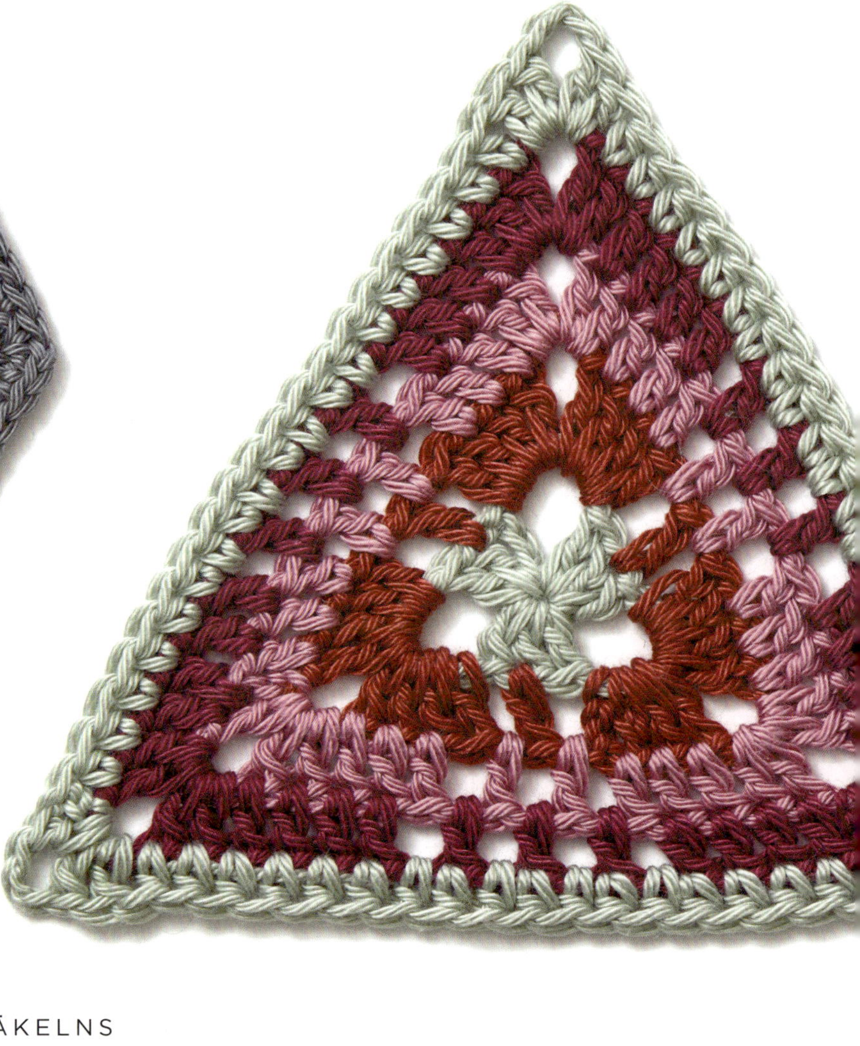

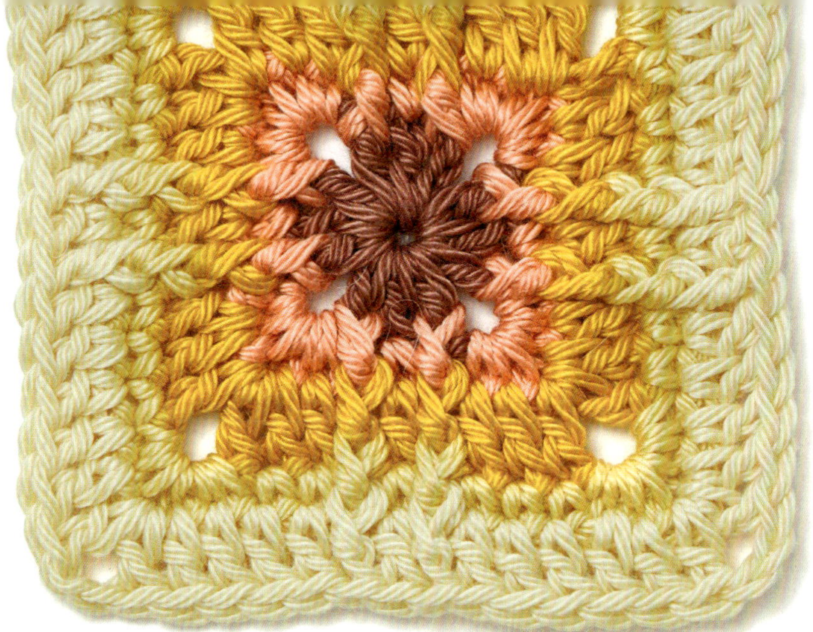

Dank

Dieses Buch wurde mit Liebe gemacht. Nicht nur meine Liebe zum Häkeln und zu den Farben stecken darin, sondern auch die Liebe anderer und ihre Unterstützung bei meinem kreativen Schaffen. Es gibt so viele Menschen, denen ich danken darf!

Zuallererst danke ich dem wunderbaren Team von Interweave, ohne das dieses Buch nie entstanden wäre. Danke an die Autorenbetreuerinnen Kerry Bogert und Stephanie White, die mir dieses Projekt überhaupt vorgeschlagen und mir zugetraut haben, ein ganzes Buch zu schreiben. Maya Elson, meine Redakteurin, war mir eine unschätzbare Hilfe dabei, das Buch durch den gesamten Publikationsprozess zu dirigieren. Danke auch an meine brillante technische Redakteurin Karen Manthey für die akribische Textaufbereitung und ihr Händchen für die grafische Darstellung.

Auch wenn ich meinen Werdegang als Häkeldesignerin betrachte, muss ich mich bei etlichen Leuten bedanken. Zunächst natürlich bei meiner Mama Susan, meiner ersten und besten Häkellehrerin. Ohne deine geduldige Anleitung (und vielleicht deiner Erkenntnis, dass Strickenlernen damals noch zu schwer für mich war) hätte ich diesen Weg niemals eingeschlagen. Danke für dein beständiges Interesse und deine Unterstützung meiner Arbeit. Mein Papa Tin war ebenfalls stets mein großer Fürsprecher (auch wenn er nicht so genau wusste, wovon er eigentlich redete). Die gesamte Instagram-Community hat entscheidend dazu beigetragen, meinen Stil als Designerin zu formen – danke für euer Feedback, eure Ermutigung und Freundschaft. Ich kann nicht all meine Insta-Freunde aufzählen, doch von Susan, Karyn, Kelly, Marianne, Marit und Mandy habe ich so viel Inspiration und Unterstützung erhalten. Wenn ich in Selbstzweifeln und Unsicherheit versunken bin, hat mir Krista stets die Hand gereicht, um mich aus dem Sumpf zu ziehen. Danke, dass du immer für mich da warst und meine Entwicklung als Designerin gefördert hast.

Meine Kinder haben schon früh gelernt, dass ich am glücklichsten bin, wenn ich eine Häkelnadel in der einen und Garn in der anderen Hand halte. Danke Bryson, dass du die Liebe zu Farben und zum kreativen Gestalten mit mir teilst. Danke für die Überarbeitung meines Farben-Kapitels und für deine stete Bereitschaft, ausführlich über meinen Schaffensprozess zu sprechen. Adeline, dass du dich immer mehr für »Garnbomben« begeisterst und auf alles, das mit Wolle zu tun hat, ebenso versessen bist wie ich, hat mir so gutgetan. Danke euch beiden für eure Hilfe bei der Auswahl der Farben für einige Motive in diesem Buch!

Auch meinen Lesern möchte ich schon im Voraus danken. Durch unser gemeinsames Interesse und Engagement entsteht eine weltweite Häkel-Community. Ich hoffe, dass wir uns auch weiterhin gegenseitig für unsere Arbeiten begeistern. Also, Wollfans, ran an die Häkelnadeln!

NOCH MEHR

gute Bücher

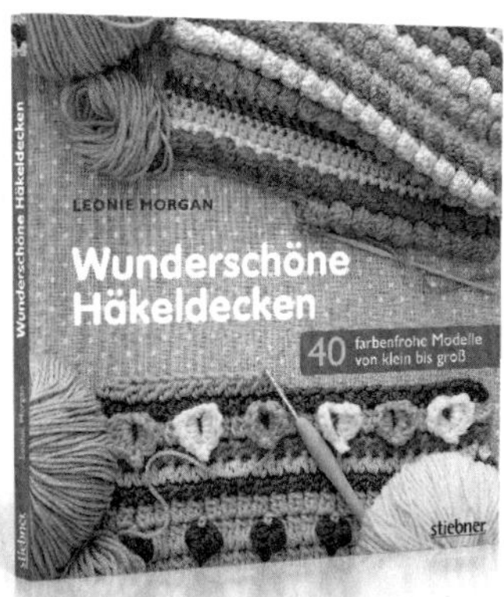

Wunderschöne Häkeldecken
40 farbenfrohe Modelle
ISBN 978-3-8307-0987-9

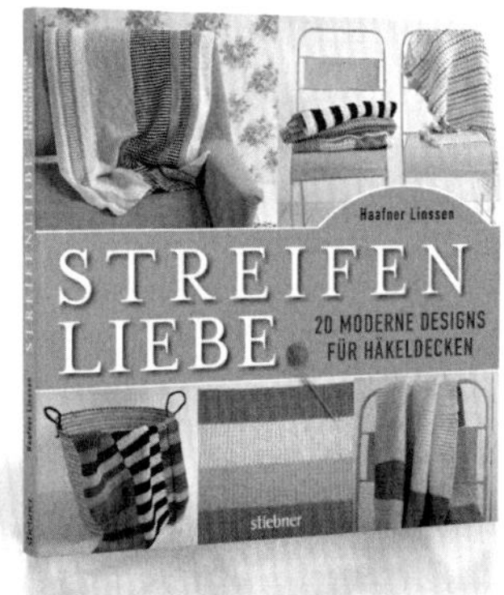

Streifenliebe
20 moderne Designs für Häkeldecken
ISBN 978-3-8307-2065-2

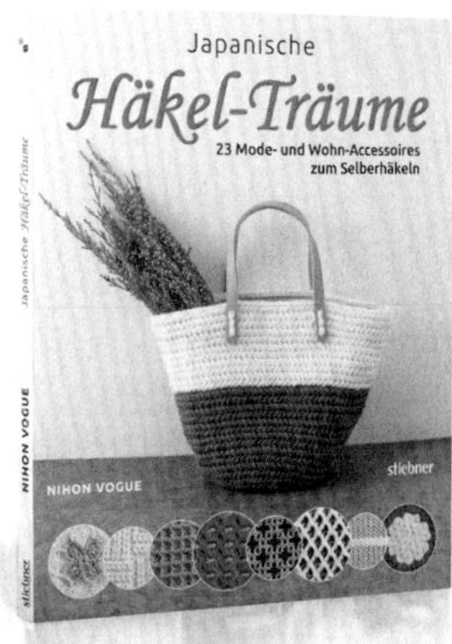

Japanische Häkel-Träume
23 Mode- und Wohn-Accessoires zum Selberhäkeln
ISBN 978-3-8307-2070-6

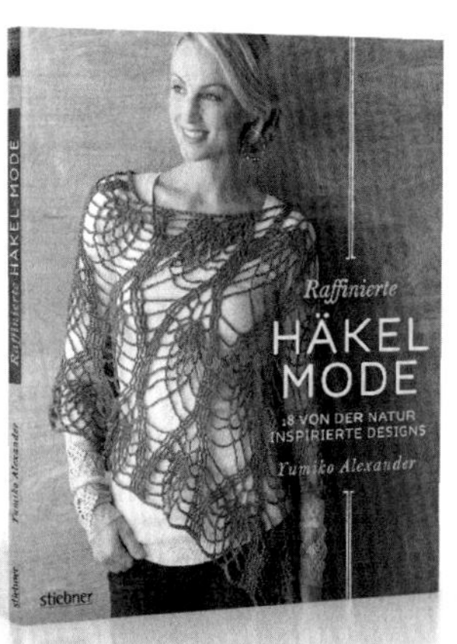

Raffinierte Häkel-Mode
18 von der Natur inspirierte Designs
ISBN 978-3-8307-0944-2

www.stiebner.com